Anke Globi

Entdeckertouren mit dem Wohnmobil

Schweden

Der Süden

Die Anleitung für
einen Erlebnisurlaub

womo®
Der Wohnmobil-Verlag

MIX
Papier | Fördert gute Waldnutzung
FSC® C089473
www.fsc.org

8. vollständig neu und erstmals von Anke Globi verfasste Auflage – 2024
ISBN 978-3-86903-548-2

Titelbild: Femörehuvud, Oxelösund, Tour 9
Bild in vorderer Klappe: Eksjö, Tour 11
Danke an Christin, Boris, Gray und Lloyd für eure Geduld und Unterstützung!

Reihen-, Umschlaggestaltung und Layoutprinzip/Satzvorgaben: www.martinveicht.de
Karten: Anke Globi
Fotos, siehe Bildnachweis auf Seite 392
Druck: Beltz Grafische Betriebe GmbH, 99947 Bad Langensalza
Vertrieb: GeoCenter GmbH, 70794 Filderstadt
Herausgeber: WOMO-Verlag. An der Liethe 4, 36452 Kaltennordheim
Telefon +49(0)3694620691 verlag@womo.de www.womo.de
GPS: N 50° 36'38.2" E 10°07'55.6"
Autorinnen-E-Mail: globi@womo.de

Einladung

Freuen Sie sich auf einen Roadtrip mit Tagen voller Ruhe und Entspannung, aber auch auf viele Erlebnisse und wenn Sie wollen auch auf Action, Abenteuer und Bewegung. Hier gibt es wirklich für jeden etwas! Fühlen Sie sich mitgenommen und eingeladen, uns auf unserer Tour durch das idyllische Süd-Schweden zu begleiten. Wir freuen uns, dass Sie mit dabei sind!

Einzigartige Kultur: Der Süden Schwedens ist voll von Kunsthandwerk und Kultur. Es gibt neben Glasbläsereien im Glasreich auch viele private und offizielle Ausstellungen und unzählige Museen. Oder wie wäre es mal mit einem Besuch auf einem der teils skurrilen Flohmärkte, den Loppis?

Unvergessliche Aktivitäten: Von Wassersport bis Wandern, Radfahren, Reiten oder einfach nur die Seele baumeln lassen – hier ist für alle etwas dabei.

Kulinarische Highlights: Meeresfrüchte, Salate und lokales Gemüse bis hin zu Wild gibt es in jeder Region reichlich und immer frisch. Auch vegane und vegetarische Gerichte sind in fast allen Restaurants obligatorisch.

Abenteuer und Entspannung: Die mystischen Wikingerstätten ziehen uns in ihren Bann, wir erkunden voller Staunen tiefe Grotten und Schluchten und entspannen am allerliebsten in einer heißen Sauna. Manchmal haben wir sogar Glück und sehen die Nordlichter.

Wenn die Dämmerung an einem einsamen See einsetzt, wir das Lagerfeuer entzünden und bei einem Cider den Tag ausklingen lassen, dann wissen wir, dass es genau so richtig ist!

Ihre

Anke Globi

Inhaltsverzeichnis

Unsere persönlichen Top Ten 6

Gebrauchsanleitung 8

Tour 1: Über die Öresundsbron durch West-Skåne 14
Malmö – Lund – Jakriborg – Bosjökloster
Skäralid – Domsten – Mölle – Kulllaberg

Tour 2: Von den Hovs Hallar Kliffs zum Tjolöholm Slott 34
Hovs Hallar – Båstad – Mellbystrand – Halmstad – Ugglarp
Falkenberg – Ätrafors – Ullared – Varberg – Tjolöhom – Lerkil

Tour 3: Bohuslän: Schwedens wilde Westküste 50
Göteborg – Öckerö – Marstrand – Rönnäng – Lysekil – Hunnebo-strand – Smögen – Hamburgsund – Fjällbacka – Tanumshede

Tour 4: Dalslands wilde Natur bis Karlstads Kultur.......... 82
Elgåfossen – Dals-Ed – Baldersnäs – Håverud – Åsensbruk
Mellerud – Fengersfors – Åmal – Nysäter – Borkvik – Karlstad

Tour 5: Roadtrip am östlichen Vänern bis Trollhättan...... 104
Molkom – Filipstad – Kristinehamn – Gullspång – Sjötorp
Mariestad – Kinnekulle – Lidköping – Läckö Slott – Trollhättan

Tour 6: Skara bis Örebro – zwischen den großen Seen 130
Skara – Varnhem – Skövde – Hjo – Brevik – Karlsborg
Forsvik – Tiveden Nationalpark – Askersund – Örebro

Tour 7: Von Arboga über Sala und Uppsala bis Sigtuna......156
Arboga – Hallstahammar – Västerås – Sala
Uppsala – Skokloster – Sigtuna

Tour 8: Stockholm 180
Rosersberg – Stockholm – Drottningholm

Tour 9: Von Mariefred über Söderköping bis Linköping 198
Tumba – Mariefred – Strängnäs – Nynäshamn – Trosa – Stendörren
Nyköping – Oxelösund – Kolmården – Söderköping – Linköping

Tour 10: Natur und Geschichte östlich des Vättern 224
Berg – Borensberg – Motala – Vadstena – Borghamn
Omberg – Ödeshög – Gränna – Huskvarna

Tour 11: Von Eksjö über Vimmerby bis Västervik 246
Aneby – Eksjö – Ingatorp – Vimmerby – Mariannelund
Ankarsrum – Gladhammar – Västervik

Tour 12: Die Ostseeküste von Västervik bis Kalmar 268
Gladhammar – Blankaholm – Figeholm – Fårbo – Oskarshamn
Påskallavik – Mönsterås – Pataholm – Rockneby – Kalmar

Tour 13: Öland 292
Borgholm – Sandvik – Byxelkrok – Nabbelund – Böda
Lerkaka – Degerhamn – Ottenby – Mörbylånga – Färjestaden

Tour 14: Das Glasreich 322
Nybro – Orrefors – Gullaskruv – Målerås – Kosta
Eriksmåla – Boda Glasbruk – Emmaboda

Tour 15: Blekinge – von Karlskrona bis Kristianstad 334
Karlskrona – Hasslö – Ronneby – Karlshamn
Asarum – Sölvesborg – Ivö – Kristianstad

Tour 16: Skåne – über Simrishamn, Ystad bis Trelleborg 352
Åhus – Degeberga – Brösarp – Kivik – Simrishamn
Borrby – Kåseberga – Ystad – Smygehuk – Trelleborg

Tipps und Infos 375
*Anreise · Campingplätze · Freies Camping · Stellplätze · Parkplätze · Gas
Geld · Geschichte · GPS · Navigation · Haustiere · Hunde · Landkarten
Lebensmittel · Getränke · Literatur · Notfälle · Preise · Rad fahren · Reisezeit
Klima · Feiertage · Restaurants · Sehenswürdigkeiten · Öffnungszeiten
Sicherheit · Sprache · Telefon · Toiletten · Entsorgungstationen · Wasser
Unfall · Verkehr · Straßen · Umweltzonen · Tankstellen · Maut · Wanderungen*

Stichwortverzeichnis 390

Tourenübersicht .... hintere Umschlagklappe

Smögen – Bryggan Tour 3

Unsere persönlichen Top Ten

Bosjökloster

Das Kloster erstrahlt mit weißen Treppengiebeln und fungierte im 11. Jahrhundert als Benediktiner-Nonnenkloster. Es liegt romantisch am Ringsjön.

Tour 1, Seite 24

Smögen

Bunte Fischer- und Speicherhäuser schmiegen sich auf Stelzen an die Granitküste und längs der Promenade reihen sich Restaurants, Cafés, Boutiquen und kleine Shops.

Tour 3, Seite 71

Aquädukt von Håverud

Eine Metallwasserbrücke, eine Eisenbahnbrücke, eine Straßenbrücke und die reißende Strömung des Dalsland-Kanals machen dieses Ensemble einzigartig und spektakulär.

Tour 4, Seite 89

Sigtuna

Die älteste authentische Stadt Schwedens gehört mit mittelalterlichen Straßenzügen zum UNESCO-Welterbe, wurde 970 gegründet und liegt malerisch am Mälaren-See.

Tour 7, Seite 177

Stockholm

Hauptstadt, Lieblingsstadt und eine wahre Perle Schwedens: gemütlich und besonders. Tipp: Ein Besuch im Freilichtmuseum Skansen ist wie eine Pause vom Alltag.

Tour 8, Seite 193

das sollten Sie nicht verpassen!

Vadstena
1545 ließ König Gustav Vasa die Burg errichten, die heute das am besten erhaltene Renaissanceschloss Schwedens ist. Aber auch die Altstadt und das Kloster sind sehr sehenswert.
Tour 10, Seite 231

Eksjö
Eksjö ist eine der drei historischen Holzstädte Schwedens mit bezaubernder, gut erhaltener Altstadt, Kopfsteinpflastergassen und hübschen Cafés und Lädchen.
Tour 11, Seite 249

Vimmerby
»Das haben wir noch nie probiert, also geht es sicher gut« – Pippi Långstrump.
Astrid Lindgren macht einfach Spaß und bewegt uns immer wieder aufs Neue!
Tour 11, Seite 258

Öland
Schier unendliche Weiten, eine kräftige Brise, Festungen, Leuchttürme, ein Zauberwald und Windmühlen begeistern uns. Öland ist ein wahres Camping-Paradies.
Tour 13, Seite 293

Ales Stenar
Die Schiffssetzung ist eine der mächtigsten des Nordens. Beeindruckend trohnt sie über der Ostsee und birgt bis heute viele Geheimnisse.
Tour 16, Seite 367

Gebrauchsanleitung

Reisegebiet

Bevor wir vorne anfangen, möchte ich Sie auf die hintere Umschlagklappe hinweisen, denn dort finden Sie eine *Übersichtskarte der Reiseroute* mit allen Touren durch Süd-Schweden, so wie wir sie erlebt und lieben gelernt haben.

Vielleicht werden sich einige von Ihnen fragen, warum die eine oder andere Region nicht mit von der Partie ist. Ich kann Ihnen versichern, dass dieser Reiseführer doppelt und dreifach so dick hätte werden können und ich mich leider für die – aus meiner Sicht – *schönsten Reiseziele* entscheiden musste. Der Süden Schwedens bietet noch so unglaublich viel mehr, dass es diesen Rahmen gesprengt hätte.

Und so lade ich Sie ganz herzlich ein, sich auf einen entspannten Urlaub mitnehmen zu lassen.

Es erwarten Sie viele Insider-Tipps zu bekannten und unbekannten Sehenswürdigkeiten, Vorschläge zu Wanderungen und Radtouren, Restaurant-Highlights und etliche Ideen mehr.

Alle Empfehlungen, Stellplätze, Campingplätze und freie Übernachtungsplätze wurden von mir beziehungsweise uns mit Sorgfalt und Herz ausgewählt und haben auf keinen Fall einen Anspruch auf Vollständigkeit, sondern auf *Qualität*.

Karlshamn – Stärnö Tour 15

Seit über 20 Jahren fahre ich regelmäßg mit eigenem WOMO ins schöne Schweden. Es hat sich viel verändert in dieser Zeit und ich versuche auf alle Aspekte einzugehen. So bin ich bei uns diejenige, die alle Fahrten plant, organisiert und sich kümmert. Alle anderen fahren mit und genießen. Und genauso können auch Sie es auch handhaben: lehnen Sie sich zurück und erfreuen Sie sich an Land und Leute.

Der Süden Schwedens ist so vielseitig, dass dieser Reiseführer *für mehrere Urlaube* reicht. Jede Ecke des Landes besitzt ihren eigenen Charme, die Entfernungen sind moderat und voll mit fantastischen Dingen, die erlebt und bestaunt werden wollen.

Hier findet man alles, was das Herz begehrt: *Sanfte Hügel* und fruchtbare Ebenen erstrecken sich im Landesinneren, während die West-Küste mit *schroffen Klippen* und malerischen Buchten aufwartet. In den historischen Städten wie Malmö, Lund und Göteborg pulsiert das Leben, doch in den *idyllischen Fischerdörfern* scheint die Zeit still zu stehen. Dichte Wälder, kristallklare Seen und malerische Dörfer prägen die Landschaft und die Ostseeküste lockt mit langen Sandstränden und charmanten Hafenstädten.

Zahlreiche *Schlösser, Museen* und *archäologische Stätten* laden dazu ein, die Geschichte und Kultur Südschwedens zu entdecken. Von den Wikingern über die Renaissance bis hin zur Moderne – hier finden sich Spuren aus allen Epochen.

Die südschwedische Küche ist geprägt von frischen, regionalen Zutaten. *Fisch und Meeresfrüchte* spielen eine wichtige Rolle, aber auch Fleischliebhaber kommen auf ihre Kosten. Probieren Sie unbedingt die berühmten *Köttbullar (Hackbällchen)* mit Preiselbeeren und Sahnesauce.

Ob Sie auf der Suche nach Entspannung, Abenteuer oder Kultur sind, in Südschweden werden Sie fündig. Lassen Sie sich von der Schönheit der Landschaft verzaubern und erleben Sie die Gastfreundschaft der Menschen.

Im Verlauf des Buches werden Sie viele schwedische Begriffe finden, zum Beispiel *Kyrka statt Kirche* oder *Bron statt Brücke*, da wir in Schweden sind und ich keine Unterscheidungen zwischen schwedischer und deutscher Schreibweise machen möchte.

Hunde sind überall erlaubt und an der Leine zu führen. Falls dies einmal nicht der Fall sein sollte, habe ich es extra erwähnt.

Hunnebostrand – Ramsvik Camping Tour 3

Karten, Symbole und Kilometerangaben

Alle WOMO-Reiseführer sind nach Touren untergliedert, die mit den wichtigsten Ortschaften auf der **Übersichtskarte** im hinteren Bucheinband dargestellt sind. Einzelheiten zu diesen Touren, insbesondere die empfohlenen Stell- und Campingplätze, finden Sie in den jeder Tour vorangestellten **Tourenkarten**, deren verwendete **Symbole** auf der hinteren Einbandklappe erläutert sind.

Die **Kilometerangaben** erlauben nur eine erste Orientierung über die Länge der jeweiligen Tour und betreffen die Entfernung ab dem letzten Stell- oder Campingplatz der vorhergehenden Tour, soweit diese an die beschriebene Tour unmittelbar angrenzt (ansonsten von dem im Text beschriebenen Touranfang), bis zum letzten Stell- oder Campingplatz der aktuellen Tour.

Stellplätze, Farben und Nummern

Praktische Symbole zeigen die Art des »Stellplatzes« an:

001	**Offizieller Stellplatz**	von privater oder amtlicher Hand für Reisemobile – meistens über eine Preisangabe oder ein Wohnmobilsymbol – ausgewiesen
003	**Parkplatz**	für Übernachtung geeignet
P	**Parkplatz**	Übernachtung nicht möglich oder verboten
002	**Campingplatz**	

Auch die **Farbe** eines Stell- oder Parkplatzplatzsymboles hat eine Bedeutung: **Blau** steht für eine nahe Bademöglichkeit in natürlichen Gewässern, einer Therme oder einem besonders interessanten Schwimmbad. **Grün** kennzeichnet einen Platz, an dem typischerweise Wanderungen beginnen und dort meistens beschildert sind. **Orangegelb** sind die Plätze ohne die vorgenannten Merkmale. Nur Plätze, die eine durchlaufende **Nummer** tragen, sind zur Übernachtung geeignet. Diese Plätze werden im Text entsprechend ihrem vorgenannten Zweck farbig unterlegt und stehen meistens in einem **Stellplatzkasten** mit den wichtigsten Informationen. **Olivgrün** sind dort die Campingplätze.

Zum Verständnis der **GPS-Daten**, der Geräteeinstellung und dem Bezug der Daten erfahren Sie genaue Einzelheiten hinten bei den »Tipps und Infos«.

Max. WOMOs meint die Kapazität von Stellplätzen, bei öffentlichen Parkplätzen die geschätzte Anzahl, die man der Bevölkerung noch zumuten kann oder die Wohnmobilen mittlerer Größe zur Verfügung steht. Diese Angaben hängen von der Größe anderer Wohnmobile, von den Dimensionen Ihres eigenen Fahrzeuges und von dem Parkverhalten anderer ab. Selbst auf offiziellen Plätzen, auf denen durch feste Einzeichnungen oder Buchten die Parzellen definiert sind, besteht bisweilen die Möglichkeit, mehr Fahrzeuge unterzubringen. Längst nicht alle in diesem Buch erwähnten Stellplätze kommen für Wohnmobile im Lastwagenformat infrage, zumal die Eignung für *große Reisemobile* zum einen davon abhängt, ob schon andere Großfahrzeuge dort parken, aber auch, ob man lange Wagen beispielsweise mit dem Heck über eine Grünfläche ragen lassen kann. Maßangaben sind daher nur eine grobe Schätzung. Ich bitte um Verständnis, dass ich auch einige Plätze erwähne, auf die ausschließlich kleinere Fahrzeuge passen. Etwa die Hälfte aller Neuzulassungen betrifft heute Kastenwagenausbauten.

Öland – Tour 13

Bei Campingplätzen und offiziellen Stellplätzen nenne ich immer die **Öffnungszeiten**. Bei allen anderen Übernachtungsplätzen versuche ich dazu eine Angabe zu machen, es sei denn es handelt sich um einen einfachen Parkplatz.

Die **Ausstattung** der Plätze vermittelt Ihnen einen Überblick über Ver- und Entsorgung, Strom (wobei nicht zwingend für alle immer ein Steckdosenzugang zur Verfügung steht), Toilette, Dusche und Mülleimer. Bei Campingplätzen liste ich nur Extras auf, die über alle campingplatz-typischen Einrichtungen hinausgehen, da diese immer über alle Grundversorgungen verfügen. Das Niveau ist sehr hoch!

In der **Beschreibung** erwähne ich Näheres zur Beschaffenheit, der Lage und der Situation vor Ort. Inzwischen sind viele Stellplätze mit Schotter für das WOMO und Rasenstreifen für Tische und Stühle ausgestattet.

Nicht jeder Platz ist perfekt und wenn Sie ein ungutes Gefühl haben, fahren Sie lieber einmal mehr weiter. Nur, wenn Sie sich auf Anhieb wohl fühlen, können Sie auch gut schlafen. Auf das Bauchgefühl ist meistens Verlass.

Bei manchen Übernachtungsplätzen habe ich: »Wir fühlen uns wohl.« oder ähnliches geschrieben. Das soll vermitteln, dass wir ein Gefühl von Sicherheit auf den Plätzen haben. Manchmal habe ich dazu geschrieben, dass sie *klappstuhlgeeignet* sind. Das heißt, dass Sie Ihre Stühle, Tische und Markise ausfahren können, nicht müssen. Über Nacht sollte alles wieder eingepackt werden!

Eine Bitte habe ich noch: Werden Sie nicht zu Dauercampern an freien Plätzen. Seien Sie immer zurückhaltend und bleiben Sie nicht zu lange an einem schönen Platz, es gibt noch viele weitere davon. Behalten Sie die schönsten in Ihrem Herzen und nicht im Internet oder Apps.

Oftmals werden *Picknickbänke* und *Grillstellen* angeboten, so dass sich die Mitnahme eigener Kohle durchaus lohnt.

Wenn ich nicht extra erwähne, dass ein Platz schräg ist, können Sie davon ausgehen, dass er ebenerdig genug ist und Sie keine Keile benötigen.

Die angegebenen **Preise** dienen der Orientierung und beziehen sich bei den Campingplätzen auf ein WOMO mit zwei Erwachsenen in der preiswertesten und in der teuersten Zeit – ohne Strom (falls er nicht im Grundpreis enthalten ist), Hund und Wasser.

Der letzte Stichpunkt in den Tourenkästen ist die Beschreibung der **Zufahrt**. In Zeiten der GPS-Navigation halte ich die Darstellung möglichst knapp, – es sei denn, die Anfahrt zu einem Platz mithilfe des Navis ist nicht unproblematisch.

Wanderungen

Damit Sie sofort erkennen können, wo sich schöne Wanderungen lohnen, finden Sie diese in grün hinterlegten Kästen. In diesen schildere ich Ihnen die Streckenführung, nenne deren Länge oder die benötigte Wanderzeit und -schwierigkeit. Auch weise ich Sie auf mögliche Bade- oder Grillstellen unterwegs hin.

Restaurants

Meine Restauranttipps beziehen sich überwiegend auf Restaurants, Cafés oder Bistros, die ich bezüglich der Essensqualität oder der Atmosphäre für empfehlenswert halte. Die meisten Lokalitäten bieten eine gemütliche Außenterrasse, oft mit schönem Wasserblick.

Außerdem versuche ich immer die Gastronomie mit sogenanntem *Dagens Rätt* herauszusuchen *(siehe Tipps und Infos)*.

Top Ten, Sehenswürdigkeiten, Tipps und Infos

In den Top Ten finden Sie nicht unbedingt die größten Sehenswürdigkeiten, sondern *zehn Kleinode* oder Besonderheiten, die uns persönlich besonders gut gefallen haben und die wir nicht nach einem Ranking, sondern nach der Reihenfolge in den Touren beziffert haben.

Bei den **Öffnungszeiten** von Sehenswürdigkeiten nenne ich, soweit bekannt, die Kassenöffnungszeiten und gebe in der Regel die nicht ermäßigten Preise an.
Die **Tipps und Infos** am Ende des Buches machen Sie mit den Besonderheiten der Reiseregion vertraut. Dort finden Sie auch verschieden **Anreisewege** und allgemeine Angaben.

Reiseführer und der Zahn der Zeit

Alles in diesem Buch schrieb ich aus meinem Herzen und nach bestem Wissen und Gewissen. Dass sich Fehler einschleichen können, liegt leider in der Natur der Dinge.
Und auch die Aktualität lässt im Laufe der Zeit nach. So kann an dem schönsten Stellplatz von heute, morgen schon eine Baustelle oder ein Verbots-Schild sein.

Deshalb die Bitte um Ihre Mithilfe: Sollte Ihnen unterwegs etwas auffallen, Plätze geschlossen worden sein oder auch ein neuer schöner hinzugekommen sein (auch Restaurants, Wanderwege oder ähnliches), dann melden Sie sich gerne bei mir oder dem WOMO-Verlag.

Im Forum des WOMO-Verlages **www.womo.de** finden Sie weitere aktuelle Informationen. Sie erreichen mich gerne über die Mailadresse **globi@womo.de**.

Lysekil Valbodalen Tour 3

Tour 1

Kullaberg
018
Tour 2
021
Västersjön
Rössjön
Mölle
017
E6
Svanshall
019
016
Ängelholm
Höganäs
13
112
015
020
Rögle
111
014
013
E4
Sofiero Slott
Laröd
Klippan
DK
110
Helsingborg
Band 53
Dänemark
012
109
Skäralid
Älgpark
Knutstorps Borg
E6
13
011
Tierpark
Höör
20 km
010
Bosjökloster
001
003
S
006
009
23
Svenstorp Slott
005
Hörby
002
Lund
E22
004
Lomma
008
Jakriborg
P
Malmö
007
C
E22

Über die Öresundsbron durch West-Skåne
226 km

Skåne ist die südlichste Region Schwedens und bekannt für ihre abwechslungsreiche Landschaft, die von langen Sandstränden, malerischen Fischerdörfern, ursprünglichen Naturschutzgebieten und historischen Städten geprägt ist. Im Norden erstrecken sich die Kullabergs-Klippen und im Landesinneren das Söderåsen Naturschutzgebiet. Unsere Highlights sind:

- **Malmö und Lund**
- **Planstadt Jakriborg**
- **Bosjökloster**
- **Naturschutzgebiet Skäralid**
- **Kullaberg**

Die **Öresundsbron** (Öresundbrücke) ist mit knapp acht Kilometern die längste Schrägseilbrücke der Welt. Die Baukosten beliefen sich auf etwa eine Milliarde Euro und werden per Maut refinanziert. Der letzte Streckenabschnitt in Dänemark, vorbei an København (Kopenhagen), ist nüchtern. Dann geht es in den Tunnel und nach vier Kilometern werden wir von Helligkeit geblendet und der Blick auf die gigantische Brücke verblüfft uns jedes Mal wieder. Es ist schlichtweg beeindruckend!

Sobald das Land in der Ferne auftaucht, schlägt mein Herz höher. Schweden, wir kommen! Kurz hinter der Brücke gibt es einen Aussichtspunkt zur ersten Verschnaufpause.

P **Malmö – *Utsiktspunkt Öresundsbron***
N 55°34'11.6" E 12°53'51.3"

Das Übernachten ist hier verboten, aber für ein Picknick ist die Aussicht auf die Öresundsbron unbedingt empfehlenswert.

Malmö – Aussichtspunkt auf die Öresundbrücke

TOUR 1

In **Malmö** (Einwohnerzahl 345.000) ist das Parken entlang der gesamten Strandgatan und Limhamnsvägen nur begrenzt erlaubt und über Nacht verboten. Unser liebster Stellplatz an der Marina ist zwar riesig, dafür aber gut aufgeteilt und in Toplage.

001 Malmö – *Limhamns Småbåtshamn*

GPS/Kontakt: N 55°35'04.3" E 12°55'11.6", Vågbrytarvägen 216, +4640152024, www.smabatshamnen.se. **Max. WOMOs**: 65. **Öffnungszeit**: Ganzjährig. **Ausstattung**: VE, Strom, WC, Dusche, Mülleimer, WLAN, Waschmaschine, Trockner, Küche, Aufenthaltsraum, Spielplatz, Restaurant. **Beschreibung**: Es gibt vier Bereiche, die nicht alle das ganze Jahr zur Verfügung stehen. Julia ist ganzjährig geöffnet. Bereich Andy ist unser Favorit. Kein Schatten, klappstuhlgeeignet. Neues Sani-Haus. Blick auf das Wasser, den Hafen und die Brücke. Im Sommer ***Limhamns Fiskrökeri (Fischräucherei)***. **Preise**: 300 SEK online zahlbar. **Hinweis**: Bis zum Hauptbahnhof etwa 6 km. Mit dem Bus etwa 30 Minuten: 750 m zu Fuß bis zur Malmö Linnégatan Station Malmö Stranden. Der Bus fährt tagsüber alle 10 Minuten. **Zufahrt**: Von der Strandgatan links auf Bryggövägen, ausgeschildert.

Auf der künstlich angelegten Insel Ön entlang des Sundskajen darf noch frei übernachtet werden. An der Spitze der Insel gibt es einen Parkplatz, der im Sommer schnell überfüllt ist. Mit großen WOMOs wird es dann schwierig.

002 Malmö – *Ön*

GPS: N 55°35'41.2" E 12°55'39.1", Sundskajen. **Max. WOMOs**: 10. **Ausstattung**: Badesteg. **Beschreibung**: Schotterparkstreifen entlang der Ön Halbinsel, großer Schotterparkplatz an der Spitze, an deren Ende sich Bade- und Bootsstege befinden. Kein Schatten, kein Camping. **Zufahrt**: Vom Övägen, nach 400 m rechts auf Sundskajen abbiegen und immer geradeaus fahren.

Direkt gegenüber dieser schiffsförmigen Insel liegt ein schöner Platz, der sich als Ausgangspunkt für eine Stadttour eignet.

003 Malmö – *Lagunen Småbåtshamn*

GPS/Kontakt: N 55°35'44.5" E 12°55'57.8", Vaktgatan 9, +4640124450, www.lagunen.nu/gaste. **Max. WOMOs**: 40. **Öffnungszeit**: Ganzjährig. **Ausstattung**: VE, Strom, WC, Dusche, Küche, Wäsche, WLAN, Restaurant, Fahrradverleih. **Beschreibung**: Direkt am Meer auf Schotter gelegen, ebenerdig, kein Schatten, klappstuhlgeeignet. **Preise**: 300 SEK per Automat im Clubhaus. **Zufahrt**: Hier wird viel gebaut, gut auf die Beschilderung achten! Ansonsten vom Limhamnsvägen links ab in Geijersgatan/Vaktgatan.

Wanderung mit Strandbesuch

Etwa 8 Kilometer: Vom Lagunen Stellplatz gehen wir in südwestlicher Richtung zum Hundespielplatz am **Lagunen Skog** (Wald) und in östlicher Richtung über den Ribersborgsstigen zwischen Golfplatz und Sportplätzen entlang. Wir wollen unbedingt einen Blick auf den beeindruckenden, alles überragenden **Turning Torso** werfen. Dieser ist mit einer Höhe von 190 Metern und 54 Etagen der höchste Wolkenkratzer Skandinaviens und das dritthöchste Wohngebäude Europas. Wir gehen auf der Seebrücke bis ganz vorne und genießen den Ausblick auf den Turm und die Öresundsbron. Im Sommer sind die Strandbäder an diesen wunderschönen Strandbuchten sehr gut besucht. Das **Ribersborgs Kallbadhus** an Brygga 1 ist ein historisches Badehaus mit Sauna aus dem 19. Jahrhundert und ein besonders sehenswertes Bauwerk, in dem bis heute Männer und Frauen getrennt saunieren *(Im Sommer täglich 9-21 Uhr, 80 SEK, Kinder frei.)*. Der **Hundestrand** mit riesiger Spielwiese befindet sich nur ein paar Meter weiter östlich. Sogar einen Agility-Park gibt es. Entlang des gesamten Strandes finden sich immer wieder öffentliche Toiletten, Mülleimer, Grillstationen, kleine Imbiss-Stationen und diverse Kioske. Auch für die sportlich Ambitionierten finden sich hier Open-Air-Gym-Einrichtungen, Minigolf und sonstige Aktivitäten. Zurück gehen wir über den herrlichen Strand. Ganz interessant ist das **Museum Naturum Öresund** mit einer kleinen Ausstellung *(Ribersborgsstigen 4, +46406313041, www.naturumoresund.se, 06-08, Di.-Sa. 12-15 Uhr)*.

Malmö – Turning Torso

Restaurant-Tipp: Im ***Mittagslokal Spill*** wird großen Wert auf Nachhaltigkeit und Regionalität gelegt. Das Lokal ist vom nächsten Platz gut zu erreichen *(Dagens Rätt, 118 SEK, N 55°36'44.7" E 12°59'17.1", Gängtappen, Stora Varvsgatan 11, +46737070813, www.restaurangspill.se)*.

TOUR 1

Das Parken in Malmö ist, vor allem mit großen WOMOs, sehr schwierig. Der ideale Parkplatz ist unserer Meinung hinter dem Slagthuset (Schlachthaus).

004 Malmö – *Parkering Jörgen Kock*

GPS: N 55°36'43.3" E 13°00'13.5", Jörgen Kocksgatan 5. **Max. WOMOs**: 20. **Ausstattung**: Mülleimer, beleuchtet, umzäunt, videoüberwacht. **Beschreibung**: Großer Asphalt-Parkplatz ohne Schatten, idealer Ausgangspunkt zur Besichtigung Malmös (1 km). **Preise**: 200 SEK/24 Std. per EasyPark-App. **Hinweis**: Am besten etwas weiter hinten parken, tagsüber wird es vorne voll. **Zufahrt**: Wichtig ist hier, dass man über die Hans Michelsensgatan auf den Parkplatz fährt, ansonsten muss man einen großen Umweg über die Jörgen Kocksgatan mit Kreisel fahren, um aus der anderen Richtung zu kommen.

Restaurant-Tipp: Die ***Saltimporten Canteen*** in einem alten Lagerhaus im Hafen von Malmö hat nur drei Stunden am Mittag geöffnet *(Dagens Rätt, N 55°36'57.4" E 12°59'49.1", Grimsbygatan 24, +46706518426, www.saltimporten.com)*.

Auf dem Stortorget bewundern wir das **historische Rathaus**. Der ehemalige Bürgermeister Jörgen Kock (1487-1556) hat das Stadtbild zur damaligen Zeit grundlegend verändert, indem er ganze Straßenzüge abreißen ließ, um Platz für den Stortorget und das Rathaus zu schaffen. Zu der Zeit war Malmö eine der größten Städte Skandinaviens und das Rathaus das größte, das im 16. Jahrhundert erbaut wurde. Uns gefällt der Lilla Torg allerdings etwas besser als der große, kahle Stortorget. Hier können wir einen Besuch der Biergärten unbedingt empfehlen! Ein kleiner Geheimtipp ist um die Ecke in der Larochegatan das ***Restaurant Green Fusion*** *(LGBTQ+-freundlich, Larochegatan 7, +4640441212)*.

Die Künstlergruppe *AnonyMouse* hat in der ganzen Stadt Häuser, Restaurants, Geschäfte und Vergnügungsparks im Miniaturformat gebaut – für Mäuse. Es wurden nur Dinge verwendet, die auch Mäuse hätten finden und benutzen können. Zu sehen sind sie in der Bergsgatan, Föreningsgatan 51, Södra Förstadsgata, Södervärns vårdcentral, einige im Bezirk Möllan und auch in weiteren Städten. Leider sind die Installationen nicht dauerhaft. So suchen wir zu unseren Füßen die etwa 30-70 Zentimeter kleinen Häuschen *(Instagram @anonymouse_mmx)*. Haben Sie schon eins entdeckt?

Bis zum **Malmöhus** ist es noch etwa einen Kilometer. Die Festung wurde von König Christian III. und von Bürgermeister Jörgen Kock um 1530 ausgebaut und erweitert. Im Gebäude befinden sich heute Malmös Kunstmuseum und das städtische Museum *(Di.-So. 11-17 Uhr, 100 SEK, 50 SEK (0-19 Jahre), Malmöhusvägen 6, +4640341000)*.

Historisches Oberstes Gericht

Sehr empfehlenswert ist das ***Slottsträdgårdens kafé***. Das charmante Café ist besonders für die frisch gebackenen Zimtschnecken bekannt *(täglich 11-15:30 Uhr, in der Nebensaison nur Fr.-So., Malmöhusvägen 8, +4640304034, www.slottstradgardenskafe.se)*.

Jedes Jahr im August findet das *Malmöfestival* statt, Schwedens größtes und ältestes Straßen- und Kulturfest erstreckt sich über mehrere Straßenzüge der Innenstadt.

Wir haben erstmal genug von der Stadt und sehnen uns nach Meer und Land. Leider kein Geheimtipp mehr ist der kostenlose Parkplatz bei **Lomma** (Einwohnerzahl 10.000) zwischen Malmövägen und dem Öresund. Noch werden WOMOs hier bis zu 24 Stunden toleriert. Ich schreibe extra nur vier maximale WOMOs auf, obwohl ich weiß, dass hier (immer) mehr stehen, in der Hoffnung, dass es keiner übertreibt und uns der Platz so noch ein bisschen erhalten bleibt. Trotz der Sichtweite zur Straße ist es ein schönes Fleckchen Erde, mit Strand und Gassi-Geh-Möglichkeit.

Malmö – Blick von der Mälarbron

TOUR 1

005 Lomma – *Öresundsparken*

GPS: N 55°39'34.7" E 13°03'31.5", Malmövägen. **Max. WOMOs**: 4. **Ausstattung**: WC, Dusche, Frischwasser, Mülleimer, Picknickbänke, Beachvolleyball (200 m). **Beschreibung**: Parkplatz an der Straße unter Bäumen auf Asphalt in Strandnähe, schön auch mit Kindern und Hunden wegen des angrenzenden Parks und des relativ flachen Wassers. Vom Strand ist Malmö mit dem Turning Torso und die Öresundbrücke sichtbar. **Hinweis**: Max. 24 Std. **Zufahrt**: Vom Västkustvägen links auf den Malmövägen ca. 7 km, Parkplatz linker Hand.

Ein **Hundespielplatz Hundrastplats i Lomma** befindet sich nur etwa 600 Meter entfernt am Lomma Saltsjöbadsväg. Der Weg führt wunderschön entlang der Bucht und ist nicht nur für Hundefreunde sehr schön zu gehen. Der kleine Strand ist feinsandig und sehr flach. Bis zum **Hafen Lomma** sind es etwa zwei Kilometer. Der angrenzende Park mit Spielplatz, Steg und Rundwegen ist ebenfalls sehr attraktiv.

Im länglichen Hafen, auf der gegenüberliegenden Seite, finden sich etliche gute Restaurants, teils auch mit schöner Außengastronomie. Wir können das ***Fiskboden Restaurang*** mit Fischladen *(Täglich 11-16 Uhr, Kajgatan 1, +4640411010, www.fiskboden.se)* und ***The Fish and Chip Shop*** *(Täglich 11:30-20 Uhr, Höjeågatan 4B, www.thefishandchipshop.se)* empfehlen.

Der schönere und längere Strand mit weißem Sand und flachem Wasser befindet sich nördlich von Lomma.

006 Lomma – *Strand*

GPS: N 55°40'59.1" E 13°03'53.0", Campingvägen 1. **Max. WOMOs**: 20. **Ausstattung**: Frischwasser, WC, Dusche, Mülleimer (hinter dem Parkplatz Richtung Strand). **Beschreibung**: Großer Schotterparkplatz, über Nacht ruhig. **Preise:** 100 SEK/24 Std. zahlbar per Parkster-App. **Zufahrt**: Dem Södra Västkustvägen Richtung Badparkering folgen.

Wir verlassen vorerst die Küste, weil wir zur Planstadt **Jakriborg** (Einwohnerzahl 600) wollen und fahren früh morgens los, um noch einen guten Parkplatz zu bekommen. Unsere Sorge ist allerdings unbegründet, denn der Parkplatz neben der Stadt ist fast so groß wie diese. Wir könnten sogar hier übernachten, denn der Platz ist kostenlos und am Rand unter den Bäumen relativ gemütlich.

007 Jakriborg – *Gästparkering*

GPS: N 55°40'28.2" E 13°07'58.9", Allévägen. **Max. WOMOs**: 6. **Ausstattung**: Eingezäunt, aber nicht bewacht. **Beschreibung**: Großer Gästeparkplatz auf Asphalt, am Rand unter Bäumen. **Zufahrt**: Versteckt hinter einer Hecke und Lagerhalle. Schild: Gästparkering.

Jakriborg wurde von der schwedischen Firma Jakri AB zwar erst seit den 1990er Jahren gebaut und kontinuierlich erweitert, aber die Ortschaft ist so hübsch und ungewöhnlich, sie könnte aus dem Mittelalter stammen. Wir staunen, wie farbenfroh die Häuser leuchten und die Stockrosen blühen. Manche scheinen riesig, andere wiederum extrem klein. Dass die Eisenbahnlinie direkt hier entlangführt, merken wir erst, als wir um die historisch wirkende Stadtmauer herumschauen.

Schmucke Häuser in Jakriborg

Mit unserem etwa zwei Kilometer langen Rundgang haben wir dann auch schon alles gesehen, aber gefallen hat es uns trotzdem sehr und wir kommen gerne wieder!

In **Lund** (Einwohnerzahl 91.000) einen Parkplatz zu bekommen, empfinden wir als schwierig. Die Stadt ist voll und der offizielle Stellplatz am Freibad liegt etwa drei Kilometer außerhalb.

008 Lund – *Källbybadet*

GPS/Kontakt: N 55°41'21.0" E 13°10'17.3", Badarevägen 10, +463595188, www.lund.se/uppleva-och-gora/natur-lekplatser-och-parker/camping. **Max. WOMOs**: 20. **Öffnungszeit**: 06-08, nur tagsüber 8-19 Uhr, max. 7 Tage. **Ausstattung**: VE, Strom, WC, Dusche, Mülleimer, WLAN, Wäsche, Kiosk, Freibad. **Beschreibung**: Die Stellplätze sind auf Rasen oder Asphalt hinter einer Hecke vom restlichen Parkplatz getrennt. **Preise**: 300 SEK +Strom, inkl. Schwimmbad. **Hinweis**: Direkt neben dem Freibad kann es tagsüber sehr laut sein. Die Wege rundherum (Richtung Höjeådalen) sind mit dem Hund besonders schön. Der Bus 7 fährt vom Virvelvindsvägen alle 15 Minuten bis in die Stadt (ca. 20 Min.). **Zufahrt**: Über den Källby Ängaväg.

Uns gefallen die farbenfrohen Fassaden und die verwinkelten Pflastersteingassen im mittelalterlichen Stadtkern besonders gut. Mit seinen fast tausend Jahren ist Lund eine der ältesten Städte Schwedens. Bereits im 17. Jahrhundert wurde die **Universität** gegründet. Dank ihr gilt Lund als Stadt der Geschichte, Kultur, Wissenschaft und Innovation. Es herrscht eine lockere Atmosphäre, von der wir sehr angetan sind.

Besonders interessiert uns die romanische **Domkyrka** aus dem 12. Jahrhundert. Wir sind beeindruckt von der Größe und bewundern die *astronomische Uhr* von 1425. Sie zeigt die Sternzeichen und Mondphasen über Lund an. Zweimal täglich ziehen zum Glockenspiel *In dulci jubilo* die Heiligen Drei Könige am Jesuskind vorbei. Im Sommer gibt es kostenlose Domführungen *(Kyrkogatan 6, www.lundsdomkyrka.se)*.

Hinter dem Dom, in nordöstlicher Richtung, befinden sich viele wundervolle historische Häuser, die zum **Kulturen-Museum** gehören und ein Park mit Café *(Täglich 10-17 Uhr, 150 SEK, Kinder frei, Hunde nur im Außengelände, Tegnérsplatsen 6, www.kulturen.com)*.

Lund – Astronomische Uhr im Dom

Ein Besuch im **Botaniska trädgården** *(Botanischer Garten, Garten täglich 6:30-20 Uhr, Gewächshäuser Di.-So. 11-15 Uhr, Östra Vallgatan 20, www.botan.lu.se)* lohnt zu jeder Jahreszeit. Hunde sind leider nur im Garten willkommen.

Über Kopfsteinpflaster schlendern wir durch die Klostergatan entlang prächtig restaurierter Altbauten. Aus der ***Broder Jakobs Stenugnsbageri*** *(Klostergatan 9)* lockt uns der Duft frisch gebackener Zimtschnecken. Die Klostergatan ist lediglich ein Vorgeschmack auf den *mittelalterlichen Stadtkern* von Lund, der sich zwischen Kiliansgatan und Tomegapsgatan erstreckt.

Dom zu Lund

Zum Essen gehen wir auf jeden Fall zu den ***Saluhallen*** *(Mårtenstorget 1, www.lundssaluhall.se).* Hier gibt es kleine Lebensmittel-Fachgeschäfte, Handwerkskunst und schwedische sowie traditionelle Gerichte.

Wer auch in Lund die süßen Mäuse-Häuschen wie in Malmö suchen möchte, findet sie (hoffentlich) in der Magle Stora Kyrkogata, Nygatan und Winstrupsgatan.

Wir fahren durch die bezaubernde Natur ins Landesinnere

Uns wird erst jetzt richtig bewusst: Wir sind schon mitten in Schweden! Die kleine Provinz **Skåne**, in der mehr Elche in freier Wildbahn gesichtet werden können, als in vielen anderen Teilen des Landes, wird oft als Kornkammer des Landes bezeichnet. Und so queren wir viele Felder und Wiesen und machen nach wenigen Kilometern einen Abstecher zum **Svenstorp Slott**, westlich der E22. Auch wenn sich das Schloss in Privatbesitz befindet und nicht von innen besichtigt werden kann, sind die Gärten das ganze Jahr über frei zugänglich.

Die Provinz Skåne, in der mehr Elche gesichtet werden können, als in anderen Teilen, wird oft als Kornkammer des Landes bezeichnet.

Als im 17. Jahrhundert der dänische König hier residierte, soll er ein *Siegesmahl* zubereitet haben lassen. Doch die folgende Schlacht gewannen die Schweden und dessen König hat sich der Legende nach über das vorbereitete Festmahl sehr gefreut.

TOUR 1

009 Gårdstånga – *Rastplats*

GPS: N 55°46'22.2" E 13°19'02.7", Gårdstånga. **Max. WOMOs**: 4. **Ausstattung**: VE, WC, Mülleimer, Restaurant, Imbiss, Shop, Tankstelle, Picknickbänke. **Beschreibung**: Rundweg und Parkplatz auf Asphalt, teils unter Bäumen, gemütlicher und schöner Park. Die Straße ist in Hörweite. **Zufahrt**: Im Kreisel Richtung Kävlinge, Rasthof Gårdstånga.

Hier stärken wir uns mit einer Portion Köttbullar und fahren weiter Richtung Ekeborg und dem **Bosjökloster**.

Das Kloster erstrahlt mit seinen weißen Treppengiebeln und wir sind sofort begeistert von dem schönen Kontrast zum blauen Himmel und dem Blau des Ringsjön. Es liegt so romantisch da, dass wir uns kaum vorstellen können, wie es schon im 11. Jahrhundert als Benediktiner-Nonnenkloster fungierte. Das Kloster war eines der angesehensten und wohlhabendsten Klöster in Skåne und wurde von einer Äbtissin geleitet. Nur Töchter aus wohlhabenden Familien, die reiche Schenkungen mitbrachten, wurden aufgenommen. Heutzutage gehört es zu den ältesten erhaltenen Schlössern Skånes.

010 Höör – *Bosjökloster*

GPS/Kontakt: N 55°52'39.7" E 13°30'55.0", Bosjökloster, www.bosjokloster.se. **Max. WOMOs**: 10. **Öffnungszeit**: Ganzjährig. **Ausstattung**: WC, Mülleimer und Picknickbänke am Kloster, videoüberwacht. **Beschreibung**: Parkstreifen in Längsrichtung unter Bäumen, ruhig in der Nacht, klappstuhlgeeignet. **Zufahrt**: Am Golfplatz vorbei Richtung Schloss-Parkplatz.

Nicht nur für Kinder ist **Skånes Djurpark (Tierpark)** ein Erlebnis. Hier leben Elche, Wölfe, Bären und über 50 weitere nordische Tierarten. Der Park wird nach dem Motto *keine Tiere in Käfigen* geführt *(Online 199 SEK, sonst 399 SEK, -20% für Campingplatz-Gäste, täglich 11-17 Uhr, Hunde verboten, N 55°57'46.9" E 13°32'15.6", Jularp 150, www.skanesdjurpark.se)*.

011 Höör – *Grottbyn Skånes Djurpark*

GPS/Kontakt: N 55°57'37.8" E 13°32'17.5", Jularp 145, +46732451512, www.grottbyn.se. **Max. WOMOs**: 120. **Öffnungszeit**: Ganzjährig.

Ausstattung: Sauna, Pool, Kiosk, Minigolf, Spielplatz, Grillplatz, Boule, Hundewald, kleiner See mit Badestelle. **Beschreibung**: Campingplatz mit Erdhügel-Hütten und Erdhügel-Sani-Haus im *Hobbit*-Stil. **Preise**: 340 SEK +Strom, Stellplatz vor der Schranke 225 SEK ohne Strom. **Hinweis**: Nur VE 150 SEK. **Zufahrt**: Im Kreisel rechts ausgeschildert.

TOUR 1

Wir fahren zum **Söderåsens Nationalpark Skäralid** und parken unterhalb des Besucherzentrums. Hier bekommen Sie Info- und Kartenmaterial, außerdem gibt es eine kleine Ausstellung. Üppige Laubwälder, steile Hänge, fließende Bäche mit reicher Flora und Fauna und beeindruckende Ausblicke zeichnen diesen Nationalpark aus. *(Im gesamten Nationalpark ist das Übernachten im WOMO verboten.)* Von hier starten etliche Wanderwege mit unterschiedlicher Länge und Schwierigkeitsgraden zu den teils dramatischen Schluchten und dem *Aussichtspunkt Kopparhatten*. Eine Rundtour lohnt sich auf jeden Fall! In der Hauptsaison empfehlen wir einen Besuch in der Woche zu früher oder späterer Stunde *(N 56°02'08.5" E 13°14'14.5", Skäralid Ljungbyhed)*.

Wanderungen Skäralid

Grauer Weg, 1 Kilometer: Ein leichter Rundweg um den Skärdammen mit kurzem Ausflug ins Tal Skäralidsdalen. Der Weg ist auch für Rollstühle oder Kinderwagen geeignet und entlang des Weges finden Sie zahlreiche Informationsschilder, die Ihnen mehr über den Nationalpark, Skäralid und die Kulturgeschichte der Region erzählen.

Gelber Weg, 4 Kilometer: Ein wunderschöner und leicht begehbarer Weg führt durch das magische Spaltental und hinauf auf das nördliche Plateau, auf dem Kopparhatten liegt. Auf dem Rückweg nach Skäralid hat man die Möglichkeit, den Aussichtspunkt zu erklimmen. Diese Wanderung bietet einen Höhenunterschied von 90 Metern und 200 Stufen, wobei die Steigungen und Tiefen moderat sind.

012 Ljungbyhed – *Skäralids Camping och Vandrarhem*

GPS/Kontakt: N 56°02'20.6" E 13°15'25.5", Skäralid, www.skaralid.com. **Max. WOMOs**: 68. **Öffnungszeit**: 04-10. **Ausstattung**: Nur Grau- und Frischwasser, Wäscherei, Grillstelle, Sauna, Picknickbänke, Spielplatz. **Beschreibung**: Kleiner Campingplatz auf einer Wiese am Waldrand, im Hochsommer sehr voll und eng, ansonsten ruhig. **Preise**: 340-390 SEK. **Hinweis**: Code per Handy bei Online-Buchung oder Barzahlung im Vandrarhem. **Zufahrt**: Schräg gegenüber vom Skäralid Nationalpark.

Wer nur eine Ver- und Entsorgung benötigt, findet eine gute Möglichkeit in Klippan *(N 56°07'40.2" E 13°07'30.1", Fabriksvägen)*. Gasflaschenservice gibt es in Helsingborg *(N 56°05'33.6" E 12°45'10.0" und N 56°3'39.024" E 12°42'32.6")*.

Am nächsten Tag machen wir einen kurzen Abstecher zur **Knutstorps Borg** von 1551. Sie wurde beim Versuch der Dänen, Skåne zurückzuerobern, in Stücke geschossen. Im Gebäudeteil '*Valvet - Gewölbe*' befindet sich ein *kleiner Laden mit Café*. Hier gibt es kleine Nettigkeiten im Vintage-Style. Der Eingang ist im Schlosshof, siehe Schild ***Knutstorps Butik*** *(Mi.-Sa. 11-15 Uhr, N 55°58'48.5" E 13°08'03.8", Knutstorp, Kågeröd, www.knutstorp.se)*.

Samstags können Sie einen Stopp im ***Hofladen Gyegården äppelodling och gårdsbutik*** einlegen, um leckeren Apfelmost, Honig oder Alpaka-Wolle zu kaufen *(Sa. 10-13 Uhr, Gyegården 2954, Kågeröd, www.gyegarden.se)*.

Sofiero Slott, nördlich von Helsingborg, ist bekannt für die großartigen Blumenbeete, samtweichen Rasenflächen, üppigen grünen Bäume und wunderschönen Blumenbeete. Es liegt oberhalb von zwei mit Rhododendren bewachsenen Schluchten, die einen beeindruckenden Blick auf den Sund bieten.

Die Blumenprinzessin

1905 war das Schloss ein verfallenes Sommerschloss. Es war das Hochzeitsgeschenk von König Oscar II. an Prinzessin Margareta und Prinz Gustav Adolf. Margareta war im Bagshot Park außerhalb von London aufgewachsen und brachte den ersten Rhododendron aus England mit in ihre neue Heimat. Sie verwandelte den verwilderten Park innerhalb von 15 Sommern in einen blühenden Garten. Von da an hieß sie nur noch: die Blumenprinzessin.

TOUR 1

Auch ohne Rhododendron-Blüte lohnt sich ein Halt am Schloss und ein ausgedehnter Spaziergang durch die Gärten *(04-09, 135 SEK, Kinder frei, Online-Ticket 125 SEK, 10-03 Eintritt frei, Gartencafé nur im Sommer 11-15:30 Uhr, N 56°05'08.4" E 12°39'51.5", Sofierovägen 131, Helsingborg, www.sofiero.se)*. Leider dürfen wir auf dem großen Parkplatz gegenüber nicht übernachten. Doch der nächste freie Übernachtungsplatz direkt am Meer ist nicht weit.

013 Hittarp – *Södra Kustvägen*

GPS: N 56°05'28.5" E 12°38'41.6", Södra Kustvägen 33. **Max. WOMOs**: 5. **Ausstattung**: WC, Mülleimer, Picknickbänke. **Beschreibung**: Parkstreifen auf Schotter am Wasser mit Badebucht, herrlicher Ausblick! Klappstuhlgeeignet. **Zufahrt**: Vom Lövängsvägen etwa 1,5 km in Serpentinen hinunter bis zum Strand.

Vom Stellplatz im Bootshafen von **Domsten** (Einwohnerzahl 625) sind wir sehr begeistert. Wie fast überall in der Nebensaison sind wir hier allein und genießen die herrliche Aussicht.

014 Domsten – *Hamn*

GPS/Kontakt: N 56°07'01.9" E 12°36'17.9", Petter Jönssons väg, +46708153063, www.domstensbatklubb.se/camping.
Max. WOMOs: 10. **Öffnungszeit**: Ganzjährig.
Ausstattung: VE, Strom, WC, Dusche, Mülleimer, WLAN, Kiosk, Spielplatz, Grillplätze, Picknickbänke, Strand, Hundebad, Restaurant.
Beschreibung: Schöne Ecke auf Schotter im kleinen Hafen am Hundestrand mit vielen Picknickbänken. **Preise**: 250 SEK zahlbar am Kiosk oder beim freundlichen Österreicher Christian, der meistens gegen 19 Uhr vorbeikommt. **Zufahrt**: Im Seglarevägen am Ende links.

Der Kiosk ***Christians Fiskebod*** am Hafen bietet leckere Fischbrötchen! Ganz interessant ist der Gedenkstein Domstens pestkyrkogard, der an die vielen Opfer der Pest 1711 erinnert. Wir finden diesen nur wenige Schritte hinter dem Spielplatz hangaufwärts mit fantastischem Blick auf den Öresund.

In **Höganäs** (Einwohnerzahl 25.000) verbringen wir in der Nebensaison eine ruhige Nacht im Hafen.

015 Höganäs – *Hamn*

GPS/Kontakt: N 56°11'58.3" E 12°32'52.8", Hamngatan 1, www.hbs.se/g-stb-t/stallplats. **Max. WOMOs**: 35. **Öffnungszeit**: Ganzjährig (im Winter nur eingeschränkt nutzbar). **Ausstattung**: VE, Strom, WC, Dusche, Mülleimer, WLAN, Grillplatz, Spielplatz, Strand, Badehaus, Imbiss, Restaurant. **Beschreibung**: Großer Asphalt-Parkplatz ohne Schatten. Eigentlich ist es nur ein großer Parkplatz, aber immerhin sind pro WOMO zwei Parkplätze vorgesehen. **Preise**: 190 SEK +Strom zahlbar am Automaten. **Hinweis**: Samstagnachts gibt es Disco! Die Stromstecker stehen nur begrenzt zur Verfügung. Das Sani-Haus (*Servicebyggnad*) befindet sich zwischen Restaurant und Imbiss. **Zufahrt**: Der Strandgatan bis zum Hafen folgen.

Am ***Restaurang Bryggan*** gefällt uns der kleine Außenbereich besonders gut. Wir essen frischen Heilbutt mit Kartoffelpüree und gerösteten Haselnüssen und natürlich: Köttbullar mit Preiselbeeren. Der Imbiss ***Höganäs Hamnkrog*** im modernen Gebäude neben dem Kallbadhus und herrlichem Sandstrand ist für den kleinen Hunger sicherlich eine gute Alternative zum etwas teureren Restaurant.

Prinzipiell ist es uns hier aber zu unromantisch, weshalb wir den Parkplatz am Strand etwas nördlich der Stadt bevorzugen. Der Vorteil: der Platz ist offiziell und kostenlos, der Nachteil: es gibt nur Platz für drei WOMOs.

016 Höganäs – *Margereteberg Strand*

GPS: N 56°12'55.0" E 12°32'41.6", Smergelgatan 9. **Max. WOMOs**: 3. **Öffnungszeit**: Ganzjährig. **Ausstattung**: WC, kalte Outdoor-Dusche, Mülleimer, Picknickbänke, Grillstelle, Spielplatz, Strand. **Beschreibung**: Kleiner Schotterparkplatz mit Strandzugang, kein Schatten, klappstuhlgeeignet am fantastischen flachen Sandstrand. **Hinweis**: Leider sind Hunde von 05-09 am Strand nicht erlaubt. **Zufahrt**: von der Kullagatan in die Smergelgatan bis zum Ende. Die WOMO-Plätze sind auf der linken Seite.

Dies ist der letzte Freistehplatz vor der Spitze des Kullabergs. Dort sind alle Parkplätze nur tagsüber zur Nutzung erlaubt.

Weinliebhaber werden ihre helle Freude an ***Kullaberg's Vineyard*** finden *(Führung mit Verkostung 395 SEK, +46424442100, N 56°15'26.8" E 12°32'24.1", Lyckerisvägen 52, Nyhamnsläge, www.kullabergs.se).*

Nur ein paar Meter vom Weingut entfernt ist das ***Holy Smoke BBQ***. Das Fleisch wird in besonderen Barbecue-Smokern zubereitet und im Smokehouse serviert. Die Atmosphäre ist unschlagbar *(N 56°15'39.8" E 12°33'01.9", Krapperups kyrkoväg 116, Nyhamnsläge, www.holysmokebbq.se, Parkplatz am Bäckevägen, N 56°15'38.6" E 12°32'54.0")!*

Gut gestärkt besuchen wir **Krapperups Slott** mit Museum, Galerie und Café, einem großen Park mit Rosengarten und Picknickbereichen. Das Mitte des 14. Jahrhunderts erbaute Schloss darf nur mit Gruppen besichtigt werden *(Ganzjährig, N 56°15'47.2" E 12°31'54.4", Krapperupsvägen 409, Nyhamnsläge, www.krapperup.se).*

Ein skandalöses Hochzeitsfest

Oluf Stigsen Krognos lebte im 15. Jahrhundert mit seiner Familie hier. Sein Vater Stig war einer der mächtigsten Männer Dänemarks. Oluf aber wurde *der Reiche* genannt, er war Ratsherr, Ritter, Sheriff von Varberg und Vorsteher von Laholm. Teils durch das Erbe seiner Eltern und teils durch seine reichen Ehen wurde er zu einem der größten Lords von Skåne. Skandalbehaftet ist die verschwenderische Hochzeit seiner Tochter 1502, denn es gab viele Neider, so auch der dänische König, der Oluf verräterischer Verbindungen zum aufständischen schwedischen Adel bezichtigte.

Unser Tag war lang und so finden wir eine schöne Bleibe auf dem nahen Campingplatz.

017 Mölle – *First Camp*

GPS/Kontakt: N 56°16'15.3" E 12°31'45.9", Kullabergsvägen 286, +4642347384, www.firstcamp.se/destinationer/molle-hoganas.
Max. WOMOs: 10. **Öffnungszeit**: Ganzjährig.
Ausstattung: WLAN (Rezeption), Pool, Kiosk, Imbiss, Brötchenservice, Minigolf, Sauna, Spielplatz, Animation, Fahrradverleih.
Beschreibung: Gemütlicher Wiesenplätze mit Hecken unterteilt. Kein Schatten. Straße ist tagsüber in Hörweite. Etwa 1 km bis zum Krapperup Slott oder 3 km bis zum Hafen Mölle, möglicher Rundweg über Möllehässle. **Preise**: 210-790 SEK. **Zufahrt**: An der Kreuzung der 111.

Mölle (Einwohnerzahl 650) ist ein kleiner Hafenort an der Westküste. Ein malerischer Ort mitten in wunderschöner Landschaft, mit atemberaubenden Ausblicken auf die Klippen, die weißen Häuser und die weißen Sandstrände. Außerdem gibt es ein Museum und einige Restaurants. Der Ort gefällt uns wegen der malerischen Kulisse sehr gut.

018 Mölle – *Kapell*

GPS: N 56°16'53.9" E 12°30'12.0", Kullabergsvägen. **Max. WOMOs**: 6.
Ausstattung: WC, Mülleimer.
Beschreibung: Großer Asphaltparkplatz mit Beleuchtung vor der Kapelle, guter Ausgangspunkt für Wanderungen und Besichtigung der Stadt.
Zufahrt: Direkt an der 111 Richtung Mölle und Kullaberg auf der rechten Seite an der Kapelle.

Ein besonderes Highlight ist der **Kullaberg**, ein Naturreservat, das für seine zerklüfteten Klippen und seine Vielfalt an seltenen Pflanzen und Tieren bekannt ist. *Kullens Fyr* von 1809 ist ein Leuchtturm auf der Kullen Halbinsel. Er liegt 78,5 Meter über dem Meeresspiegel und ist der lichtstärkste Leuchtturm Skandinaviens. Es gibt auch mehrere Wanderwege auf Kullaberg, die sich durch die Landschaft schlängeln und eine schöne Aussicht auf das Meer ermöglichen *(N 56°18'03.2" E 12°27'24.9", Italienska vägen 322, Mölle).*

Wanderung Kullens Fyr

3 Kilometer: Vom Parkplatz gehen wir am südlichen Ende Richtung Wald und Klippen. Der Pfad ist steinig und festes Schuhwerk auf jeden Fall sinnvoll. Ein paar langgezogene Holz-Schotter-Stufen erleichtern uns den Weg. Durch wunderschöne Natur, zwischen Felsgebüschen, Heide und Schluchtwäldern gehen wir den Weg hinab und klettern rauf zum Åkersberget. Die Aussicht ist phänomenal und in der Ferne sehen wir sogar schon den Leuchtturm. Tiefe Schluchten säumen unseren Weg und überall wird gepicknickt. Bis zu einer halben Millionen Menschen besuchen

jährlich dieses Fleckchen Erde. Wir können es gut verstehen! Wenn Sie mutig genug sind, können Sie hier in die Schluchten hinabklettern, teilweise durch Seile gesichert, und die Grotten erkunden. Aber bitte seien Sie vorsichtig, die Schluchten sind steil, voller Geröll und können sehr rutschig sein. Von hier aus geht es durch die bewaldete Schlucht Richtung Norden und wir kommen am ***Café Kullens Fyrservering*** raus, bei dem wir eine Pause auf der Terrasse einlegen. Nun ist es Zeit für einen Besuch am Leuchtturm und dem Naturum Museum *(hier bekommen Sie Infos und Kartenmaterial über weitere Wanderwege am Kullaberg, kleine Ausstellung, 04-11 täglich 11-16 Uhr, 03 montags geschlossen, Winter geschlossen, barrierefrei, www.kullabergsnatur.se)*. Von hier aus zweigen einige Wege bis zum Wasser beziehungsweise bis ganz vorne auf die Klippen ab. In westlicher Richtung führt ein Weg zu einer Aussichtsplattform und wir folgen dem steinigen Pfad bis hinab zum kleinen Leuchtturm.

Nils Holgerssons Reise zum Kullaberg

Selma Lagerlöf setzte dem Kullaberg ein literarisches Denkmal. In ihrem Roman *Nils Holgerssons wunderbare Reise mit den Wildgänsen* beschreibt sie im 5. Kapitel das alljährliche Treffen aller Tiere auf dem Kullaberg.

019 Svanshall – *Hamn*

GPS: N 56°15'10.2" E 12°39'37.8", Promenaden 18. **Max. WOMOs**: 5. **Öffnungszeit**: Ganzjährig. **Ausstattung**: Frischwasser, Strom (langes Kabel!), WC (sehr schlechter Zustand), Picknickbänke. **Beschreibung**: Kleiner, ruhiger Schotterplatz am Ende des Hafenareals. **Preise**: 100-200 SEK, zahlbar per App oder beim Hafenmeister, der abends rumkommt. **Zufahrt**: Hamnbacken bis zum Ende fahren.

Wir hadern lange mit uns, ob wir zum langen Sandstrand bei **Ängelholm** (Einwohnerzahl 45.000) fahren oder nicht, aber freies Übernachten ist inzwischen überall verboten und der öffentliche Stellplatz gefällt uns nicht, da dieser direkt an einer Eisenbahnlinie liegt und keine freie Sicht auf den Hafen oder das Wasser bietet. Im Sommer ist es hier überall hoffnungslos überfüllt und so fahren wir ein Stück ins Landesinnere zu schöneren Plätzen.

020 Rögle – *Röglevägen*

GPS: N 56°11'26.1" E 12°46'28.9", Röglevägen 338. **Max. WOMOs**: 10. **Öffnungszeit**: Ganzjährig. **Ausstattung**: Frischwasser, Strom, Picknickbank, Küche. **Beschreibung**: Kleiner privater Platz am See zwischen Bäumen, gemütlich, Angelsee. **Preise:** 100-200 SEK in bar per Umschlag. **Zufahrt**: Die Einfahrt ist direkt in der Kurve gegenüber von Röglevägen 305. Den kleinen Feldweg bis ans Ende durchfahren.

Noch weiter im Landesinneren liegt der schöne Västersjön. Auch wenn der Weg entlang des Sees kein Geheimtipp mehr ist, lohnt sich ein Ausflug in der Nebensaison. Denn hier finden sich etliche Parkbuchten im Wald, an denen Vanlife-Feeling aufkommt.

021 Västersjön – *Övre Västersjövägen*

GPS: N 56°19'34.3" E 13°03'14.6", Övre Västersjövägen. **Max. WOMOs**: 10. **Ausstattung**: Teilweise Grillstellen aus Steinen. **Beschreibung**: Mehrere kleinere Parkbuchten entlang der Schotterpiste im Wald und am See. Wildcamping wie man es sich erträumt mit Lagerfeuer und Angel in der Hand. **Hinweis**: Bitte nur Feuer entzünden, wenn es die Natur zulässt! **Zufahrt**: Vom Rössjöholmsvägen links in den Övre Västersjövägen, entlang des Västersjön.

Tour 2

Tour 3
Lerkil
Kungsbacka
043
042
Tjolöholm Slott
041
20 km
E6
040
039
Bua
Viskan
S
P
036
038
Varberg
UNESCO
Radiostation
153
037
Ullared
Gällared
033
Wasserfall
035
E6
154
034
Hallands
schönste
Straße
Falkenberg
Ätran
150
032
031
030
Naturreservat
Grimsholmen
Ugglarp
029
26
Nissan
028
Haverdal
Tylösand
Halmstad
027
025
026
E6
P
024
023
Lagan
Hovs Hallar
Naturreservat
Mellbystrand
Båstad
Tour 1
022

Von den Hovs Hallar Kliffs zum Tjolöholm Slott

285 km

Die Landschaft Hallands ist geprägt von einer abwechslungsreichen Küstenlinie mit weiten Sandstränden, Dünen und Klippen. Im Hinterland erheben sich sanfte Hügel, die teilweise von ausgedehnten Wäldern bedeckt sind. Die Provinz war einst Teil Dänemarks und hat noch heute zahlreiche dänische Einflüsse. Sie ist auch bekannt für ihre kulinarischen Spezialitäten, wie Käse und Lachs. Unsere Highlights sind:

- **Klippen von Hovs Hallar**
- **Mellbystrand**
- **Wasserfälle Ätrafors**
- **Festung Varberg**
- **Tudorschloss Tjolöholm**

Wir fahren um die Skälderviken-Bucht herum auf die nächste Landzunge, die ähnlich wie der Kullaberg ins Kattegat hinausragt. **Hovs Hallar** ist eines der größten und spektakulärsten Naturgebiete des Landes und beherbergt eine Vielzahl seltener Pflanzen und Tiere. Im Gebiet gibt es Klippen und Felsvorsprünge, die mehr als 30 Meter steil aufragen.

P **Hovs Hallar – *Naturreservat***
N 56°28'5.5" E 12°42'24.6"

Wanderung Hovs Hallar

4 Kilometer: Der Pfad führt vom Parkplatz gen Norden, ist gut ausgeschildert und überwiegend gut begehbar. Festes Schuhwerk ist aber obligatorisch, es geht teilweise über Stock und Stein und ist nicht barrierefrei. Nach etwa 300 Metern erreichen wir die ersten Klippen von Hovs Hallar. Ein unglaubliches Panorama bietet sich uns, sobald sich die Büsche lichten und die Felsen sichtbar werden. Wir gehen unterhalb der schroffen Küstenlinie über den steinigen Strand entlang und sind überwältigt! Hinter einer markanten Felsnase nehmen wir den steilen Aufstieg durch den Wald. Oben am Parkplatz gibt es einige Picknickbänke, Grillstelle und Restaurant. Die Wege sind beliebig erweiterbar.

TOUR 2

022 Båstad – *Norrvikens*

GPS/Kontakt: N 56°27'10.9" E 12°47'10.4", Kattviksvägen 347, +46431369170, www.caravanclub.se/camping/norrviken.
Max. WOMOs: 12. **Öffnungszeit**: Ganzjährig. **Ausstattung**: VE, Strom, WC, Dusche, Mülleimer, WLAN, Wäsche, Spielplätze, Minigolf, Angeln, Fahrrad- und Bootsverleih, Grillplatz, Shop, Badesteg.
Beschreibung: Quick-Stopp-Schotterparkplatz vor der Schranke des Campingplatzes. **Preise**: 300-350 SEK. **Hinweis**: Der Campingplatz ist nur von 03-10 geöffnet. Der Quick-Stopp-Platz kann ganzjährig benutzt werden. Im Winter eingeschränkter Service. Guter Ausgangspunkt, um die Gärten zu besichtigen. Bis in die Stadt Båstad sind es entlang der Strandpromenade Kattegattleden etwa 5 km. **Zufahrt**: Entlang des Kattviksvägen fahren.

Die **Themen-Gärten von Norrviken** verzaubern uns. So gibt es einen Küchengarten, einen fröhlichen Garten, das Bienenhaus, den Kirschgarten, dazwischen Villen, Galerien, Teiche und vieles mehr *(Norrvikens trädgårdar, 195 SEK, 95 SEK (3-12 Jahre), täglich 10-17 Uhr, in der Nebensaison nur am Wochenende, Kattviksvägen 233, 269 91 Båstad, www.norrvikenbastad.se)*. Einfach schön!

Im ***Orangeriet Restaurant*** genießen wir frisch zubereitete, regionale Gerichte *(täglich 11:30-15 Uhr, Nebensaison nur am Wochenende, Kattviksvägen 233, 269 91 Båstad, www.norrviken bastad.se/orangeriet-restaurang)*.

Båstad (Einwohnerzahl 16.000) ist die Hauptstadt des schwedischen Tennissports. Jedes Jahr im Sommer findet das Turnier in Båstad als Teil der *ATP World Tour* statt und zieht ungefähr 20.000 Begeisterte an.

Besonders hübsch ist das *Kallbadhuset* (Kaltbadehaus) am Strand von Båstad. Dieses gehört zum ***Hotel Skansen***. Es gibt zwei getrennte Sauna- und Umkleidekabinen, von denen Sie ins Meerwasser eintauchen können *(130 SEK Mo.-Do., 175 SEK Fr.-So. und Feiertage, www.hotelskansen.se)*.

023 Båstad – *Hamnen Östra*

GPS: N 56°25'56.0" E 12°50'37.3", Strandpromenaden 16. **Max. WOMOs**: 8. **Öffnungszeit**: Nur in der Nebensaison von 09-05, von 06-08 ist das Übernachten im WOMO verboten. **Ausstattung**: Strom, WC, Dusche, Mülleimer, Picknickbank, Restaurants, Imbiss, Spielplatz, Strand etwa 500 m. **Beschreibung**: Schotterparkplatz direkt am Meer mit herrlichem Ausblick! **Preise**: Kostenlos. **Zufahrt**: An den Strandpromenaden, rechts vom Gästehafen.

Wir kommen nun in die historische Provinz Halland, die oft wegen der endlos weißen Strände als *schwedische Riviera* bezeichnet wird, denn die Temperaturen sind meist recht mild. **Mellbystrand** (Einwohnerzahl 3.400) ist ein beliebtes Touristenziel. Tagsüber fahren wir mit dem WOMO auf den Strand, erleben einen herrlichen Tag am Meer und für die Nacht buchen wir uns auf dem Stellplatz ein. Freies Übernachten ist auf dem Strand und allen Parkplätzen verboten.

024 Mellbystrand – *Ställplats*

GPS/Kontakt: N 56°30'07.2" E 12°56'42.5", Kustvägen 114, +46708297001, www.facebook.com/stallplatsmellbystrand. **Max. WOMOs**: 20. **Öffnungszeit**: Ganzjährig. **Ausstattung**: VE, Strom, WC, Dusche, Mülleimer, Restaurant. **Beschreibung**: Neuer Stellplatz auf Schotter mit Rasenflächen. Die Straße ist in Hörweite. **Preise**: 235-310 SEK, Nebensaison: 50 SEK ohne Service, Zahlung per QR-Code. **Hinweis**: Der Platz wird derzeit um 10 Plätze erweitert und die Sani-Anlagen renoviert. Etwa 200 m bis zum Strand und 1 km zum Supermarkt. **Zufahrt**: Direkt am Kustvägen.

Halmstad (Einwohnerzahl 105.000) ist eine muntere Stadt mit hübschem Zentrum. Sie bietet neben einer lebendigen Kulturszene viele Freizeitmöglichkeiten. In der Altstadt finden wir viele kleine Gassen mit gemütlichen Restaurants und Cafés.

Da der Verkehr hier rege ist, fahren wir den Stellplatz am Kanal an.

025 Halmstad – BK Najaden

GPS/Kontakt: N 56°40'03.0" E 12°51'33.2", Strandgatan 3, +46702057127, www.bknajaden.se. **Max. WOMOs**: 12. **Öffnungszeit**: Ganzjährig. **Ausstattung**: VE, Strom, WC, Dusche, Mülleimer, WLAN, Waschmaschine, Trockner, Küche, Terrasse mit Grill, Sauna. **Beschreibung**: Länglicher Stellplatz auf Asphalt entlang des Kanals Nissan, ein WOMO reiht sich an das nächste. Schöne Aussicht, klappstuhlgeeignet. **Preise**: 260 SEK zahlbar am Automaten am Clubhaus BK Najaden oder per GoMarina-App. **Hinweis**: Direkt im Anschluss folgt der offizielle Stellplatz des Citycamp Halmstad, der über die Styrmansgatan anzufahren ist. Uns hat der oben genannte Platz wegen der Sani-Anlagen besser gefallen. **Zufahrt**: Über die Strandgatan oder Stuvaregatan. Die Stellplätze befinden sich direkt südlich des großen, roten Hebekrans. **Gasfüllstation**: N 56°39'30.1" E 12°53'40.2", Verkstadsgatan 4, Halmstad.

Es macht Spaß, vom Stellplatz entlang des Flusses Nissan Richtung Innenstadt zu gehen, denn im Hafen gibt es immer viel zu sehen. Wir bewundern das Schloss auf der anderen Flussseite. Das Innere des Schlosses ist nicht zugänglich. Ausnahmen bilden besondere Veranstaltungen, wie zum Beispiel das jährliche Sommertheater oder der Weihnachtsmarkt. Der innere Schlosshof und der angrenzende Schlosspark mit einigen Überresten der alten Befestigungsanlagen sind jedoch öffentlich zugänglich.

Das Glockenspiel am Rathaus besteht aus zwei Glocken, die jeden Tag ein Lied spielen, das sich auf die Geschichte der Stadt bezieht.

In der Altstadt gefallen uns der Stor und Lille Torget mit vielen historischen Häusern sehr gut. Das *Glockenspiel* am **Rathaus** besteht aus zwei Glocken, die jeden Tag um 11, 13, 15 und 17 Uhr läuten. Es wird dazu ein Lied gespielt, das sich auf die Geschichte der Stadt bezieht.

Das Halmstad Slott liegt malerisch am Fluss Nissan

Die alte **Sankt Nikolai Kyrka** an der Köpmansgatan wurde erstmals im Jahre 1432 erwähnt, aber wahrscheinlich stand schon wesentlich früher eine Kirche an diesem Platz. Das Gotteshaus wurde von dem großen Brand im Jahr 1619 verschont und ist damit eines der wenigen Gebäude, die älter sind. Halmstad ist bekannt für seine Musikszene und Kultur, so gibt es zahlreiche gute Restaurants und Biergärten. Das ***Espresso House*** ist besonders hundefreundlich mit großem Engagement für zukunftsorientiertes Handeln wie *CupTogether*: der Kampf gegen Einsamkeit. Hier gibt es neben vielen Sorten Kaffee, Süßes und Snacks *(Storgatan 42)*.

Eine gute Alternative für die Nacht ist der Stellplatz im Grötvik Hamn, etwa sieben Kilometer außerhalb von Halmstad.

026 Grötvik – *Hamn*

GPS/Kontakt: N 56°38'28.8" E 12°46'36.7", Grötviksvägen 35, +463537516, www.grotvik.se. **Max. WOMOs**: 29. **Öffnungszeit**: Ganzjährig. **Ausstattung**: VE, Strom, WC, Dusche, Mülleimer, WLAN, Wäsche, Self-Service-Café, Restaurant. **Beschreibung**: Asphaltplatz mit Blick auf den Hafen. 6 Plätze vor dem Restaurant, 3 auf der gegenüberliegenden Seite der Straße oder Ausweichplatz mit 20 etwas weiter der Straße folgen, großer Asphaltparkplatz zwischen Kattegat und Hafen ohne Service, leicht schräg, klappstuhlgeeignet. **Preise**: 250 SEK mit Service, zahlbar am Automaten oder per GoMarina App, Parkplatz ohne Service 160 SEK, zahlbar per EasyPark App. **Zufahrt**: Durch Halmstad Richtung Grötvik, dem Grötviksvägen bis zum Hafen folgen.

Neben dem Hafen befindet sich der **Prins Bertils Wanderweg**, der von Halmstad bis Göteborg führt. Etwas oberhalb der Wakeboardbahn gibt es den *Aussichtsplatz Spritkullen* und noch ein Stück weiter, kommen Sie an eine schöne Badebucht.

Zwei Übernachtungsplätze im Grötvik Hamn

TOUR 2

027 Grötvik – *Brandstavik*

GPS: N 56°38'45.3" E 12°45'55.9", Brandts väg 302. **Max. WOMOs**: 2. **Ausstattung**: Mülleimer, Picknickbänke, Grillstelle. **Beschreibung**: Großzügiger Schotterparkplatz mit steiniger Badebucht und herrlichem Ausblick. **Zufahrt**: Am Stellplatz und Wakeboard-Anlage vorbeifahren. Etwa 800 m weiter auf der linken Seite.

Wanderung Tylösand Strand

8 Kilometer: Für alle, die feinen Sandstrand lieben, empfiehlt sich Tylösand. Ellenlanger Strand mit viel Platz zum Planschen oder Burgen bauen. Da das Parken am Strand überall nur tagsüber erlaubt ist und es vom Parkplatz am Grötvik Hafen etwa vier Kilometer bis zum Strand sind, machen wir uns zu Fuß auf den Weg. Dieser führt immer entlang des Ufers und eignet sich auch für Radfahrende. Dabei kommen wir an einigen Badebuchten, Picknickbänken, WC's, mehreren Imbissbuden, Restaurants, einer Eisbar und der schönen **Holzkirche Sankt Olofs Kapell** von 1721 *(Tjuvahålsvägen 14)* vorbei. Die Kirche hat wunderschöne Deckengemälde.

Weiter nördlich des Tylösand- und Haverdalsstrand gibt es dann wieder einen schönen Stellplatz direkt am Meer.

028 Haverdal – *Skallkroken Hamn*

GPS/Kontakt: N 56°43'38.4" E 12°38'38.9", Kustgränd, www.boka.skallkroken.se. **Max. WOMOs**: 10. **Öffnungszeit**: Ganzjährig. **Ausstattung**: VE, Strom, WC, Dusche, Mülleimer, Wäsche, Picknickbänke, Strand ein paar Meter nördlich. **Beschreibung**: Schotterplatz mit fantastischem Ausblick. Ruhig, klappstuhlgeeignet. **Preise**: 280 SEK zahlbar per MarinaGo-App. **Hinweis**: Nur per Voranmeldung per Marina Go-App oder Webseite! **Zufahrt**: Über den Särdalsvägen in den Kustgränd.

Es ist Juli und wir stürzen uns mitten in die *Badewanne* Hallands am Campingplatz in **Ugglarp** (Einwohnerzahl 420). Es ist berstend voll, die Menschen sind gut gelaunt und um uns herum fast ausschließlich schwedischer Nationalität. Wir fühlen uns sehr wohl und willkommen. Am Wochenende findet hier ein Oldtimer-Treffen statt. Überhaupt sehen wir viele Oldtimer, vor allem amerikanische Modelle. Das größte Amischlitten-Treffen, das *Power Big Meet*, findet jedes Jahr Anfang Juli in Lidköping statt.

029 Ugglarp – *Camping*

GPS/Kontakt: N 56°49'24.6" E 12°36'35.2", Strandkantsvägen 2, +4634643889, www.ugglarpcamping.se. **Max. WOMOs**: 150. **Öffnungszeit**: 04-09. **Ausstattung**: WLAN, Waschmaschine, Trockner, Küche, Picknickbänke, Grillstelle, Badesteg, Spielplatz, Restaurant, Minigolf, Yoga, Boule. **Beschreibung**: Terrassenförmiger Platz mit Blick auf die Bucht. Rasen ohne Schatten. Familienfreundlich. **Preise**: 270-470 SEK online buchbar. **Hinweis**: Ende Juli mindestens 3 Nächte. **Zufahrt**: Auf der rechten Seite des Strandkantsvägen.

Der Campingplatz liegt in einer von vielen Buchten, umrahmt von Felsen und Klippen. Es macht viel Spaß, hier spazieren zu gehen und am Abend von einer Klippe den Sonnenuntergang zu beobachten. Etwa 500 Meter südlich liegt das Hundebad von Ugglarp.

Wenn Sie ausgiebiger wandern möchten, empfiehlt sich das **Naturschutzgebiet Grimsholmen** mit offener Landschaft voller Wiesen, Heide, Klippen, Kiefernwäldern und kleinen charmanten Fischerhütten. Es gibt auch einen kleinen Sandstrand, der von tausenden Wildgänsen besiedelt ist. Das Übernachten ist im gesamten Naturschutzgebiet verboten (*N 56°50'38.4" E 12°33'27.0"*), deshalb bietet sich folgender Stellplatz etwas außerhalb an:

Abendausblick am Ugglarp Strand

030 Grimsholmen – *Brogård*

GPS/Kontakt: N 56°51'07.2" E 12°34'35.9", Bobergs Kustväg 50, www.booking.com/Share-i8l51r. **Max. WOMOs**: 9. **Öffnungszeit**: Ganzjährig. **Ausstattung**: Frischwasser, Strom, WC, kalte Outdoor-Dusche. **Beschreibung**: Große Wiese, sehr einfache Einrichtungen, guter Ausgangspunkt für das Naturschutzgebiet Grimsholmen, freundliche Besitzerin, gemütliche und ruhige Atmosphäre. **Preise**: 200 SEK. **Hinweis**: Kein Sani-Haus. **Zufahrt**: Dem Bobergsvägen 3 km folgen.

Falkenberg (Einwohnerzahl 4.000) ist ein beliebtes Touristenziel, denn die Entfernung vom Strand zum Ortskern ist nicht sehr weit. Die alte Tullbron (Zollbrücke) ist ein Wahrzeichen von Falkenberg. Sie gilt als eine der schönsten Steinbrücken Schwedens und ist einen Besuch wert. Auch die Gamla Stan (Altstadt) ist sehr beliebt. Hier befinden sich farbenfrohe Holz- und Fachwerkhäuser *(Storgatan Richtung Süden entlang gehen)*. Das Haus an der Storgatan 42 gilt mit fast 300 Jahren als das älteste Gebäude der Stadt. Vielleicht gilt dieser Titel aber auch der **Kirche Sankt Laurentii** *(Storgatan 50)*, denn von dieser sind noch einige Teile aus dem 14. Jahrhundert vorhanden. Die Deckenmalereien sind besonders bemerkenswert.

031 Falkenberg – *Båtsällskap*

GPS/Kontakt: N 56°53'35.4" E 12°29'30.9", Gröningevägen, +4634684124, www.falkenbergs-batsallskap.se. **Max. WOMOs**: 22. **Öffnungszeit**: 05-09. **Ausstattung**: VE, Strom, WC, Dusche, Mülleimer, WLAN, Picknickbänke, Grillstelle. **Beschreibung**: Asphaltparkplatz am Hafen. Unromantisch im Industriegebiet, aber Blick aufs Wasser und praktisch, da man in etwa 20 Minuten in der Altstadt ist. **Preise**: 210-275 SEK inkl. Strom zahlbar am Automaten. **Zufahrt**: Über den Kattegattvägen zum Falkenbergs Båtsällskap.

Am Wasserfall des Ätraforsdammen

Etwas schöner ist der Ausweichplatz auf der anderen Seite des Flusses Ätran, etwas außerhalb von Falkenberg. Von hier aus ist es allerdings zu Fuß recht weit bis in die Stadt. Mit dem Rad ist es dafür ideal:

032 Falkenberg – *Sanddynevägen*

GPS/Kontakt: N 56°53'34.8" E 12°28'05.5", Sanddynevägen 58, +46346711707, www.lovstaviken.se. **Max. WOMOs**: 20. **Öffnungszeit**: Ganzjährig. **Ausstattung**: VE, Strom, WC, Dusche, Mülleimer, WLAN. **Beschreibung**: Schotterplatz oder Asphalt, entweder an der Seite oder vor den kleinen roten Bootshäusern. **Preise**: 250 SEK. **Hinweis**: Vorabreservierung nicht möglich. **Zufahrt**: Am Sanddynevägen, der WOMO-Ausschilderung Lövstavikens Småbåtshamn folgen.

Da es mitten im Juli an der Küste sehr voll ist, machen wir einen Abstecher ins Landesinnere und finden einen wundervollen Badeplatz in spektakulärer Kulisse:

033 Ätrafors – *Dammen*

GPS: N 57°02'09.1" E 12°40'15.9", Ätraforsvägen. **Max. WOMOs**: 2. **Ausstattung**: WC, Mülleimer, Picknickbänke, Grillstellen, Spielplatz, Strand, Badestelle und Badesteg. **Beschreibung**: Schotterparkplatz neben einem Staudamm. Klappstuhlgeeignet. **Hinweis**: Hunde sind am Badeplatz nicht erlaubt. Im Sommer sehr beliebt. **Zufahrt**: Am Ätraforsvägen, hinter der Brücke etwas abseits gelegen unter Bäumen. **Ausweichplatz**: N 57°02'2.9" E 12°40'5.4", Ätraforsdammen Ätraforsvägen, max. 1 mittelgroßes WOMO.

Wir verbringen einen herrlichen Badetag und einen gemütlichen Abend am Lagerfeuer mit Blick auf den See. Besonders imponiert uns der *Wasserfall*, den wir von der Brücke bewundern.

Der **Ätrafor-Staudamm** versorgt das Kraftwerk Ätrafors mit Wasser. Ein Wasserreservoir mit vier Millionen Kubikmetern und einer Fläche von zwei Quadratkilometern ist entstanden. Angeln im gesamten Stauteich ist erlaubt, jedoch neben den Stauluken verboten. Der *Ätrafors luftvärnstorn* (Flugabwehrturm) ist nur etwa 700 Meter entfernt und wurde 1942 gebaut, um das Wasserkraftwerk vor Bombenangriffen zu schützen.

Ausflugstipp: **Yngeredsforsen Kraftverk**: Seit 1729 wurden in Yngeredsforsen Wasser-Mühlen genutzt. Das Kraftwerk war bis 1964 in Betrieb. Die Ruinen des Damms und die *Stromschnellen* sind noch heute sichtbar. Yngeredsforsen ist ein beeindruckendes Industriedenkmal.

034 Yngeredsforsens – *Kulturstig*

GPS: N 57°01'12.2" E 12°44'38.7". **Max. WOMOs**: 2. **Ausstattung**: Infotafel. **Beschreibung**: Kleiner Parkplatz auf Schotter am Waldrand. Schöner Waldweg bis zum Kraftwerk. **Zufahrt**: Vor der Askome kyrka (Kirche) links Richtung Gällared.

Die Straße 716 zwischen **Askome** und **Gällared** wurde vor 50 Jahren zur schönsten Straße Hallands gewählt. Sie ist 16 Kilometer lang und verläuft entlang des Ätran- und Ätraforsdammes, auch bekannt als *Ätranrundan*. Auch heute gehört die Straße sicherlich noch zu einer der schönsten. Die Sonne spiegelt sich im Wasser und wir genießen den kleinen Ausflug.

035 Ätran – *Grillplatz*

GPS: N 57°02'09.8" E 12°45'51.5". **Max. WOMOs**: 1. **Ausstattung**: Mülleimer, Grillstellen, Picknickbänke. **Beschreibung**: Schöner Schotterparkplatz, etwas abseits einer wenig befahrenen Straße. **Zufahrt**: Links der Ausschilderung Parkplatz folgen, die kleine Schotterstraße wird am Ende zum Parkplatz. **Ausweichplatz**: Ätran Damm, N 57°05'18.9" E 12°49'34.7", für eine Übernachtung nur bedingt geeignet, da die kleine Schotter-Parkbucht direkt neben der Straße liegt.

Wie geschickt ich uns doch in die Nähe **Ullareds** (Einwohnerzahl 700) gelenkt habe... Denn ich wollte immer schon mal ins *Kaufhaus Gekås*. Bereits die Fahrt in den eigentlich kleinen Ort überrascht uns. Wir kommen quasi aus dem Nirgendwo und schon am Ortseingang sehen wir Menschenmassen mit Einkaufswagen und riesigen gelben Tüten.

P **Ullared – *Gekås***
N 57°08'11.1" E 12°42'29.1", Ulla Smides väg.
Ganzjährig, 7-21 Uhr. Asphaltparkplatz.

036 **Ullared – *Sönneräng Lager***

GPS/Kontakt: N 57°07'55.5" E 12°44'04.5", Värnamovägen 16, www.gekas.se. **Max. WOMOs**: 80. **Öffnungszeit**: Ganzjährig. **Ausstattung**: VE, WC, Dusche, Mülleimer, Küche. **Beschreibung**: Großer Schotterplatz am Zentrallager Gekås an der 153. Unromantisch, klappstuhlgeeignet. **Preise**: 100 SEK zahlbar am Automaten. **Hinweis**: Keine Vorabreservierung. **Zufahrt**: 1,5 km östlich von Ullared, Richtung Värnamo.

Einkaufserlebnis im größten Warenhaus Skandinaviens

Wir haben von Einheimischen gehört, dass sie teilweise eine Woche Urlaub hier machen, um ihren Jahreseinkauf an Vorräten zu besorgen: Maler-Farbe, Hundebetten, Kleidung, Angeln, TV-Geräte, Besteck, Puppen, Deko, Duschgel, Knäckebrot, Nüsse oder sonst was. Und weil es so viel Auswahl gibt, wird dann an jedem Tag nur eine Abteilung im Kaufhaus besucht. Wenn man bedenkt, dass viele der hier Einkaufenden, teilweise aus Norwegen, Nord-Schweden, Finnland oder Dänemark anreisen, ist es verständlich. Hier ist alles nur in Superlativen auszudrücken. So gibt es viele Rekorde zu verzeichnen: Schwedens größtes Warenhaus und meistbesuchtes Ausflugsziel, Schlangestehen bis zu 1,5 Kilometer, bis zu 30.000 Menschen pro Tag und 5 Millionen pro Jahr, bis zu 1.700 Mitarbeiter:innen, über 100.000 Artikel, 10.000 Einkaufskörbe und 8.000 -wagen, 78 Kassen auf einer Verkaufsfläche, die ungefähr 5 Fußballfeldern entspricht. Und wir wollen eigentlich nur gucken... *(Mo.-Fr. 7-20 Uhr, Sa. 6-18 Uhr, So. 7-18 Uhr).*

Nur gucken hat nicht funktioniert. Aber das ist in Ordnung. Es hat Spaß gemacht und wir sind länger geblieben als gedacht.

Auf dem Weg zurück zur Küste kommen wir zur **Radiostation Grimeton**. Sie ist die einzige erhaltene große Sendestation auf Basis vorelektronischer Technologie und besteht aus sechs 127 Meter hohen Stahltürmen. Die Station wurde für den internationalen Funkverkehr genutzt, ist heute ein Museum und wurde 2004 zum UNESCO-Welterbe erklärt *(Café, Shop, keine Hunde, barrierefrei, 40 SEK, täglich 10-15 Uhr).*

037 Grimeton – *UNESCO Radio Station*

GPS/Kontakt: N 57°06'45.4" E 12°24'22.7", Grimeton 72, +46340674190, www.grimeton.org. **Max. WOMOs**: 10. **Öffnungszeit**: Ganzjährig. **Ausstattung**: WC im Museum, Mülleimer, Grillstelle (Ticket), Café, Shop. **Beschreibung**: Einfacher Schotterparkplatz ohne Service. Kein Camping. **Preise**: 100 SEK zwischen 19-8 Uhr, zahlbar im Shop oder online. **Zufahrt**: Etwa 1,5 km von Grimeton Richtung Varberg.

Die meisten kennen **Varberg** (Einwohnerzahl 35.000) bestimmt wegen der gut erhaltenen mittelalterlichen Festung. Sie liegt malerisch und imposant, umgeben von Wällen an der Küste. Die Festung wurde im 13. Jahrhundert erbaut und diente als Gefängnis. Erst 1931 wurde der letzte Gefangene entlassen. Das **Kulturhistoriska Museum** befindet sich im Inneren, unter anderem mit einer Moorleiche aus dem 14. Jahrhundert *(120 SEK, Kinder frei, ganzjährig, 12-16 Uhr, Fästningen 1, www.museumhalland.se).* Sehr geschmackvoll ist auch das *Kallbadhus* von 1903 am kleinen Strand neben der Festung *(95 SEK, 70 SEK 5-15 Jahre, inkl. Sauna, Sommer täglich 10-18 Uhr).*

Restaurant-Tipp: *Varbergs Stadshotell,* Dagens Rätt 159 SEK *(Kungsgatan 24-26, www.varbergsstadshotell.com).*

Varberg – Festung

038 Varberg – *Getterön Marina*

GPS/Kontakt: N 57°07'02.3" E 12°13'35.4", Änggärdevägen 2, +46034084980, www.getteronmarina.se/stallplatser. **Max. WOMOs**: 15. **Öffnungszeit**: Ganzjährig. **Ausstattung**: VE, Strom, WC, Dusche, Mülleimer, Wäsche, Küche, Sauna, Grillstelle, Restaurant, kleiner Strand. **Beschreibung**: Gepflegter Schotterparkplatz. Sehr schöner Ausblick auf Varberg (siehe Seite 46). Klappstuhlgeeignet. Gute Spaziermöglichkeit zur Landspitze, am Segelhafen vorbei. Dort sind auch das Restaurant und der Strand. **Preise**: 210-300 SEK, Automat an der Einfahrt mit Schranke. **Hinweis**: Boot-Verkehr zur Innenstadt. **Zufahrt**: Etwa 3 km über den Getterövägen, am Flugclub links.

Wir brauchen heute unbedingt Landstrom und denken, im Hafen von **Bua** (Einwohnerzahl 1.800) gibt es so viele Plätze, da wird bestimmt noch einer für uns übrig sein. Aber alle Steckdosen auf dem riesigen, unromantischen Asphaltparkplatz sind belegt. Glück gehabt! Denn der Stellplatz auf der anderen Seite der Bucht ist viel schöner. Hier bekommen wir Strom und nette Nachbarschaft.

039 Bua – *Videbergs Fiskhamn*

GPS: N 57°14'59.3" E 12°06'35.6", Videbergs Hamn 1. **Max. WOMOs**: 3-4 mit Strom im Hafen, +4 ohne Strom an der Hafeneinfahrt. **Öffnungszeit**: Ganzjährig. **Ausstattung**: Frischwasser, Strom, WC, Mülleimer, Picknickbänke, Grill. **Beschreibung**: Sehr schön und ruhig auf Asphalt mit Blick auf den kleinen Hafen. **Preise**: 125 SEK. **Hinweis**: Am Hafen mit herrlichem Blick auf die Bucht, im Rücken Atomkraftwerk und Naturschutzgebiet. Vom Kraftwerk werden immer wieder Kontrollrunden gedreht und nach dem Rechten geschaut. Alle sehr nett! Wir fühlen uns sehr sicher. **Zufahrt**: Dem Videbergsvägen bis zum Ende folgen, links am Kraftwerk vorbeifahren.

040 Bua – *Biskopshagens Naturreservat*

GPS: N 57°15'11.2" E 12°05'43.1". **Max. WOMOs**: 2. **Beschreibung**: Schotterparkplatz am Naturschutzgebiet für ausgedehnte Spaziergänge. **Zufahrt**: Durch den Hafen durch. Man kann entweder direkt hinter der Kurve auf dem Schotterparkplatz parken (nicht campen) oder noch ein Stückchen weiterfahren.

Fun-Fact: Der Hafenmeister fängt Makrelen für die Lobster-Fischerei. Die Hummer werden zu Weihnachten zu enormen Preisen verkauft, teilweise bis zu 1.000 SEK pro Stück.

Am nächsten Tag reisen wir nach Schottland. Also nicht wirklich, aber **Tjolöholm Slott** wurde im Tudorstil errichtet. Auch das angrenzende Dorf, die Kapelle und die Gärten wurden nach schottischem Vorbild gestaltet. An dieser Stelle gab es seit 1231 bereits einige Bauten, aber das heutige Schloss wurde erst 1898 so gebaut, wie es heute zu sehen ist. Es liegt idyllisch auf einer Halbinsel mit einem weitläufigen Schlossgarten, der sich bis zum Meer erstreckt. Im Versammlungshaus ***Storstugan*** befindet sich ein gemütliches ***Café***. Jedes Jahr besuchen etwa 250.000 Menschen Tjolöholm *(150 SEK Schloss, Gärten kostenlos, täglich 11-16 Uhr)*.

041 Tjolöholm – *Slott*

GPS/Kontakt: N 57°24'11.1" E 12°06'17.7", Tjolöholms Byväg, www.tjoloholm.se. **Max. WOMOs**: 6+. **Öffnungszeit**: Ganzjährig. **Ausstattung**: Frischwasser, 6x Strom, WC, Mülleimer, 4G. **Beschreibung**: Schotterparkplatz am Waldrand. **Preise:** 245 SEK zahlbar per EasyPark-App. **Zufahrt**: Der Ausschilderung zum Schloss folgen, am großen PKW-Parkplatz links zum Wald.

Das romantische Tudorschloss Tjolöholm

Onsala – Badeplatz am Röda Holme

Eine kleine ruhige Badebucht befindet sich fast gegenüber vom Tjolöholm Schloss auf einer langgezogenen Landzunge.

042 Onsala – *Röda Holme*

GPS: N 57°22'17.4" E 11°59'11.6", Röda Holmevägen. **Max. WOMOs**: 2.
Ausstattung: Mülleimer, Picknickbank, Badesteg.
Beschreibung: Schmaler Schotterparkstreifen, entlang der Sackgasse. Ruhig, aber nur für kleine WOMOs. **Zufahrt**: 12 km von der E6.
VE: N 57°25'39.7" E 11°56'08.5", Valldavägen, etwa 8 km von Röda Holme.

Unser neuer Lieblingsplatz liegt mitten in der einzigartigen Schärenlandschaft, die bereits kurz vor Göteborg beginnt. Es ist fantastisch, denn wir sind hier ganz allein und genießen den herrlichen Ausblick auf das knallblaue Meer. Das ***Restaurant Lerkilsbaren*** nebenan ist super! Man sieht dem Koch seine Leidenschaft an und so schmecken der Fisch und auch die Pizza.

043 Lerkil – *Hamn*

GPS: N 57°27'22.3" E 11°54'53.4", Lerkilsvägen 231. **Max. WOMOs**: 12. **Öffnungszeit**: Ganzjährig. **Ausstattung**: VE, Strom, WC, Dusche, Mülleimer, Kiosk, Restaurant, Strand, Badesteg. **Beschreibung**: Einfacher Schotterplatz am Meer mit traumhafter Aussicht. **Preise**: 250 SEK, zahlbar im Restaurant. **Hinweis**: Bitte nicht quer zum Meer parken. Langes Stromkabel! **Zufahrt**: 2,4 km über den Lerkilsvägen.

Tour 3

Tanumshede
163
Tour 4
Grebbestad
080
079
078
Kämpersvik
UNESCO
Felszeichnungen
077
E6
076
Fjällbacka
075
15 km
Hamburgsund
074
073
072
068
Nordens Ark
Hunnebostrand
070
Smögen
069
Kungshamn
067
064
071
Hälleback
Uddevalla
066
E6
065
Lysekil
063
Skaftö
Flatö
Malö
Ellös
062
059
Orust
Hälleviksstrand
Edshultshall
058
060
Möllösund
061
P
Pilane
P
Stenungsund
057
Tjörn
056
Skärhamn
055
052
Klädesholmen
053
Rönnäng
054
E6
Marstrand
Göta älv
Carlstens Fästning
E45
051
050
Kungälv
049
Bohus Fästning
Nordre älv
047
046
Hälsö
045
Göteborg
Öckerö
048
Hönö
044
Tour 2
E45

Bohuslän: Schwedens wilde Westküste

434 km

Bohuslän ist Schwedens westlichste Provinz und bekannt für seine wunderschöne Schärenlandschaft. Über 8.000 Inseln und Schären prägen die Küste, die von rundgewaschenen Klippen aus Granit und malerischen Fischerdörfern mit roten Bootsschuppen gesäumt ist. Unsere Highlights sind:

- **Göteborgs Schäreninseln**
- **Bohus Fästning**
- **Marstrand mit Carlstens Fästning**
- **Smögen mit der Smögenbryggan**
- **Felsritzungen von Tanum**

Göteborg (Einwohnerzahl 600.000) ist die zweitgrößte Stadt Schwedens, wurde 1621 von König Gustav II. Adolf gegründet und war ursprünglich als Handelshafen für das schwedische Reich gedacht. Sie entwickelte sich schnell zu einem wichtigen Zentrum für Industrie und Handel und ist heute ein bedeutender Wirtschaftsstandort. Für einen Besuch empfehlen wir, etwa zwei Tage einzuplanen.

044 Göteborg – *Lisebergsbyn*

GPS/Kontakt: N 57°42'15.1" E 12°01'48.4", 25 Skatåsvägen, +4631840200, www.liseberg.se. **Max. WOMOs**: 130.
Öffnungszeit: Ganzjährig. **Ausstattung**: Shop, Brötchenservice, Wäsche, Spielplatz, Minigolf. **Beschreibung**: Schotterparzelle mit Rasenstück, kein Schatten, sehr gepflegt, mitten im Grünen.
Hinweis: Vom außerhalb gelegenem Stellplatz wird von Aufbrüchen berichtet. **Preise:** 375-635 SEK. **Zufahrt**: Von der Delsjövägen im Kreisel Richtung Campingplatz. **Gasfüllstation**: N 57°44'08.8" E 12°00'00.3"

Es sind etwa 600 Meter den Hügel hinab zum Kreisel bis zur Haltestation **Welandergatan**. Ich bin gerade noch dabei, die ***App Västtrafik ToGo*** zu installieren, da hält auch schon die Straßenbahn und wir bezahlen einfach mit der **Kreditkarte** auf dem Terminal (*Einzeltickets 35 SEK, 26 SEK 7-19 Jahre, nur bargeldlos*). Einfacher geht's nicht! Tagesticket gibt's aber auch am Campingplatz oder in der App (*115 SEK, 85 SEK 7-19 Jahre*)

Göteborg – Dom

oder **Drei-Tages-Tickets** *(230 SEK, 170 SEK 7-19 Jahre)* für die Zone A, um bis zur Station **Bommen** zu gelangen.

Wenn Sie viele Museen besichtigen möchten, lohnt sich der **GoCity-Göteborg-Pass** *(1-3 Tages-Tickets 374-524 SEK, Kinder jeweils etwa 100 SEK weniger. www.gocity.com/de/gothenburg).*

Wir gehen als erstes zum Hafen, denn wir wollen unbedingt den **Läppstiftet** (Lippenstift), das Wahrzeichen der Stadt sehen. Den besten Aussichtspunkt haben wir vom Jussi Björlings plats. Von hier aus sehen wir auch den **Drei-Master Barken Viking**. Das Duo ist das beliebteste Fotomotiv der Stadt. Wir stehen im Rücken des modernen Opernhauses, bleiben am Kai und besichtigen das schwimmende Schiffsmuseum *(175 SEK, 100 SEK 5-15 Jahre, 06-08, täglich 10-17 Uhr, Nebensaison eingeschränkt, Packhusplatsen 12, www.maritiman.se).*

Wir gehen erst zum Hafen, denn wir wollen unbedingt den Läppstiftet (Lippenstift), das Wahrzeichen von Göteborg sehen.

Interessant ist die **Tyska Kyrka**, die deutsche Kirche. Als einige Gläubige sich hier ansiedelten, gründeten sie eine deutsche Gemeinde und trugen maßgeblich zum Aufbau Göteborgs bei. Und schon landen wir auf dem **Gustav Adolfs Torg**, dem zentralen Platz in Göteborg, der 1854 umbenannt wurde, um an den schwedischen König Gustav II. Adolf zu erinnern.

Da das Wetter heute nicht berauschend ist, steigen wir am **Brunnsparken** in einen der ***Hopp-On-Hopp-Off-Busse*** und lassen uns fahren *(310 SEK, kostenlos mit der GoCity Card).*

Zu den beliebtesten touristischen Zielen in Göteborg gehören: **Liseberg**, der größte Vergnügungspark Skandinaviens *(Örgrytevägen 5, www.liseberg.se)*, das **Universeum** Wissenschaftsmuseum *(Södra Vägen 50, www.universeum.se)*, Göteborgs **Kunstmuseum** *(Götaplatsen 6, www.goteborgskonstmuseum.se) und* **Skansen Kronan**, eine ehemalige Festung aus dem 17. Jahrhun-

Göteborg – Läppstiftet (Lippenstift)

dert mit Panoramablick über die Stadt *(Skansberget, Leijonsparres Väg 15, www.skansenkronan.se).*

Die historischen Gebäude im Zentrum, wie die **Feskekôrka** *(**Fischkirche**, Fisktorget 4, www.feskekorka.se)* und der **Stadtteil Haga**, verleihen der Stadt einen besonderen Charme.

Uns knurrt inzwischen ordentlich der Magen und so gehen wir zur **Saluhallen** von 1888, einer traditionellen **Markthalle** *(diverse Dagens Rätt, Mo.-Do. 9-18 Uhr, Fr. 9-19 Uhr, Sa. 9-17 Uhr, Kungstorget, www.storasaluhallen.se).*

Bohuslän – Schärenküste an der Bestküste

Am nächsten Morgen steuern wir die ersten größeren Schären westlich Göteborgs an. Von der historischen Provinz **Bohuslän** sind wir nicht zum ersten Mal völlig überwältigt! Von Göteborg bis zur norwegischen Grenze bilden fast 8.000 Inseln mit glattgeschliffenen Felsen und schroffen Schären eine malerische Kulisse. Bis vor etwa hundert Jahren lebten die meisten Leute hier von Fischfang und Steinbruch.

Eine Skär (Schäre) ist eine kleine felsige Insel, die durch Eiszeiten entstand. Schären können wenige Quadratmeter bis einige Quadratkilometer groß sein. Die Fähren sind alle kostenlos! Das Maskottchen Bohusläns ist der Seehund und mit viel Glück bekommt man eine Kolonie zu sehen. Also auf zur ***Bestküste***!

045 Öckerö – *Norgårdsvägen*

GPS: N 57°43'04.7" E 11°37'48.9", Norgårdsvägen. **Max. WOMOs**: 2. **Beschreibung**: Kleiner Schotterparkplatz mit Blick auf den Schärengarten. **Zufahrt**: Von der Fähre kommend im Kreisel direkt in den Norgårdsvägen einbiegen und diesen etwa 2 km bis zum Ende fahren.

TOUR 3

Öckerö – *Norgårdsvägen* – unser Lieblingsplatz an der Westküste

Dieses Mal haben wir Pech mit unserem Lieblingsplatz, denn der ist schon belegt. Wir fahren also noch etwas weiter bis Hälsö. Hier führt eine Brücke über den Sund, so dass wir nach wenigen Minuten auf dem offiziellen Stellplatz direkt am Wasser stehen.

046 Hälsö – *Hamn*

GPS: N 57°43'47.3" E 11°39'32.8", Tjolmenvägen 37. **Max. WOMOs**: 20. **Öffnungszeit**: Ganzjährig. **Ausstattung**: VE, Strom, WC, Dusche, Mülleimer, gutes WLAN, Picknickbänke, Grill, Holz-Terrasse für jedes WOMO, Sauna, Badesteg, Restaurant, Café. **Beschreibung**: Toller Schotterplatz direkt am Wasser, ohne Schatten, klappstuhlgeeignet. **Preise**: 220 SEK per Automat, etwas versteckt im roten Haus Hamnkontor in der Nähe des Restaurants. **Hinweis**: Sani-Anlagen ebenfalls neben dem Restaurant. **Zufahrt**: 3 km nördlich der Fähre.

Uns gefällt es hier so gut, dass wir noch einen Tag verlängern. Die Aussicht ist fantastisch, das ***Restaurant Hälsö Brygga*** gemütlich und die Gerichte sehr lecker. Wenn Sie Fahrräder dabeihaben, ist eine Fahrt über die Inseln, die mit vielen Brücken verbunden sind, eine großartige Alternative!

Hälsö – schöner Stellplatz auf der Schäreninsel

047 Hälsö – *Färjerederiet Nordöleden*

GPS: N 57°44'34.7" E 11°38'30.1", Burövägen. **Max. WOMOs**: 4.
Ausstattung: WC, Mülleimer, Kiosk, Bushaltestelle.
Beschreibung: Großer Asphaltparkplatz an der Fähre nach Rörö mit Blick auf die Schären. Tagsüber wuselig, nachts ruhig.
Zufahrt: Dem Burövägen Richtung Fähre folgen.

Inzwischen gibt es fast überall Verbotsschilder und riesige Sammelstellen auf diversen Parkplätzen für WOMOs, die wir sehr unromantisch finden. Ein kleiner Parkplatz gefällt uns aber doch.

048 Hönö – *Lapposand*

GPS: N 57°41'32.1" E 11°38'11.2", Lappesandsvägen. **Max. WOMOs**: 1.
Ausstattung: WC, Mülleimer, Picknickbänke, Grillstelle, Badesteg.
Beschreibung: Kleine Parkbucht zwischen Felsen, in der Nähe von Ferienhäusern, etwa 50 m zum Badeplatz. Schärenblick. **Zufahrt**: Vom Öckerövägen etwa 1,3 km.

Zu unseren Favoriten zählt definitiv die **Bohus Fästing** (Festung Bohus). Sie liegt auf einer 40 Meter hohen Klippe und damit strategisch günstig im Göta Älv. Sie wurde 1308 von dem norwegischen König Håkon V. Magnusson als südlichste Grenzfeste des norwegischen Reiches gegen Schweden und Dänemark erbaut. Die Festung war im Mittelalter eine der größten und massivsten Trutzburgen Nordeuropas.

Bohus Fästning

Durch den Frieden von Roskilde 1658 wurde Bohuslän schwedisch. Die Festung wurde im Laufe der Jahrhunderte mehrmals belagert, aber nie eingenommen.

Heute ist Bohus Fästning eine beeindruckende Ruine und ein beliebtes Touristenziel *(120 SEK, 60 SEK 3-17 Jahre, kostenlos mit Göteborgs CityGo-Card, 04-10, 10-18 Uhr, Nebensaison verkürzt, nicht barrierefrei, Café, Shop, Fästningsholmen, Kungälv, www.bohusfastning.com).*

049 Kungälv – *Bohus Fästning*

GPS: N 57°51'44.6" E 11°59'45.9", Färjevägen 2. **Max. WOMOs**: 30. **Öffnungszeit**: Ganzjährig. **Ausstattung**: VE, Strom, WC, Mülleimer. **Beschreibung**: Rasenplatz mit Flussblick. Das Wanderheim wurde geschlossen und das Gelände wird nun als Parkplatz gewertet. Gemütlich und klappstuhlgeeignet. Die Straße ist vielbefahren und in Hörweite. **Preise:** 150 SEK zahlbar per EasyPark-App. **Hinweis**: VE gegenüber am öffentlichen Parkplatz am Bertil Göranssons väg, N 57°51'49.0" E 11°59'52.4". **Zufahrt**: Unterhalb der Burgruine.

Wir fahren mitten hinein in die Schären. Unzählige Inseln sind mit Brücken verbunden und die Landschaft ist unbeschreiblich! Zu unseren Lieblingsplätzen gehört unbedingt der Badeplatz auf der kleinen Schäreninsel Rökan. Wir picknicken, genießen die Sonne und baden auf und neben den Felsen. So schön!

050 Lycke – *Instöbron*

GPS: N 57°53'21.1" E 11°39'58.3", Rökan Bryggan. **Max. WOMOs**: 4. **Öffnungszeit**: Ganzjährig. **Ausstattung**: WC, Mülleimer, Picknickbänke, Grillstelle, Imbiss. **Beschreibung**: Kleiner Schotterparkplatz unterhalb der Brücke. Tagsüber ist die Straße 168 zwar recht laut, aber nachts dafür sehr ruhig. Herrlich, mit fantastischem Ausblick auf die Schären. **Preise:** 150 SEK zahlbar per EasyPark-App oder am Automaten am Imbiss. **Hinweis**: Max. 7 m Länge. **Zufahrt**: Vor der Instöbron rechts über den Parkplatz am Imbiss vorbei und links unter der Brücke durchfahren.

Der Imbiss ***Instö Kök & Bar*** ist erstaunlich gemütlich und lecker. Die Aussicht tut ihr Übriges *(03-10, Live-Musik, Rökan, Lycke, www.instokokobar.se)*. Von hier starten regelmäßig Bootsausflüge mit ***Gunnars Båturer*** zu den umliegenden Inseln *(Tickets in der Västtrafik-App, www.vasttrafik.se oder vor Ort)*.

Es geht weiter zu den Inseln von **Marstrand** (Einwohnerzahl 1.400). Die Anfahrt ist grandios. Schon von Weitem sehen wir die stattliche **Carlstens Fästning** über der Stadt thronen. Bis in die enge Stadt zu fahren, macht keinen Sinn. So mieten wir uns kurzerhand auf dem Stellplatz vor dem Ort ein.

051 Marstrand – *Mjölkekilen*

GPS: N 57°53'11.8" E 11°36'10.1", Mjölkekilsgatan 19. **Max. WOMOs**: 25. **Öffnungszeit**: Ganzjährig. **Ausstattung**: Mülleimer. **Beschreibung**: Großer Schotterplatz mit Parkbuchten mit herrlichem Ausblick auf die Schären und die Festung. **Preise:** 150 SEK zahlbar per EasyPark-App oder am Automaten. **Hinweis**: Etwa 1 km bis zum Hafen. VE nur an der Bohus Fästning. **Zufahrt**: Von der 168 links dem Schild Husbil durch ein Industriegebiet bis zum Ende folgen.

Marstrand hatte im 17. Jahrhundert große Bedeutung als Handels- und Stützpunkt. Um den Hafen zu sichern, ließ König Carl X. Gustav eine Festung auf dem Gipfel der Insel errichten *(34 SEK Überfahrt mit der autofreien Fähre, 115 SEK Eintritt, 55 SEK 5-15 Jahre, ganzjährig, 11-17 Uhr, Führungen 12, 14, 15 Uhr, Nebensaison nur nach telefonischer Anmeldung, +4630361167, Festspieltage Ende Juli, Café und Shop, www.carlsten.se)*.

Der Preis des Handels

Die Carlstens Fästning war ein ehrgeiziges Bauprojekt. Das Baumaterial musste per Schiff angeliefert und von Hand auf den Gipfel gebracht werden. Um Arbeitskräfte zu bekommen, wurde die *Marstrandsarbeit* als Strafe eingeführt. Gefangene aus dem ganzen Land wurden hierhergebracht, meist wegen schwerer Verbrechen wie Mord, Raub oder Verrat. Um Fluchtversuche zu verhindern, wurden ihnen Fußfesseln und schwere Eisenkronen angelegt. Die Arbeit an der Festung war hart und die Lebensumstände schwierig. Die Gefangenen mussten unter unmenschlichen Bedingungen leben und arbeiten. Viele von ihnen starben an Erschöpfung, Hunger oder Krankheiten. Die Marstrandsarbeit wurde 1854 abgeschafft.

Der berühmte *Dieb Lasse-Maja war ein Trickdieb*. Er verkleidete sich als Frau, um ahnungslose Opfer zu bestehlen und nahm häufig Stellungen als Haushälterin in Privathaushalten an. So konnte er lange unentdeckt bleiben. 1813 wurde er allerdings lebenslang in Carlstens Fästning eingesperrt. Dort übernahm er die Aufgabe des Küchenchefs, nachdem er sich als Haushälterin immerhin gewisse Kochkünste angeeignet hatte.

Der ältere Teil von Marstrand, der sich auf **Marstrandsö** befindet, hat noch einen mittelalterlichen Grundriss. Die Häuser sind vorwiegend aus Holz gebaut. Neben der Festung sind die Hotels und Villen der Badegäste aus dem 19. Jahrhundert sehenswert, zum Beispiel das ***Grand Hotel*** mit gehobenem Restaurant *(Rådhusgatan 2)* oder das ***Societetshuset*** aus dem Jahr 1886, ebenfalls mit gutem Restaurant *(Långgatan 1)*. ABBA drehte hier Teile des Videos: *The Winner Takes It All*. Zu den interessanten Gebäuden gehört sicherlich auch die **Marstrands kyrka** aus dem 14. Jahrhundert *(Drottninggatan)*. Wir sind sehr verzaubert von der charmanten Kulisse. Doch das ist noch nicht alles. Ein Rundgang um die Insel lohnt sich ebenfalls.

Marstrand – mit Marstrandsö und Carlstens Fästning

Wanderung Marstrandsö

5 km, leicht, nicht barrierefrei: Wir wandern über die Felsen immer entlang der Küste zum Leuchtturm Skallens Fyr. Nur einmal biegen wir zum **St. Erik's Park** ab, um zur **Grotte** zu kommen. Hier versteckten sich die Menschen vor dem dänisch-norwegischen Angriff, dessen Ziel 1719 die Festung war. Es wurden aber auch Werkzeuge aus der Antike von vor 6.000 Jahren gefunden. Im Teich wurde die seltene **rote Seerose** gepflanzt. Unterwegs gibt es immer wieder Badeplätze, Buchten, Picknickbänke, glattgeschliffene Felsen und traumhaft schöne Ausblicke.

Um auf die andere Seite des Fjords zur **Insel Tjörn** zu gelangen, müssen wir um diesen herumfahren. Eine der schönsten Streckenabschnitte beginnt ab **Stenungsund** (Einwohnerzahl 13.000), denn wir kommen über einige kleine Brücken, bevor wir über die beeindruckende *Tjörnbron* aus dem Jahre 1957 fahren. Die Tjörnbron ist 664 Meter lang, 15 Meter breit, hat eine Spannweite von 386 Metern und eine Durchfahrtshöhe für Schiffe von 43 Metern. Die heutige Tjörnbron wurde 1981 eröffnet. Übernachten darf man auf dem Rastplatz nicht, aber dafür lohnt sich eine Pause mit Picknick und spektakulärer Aussicht.

Tjörnbron

P **Myggenäs –** ***Rastplats Tjörnbron***
N 58°03'31.0" E 11°46'33.0", VE

wunderschöne Schären

Tjörn ist eine wunderschöne Schäreninsel mit herrlicher Landschaft, vielen Stränden, Angel-, Grill- und Picknickplätzen - und Kunst und Kultur, aber dazu später mehr.

052 Djupvik – *Olsnäsvägen*

GPS: N 57°59'01.7" E11°41'12.1", Olsnäsvägen. **Max. WOMOs**: 2. **Ausstattung**: WC, Mülleimer, Picknickbänke, Grillstelle, Badesteg. **Beschreibung**: Schotterparkplatz zwischen Bäumen. **Hinweis**: Nur für kleine WOMOs. **Zufahrt**: Richtung Djupvik.

TOUR 3

053 Mölnebo – *Ställplats*

GPS: N 57°57'29.4" E 11°37'35.7", Hakefjordsvägen. **Max. WOMOs**: 10. **Öffnungszeit**: 04-10. **Ausstattung**: Mülleimer, Picknickbänke, Grillstelle. **Beschreibung**: Wiesen-/Schotterplätze mit herrlichem Ausblick auf den Fjord, die Schären und den Sonnenuntergang, klappstuhlgeeignet. **Preise**: 150 SEK zahlbar per PayPal. **Zufahrt**: Von der 169 etwa 1 km Richtung Bäckevik.

Vom Stellplatz sind es etwa vier Kilometer bis zum Hafen von **Rönnäng** (Einwohnerzahl 1.500). Das Dorf wird oft auf Postkarten abgebildet, weil es so idyllisch zwischen den Schärenhügeln liegt.

054 Rönnäng – *Hamn*

GPS: N 57°56'31.2" E 11°34'34.3", Skutholmsvägen 3. **Max. WOMOs**: 3. **Öffnungszeit**: Ganzjährig. **Ausstattung**: VE, Strom, WC, Dusche, Mülleimer, Restaurant, Shop. **Beschreibung**: Enger Asphaltparkplatz. **Preise**: 300 SEK. **Zufahrt**: 169 Richtung Hafen, neben der Tankstelle.

Rönnäng – Sommeridylle im Hafen

Empfehlenswert ist auf jeden Fall ein Besuch auf den malerischen Schäreninseln **Klädesholmen** und Koholmen (Einwohnerzahl 400). Es wird aber immer nur von Klädesholmen gesprochen. Viele kleine Inseln bilden eine ganze Kette, die mit kleinen Straßen verbunden sind. Die Häuser schmiegen sich an die Felsen und bieten einen bezaubernden Anblick. Wegen der schmalen Gassen können wir Ihnen nur eine Besichtigung zu Fuß nahelegen. Dafür bieten sich die Parkplätze oder der Stellplatz vor dem Ort an, auch wenn dieser eher zweckmäßig als schön ist. Im Sommer ist es hier natürlich auch sehr voll und eine zeitige Anreise empfiehlt sich.

055 Bleket – *Mossholmen Marina*

GPS: N 57°56'58.1" E 11°33'26.6". **Max. WOMOs**: 8. **Öffnungszeit**: Ganzjährig. **Ausstattung**: VE, Strom, WC, Dusche, Mülleimer, Wäsche, Shop. **Beschreibung**: Schön ist der Stellplatz auf dem öffentlichen Parkplatz nicht, aber zweckmäßig, denn der Besuch auf Klädesholmen macht es wieder wett. Asphaltplätze am Wasser. Klappstuhlgeeignet. **Preise**: 250 SEK. **Zufahrt**: Von der Strandgatan Richtung Mossholmen abbiegen. **Ausweichplatz**: N 57°56'55.3" E 11°33'20.6", Strandgatan, kostenloser Parkplatz direkt vor der Brücke nach Klädesholmen. Camping verboten.

Klädesholmen, die Heringsinsel

Früher gab es hier viel Heringsfischerei mit größeren Konservenfabriken, heute sind es noch drei und der Tourismus hat die Inseln übernommen. Um die Bedeutung des Herings für die Insel zu feiern, findet jedes Jahr der ‚Sillens Dag' statt, der Tag des Herings. An diesem Tag werden Unmengen an Hering serviert und der *Årets sill*, der Hering des Jahres, gekürt.

Auf unserer Weiterfahrt kehren wir im gemütlichen ***Café Moriks Fårgård*** mit Hofladen ein. Wir genießen die angenehme Atmosphäre und erfreuen uns am schönen Ausblick über den kleinen Fjord *(N 57°57'47.7" E 11°34'44.0", Morik 106, www.moriksfargard.se).*

Unser WOMO parken wir am Ende einer Sackgasse, direkt mit Blick auf die wundervollen Schären. Es ist Anfang September, die Temperaturen sind herrlich warm und abends sind wir ganz allein auf dem kleinen Platz. Ein Segelschiff legt direkt neben uns an und so genießen wir mit unseren neuen Nachbarn den fantastischen Sonnenuntergang.

056 Stockevik – *Badplats*

GPS: N 57°57'33.5"E 11°32'52.2", Västernäsvägen. **Max. WOMOs**: 1. **Ausstattung**: Badesteg, Sprungturm. **Beschreibung**: Kleiner Schotterplatz in einer Sackgasse zwischen Felsen und Meer. **Hinweis**: Nicht für große WOMOs. **Zufahrt**: Den Stockevik Sörnäsvägen bis zum Ende durchfahren, an allen Hütten vorbei, bis es nicht mehr weitergeht.

In **Skärhamn** (Einwohnerzahl 3.600) finden wir am Ende des Ortes einen geeigneten Platz am Freibad.

057 Skärhamn – *Tubbevikens Bad*

GPS: N 57°59'38.7" E 11°32'55.5", Strandvägen. **Max. WOMOs**: 4. **Ausstattung**: Mülleimer, Shop, Spielplatz, Picknickbank, Sauna, Badesteg am kleinen Sandstrand. **Beschreibung**: Asphaltparkplatz etwas abseits der Straße, kein Camping. **Zufahrt**: Rechts der Strandvägen.

Kunstfreudige kommen im **Nordiska Akvarellmuseet** voll auf ihre Kosten. Aber auch alle anderen sollten einen Besuch einplanen, wenn sie die spektakuläre Lage des ***Vatten Restaurang & Kafé*** am Fjord genießen möchten *(N 57°59'17.5" E 11°32'25.1", Södra Hamnen 6, 75 SEK, frei unter 26 Jahre, ganzjährig, täglich 11-16 Uhr www.akvarellmuseet.org).*

Wir bleiben noch ein bisschen bei diversen **Kunstprojekten**, denn seit 2007 gibt es auf Tjörn die größte Outdoor-Kunstausstellung mit Werken von führenden Künstler:innen aus aller Welt. Doch **Pilane** ist viel älter. Hier befindet sich eines der größten Grabfelder aus der Eisenzeit.

Pilane – Kunst und Geschichte unter freiem Himmel

Das Pilane-Gräberfeld ist ein archäologisches Juwel mit Grabhügeln, Steinkreisen, Menhiren und runden Steinschiffen, das Zeuge der Besiedelung von vor 4.500 Jahren ist.

Die Skulpturenausstellung, die seit 2007 jährlich stattfindet, bietet einen Kontrast zu der historischen Umgebung. Die modernen Kunstwerke, wie der 14 Meter hohe Frauenkopf Anna, laden zum Nachdenken und Staunen ein *(N 58°1'46.7" E 11°33'22.5", Hällenevägen 36, Pilane, 150 SEK, frei 0-12 Jahre, 05-09, 9-19 Uhr, Parken nur tagsüber 35 SEK per EasyPark App).*

Die Kulturlandschaft Pilanes lohnt sich unbedingt für alle, die gerne ausgedehnte Spaziergänge erleben möchten. Wer es auf spektakuläre Wanderungen anlegt, dem sei der **Sundsbyleden**, einem Teilstück des Kuststigen, ans Herz gelegt. Der Kuststigen verläuft zwischen Küstendörfern und Wäldern von Uddevalla nach Sotenäs.

P Sundsby – *Vandringsleder*

N 58°4'0.4" E 11°40'54.5", max. 6 Std.

Sundsbyleden - Wanderung mit Wow-Effekt

TOUR 3

Krossenleden: 3,8 km rote Markierung, mittelschwer.
Rådjursstigen: 3,2 km gelbe Markierung, schwer.
Ivers Skogspromenad: 1,3 km, weiße Markierung, leicht, kinderfreundlich, barrierefrei.
Solklinten: mit Grotten und Schluchten, 700 m, schwarze Markierung, schwer.
Sundsbyleden: 4,8 km, blaue Markierung, mittelschwer, aber einige Abschnitte sind steil. Festes Schuhwerk ist empfehlenswert. Unterwegs gibt es immer wieder Picknickbänke, Grillplätze, Feuerstellen und Aussichtspunkte.

Der Wanderweg ist zunächst leicht zu begehen, wird dann aber anspruchsvoller. Nach etwa zwei Kilometern erreicht man den höchsten Punkt, Solklinten, mit einer atemberaubenden Aussicht auf den Stigfjord. Wer die Aussicht genießen möchte, muss einen kurzen, aber steilen Umweg in Kauf nehmen. Nach etwa vier Kilometern erreicht der Rundweg ***Sundsby Säteri mit Café und Hofladen***. Das Herrenhaus ist ein historisches Gebäude aus dem 16. Jahrhundert. Besonders schön ist der Park des Herrenhauses (*ganzjährig, täglich 11-20 Uhr, 10-03 Di.-So. 11-17 Uhr, der Park, der Garten und die Wanderwege sind das ganze Jahr geöffnet, Eintritt frei, außer bei Sonderveranstaltungen).*

Orust (Einwohnerzahl 15.000) ist die drittgrößte Insel Schwedens und bietet alles, was das Urlaubsherz begehrt: Historische Sehenswürdigkeiten, beeindruckende Landschaften, abwechslungsreiche Aktivitäten und nachhaltige Entspannung. Die Schärenlandschaft vor der Küste ist geprägt von kleinen Buchten.

058 Skåpesund – *Rastplats*

GPS: N 58°05'40.0" E 11°42'14.4", Länsväg 160. **Max. WOMOs**: 4.
Ausstattung: WC, Mülleimer, Picknickbänke. **Beschreibung**: Schräger Asphaltparkplatz. Schöner Ausblick. In Sicht- und Hörweite der viel befahrenen 160. **Zufahrt**: Direkt an der Brücke der 160.

Skåpesund – Ausblick am Rastplatz

Und so fahren wir die südliche Runde um Orust herum, vor allem wegen der so urtümlichen Landschaft. Hier ist der Tourismus noch nicht so massiv und es gibt streckenweise noch die Möglichkeiten, frei zu übernachten.

059 Nösund – *Boxvik*

GPS: N 58°06'56.4" E 11°29'13.3". **Max. WOMOs**: 1.
Beschreibung: Schotterparkplatz neben einer mäßig befahrenen Straße mit Blick auf den Fjord. Klappstuhlgeeignet.
Zufahrt: Von Nösund Richtung Möllösund und Hälleviksstrand.
Ausweichplatz: N 58°07'06.0" E 11°28'52.6".

Auf der vorgelagerten Halbinsel gefällt uns der kleine Gästhamn von **Edshultshall** (Einwohnerzahl 78) mit den *roten Häuschen* besonders gut *(N 58°06'27.2" E 11°28'04.6")*. Auf der vorgelagerten Schäreninsel Jensholmen befindet sich auf der Seeseite ein Badesteg und mehrere Möglichkeiten über die Felsen im klaren Wasser zu baden.

060 Sandvik – *Badplats*

GPS: N 58°05'48.5" E 11°29'23.5" und N 58°05'43.7" E 11°29'26.4".
Max. WOMOs: je 2. **Beschreibung**: Schotterparkstreifen mit Felsen, hinter denen man sich verstecken kann. Klappstuhlgeeignet.
Zufahrt: Richtung Möllösund.

Die roten Häuschen sind typisch für die Westküste

Möllösund (Einwohnerzahl 250) ist ein kleiner, fast magischer Ort und hat noch einiges an Ursprünglichkeit bewahrt. Ein kleines Fischerdorf, das bereits um 1500 gegründet wurde und damals Teil des Königreiches Dänemark-Norwegen war. Die Lage des Dorfes am offenen Meer war ideal für die Heringsfischerei, die in dieser Zeit eine wichtige Einnahmequelle für die Bewohner war.

061 Möllösund – *Besökande*

GPS: N 58°04'29.3" E 11°28'54.9", Gamla Vägen. **Max. WOMOs**: 4. **Beschreibung**: Unromantischer Schotterparkplatz neben einer Müllsammelstation. Max. 48 Std. **Preise**: 120 SEK /24 Std. zahlbar per EasyPark App. **Zufahrt**: Richtung Möllösund zum Besucherparkplatz.

Auch, wenn der Parkplatz eher zweckmäßig als schön ist, lohnt sich ein Besuch im entzückenden Ort. Neben der hübschen Kirche führen Treppenstufen hoch zum **Klockeberget** mit toller Aussicht über den Ort, den Sund und die Schärenküste.

Die Klage der Fischerfrau

In alten Fischerdörfern war der Fischfang lebensnotwendig. Die Boote verließen den Hafen unabhängig vom Wetter und nicht immer kehrten alle zurück. Auf dem Klockeberget standen die Frauen und blickten voller Sehnsucht und Sorge auf das Meer. Würden alle Boote wohlbehalten zurückkehren? Im Laufe der Jahre warteten viele vergeblich. Die Fiskarhustrun-Skulptur, die 1993 aufgestellt wurde, spiegelt die Melancholie wider, die einst über den heute so idyllisch wirkenden Dörfern lag.

Sehenswert ist ebenfalls die **Mollösunds kvarn**, die historische Mühle kann zwar nicht besichtigt werden, liegt aber malerisch auf einem Hügel. Oben befinden sich Picknickbänke, um den herrlichen Ausblick bei einer Brotzeit genießen zu können. Ebenso locken drei Badeplätze, teils mit Badestegen, teils mit Sprungturm: Tornevik, Kattevik und am Fyr (Leuchtturm).

Restaurant-Tipp: ***Fisken och Våfflan***, hier gibt es frischen *Fisch auf einer Waffel* serviert, auch vegane Waffeln und beste Fish 'n Chips (*Hamnvägen 6*).

Zurück geht es wieder über den Landsvägen vorbei an unserem schönen Platz in Sandvik und wir winken aus dem Fenster.

TOUR 3

062 Hälleviksstrand – *Hallevik Yacht Club*

GPS/Kontakt: N 58°07'1.6" E 11°27'20.7", Sollidsvägen, www.halleviksstrand.se/aktiv-fritid/batliv/gasthamn. **Max. WOMOs**: 8. **Öffnungszeit**: 04-10. **Ausstattung**: Frischwasser, Strom, WC, Dusche, Mülleimer, Badesteg, Restaurant, Pizzeria. **Beschreibung**: Großer Schotterparkplatz am Hafen. Klappstuhlgeeignet, beleuchtet. **Preise**: 200 SEK. **Hinweis**: Der Platz wird gerade neu hergerichtet und installiert (wir rechnen mit einer VE). Er liegt ca. 500 m südlich von Hälleviksstrand. **Zufahrt**: 1 km von der Abzweigung am Caravan Club.

Die rote Holzkirche **Hälleviksstrands Kyrka** lohnt auf jeden Fall einen Besuch. Obwohl sie erst 1904 eingeweiht wurde, erinnert sie stark an eine altnordische Stabkirche *(N 58°07'47.4" E 11°26'48.8", Västergårdsvägen 302, 474 95 Hälleviksstrand).*

Wir verlassen Orust und nutzen ein paar der kostenlosen Fähren für unser *Inselhopping* von der Fröjdendals Färjeläge hinüber zur Insel Malö *(N 58°11'42.6" E 11°29'21.4")*.

Die Straße schlängelt sich entlang blühender Wiesen, schroffen Felsen, viel Laubwald, gespickt von fantastischen Ausblicken auf kleine Fjorde, bevor es an der Ängö Brygga auf die nächste Fähre geht *(N 58°14'14.4" E 11°32'36.8")*.

Ängö Brygga – Fähranleger auf Flätö

Im Mittelalter war **Dragsmark** ein wichtiges Kulturzentrum, da sich hier das Kloster befand. Das Kloster wurde im 13. Jahrhundert gegründet, als es noch zu Norwegen gehörte. Es war mit meditativem Leben innerhalb und umfassender Seelsorge außerhalb der Klostermauern bis zur Reformation im 16. Jahrhundert in Betrieb *(Dragmarks kloster, N 58°15'06.8" E 11°33'07.3")*.

Malö – Inselhopping

063 Dragsmark – *Husbilsplats*

GPS/Kontakt: N 58°15'12.9" E 11°33'14.9", Klostergård 175, +46735093666 www.yourvismawebsite.com/kloster-marina-ab-1. **Max. WOMOs**: 21, 14 mit Strom. **Öffnungszeit**: 04-10. **Ausstattung**: VE, Strom, WC, Dusche, Mülleimer, Picknickbank, Badesteg, Boule, Bootsverleih. **Beschreibung**: Schotterparkplatz an einer kleinen Marina vor einer Felswand. Klappstuhlgeeignet. **Preise**: 170-250 SEK +Buchungsgebühr. **Hinweis**: Grauwasserentleerung erfolgt im 300 m entfernten Bokenäs Padel. Vorreservierung sinnvoll. **Zufahrt**: Etwa 2,4 km von der Fähre Richtung Dragsmark, hinter der Kirche rechts.

Wer noch mehr sehen möchte, kann von hier einen Ausflug auf die Insel Skaftö unternehmen. Empfehlenswert sind die ursprünglichen und malerischen Ortschaften Fiskebäckskil, Grundsund und Rågårdsvik *(18 Kilometer pro Strecke)*.

064 Hällebäck – *Dykplats*

GPS: N 58°20'44.9" E 11°35'20.5", Hällebäck, Uddevalla. **Max. WOMOs**: 2. **Ausstattung**: WC, Mülleimer, Badesteg. **Beschreibung**: Schotterparkplatz am Straßenrand unter Bäumen, leicht schräg. **Zufahrt**: Bis zum Ende durchfahren, Parkstreifen auf der rechten Seite.

Wir frühstücken mit Ausblick auf die wunderschöne Schärenlandschaft und sind dankbar, solche Momente erleben zu dürfen!

Bei **Skår Färjeläge** nutzen wir die **kostenlose Fähre** nach Finnsbo. Neben dem Anleger legen wir ein Päuschen im ***Gårdscaféet vid Gullmarsfjorden*** ein und genießen den herrlichen Ausblick auf den Fjord und die pendelnde Fähre *(N 58°17'55.1" E 11°32'11.8", Skår 217, Einfahrt links, einige Meter vor der Einfädelung zum Fähranleger, am Haus vorbeigehen über die Rampe zur Terrasse)*.

TOUR 3

Lysekil (Einwohnerzahl 7.700) mit seinem großen Dom muss man einfach gesehen haben. Er beeindruckt schon von Weitem. Von der ursprünglichen Kirche von 1594 ist nichts mehr übrig, aber die neue wurde im 18. Jahrhundert etwa 100 Meter östlich mit einem 63 Meter hohem Turm errichtet. Das wertvollste Kleinod ist die 1670 in Stralsund gefertigte Kanzel, die für 50 Taler in die Kirche einzog.

Den Stellplatz am Hafen finden wir nicht schön, da er zwischen Eisenbahn und einem langen Gebäude liegt und es doch sehr nach Industrie aussieht. Zwar gibt es hier echt leckeren, frischen Fisch und auch eine kleine Terrasse (***Bengts Fisk i Lysekil**, Bangårdsgatan 2*), aber wir möchten Ihnen dennoch den schöneren Stellplatz etwas außerhalb ans Herz legen.

065 Lysekil – *Valbodalen*

GPS/Kontakt: N 58°17'25.8" E 11°26'16.6", Valbogatan, +46523613063, www.hamn.lysekil.se/de. **Max. WOMOs**: 57. **Öffnungszeit**: 03-10. **Ausstattung**: VE, Strom, WC, Dusche, Mülleimer, WLAN, Picknickbänke, Grillstelle, Badesteg *(auf der Insel gegenüber)*. **Beschreibung**: Großer Schotterbereich im Segelhafen mit fantastischem Ausblick. Klappstuhlgeeignet. **Preise**: 220 SEK online zahlbar. **Hinweis**: Es gibt 3 Stellplätze in Lysekil: 1. Fiskhamnens *(N 58°16'29.0" E 11°26'24.9", Bangårdsgatan 1 bei Bengts Fisk)*, 2. Kolholmanas/ Grusplan *(Mitten in der Industrie, N 58°16'37.2" E 11°26'56.7", hier ist auch die **VE**-Station, 50 SEK für Nicht-Übernachtungsgäste, sonst inklusive)* und 3. Valbodalen. Keine Reservierung. **Zufahrt**: Ganz bis hinten durchfahren.

Lysekil – Stellplatz Valbodalen

Atemberaubend schön sind ein gemütlicher Spaziergang oder eine Radtour immer entlang der Strandpromenade bis zur Innenstadt *(Strandpromenad ausgeschildert, zweieinhalb Kilometer)* zum ***Restaurant Publik Mat & Bar*** *(Norra Hamngatan 1, www.publiklysekil.nu)*, das wir als extra lecker, gemütlich und gut empfinden. Die ***Terrasse Backyard*** bietet einen ganz eigenen Ausblick auf die Schären, inspiriert als ***Foodtruck***. Das Essen ist außergewöhnlich an die japanische, südamerikanische und schwedische Küche angelehnt. Besonderheit: Man kann mit dem Boot am Restaurant anlegen. Es lohnt sich, bis ins **Stångehuvud Naturreservat** weiterzugehen und über die Felsen zu klettern. Unsere Kids lieben die Kletterei und wir die Aussicht!

Museumstipp: **Aquarium Havets Hus** *(150-170 SEK, 90-95 SEK 5-17 Jahre, täglich 10-16 Uhr, Strandvägen 9, N 58°16'10.1" E 11°25'56.3", www.havetshus.se)*.

Unser nächster Platz heißt zwar **Lysekils Marina**, aber für eine Stadtbesichtigung eignet er sich aus unserer Sicht nicht, da er zu weit entfernt ist. Mit dem WOMO sind es immerhin 15 Kilometer.

066 Lysekil – *Marina Basteviksholmarna*

GPS/Kontakt: N 58°18'53.7" E 11°23'38.4", Slättna, www.lysekilsmarina.se. **Max. WOMOs**: 36. **Öffnungszeit**: Ganzjährig. **Ausstattung**: VE, Strom, WC, Dusche, Mülleimer, WLAN, Wäsche, Minigolf, Brötchenservice, Kiosk, Restaurant, Boule, Grillplatz, Holzterrassen. **Beschreibung**: Großer Schotterplatz auf der Mole des Segelhafens. Klappstuhlgeeignet. Bei starkem Wind kann das Windrad stören. Jeder Platz bietet Wasserblick in traumhafter Lage. **Preise**: 260 SEK, im Winter kostenlos ohne Service. **Hinweis**: Unbedingt vorab reservieren. VE hinter dem Kiosk. Wenn die Plätze am Meer ausgebucht sind, kann vor dem Restaurant übernachtet werden, +36 Drop-in-Plätze.
Zufahrt: 6 km von der 182 Richtung Skalhamn, ausgeschildert.

Am nächsten Morgen herrscht eine besonders ruhige Stimmung über der Schärenlandschaft, die uns wie magisch in ihren Bann zieht. Die Straße schlängelt sich den Berg hinauf, immer wieder blitzen einige Häuser durch und oben angekommen, müssen wir einfach anhalten, um ein paar Fotos zu knipsen.

067 Skalham – *Kölleröd Aussichtsplatz*

GPS: N 58°19'37.1" E 11°24'57.8". **Max. WOMOs**: 4.
Beschreibung: Schotterparkplatz mit toller Aussicht von den Felsen.
Hinweis: Kurze, steile Zufahrt mit Schlaglöchern. Für kleine WOMOs. Klappstuhlgeeignet. **Zufahrt**: 2,4 km von der Marina geradeaus.

Heute besichtigen wir den außergewöhnlichen **Tierpark Nordens Ark.** Viele vom Aussterben bedrohte Arten finden hier ein Zuhause. Die Gehege sind mit viel Achtung vor den Tieren angelegt worden. Auf Baumwipfelpfaden können wir den Tieren von oben zuschauen *(280-310 SEK, 110-130 SEK 5-17 Jahre, ganzjährig 10-16 Uhr, 06-08 10-18 Uhr, Info-Point, Restaurant Dagens Rätt 139 SEK, barrierefrei, Hunde verboten, Übernachten im WOMO verboten).*

Früher durften wir hier noch übernachten, aber ein privater Campingplatz ist nicht weit von der nordischen Arche entfernt:

068 Hunnebostrand – *Önna Gård Camping*

GPS/Kontakt: N 58°25'59.2" E 11°22'22.2", Önna nedergård, +46705852059, www.onnagard.com. **Max. WOMOs**: 22.
Öffnungszeit: 04-09. **Ausstattung**: Grillstelle, Picknickbänke, beleuchtet, See mit Badestelle. **Beschreibung**: Klein, ruhig zwischen Bauernhof und Golfplatz auf Rasen mit schönen Aussicht. **Preise**: 250-300 SEK bar. **Zufahrt**: Über Tossene Richtung Sotenäs GK Golfklub.

In ***Lyckans Stenugnsbageri*** werden verschiedene Bauernbrote von Hand im Steinofen gebacken. Wir finden, das schmeckt man. Der kleine Hofladen mit Café lohnt einen Stopp *(N 58°25'07.5" E 11°23'03.6", Lyckan 7, Hunnebostrand, www.stenugnsbageri.se).*

Smögen (Einwohnerzahl 1.300) muss man einfach mögen. Bunte Fischer- und Speicherhäuser schmiegen sich auf Stelzen an die Granitküste und längs der Promenade reihen sich Restaurants, Cafés, Boutiquen und Souvenirläden. Im Sommer füllt sich der Ort mit fröhlichem Leben, teils bis tief in die Nacht. In der Nebensaison ziehen hier jedoch Ruhe und Erholung ein. Auf der **Smögenbryggan** probieren wir die **Smögenräkor (Krabben),** die als lokale Spezialität in allen Variationen angeboten werden.

069 Smögen – *Wiggersvik's Camping*

GPS/Kontakt: N 58°21'47.1" E 11°16'50.8", Hallindenvägen, +4652332635, www.wiggersvik.se. **Max. WOMOs**: 225.
Öffnungszeit: Ganzjährig. **Ausstattung**: WLAN, Waschmaschine, Brötchenservice, Restaurant, Spielplatz, Pool, Badesteg, Minigolf, Shop.
Beschreibung: Viele Dauercamper, aber die WOMO-Plätze sind auf Asphalt direkt am Wasser. Herrlich in der Felsbucht gelegen.
Preise: 300-530 SEK. **Hinweis**: Vorbuchen! Bis zur Smögenbryggan 6 km. **Zufahrt**: 7,2 km von der 171 über den Hallindevägen.

070 Smögen – *Park & Stay*

GPS/Kontakt: N 58°21'49.0" E 11°13'56.4", Smögens Kyrkogård, www.parkandstay.se/stallplats/smogen. **Max. WOMOs**: 15.
Öffnungszeit: Ganzjährig. **Ausstattung**: VE, Mülleimer.
Beschreibung: Großer Schotterparkplatz, klappstuhlgeeignet.
Preise: 300 SEK online zahlbar. **Hinweis**: 06-08 darf der Parkplatz nebenan genutzt werden. Nur für autarke WOMOs. VE frei zugänglich.
Zufahrt: Über die Storgatan, am ICA rechts Richtung Hässelösund.

Smögen – die hübschen Bootshäuser auf der Smögenbryggan

TOUR 3

071 Smögen – *Vallevik Badplats Minigolf*

GPS: N 58°21'22.2" E 11°13'00.2", Klevenvägen. **Max. WOMOs**: 4. **Ausstattung**: WC, Dusche (200 m), Mülleimer, Picknickbänke, Minigolf, Kiosk, Badestelle mit Badesteg (200 m). **Beschreibung**: Großer Asphaltparkplatz mit grandioser Aussicht. Perfekter Ausgangspunkt. **Preise**: Kostenlos 20-8 Uhr, 50 SEK/ Std. 8-20 Uhr. **Zufahrt**: Über die Storgatan Richtung Zentrum, rechts der Brunnsgatan folgen.

Auch wenn Smögen zu den beliebtesten Zielen der Westküste gehört und im Sommer schier aus allen Nähten zu platzen scheint, lohnt sich aus unserer Sicht ein Besuch zu jeder Jahreszeit, denn der kleine Ort ist nicht ohne Grund so beliebt. Die Lage zwischen den schroffen Schärenfelsen ist absolut beeindruckend und wir lieben es, durch den Ort und entlang der **Smögenbryggan** zu schlendern. Unterhalb des Minigolfs liegt der beliebte und schöne **Badeplatz Vallevik** mit Sprungturm, Picknickbänken und Grillstelle. Den besten Fotospot hat man tatsächlich vom öffentlichen Toilettenhäuschen gegenüber unserem Parkplatz *(N 58°21'17.9" E 11°13'01.0", Klevenvägen)*.

Wanderung Kleven

2 km, mittelschwer, Felskletterei, Trittsicherheit: Wir gehen die Straße am Klevenvägen noch etwa 120 Meter weiter, bevor wir die Stufen zum **Friluftsled Kleven** hochsteigen. Ein kleiner See und Felsenklettereien verzücken uns. Einige Schluchten sind mit Holzbrücken überspannt, so dass wir überall die grandiose Aussicht bewundern können. Die Kletterei wird von natürlichen Wegen unterbrochen, bis wir am Smögen Dyk ankommen. Schöner ist der Weg wieder zurück über die Schären, einfacher aber unten entlang der Straße.

Restaurant-Tipps: ***Ekelöfs Mat och Bar***, günstiger Fisch, frische Krabben und einfache Gerichte neben der Fischauktion *(Fiskhamnsgatan 31, www.ekelofs.se)*, ***Göstas Fiskekrog Restaurant***, etwas gehobenere Küche und Ambiente *(Dagens Rätt 129 SEK, Fiskhamnsgatan 32, www.gostasfiskekrog.se)*, ***The Barn Smögen***, amerikanisches Essen auf schwedische Art *(Sillgatan 10, www.thebarn.se/smogen)*.

Die Schären begeistern uns immer wieder. Eigentlich ist es dabei relativ egal, wo man an der Küste anhält, denn es ist überall großartig! So auch in **Hunnebostrand** (Einwohnerzahl 2.000), dessen Geschichte bis ins 13. Jahrhundert zurückreicht. Die Stadt war einst ein wichtiger Handelshafen, die beeindruckenden Steinbrüche sind ein Zeugnis dieser Vergangenheit. Die Häuser schmiegen sich an die Klippen und die Häfen locken neben der fantastischen Landschaft mit unzähligen Restaurants und Cafés. Das Leben pulsiert und die Menschen sind fröhlich und ausgelassen.

072 Hunnebostrand – *Marina*

GPS/Kontakt: N 58°26'13.9" E 11°17'29.8", 12 Lahällevägen, +46523664000, www.campingspot.com/en/docks/692-lokholmen-stallplats-hunnebostrand. **Max. WOMOs**: 25. **Öffnungszeit**: Ganzjährig, in der Nebensaison eingeschränkt. **Ausstattung**: VE (frei zugänglich), Strom, WC, Mülleimer. **Beschreibung**: Unromantischer, großer Schotterparkplatz hinter dem PKW-Parkplatz, der in der Hauptsaison für WOMOs freigegeben wird. Klappstuhlgeeignet. **Preise**: 05-09, 200 SEK zahlbar online oder per EasyPark-App. **Ausweichplatz**: N 58°25'59.6" E 11°17'28.7" **Zufahrt**: 850 m von der 174 auf der rechten Seite.

Wanderung Sankt Görans Ö

4-5 km, einfach, auf der Südwest-Seite barrierefrei: Vom Parkplatz sind es etwa 800 m durch den Hafen. Der Panorama-Rundweg um die Schäreninsel Sankt Görans Ö führt auf Stegen und Wegen um diese herum. Immer wieder halten wir inne, knipsen Fotos, ruhen uns auf den vielen Bade- und Picknickecken aus, planschen und genießen die atemberaubenden Ausblicke. Von hier aus ist es nicht mehr weit bis zum Södra Kajen und den vielen Restaurants. Wer es noch spektakulärer möchte, geht weiter durch die Södra Strandgatan bis zu den steilen Klippen am Skulpturenpark.

Skulpturenpark im alten Steinbruch: Kunst trifft Natur

Der **Udden Skulptur** (Skulpturenpark) ist eine internationale Skulpturenausstellung in einem ehemaligen Steinbruch. Die Landzunge ist geprägt von einer vertikalen, 40 m hohen Granitwand, einer großen Wiese und dem endlosen Meer. Dieser einzigartige Ort bietet einen faszinierenden Kontrast zwischen Natur und Kunst. Die Landzunge liegt auf einem Freigelände neben einem Badebereich mit Sprungturm und barrierefreier Rampe. Hundestrand nochmal 300 Meter weiter entlang der Strandpromenade.

Wer Interesse an der Geschichte des Steinbaus hat, dem sei das **Stenhuggerimuseet (Steinmetzmuseum)** mit Heimatmuseum empfohlen. Hier gibt es Mühlen, Scheunen, Werkstätten, Bergwerksloren und Kanonen *(zu beiden Seiten des Asslerödsvägen, Shop, Asslerödsvägen 1, www.sote.n.nu)*. Wer sich nicht scheut, über Stock und Stein zu steigen, dem sei der Weg hinauf zur Schlucht **Hunnebo Klövor Klyfta** nahegelegt. Hier klemmt ein Fels in der Kluft. Trauen Sie sich, darunter zu stehen?

Sehenswert ist die **Hunnebostrands Kyrka** (von 1910) auf jeden Fall von außen mit der strahlend roten Fassade und dem riesigen Kreuz auf dem Schieferturm.

Restaurant-Tipps: ***Perssons På Kajen***, gehobene Karte mit frischem Fisch und vegetarischem Burger *(Södra Kajen, www.perssonspakajen.se)*. ***Olgas Bistro***, Tapas, Antipasti, Fisch, Fleisch, Dagens Rätt, gemütliches Ambiente mit Musik *(Södra Strandgatan 24, www.olgasbistro.se)*.

Einen Badetag verbringen wir am **Bovallstrand** (Einwohnerzahl 450). Dort gibt es wunderbare Brücken über kleine Schären mit Sprungtürmen und Badestellen, die wir liebend gerne nutzen *(N 58°28'30.3" E 11°18'56.9")*. Auf einem Felsen mit Picknickbank und fantastischer Aussicht snacken wir ausgiebig. Leider ist hier das

Bovallstrand – Schäreninseln für einen perfekten Badetag

Übernachten verboten. Deshalb entscheiden wir uns für einen malerischen Stellplatz mitten in der Natur. Wunderschön, auch ohne Meerblick.

073 Svenneby – *Middalarna*

GPS/Kontakt: N 58°29'40.9" E 11°20'18.2", V Tanumshede, www.middalarna.se. **Max. WOMOs**: 30. **Öffnungszeit**: Ganzjährig. **Ausstattung**: VE, Strom, WC, Dusche (06-09), Mülleimer, WLAN, Grillplatz, Boule. **Beschreibung**: Schöner Stellplatz auf Rasen und Schotter. Klappstuhlgeeignet, beleuchtet, ruhig, rusitkal. **Preise**: 150 SEK ohne, 200 SEK mit Strom online zahlbar oder bar in die Box. **Hinweis**: Es gibt kein extra Sani-Haus. Frei zugängliche, kostenpflichtige VE 50 SEK. **Zufahrt**: 2,5 km von der 174. In Bräcke links der Vorfahrt folgen.

Von der mittelalterlichen Kirche **Svenneby Gamla Kirka** aus dem 12. Jahrhundert sind wir sofort fasziniert. Der hölzerne Glockenturm steht auf einem Felsen *(N 58°29'58.5" E11°19'25.7")*.

In **Hamburgsund** (Einwohnerzahl 700) erwartet uns ein extra Highlight, denn wir haben unseren Urlaub dieses Mal zeitlich genau angepasst. Wir fahren zum Vikingar-Ting oder auch Thing, das auf der **Hornbore Slottsruin** stattfindet.

Das Thing: Die Versammlung der Wikinger

Zweimal im Jahr, im Frühjahr und im Herbst, trafen sich die freien Männer eines jeden Wikingergebiets zu einer Versammlung, dem Thing. Hier wurden wichtige Entscheidungen für die Gemeinschaft getroffen, wie die Höhe der Steuern, die Planung der nächsten Expeditionen oder die Beilegung von Streitigkeiten. Das Thing war ein wichtiges Instrument der Wikingerdemokratie. Jeder hatte das Recht seine Meinung zu äußern. So konnten auch einfache Leute Einfluss auf die Geschicke ihrer Gemeinschaft nehmen. Die Versammlung begann mit einer Ansprache des Königs oder Häuptlings. Anschließend wurden die einzelnen Themen diskutiert und abgestimmt. Dabei wurde jeder Beitrag ernst genommen, egal, von wem er kam.

Das Thing dauerte in der Regel eine Woche. In dieser Zeit wurde auch ein Markt abgehalten, auf dem Handwerkwaren aus ganz Europa dargeboten wurden. Musik und Gauklereien sorgten für Unterhaltung.

Heutzutage gibt es das Thing natürlich nicht mehr in der Form und findet auch nur noch einmal im Jahr, am ersten Wochenende im August statt. Auf dem Wikingermarkt wird gefeilscht, gefeiert und gelacht. Selbstverständlich darf eine ordentliche Wikinger-Schlacht nicht fehlen und auch die Wikingerboote liegen vor Anker *(N 58°32'11.3" E 11°17'02.1", Länsvägen, Hamburgsund, www.hornboreting.se)*.

Von der Hornburg ist nicht mehr viel zu sehen, aber der Ausblick von oben auf den Sund ist spektakulär. Es lohnt sich also ein Besuch auch ohne Fest. Wir haben frühzeitig den nächsten Campingplatz vorgebucht, denn gerade zum Thing ist es hier natürlich besonders voll.

074 Hamburgsund – *Rörviks Camping*

GPS/Kontakt: N 58°32'25.4" E 11°16'50.9", Länsvägen, +4652533573, www.rorvikscamping.se. **Max. WOMOs**: 100. **Öffnungszeit**: 05-08. **Ausstattung**: Waschmaschine, Spielplatz, Badestelle, Minigolf, Shop, Brötchenservice. **Beschreibung**: Kleiner, älterer Familiencampingplatz in schöner Lage. Viele Dauercamper. Die schönen Plätze sind vorne am Wasser (346-355 oder einen der 300er Plätze). **Preise**: 330-450 SEK. **Hinweis**: Der Campingplatz liegt 1,5 km südlich Hamburgsunds. Max. 8 m WOMO-Länge! **Zufahrt**: Am Länsvägen, 500 m hinter der Honbore.

Ein Ausflug auf die **Insel Hamburgö** lohnt sich, trotz WOMO-Übernachtungsverbot *(N 58°33'16.7" E 11°14'40.4")*.

Hamburgö – Boviken badplats

Fjällbacka im Hochsommer

Fjällbacka (Einwohnerzahl 800) ist ein malerischer Fischerort an der schwedischen Westküste, der durch drei berühmte Frauen populär wurde. Aber erst einmal müssen wir einen Platz finden. WOMOs werden im gesamten Ort nicht mehr toleriert und die Strafen sind hoch. So finden wir keinen einzigen Parkplatz, an dem nicht irgendein Verbotsschild steht oder die Situation vor Ort zu undurchsichtig ist (Falkevägen). Uns bleibt also nur die Auswahl zwischen dem ausgewiesenen Stellplatz auf einem Parkplatz am Rande des Ortes oder dem schönen Campingplatz. Ich glaube, Sie wissen schon, für was wir uns entschieden haben.

075 Fjällbacka – *Camping*

GPS/Kontakt: N 58°35'16.9" E 11°16'47.0", Sälviksvägen 70, +4652531490, www.fjallbackacamping.se. **Max. WOMOs**: 140. **Öffnungszeit**: 04-09. **Ausstattung**: Waschmaschine, Shop, Brötchenservice. **Beschreibung**: Großer, aber doch gemütlicher Platz mitten zwischen den Felsen mit Badezugang. Die Touristenplätze liegen auf einer größeren Wiese oder auf Schotter mit Rasen. Ruhig. **Preise**: 340-450 SEK. **Hinweis**: VE frei zugänglich. Etwa 1 km bis zum Ort. **Zufahrt**: Von der 163 einmal durch den Ort, um den Vetteberget herumfahren.

076 Fjällbacka – *Bräckevägen*

GPS: N 58°36'07.7" E 11°17'48.7", Bräckevägen. **Max. WOMOs**: 20. **Öffnungszeit**: Ganzjährig. **Beschreibung**: Großer, einfacher Schotterparkplatz in Sicht- und Hörweite zwischen zwei Straßen. Kein Camping. Etwa 1 km bis zum Ort. **Zufahrt**: 500 m von der 163 rechts in den Tanumsvägen.

Fjällbackas Berühmtheiten

Ingrid Bergman (1915-1982) war eine schwedische Schauspielerin, die vor allem in den 1940er und 1950er Jahren internationale Berühmtheit erlangte. Sie wurde mit drei Oscars ausgezeichnet. Der zentrale Platz am Hafen wurde nach ihr benannt.

Für die Verfilmung von **Astrid Lindgrens** (1907-2002) Kinderroman Ronja Räubertochter wurde die Kungsklyftan als Drehort der Wolfsklamm, dem Zugang zur Mattisburg, ausgewählt. Der Film wurde 1984 gedreht.

Camilla Läckberg (1974), eine in Fjällbacka geborene schwedische Autorin, schreibt Krimis, deren Handlungen sich um Fjällbacka drehen. Ihre Protagonisten Erica Falck und Patrik Hedström ermitteln seit 2002 in der Region. Sie sind in Schweden sehr berühmt.

Fjällbacka hat eine lange Geschichte. Der Ort wurde bereits 1610 von Handelsleuten für die Fischerei wegen des guten Heringsbestands gegründet. Erst im 19. Jahrhundert wurde Fjällbacka zu einem beliebten Sommerkurort. Heute ist es ein lebendiger Ort mit einer Reihe von Restaurants, Bars und Cafés. Zu den wichtigsten Sehenswürdigkeiten in Fjällbacka gehören: Die Altstadt mit ihren bunten Holzhäusern, die Kirche von Fjällbacka von 1892 und natürlich der **Vetteberg.**

Wanderung durch die Klamm von Ronja Räubertochter

5 km, einfach bis mittelschwer, steile Treppen, Geröll und große Steine, festes Schuhwerk, für Hunde kann die steile Treppe problematisch sein: Wir starten vom Campingplatz zur wasserabgewandten Seite über die große Wiese hinter den *Lilla Stugas* (kleine Hütten) um die Felswand und gelangen so auf die Föreningsgatan und in die Straße am Vetteberget, um entlang der kleinen Seen bis zum Aussichtspunkt zu gelangen. Der Ausblick über die Schärenlandschaft und Fjällbacka vom Felsplateau des 113 Meter hohen Vetteberget ist phänomenal! Über sehr steile Treppen geht es hinab in die Schlucht. Der Eingang zur **Kungsklyfta**, einer spektakulären **Kluft** mit *hängenden Steinen*, befindet sich an der Promenade am Ingrid Bergmans torg neben einem kleinen Kinderspielplatz und Spielzeugladen. Wir wählen allerdings den gemäßigteren Weg von der Brandgatan in die Södra Hamngatan. Von hier aus halten wir uns rechts und kommen an der Ingrid Bergmann Statue mit kleiner Ausstellung und Park vorbei, bevor wir am Pier lecker essen gehen.

Fjällbacka im Abendlicht – rechts der Vetteberg

Grebbestadt – Sommerstimmung am Hafen

Restaurant-Tipps: ***Restaurang Matilda***, gehoben, frischer Fisch und Meeresfrüchte, im White Guide gelistet, Außenterrasse am Wasser *(Ingrid Bergmans torg 1, www.brygganfjallbacka.se/sv/restaurang-matilda)*. **Bryggan Café och Bistro**, Dagens Rätt, Fisch, Fleisch, Burger, Pizza und Pasta, vegetarisch, Außenterrasse am Wasser, hundefreundlich *(Ingrid Bergmans torg, www.brygganfjallbacka.se)*.

Einen schönen Badestopp legen wir im nächsten Hafen ein.

077 Kämpersvik – *Hamn*

GPS: N 58°38'55.3" E 11°17'5.5", Halsviksvägen. **Max. WOMOs**: 4. **Ausstattung**: Frischwasser, Strom, Badesteg. **Beschreibung**: Kleiner Schotterplatz im Hafen, ruhig mit Schärenblick. **Preise**: 350 SEK zahlbar per App. **Zufahrt**: 1,3 km von der 163 über den Viksvägen, nach 900 m rechts in den Halsviksvägen.

Grebbestad (Einwohnerzahl 1.900) ist, wie so ziemlich jeder Ort an der Westküste Bohusläns, im Juli überlaufen. Trotzdem ist es schön, an der Promenade am Hafen entlangzuwandeln. Ein Restaurant mit Sonnenterrasse reiht sich hier an das nächste, ebenso wie kleine Pop-up-Stände. Natürlich darf auch ein Eis auf die Hand nicht fehlen. Die Segelboote liegen vor Anker und es herrscht eine gemütliche Stimmung. Im Herbst dagegen wirkt der Hafenbereich verlassen und fast langweilig. Natürlich ist die Landschaft in Kombination mit den kleinen weißen und roten Häusern wunderschön – wie überall in Bohuslän – aber es ist einfach nicht das Gleiche. Wir glauben, man muss den Ansturm im Sommer einfach mal miterleben. Der Ausblick vom **Stöberget** ist zu jeder Jahreszeit fantastisch, aber der Anstieg ist ziemlich steil und mit vielen Treppen versehen.

078 Grebbestad – *Naturställplats*

GPS/Kontakt: N 58°41'06.3" E 11°16'01.4", Rörbergsvägen 3, stallplats. sportshopen.com. **Max. WOMOs**: 120. **Öffnungszeit**: 04-10. **Ausstattung**: VE, Strom, Mülleimer. **Beschreibung**: Zwischen Felsen und Bäumen, Wiese. **Preise**: 150-250 SEK. **Ausweichplatz**: N 58°40'36.0" E 11°16'39.1", Sportshopen, 67 Plätze, davon 24 mit Strom. Ganzjährig, wird zurzeit umgestaltet. **Hinweis**: VE frei zugänglich. Unbedingt online vorreservieren. **Zufahrt**: An der 163 Richtung Grebbestad.

Begeistert sind wir von den *Felsritzungen* von **Tanum** (Einwohnerzahl 1.700), die uns Einblicke in das religiöse und soziale Leben der Bronzezeit bieten.

Tanum – Bilder der Vergangenheit

Felsritzungen sind in Schweden weit verbreitet und stellen ein einzigartiges Kulturerbe dar. Sie sind ungefähr 3.000 Jahre alt und stammen aus der Bronzezeit. Die Motive sind vielfältig und umfassen Menschen, Boote, Waffen, Tiere, Jagd und Kampf. Die meisten Bilder lassen viel Interpretationsspielraum. Die Felsritzungen von Tanum sind die größte und bekannteste Ansammlung in Schweden. Sie wurden 1994 von der *UNESCO* zum *Welterbe* erklärt. Das Gebiet umfasst rund 600 Fundstätten mit Felsritzungen, zu denen insgesamt über 10.000 Bilder gehören. Die vier wichtigsten sind Vitlycke, Aspeberget, Fossum und Litsleby. Diese Orte sind mit Parkplätzen, Wanderpfaden und Schautafeln ausgestattet, um die entsprechenden Felsbilder zugänglich zu machen. Litsleby ist barrierefrei. Im Besucherzentrum des Welterbegebiets Vitlycke befindet sich das **Vitlycke Museum**. Hier gibt es Ausstellungen, einen Souvenirladen und ein Sommercafé *(Vitlycke Museum, 70-120 SEK, Kinder frei, täglich 10-16 Uhr, Vitlycke 2, 457 93 Tanumshede, N 58°42'02.7" E 11°20'25.5", www.vitlyckemuseum.se)*.

079 Tanumshede – *Ljungbytorp*

GPS/Kontakt: N 58°41'25.3" E 11°22'54.6", Ljungbytorp 3, +46705952352. **Max. WOMOs**: 4. **Öffnungszeit**: 04-10.
Ausstattung: Frischwasser, Strom, Mülleimer, Holzterrasse.
Beschreibung: Neuer, liebevoll geführter, privater Platz. Wenig befahrene Straße durch Bäume geschützt. Viele Wanderwege.
Preise: 140 SEK. **Hinweis**: Bushaltestelle Ljungbytorp direkt am Platz. Linie 870 bis Hoghem, dann 800 m zum Vittlycke Museum.
Zufahrt: 3,5 km vom Vitlycke Museum über den Riksvägen.

Wanderung Felsritzungen von Tanum

4 km, einfach, gut ausgeschildert: Wer vom Stellplatz startet und die große Runde über Vitlycke, Aspeberget, Litsleby und Lövåsen gehen möchte, muss mit etwa 12 km rechnen. Wir starten am Museum, das auch für Kinder sehr interessant ist. Nach rechts können wir ein rekonstruiertes Bronzezeitdorf bestaunen und den Handwerkenden bei ihrer Arbeit zuschauen. Links führt der leicht begehbare Weg über die Straße zu den Felsritzungen. Unterwegs gibt es immer wieder Bänke und Info-Tafeln. Von den berühmten Vitlyckehällen folgen wir der Ausschilderung in den Wald, hier wird die Route ein bisschen unwegsamer und wir steigen über Felsen und Treppen. Auch der Weg zu den Gravrösen (Steingräbern) ist gut ausgeschildert.

In Tanum gehört selbst der Rastplatz an der E6 zum Welterbe-Gebiet. Hier befindet sich ein Pavillon, der seit 2015 als zusätzlicher Eingang in die Bronzezeit dient. Am Ende eines 100 Meter langen Skywalks genießen wir einen unvergesslichen Blick über das ganze UNESCO-Gebiet. An klaren Tagen kann man sogar bis zum Meer schauen. Wir fühlen uns hier sehr wohl, klettern auf die Felsen, besuchen die Ausstellung und genießen ein Picknick an einem der vielen Tische.

080 Tanumshede – *Skräddö Rastplats Världsarv*

GPS: N 58°41'51.9" E11°23'21.4", E6. **Max. WOMOs**: 6. **Ausstattung**: WC, Mülleimer, WLAN, Picknickbänke, beleuchtet. **Beschreibung**: Großer Rondell-Parkplatz auf Schotter, sehr ruhig trotz der nahen Autobahn. Tolle kleine Ausstellung mit Skywalk zum Weltkulturerbe. Klappstuhl-geeignet. **Hinweis**: In der Hochsaison wurde von Einbrüchen berichtet. **Zufahrt**: Der Rastplatz liegt 3 km südlich der Abfahrt Tanum (Nr. 105).

Skräddö: Raststätte, Ausstellung und Zeitmaschine

Skräddö ist ein einzigartiger Rastplatz, der in die Bronzezeit zurückführt. Hier erfahren Sie alles über die Geschichte der Landschaft, die Felszeichnungen und die Idee des Welterbes. Die Ausstellung konzentriert sich auf vier Themen: Wie hat sich die Landschaft verändert? Wie sind Menschen gereist, damals und heute? Was ist das Welterbe und warum ist es wichtig? Was sind Petroglyphen und welche Bedeutung haben sie für Tanum?

Tour 4

Tour 5
Killstad
63
113
E18
Karlstad
E45
112
20 km
E18
P
Vänern
Vänern
Borgvik
E18
111
Wikinger-
Museum
Nysäter
110
E45
E18
Svanskog
Åmål
107
109
108
106
164
E45
105
104
Not Quite
103
089
Fengersfors
Laxsjön
Fröskog
088
Baldersnäs
091
P
Ånimmen
097
102
098
S
Aquädukt
099
087
Långbron
Håverud
Steneby
Dals Långed
100
Gram
092
086
093
Stora Le
164
090
Mellerud
085
Ed
094
E45
084
166
101
N
096
083
164
095
Wasserfall
081
082
Tour 3
165

Dalslands wilde Natur bis Karlstads Kultur
320 km

Wälder, viele Seen, der Dalsland-Kanal und freundliche Ortschaften prägen die westschwedische Region zwischen dem Vänern und der norwegischen Grenze. Dalsland wird mit seiner schönen, abwechslungsreichen Landschaft als »Miniatur-Schweden« bezeichnet, da es alles beinhaltet, was man in Schweden erleben kann. Wer die Region aktiv kennenlernen möchte, kann vielerorts einen Ausflug mit dem Kanu oder dem Rad unternehmen. Unsere Highlights sind:
- **Wasserfall Elgåfossen**
- **Elchfarm in Dals-Ed**
- **Aquädukt am Håverud Kanal**
- **Kunstzentrum Not Quite**
- **Borgviks Hyttruin**

Wir verabschieden uns von der Westküste und machen uns auf ins Inland. Dabei lassen wir uns auf *Schweden in Miniatur* ein und genießen die dichten Wälder und klaren Seen. Einen gigantischen Wasserfall wollen wir als Erstes besuchen. Auf dem Weg machen wir eine Rast am See Norra Bullaresjön.

081 Hovsäter – *Norra Bullaresjön*

GPS: N 58°49'25.2" E 11°32'49.9". **Max. WOMOs**: 3.
Ausstattung: Mülleimer, Picknickbänke, Grillstelle.
Beschreibung: Wiese neben einem kleinen Schotterweg unterhalb der 165. In Hörweite der Straße, klappstuhlgeeignet. **Zufahrt**: Von der 165 einen unscheinbaren Weg hinunter zum See fahren.

Elgåfossen ist ein beeindruckender *Wasserfall* auf der schwedisch-norwegischen Grenze. Der Wasserfall ist 150 Meter hoch und bietet einen spektakulären Anblick. Es gibt viele Wanderwege und einen Aussichtspunkt, von dem wir den Wasserfall und die umliegenden Berge bewundern Dieser sprudelt von Schweden über die Grenze direkt nach Norwegen. So befindet sich der Parkplatz unterhalb auf norwegischer und der obere Part auf schwedischer Seite.

Sommer am Elgåfossen

082 Halden – *Enningsdalen rasteplass*

GPS: N 58°53'08.7" E 11°31'58.9", Norwegen. **Max. WOMOs**: 3.
Ausstattung: Mülleimer, Picknicktische, Infotafeln.
Beschreibung: Asphalt-Parkstreifen neben der 220, die in Hörweite und Sichtweite ist. Unterhalb des Wasserfalls auf norwegischer Seite.
Ausweichplatz: N 58°53'07.5" E 11°32'23.9", nur für kleine WOMOs auf schwedischer Seite. **Zufahrt**: 850 m hinter der norwegischen Grenze.

Eine Rast legen wir am **Parsetjärns Skans** aus dem 2. Weltkrieg ein. Dies war eine Verteidigungsstellung, die Schweden errichtete, nachdem Deutschland Norwegen angegriffen hatte. Hier können Sie Schützen- und Splittergräben, PAK-Stellungen und Maschinengewehrstände im Wald entdecken. Glücklicherweise wurden die Verteidigungsanlagen nie gebraucht!

083 Ed – *Parsetjärns Skans*

GPS: N 58°52'38.9" E 11°49'45.8", 164. **Max. WOMOs**: 3.
Ausstattung: VE, WC, Mülleimer, Picknicktische, Infotafeln.
Beschreibung: Asphalt-Parkstreifen neben der vielbefahrenen 164, die in Hörweite und Sichtweite ist. **Zufahrt**: Etwa 7 km vor Ed an der 166.

Ed (Einwohnerzahl 3.900) ist vor allem für die **Elchfarm** bekannt. Auf der **Dalsland Moose Ranch** können wir Elche in ihrer fast natürlichen Umgebung beobachten und mehr über diese faszinierenden Tiere erfahren *(130 SEK, 70 SEK 4-13 Jahre, 05-08 täglich 11-16 Uhr, 09-04 nur per Online-Buchung, Högankas 2)*.

084 Ed – *Lille Le*

GPS: N 58°54'34.1" E 11°56'13.9", Alegatan. **Max. WOMOs:** 4. **Öffnungszeit**: Ganzjährig. **Ausstattung:** WC, Mülleimer, Spielplatz, Badesteg, Picknickbank. **Beschreibung:** Schotterparkplatz und ein bisschen Blick auf den See, teils unter Bäumen, schattig, nahe zum Ort. Klappstuhlgeeignet. **Preise:** 80 SEK zahlbar in bar im Kommunalhaus, Storgatan 27. **Hinweis:** Tagsüber sehr lebendig, nachts ruhig. **Zufahrt:** Von der der Storgatan in die Alegatan bis zum See.

TOUR 4

085 Dals-Ed – *Ställplats Småbåtshamn*

GPS: N 58°55'16.7" E 11°55'56.6", Bälnäsvägen 3B. **Max. WOMOs:** 12. **Öffnungszeit**: Ganzjährig. **Ausstattung:** VE (kein Grauwasser), Strom, WC, Dusche, Mülleimer, WLAN (nur mit Code), Waschmaschine, Trockner, Picknickbänke, Grillstelle, Badesteg, Café. **Beschreibung:** Schöner Schotterplatz mit Rasenflächen am Store Le See. **Preise:** 200 SEK bar im Umschlag. **Hinweis:** Frühzeitig anreisen! Es werden keine zusätzlichen WOMOs geduldet. **Zufahrt:** Die Brücke am Gamla Edsvägen ist nur 2,50 m hoch, wir fahren daher am Bahnhof über den Norra Moränvägen.

Die Straße 164 schlängelt sich in sanften Wellen durch die Landschaft und wir genießen immer wieder den Blick auf Seen und tiefe Wälder. Zwischendurch legen wir ein Päuschen ein und genießen die Zeit in dieser wilden Natur.

086 Dals-Ed – *am See Grann*

GPS: N 58°56'14.9"E 12°05'00.2", 164. **Max. WOMOs:** 1 kleines WOMO. **Beschreibung:** Kleiner Schotterparkplatz am See, etwas abseits der recht viel befahrenen Straße, klappstuhlgeeignet. **Zufahrt:** Relativ steile Abfahrt von der 164 zum See.

Das **Dalslands Aktiviteter Steneby** bietet Outdoor-Aktivitäten, darunter Kajakfahren, Zip-Line, Wandern, Angeln, Reiten, Fotografie und Vogelbeobachtung am Steneby Naturreservat. Ebenso gibt es einen kleinen Elchpark, Café, Restaurant, Infocenter und Shop *(06-08, täglich 10-18 Uhr, Steneby Gård 1, Dals Långed, www.dalslandsaktiviteter.se).*

087 Steneby – *Naturreservat*

GPS: N 58°56'00.2" E 12°12'24.5". **Max. WOMOs:** 2. **Ausstattung:** WC, Picknickbank. **Beschreibung:** Parkstreifen neben der Kirche. **Hinweis:** Aktivitätszentrum etwas weiter mit großem Parkplatz für 3-4 WOMOs. **Zufahrt:** Von der 164 der Ausschilderung zum Aktivitätszentrum und Elchfarm folgen.

Wanderung zum Jättegrytor (Hexenkessel)

2 km, leicht, Treppen, gut markiert: Das **Steneby Naturreservat** umfasst eine Fläche von ungefähr 2,5 km². Der Stenebyleden (Wanderweg) führt durch eine abwechslungsreiche und üppige Natur mit großen Tannen, Laubwäldern, Feuchtgebieten und Totholz. Im Fluss gibt es Flussperlmuscheln, Forellen und Biber. Die Vogelwelt ist vielfältig, darunter Raben, Spechte, Eisvögel, Stare, und Singschwäne. Durch die Eisdecke, die Regulierung flussaufwärts und die unberührte Natur hat der Fluss Steneby eine einzigartige Ökologie erhalten. Das Wasser ist kristallklar und als Trinkwasser geeignet.

088 Långbron – *Gästhamn*

GPS: N 58°56'15.7" E 12°17'10.0", Baldersnäsvägen 10. **Max. WOMOs:** 4. **Öffnungszeit**: Ganzjährig. **Ausstattung:** Strom, WC, Dusche, Mülleimer, Picknickbänke, Badesteg. **Beschreibung:** Parkstreifen auf Schotter am See. **Preise**: 110-150 SEK. **Hinweis:** Der Stellplatz ist nicht direkt am Badeplatz, sondern in der Ecke auf Rasen. **Zufahrt:** Über die Långbrons sluss mit Slusscafé.

Baldersnäs Herrgård ist ein historisches Herrenhaus aus dem 16. Jahrhundert und liegt malerisch auf einer Landzunge des Laxsjön. Es beherbergt ein nobles Restaurant und Hotel sowie ein Café und einen englischen Garten mit 240 Baumarten *(Eintritt frei, täglich 11-18, Baldersnäsvägen 22, Dals Långed, www.baldersnas.eu)*. Wir sind sehr angetan vom Park und genießen einige schöne Stunden auf dem Anwesen.

089 Baldersnäs – *Fricamping*

GPS: N 58°57'32.7" E 12°16'44.0". **Max. WOMOs:** 10. **Ausstattung:** Keine, WC am Herrenhaus. **Beschreibung:** Riesiger Schotterparkplatz auch für große WOMOs, ohne Schatten, etwa 300 m zum Badeplatz, ideal für eine Besichtigung des Baldersnäs Herrgård, viele Wanderwege. **Hinweis:** Kein Campingverhalten. **Ausweichplatz:** Auf dem oberen gemischten Parkplatz N 58°57'36.9" E 12°16'32.9". **Zufahrt:** Dem Baldersnäsvägen der Beschilderung Baldersnäs Sehenswürdigkeit folgen.

TOUR 4

Unsere Fahrt führt entlang des Dalsland Kanals. Die **Långed-Schleuse** ist eine wichtige Anlage mit zwei Schleusenkammern, die eine Höhendifferenz von 13 Metern überwinden. Sie wird mit Wasser aus dem See Vänern betrieben und ist ein wichtiger Teil der Wasserstraße.

090 Dals Långed – *Ställplats*

GPS: N 58°55'22.4" E 12°18'25.5", Christian Aarsruds väg 2.
Max. WOMOs: 4 erste, 4 zweite Reihe.
Öffnungszeit: Ganzjährig.
Ausstattung: VE, Strom, WC, Dusche, Mülleimer, WLAN, Badestelle.
Beschreibung: Schotterparkplatz mit Blick auf den See. Im Hintergrund eine Eisenbahnstrecke und eine viel befahrene Straße. **Preise**: 150 SEK.
Zufahrt: Direkt am Stenebyvägen, Ecke Enetsvägen, im Dorf auf der rechten Seite. In der Nähe die Schleusenanlage Dalslands Kanal AB Slusstationen.

Da abends am Ufer eine Studentenparty steigen soll, fahren wir lieber weiter zum **Högsbyns Naturreservat**. Durch das Naturschutzgebiet zieht sich ein knapp zwei Kilometer langer Wanderpfad. Hier gibt es große Wiesen mit reichhaltiger Flora, unter anderem Orchideen. Das Reservat liegt auf der kalkreichen Dalformation, einer Felskette, die sich vor über 10.000 Jahren vom Meeresgrund hob. Das Felszeichnungsgebiet am See ist ein archäologisches Juwel. Es ist seit der Bronzezeit bewirtschaftet und umfasst über 2.500 Felszeichnungen mit Figuren und Zeichen, darunter Menschen, Tiere, Schiffe, Fuß- und Handabdrücke. Im Laufe der Zeit sind diese ziemlich ausgewaschen und nur noch schwer zu erkennen. Der Strand bietet Bademöglichkeit für alle.

Am Dalsland-Kanal

P Högsbyn
N 58°53'38.0" E 12°22'53.3"

Im Naturschutzgebiet darf nicht übernachtet werden, weshalb wir uns auf dem nahen Campingplatz einmieten.

091 Högsbyn – *Högsbyns Leisure Center and Campsite*

GPS/Kontakt: N 58°53'45.2" E 12°22'23.5", Högsbygården 1, +46708166516, www.hogsbynsfritidscenter.se. **Max. WOMOs**: 25. **Öffnungszeit**: 05-09. **Ausstattung**: Küche, Picknickbänke, Grillstelle, Badesteg, Spielplatz, Café, Shop, Bootverleih. **Beschreibung**: Kleiner, einfacher, gemütlicher, rustikaler Wiesenplatz mit Blick auf den See. **Preise**: 220-300 SEK +Strom. **Zufahrt**: 7 km südlich von Dals Långed über den Enetsvägen, rechts Richtung Hällristning 2 km.

Unser Weg führt uns wohl zur spektakulärsten Sehenswürdigkeit Dalslands und wir freuen uns schon lange auf diesen Besuch: Das **Aquädukt von Håverud**! Parken können wir direkt daneben.

Håverud – Aquädukt

092 Håverud – *Aquädukt*

GPS: N 58°49'13.5" E 12°24'34.5", Akveduktvägen. **Max. WOMOs:** 4. **Ausstattung:** Mülleimer, Infotafeln. **Beschreibung:** Großer Asphaltparkplatz neben der Brücke. Neben der Bushaltestelle. Unromantisch, aber für eine Nacht auch für große WOMOs geeignet. **Zufahrt**: Direkt neben dem Aquädukt.

Waghalsige Idee: Wasserstraße aus Metal

Im 19. Jahrhundert wurde der Dalsland-Kanal gebaut. Doch die starke Strömung in **Håverud** (Einwohnerzahl 300) machte das Vorhaben hier schwierig. Der renommierte Ingenieur Nils Ericson hatte eine waghalsige Idee: eine Metallwasserbrücke, in der Boote über den Fluss transportiert werden. Seine Idee wurde realisiert und 1868 eingeweiht.

Das Aquädukt ist 33,5 Meter lang und hat 33.000 Nieten. Es ist eine der *berühmtesten Sehenswürdigkeiten* in Schweden und ein Wahrzeichen der Region. Die Tatsache, dass sowohl eine Eisenbahnbrücke als auch eine Straßenbrücke über das Aquädukt führen, macht den Ort nicht weniger spektakulär. In Håverud gibt es außerdem ein Kanalmuseum, eine Fischräucherei, Cafés, Souvenirläden und Touri-Info. Außerdem ist Håverud Ausgangspunkt für Bootstouren auf dem Dalsland-Kanal.

093 Håverud – *Camping*

GPS/Kontakt: N 58°49'10.6" E 12°24'55.1" Kanalvägen 10, +46702197915, www.hafrestromsif.se/haveruds-camping. **Max. WOMOs:** 50. **Öffnungszeit**: 04-09. **Ausstattung**: Campingplatztypisch. **Beschreibung:** Großer Schotterparkplatz, Rasen vor oder hinter den WOMOs, hat nichts von einem Campingplatz, eher von einem gewöhnlichen Parkplatz. Direkt neben dem Kanal in Top-Lage. **Preise:** 210 SEK. **Zufahrt:** Von der Brücke am Akveduktvägen etwa 500 m südlich bis zur Abbiegung zum Platz.

Wir genießen einen wundervollen Abend mit einem Rundgang um den Kanal mit Aquädukt, klettern die Stufen empor und wieder hinab, besuchen die Touri-Info und die kleinen Geschäfte, bevor wir in der ***Håfveruds Rökeri & Brasseri*** richtig gut und lecker mit Kanalblick essen *(Kanalvägen 4, www.hafveruds.se).*

Am nächsten Morgen finden wir einen kleinen Platz in der Nähe auf der nördlichen Seeseite:

TOUR 4

094 Håverud – *Upperudsvägen*

GPS: N 58°48'51.6" E 12°25'58.9", Upperudsvägen. **Max. WOMOs:** 1. **Beschreibung:** Etwas vergrößerte Parkbucht auf Schotter mit Blick durch die Bäume auf den See. Direkt neben einer wenig befahrenen Straße. Recht steile Böschung, Zugang zum See sehr schwierig. **Zufahrt:** Direkt neben dem Upperudsvägen.

Neu und sehr hübsch angelegt, direkt am See ist folgender Platz:

095 Åsenbruk – *Upperuds Gästhamn*

GPS: N 58°48'42.91" E 12°26'21.77", Upperud 14. **Max. WOMOs:** 18. **Öffnungszeit**: 05-10. **Ausstattung:** VE, Strom, WC, Dusche, Mülleimer, WLAN, Waschmaschine, Spielplatz, Picknickbänke, Grillstelle, Badesteg, Kanuverleih. **Beschreibung:** Schöner Schotterplatz mit Rasen und Seeblick. **Preise**: 200 SEK +Strom. **Hinweis:** Es kommt jemand am Abend zum Bezahlen vorbei. Bar oder mit Karte. Nur Dusche oder VE je 100 SEK. **Zufahrt**: Vom Upperudsvägen schräg hinunter zum Ställplats Husbilar.

Wanderung Upperud Åsensbruk

9 km, leicht: Unsere Wanderung führt uns einmal um den kleinen Teil des Ånimmen Sees herum. Wir starten am Stellplatz und gehen südlich über die Brücke über den Dalsland-Kanal in Upperud, vorbei am **Dalslands Konstmuseum** *(03-11, Mi.-So. 11-17 Uhr, 07-08 täglich 11-17 Uhr, Eintritt frei,*

Café, Hunde verboten, Upperud 28, www.dalslandskonstmuseum.se). Nun müssen wir einmal um das Gewerbegebiet herum, bevor wir kurz vor Åsensbruk auf den Vattenledning, den Wanderweg direkt am Ufer stoßen. An der kleinen Landspitze befinden sich Picknickbänke mit Badesteg. Nach weiteren 2 km erreichen wir das Aquädukt von Håverud. Zurück wandern wir etwa 3 km über die schmale Straße, den Upperudsvägen, nördlich des Sees, die wir schon von unserer Hinfahrt zum Stellplatz kennen und genießen die Ausblicke auf den See.

Klar können wir am Stellplatz baden, aber ein anderer schöner Badeplatz lockt uns östlich von Åsenbruk. Unseren Einkauf erledigen wir unterwegs im Co-op im Dorf *(N 58°48'22.0" E 12°25'21.9", Storvägen 32, Åsensbruk).* Der Geldautomat befindet sich wenige Meter nördlich.

096 Åsensbruk – *Sundserud Badplats*

GPS: N 58°48'28.8" E 12°24'08.3". **Max. WOMOs:** 4. **Ausstattung:** WC, Mülleimer, Spielplatz, Badesteg, Grillstelle. **Beschreibung:** Riesiger Asphaltparkplatz, leider ohne Wasserblick, aber ungestört hinter Büschen und Bäumen. **Zufahrt:** Vom Storvägen in Åsensbruk der Beschilderung Badeplatz folgen.

Åsensbruk – Parkplatz am Sunderud Badeplatz

Ein landschaftliches und bauliches Kleinod befindet sich an der **Schleuse** bei **Köpmannebro.** Sie ist die erste Schleuse des Dalsland-Kanals und führt vom Vänern in den Svanefjorden. Die kleinen Straßen werden im Zickzack unterhalb der großen Autobahnbrücke der E45 entlang des Kanals geleitet. Wenn die Schleuse geöffnet ist, können Sie das *Schleusencafé* besuchen und ein Eis essen *(06-09, täglich 11-16 Uhr, 07 täglich 9-19 Uhr, Slussen 1, Köpmannebro, www.vastsverige.com/dalslandskanal).*

TOUR 4

Köpmannebro – Schleuse, Bauwerke in fantastischer Natur

097 Köpmannebro – *Lock*

GPS: N 58°46'41.8" E 12°30'18.0", Slussen 5.
Max. WOMOs: 1. **Ausstattung:** WC, Mülleimer an der Schleuse.
Beschreibung: Schotter Parkstreifen neben einer kaum befahrenen Straße.
Hinweis: Die E45 ist in Sicht- und Hörweite. Fanden wir nicht störend. **Zufahrt:** Von der E45 Richtung Köpmannebro.

098 Köpmanebro – *Brygge*

GPS: N 58°46'15.3" E 12°30'28.4".
Max. WOMOs: 4. **Ausstattung:** Keine, Badesteg hinter der Bahnlinie.
Beschreibung: Großer Asphaltparkplatz zwischen Bäumen, ruhig. Auch für große WOMOs.
Hinweis: Hinter der Bahnlinie.
Zufahrt: In die Sackgasse bis zum Ende. Steile Auffahrt.

Haben Sie Lust auf einen kuriosen Krimskrams Laden mit amerikanischem Flair? Dann sind Sie im **Country Thyme** *(N 58°44'32.6" E 12°28'35.5", Mo.-Fr. 10-17 Uhr, Sa. nur im Sommer 11-15 Uhr, Linderud 6, Mellerud, direkt an der E45)* genau richtig. In rustikaler Atmosphäre, nebst Bar und Café, finden wir hier viele schöne Deko-Artikel, Haushaltswaren, auch Süßkram und Ersatzteile für den Ami-Schlitten. Toller Service!

Country Thyme – urgemütlich!

In **Mellerud** (Einwohnerzahl 9.200) liegt der kleine Wohnmobil-Stellplatz Sunnanå hamn mit historischem Flair. Er ist von einer Burgruine umgeben und bietet einen wunderschönen Blick auf den See. Das älteste Gebäude auf dem Platz ist der Hafenspeicher. Er wurde im 17. Jahrhundert auf den Ruinen des Schlosses Wik errichtet (aus 1530).

Der Hafen bietet nicht nur einen gemütlichen Wohnmobil-Stellplatz, sondern ist auch ein ausgezeichneter Ausgangspunkt für Aktivitäten in der Umgebung. Zum Wandern, Rad-, Kanufahren und Fischen finden sich hier ideale Bedingungen.

Mellerud – Sunnanå Hamn

099 Mellerud – *Sunnanå hamn*

GPS/Kontakt: N 58°42'29.2" E 12°30'20.04", Sunnanå Hamn 7, +46766474110, www.sunnanahamn.se/sv/gasthamn. **Max. WOMOs:** 25. **Öffnungszeit:** 04-09. **Ausstattung:** VE, Strom, WC, Dusche, Mülleimer, WLAN, Spielplatz, Grillstelle, Badesteg, Restaurant mit schöner Außenterrasse. **Beschreibung:** Schotterbuchten mit Rasenstreifen ohne direkten Wasserblick. **Preise:** 250 SEK. **Hinweis:** Früh anreisen! Jeden Dienstag ist hier Autotreff. **Zufahrt:** Vorbei am Golfplatz geradeaus etwa 1 km Richtung Sunnanå Hamn.

100 Mellerud – *Vita Sannars Camping*

GPS/Kontakt: N 58°41'20.9" E 12°31'2.4", Vita Sannar campingen 1, +4653012260, www.vitasandarscamping.se. **Max. WOMOs**: 260. **Öffnungszeit**: Ganzjährig. **Ausstattung**: Waschmaschine, Trockner, Spielplatz, Minigolf, Outdoor-Gym, Restaurant mit Pub-Abenden, Shop, Pool, Fahrrad-, Kanuverleih, Hundebad. **Beschreibung**: **** Platz. Schotterplätze mit Rasen. Herrliche feinsandige Badebucht. **Preise**: 245-495 SEK. **Zufahrt**: 5 km von Mellerund über Ängenäsgatan.

Wer die langgezogene Bucht von früheren Zeiten kennt, wird sich wundern, warum einige schöne Badestellen fehlen. An allen sind WOMOs unerwünscht beziehungsweise inzwischen verboten und fallen daher für uns raus. Als einzigen Lichtblick gibt es einen neuen privaten Stellplatz, der als Ausgangspunkt für Wanderungen oder Radtouren zum Leuchtturm oder Badeplatz dienen kann.

101 Mellerud – *Jakobsbyn*

GPS: N 58°38'32.7"E 12°36'58.1", Jakobsbyn 11. **Max. WOMOs:** 4. **Öffnungszeit**: 04-09. **Ausstattung:** Frischwasser, Strom, **Beschreibung:** Privater Stellplatz auf Schotter mit Blick auf die Felder. **Preise:** 100 SEK. **Hinweis:** Etwa 3 km zum Leuchtturm und Badestelle. **Zufahrt:** Bei Ängernäsgatan links vorbei an Näs Sannar Richtung Udden.

Zurück fahren wir ein gutes Stück über die E45 und können auf der anderen Seite dem Country Thyme fast winken, während wir den Rastplatz Linderup ansteuern.

102 Mellerud – *Rastplats Linderud*

GPS: N 58°44'20.0" E 12°28'23.2", E45. **Max. WOMOs**: 3. **Ausstattung**: VE, WC, Mülleimer, Picknickbänke. **Beschreibung**: Asphaltparkplatz mit Schotterstreifen abseits der E45. Die Straße ist in Hörweite. **Zufahrt**: Von Mellerud Richtung Åmål.

Unser Weg führt uns nun weiter nördlich. Die E45 macht aber auf Dauer keinen Spaß zu fahren, außerdem wollen wir noch viel mehr von der schönen Natur entdecken und so fahren wir schon bald wieder ab. Unterwegs biegen wir auf dem Ånimmevägen zwischen Kirche und Glockenturm durch. An **Larssons Gårdsbutik** genießen wir die herrliche Aussicht und die gemütliche Atmosphäre im Café *(06-08 täglich 11-16 Uhr, sonst Sa.-So. 11-16 Uhr, Gyltungebyn 403, Ånimskog)*.

Uns ist nach einer Wanderung und einem ruhigen Übernachtungsplatz. Deshalb fahren wir mitten ins Nirgendwo:

103 Sörknatten – *Baståsen Nature reserve*

GPS: N 58°55'39.0" E12°29'05.5". **Max. WOMOs**: 3. **Ausstattung**: Picknickbänke, Infotafel. **Beschreibung**: Großer Schotterparkplatz mitten im Wald. Klappstuhlgeeignet. **Zufahrt**: 12 km von der E45 über den Ånimmevägen vorbei an der Strömmens Sluss

Wanderungen Sörknatten Naturreservat

Strömmen Lock: 4,4 km, einfach, entlang der wenig befahrenen Straße in östlicher Richtung, kein Rundweg.
Predikstolen Aussichtspunkt: 3,4 km bis zum Aussichtspunkt, steiler Anstieg, ansonsten einfach in nördlicher Richtung zu gehen. Kein Rundweg.
Ovre Gallsjon: 3,2 km westlich des schmalen Sees, mittelschwer, Waldweg mit moderaten Anstiegen, Treppen, kleinem Wasserfall und schönen Ausblicken. Kein Rundweg. 6 km, wenn Sie um den See herum gehen, also vom Aussichtspunkt noch etwa 1 km weiter südlich bis zum Parkplatz am südlichen Ende, dann Richtung Strömmen wieder nördlich gehen. Die Strecken sind beliebig erweiterbar.

Für die **Fröskogs Kyrka**, eine Holzkirche von 1730, lohnt es sich, einen Stopp einzulegen. Die Kirche wurde auf einem uralten Kultplatz erbaut. Das Altarkruzifix aus dem 13. Jahrhundert ist das älteste Eigentum der Kirche. Südlich der Kirche befindet sich ein rot verkleideter Glockenturm mit schiefergedecktem Dach.

104 Fröskogs – *Kyrka*

GPS: N 58°58'39.5" E 12°27'58.2", Fogdevägen 9. **Max. WOMOs:** 1. **Ausstattung:** WC, Mülleimer, **Beschreibung:** Asphaltparkplatz an der alten Kirche, unter Bäumen. **Hinweis:** Nicht am Wochenende oder zum Gottesdienst. **Zufahrt:** Vom Hensbyvägen steil den Hügel rauf.

TOUR 4

Unser Hauptziel liegt heute aber in **Fengersfors** (Einwohnerzahl 330). Die alte Fabrik **Fengersfors Bruk** ist ein Ort voller Geschichte und Kunst. Im 19. Jahrhundert war hier eine Eisenverarbeitung untergebracht, im 20. Jahrhundert wurden Papierprodukte hergestellt. Nach der Schließung des Betriebs im Jahr 1978 siedelten sich Künstler:innen und Kunsthandwerker:innen an und bildeten die Kooperation *Not Quite*. So gibt es heutzutage Kunsthallen, Galerien, Geschäfte, ein Café und ein Bistro. Es werden Kunstausstellungen, Konzerte, Führungen, Kurse und Workshops veranstaltet.

Ein Café-Restaurant sowie die Steinofen-Bäckerei ***Brukets godaste*** sind Teil der Anlage. Am Eingang des Geländes befindet sich ein Laden mit Galerie *(04-10, täglich 10-17 Uhr, freiwilliger Eintritt, die Werkstätten können nur mit einer Führung besichtigt werden, N 58°59'39.3" E 12°28'06.0", Fabriksvägen 3, www.notquite.se).*

Wir übernachten auf dem schlichten Stellplatz Fengersfors, direkt am See.

105 Fengersfors – *Ställplats*

GPS: N 58°59'58.1" E 12°27'48.8", Efnebyn, Sjövägen 15. **Max. WOMOs:** 16. **Öffnungszeit**: Ganzjährig. **Ausstattung:** Frischwasser am Landhandel, WC, Dusche auf der anderen Seite des Fußballplatzes, Mülleimer, Badestelle, Badesteg, Grillstelle. **Beschreibung:** Uriger, einfacher Schotterparkplatz. **Preise**: 100 SEK bar im Umschlag. **Hinweis:** Keine Entsorgung! **Zufahrt:** Durch den kleinen Ort der Beschilderung folgen.

Wandern im Ronja Räubertochterland

Die Wanderwege von *Vandra i Ronjaland* führen durch die Landschaft, in der 1983/84 der Film *Ronja Räubertochter* von Astrid Lindgren gedreht wurde. Im Reservat befindet sich ein spezieller 6 km langer, markierter Wanderweg. In der Nähe des Weges finden Sie weitere Drehorte. Das Gebiet ist hügelig und bietet viele schöne Ausblicke. Die meisten Wege sind aus Kies oder führen über leicht begehbare Waldwege. An wenigen Stellen sind Treppen oder Geländer angebracht, um steile Passagen zu erleichtern. Drei der Wanderungen verbinden sich mit dem Pilgerweg Pilgrimsleden, sodass sich individuelle Routen zusammenstellen lassen.

Die Wanderwege sind zwischen 2,5 und 19 Kilometern lang. Die Schwierigkeitsgrade reichen von leicht bis mittelschwer, sind hervorragend ausgeschildert und in gutem Zustand. Entlang der Wege gibt es mehrere Rastplätze mit Bänken und Tischen. Weidetiere sind im Reservat, Hunde müssen grundsätzlich an der Leine geführt werden.

Wir haben Lust auf eine Draisinentour auf der **Svanskogsbanan**. Auf einer ehemaligen Schmalspurbahn können wir mit einem fahrradähnlichen Gefährt mit Sitzbank vorbei an idyllischen Seen und Wäldern strampeln. Am Wegesrand breiten wir unsere Picknickdecke aus und genießen so perfekt die Natur und die Ruhe. Am Start erhalten wir eine Einweisung, wie wir die Draisine bedienen. Anschließend begeben wir uns auf eine spannende und erlebnisreiche Tour *(vorab reservieren! 05-08, täglich 9-14, 15-20 oder 10-20 Uhr, 200-550 SEK, ebenso Kanuvermietung, Joytrail, Forsbacka 122, Åmål, +46706230568, dressin@jaaj.nu, www.joytrail.se).*

106 Åmål – *Joytrail*

GPS: N 59°04'39.4" E 12°35'40.1" Forsbacka 122. **Max. WOMOs:** 4. **Ausstattung:** WC an der Badestelle, Mülleimer, Badesteg, Grillstelle. **Beschreibung:** Großer Schotterparkplatz mit Blick auf den See, nur ein paar Meter bis zur Badestelle, sehr ruhig zwischen Bäumen, klappstuhlgeeignet. In der Hochsaison sehr voll und unruhig. **Ausweichpatz:** Kleiner Platz für 1 kleines WOMO am Anglerplatz: N 59°04'44.9" E 12°35'49.9", Ausweichplatz für große WOMOs: N 59°04'38.9" E 12°36'06.4". **Zufahrt:** Von der 164 der Ausschilderung folgen.

Nun freuen wir uns schon auf den hübschen Ort **Åmål** (Einwohnerzahl 12.200) am Vänern und versuchen unser Glück auf der Nordseite am Hafen.

TOUR 4

107 Åmål – *Marina*

GPS/Kontakt: N 59°03'21.0" E 12°42'39.1", Måkebergsvägen 4, +46532790100, www.destinationamal.se. **Max. WOMOs:** 100. **Öffnungszeit**: Ganzjährig. **Ausstattung:** Frei zugängliche VE, WC, Dusche, Mülleimer. **Beschreibung**: Riesiger Schotterparkplatz am Vänern See und Hafen. Bis nach ganz vorne auf die kleine Landzunge durchfahren. Dort ist die Lage sehr schön mit tollem Ausblick! Der große Parkplatz allerdings ist eher unromantisch. **Preise:** 130 SEK. **Hinweis:** Der Zug fährt relativ dicht am Platz vorbei, häufig und auch nachts. An Wochenenden kann es bis spät in die Nacht sehr laut werden. Es kann sein, dass dann an die WOMOs geklopft wird. **Zufahrt:** Über die Lunnegatan in den Måkebergsvägen, am 1. Großen Parkplatz vorbei und eine unscheinbare Abzweigung zum Parkplatz rechts nehmen.

Es ist Freitagabend und für den nächsten Tag wird ein Angelwettbewerb angekündigt. Es ist bereits zur Mittagszeit viel los auf dem riesigen Parkplatz und die ersten Subwoofer werden angeworfen. Die Stimmung ist zwar gut, aber wir wünschen etwas mehr Ruhe und so quartieren wir uns lieber auf dem schönen Campingplatz ein:

108 Åmål – *Örnäs Camping*

GPS/Kontakt: N 59°02'47.7" E 12°43'23.2", Gamla Örnäsgatan 40, +46532790100, www.destinationamal.se. **Max. WOMOs:** 70. **Öffnungszeit**: Ganzjährig. **Ausstattung:** Wäsche, Minigolf, Café, Sauna, Strand. **Beschreibung:** Sehr schöner und ruhiger Campingplatz auf einer Art Halbinsel direkt am Wasser. **Preise:** 330 SEK. **Hinweis:** Etwa 1,5 km bis zur Altstadt. **Zufahrt:** Gamla Örnäsgatan bis zum Ende.

Nun steht der Besichtigung der schönen Altstadt nichts mehr im Wege und wir machen uns auf den Weg. Der erste Kilometer zieht sich leider unschön hinter dem Industriegelände, aber sobald wir in den Strandvägen abbiegen, sieht die Sache schon wieder ganz anders aus. *Åmåls Gamla Stan* ist ein gemütlicher Ort mit Geschichte. Die alten Holzhäuser aus dem 18. Jahrhundert stehen unter Denkmalschutz und verleihen dem Ort einen besonderen Charme. Åmål wurde 1643 gegründet, aber mehrmals von Truppen geplündert. Erst Mitte des 18. Jahrhunderts erholte sich die Stadt wirtschaftlich. Der industrielle Aufschwung begann Ende des 19. Jahrhunderts, als Åmål an die Eisenbahn Vänerbana angeschlossen wurde.

Åmåls schöne Altstadt

Der Film *Show Me Love* aus dem Jahr 1998 machte die schwedische Stadt Åmål bekannt. Der Film handelt von der Liebesgeschichte zweier 16-jähriger Mädchen, Elin und Agnes. Die beiden Mädchen sind Außenseiter in ihrer Kleinstadt und finden ineinander Halt und Liebe. Der Film war ein großer Erfolg in Schweden und wurde auch international bekannt. In Åmål gibt es heute viele Souvenirs, die an den Film erinnern.

Der Mini-Streichel-Park gefällt Kindern besonders gut und liegt nicht weit vom Campingplatz entfernt. Es gibt Ponys, Esel, Schafe und Ziegen *(20 SEK, Picknickbänke, Grillstelle, es wird über eine Schließung nachgedacht)*. Direkt nebenan befindet sich ein neuer Spielplatz mit dem Thema Tiere. Nach einer Runde durch den Park kann man im ***Lilla Stugan*** (kleines Häuschen) mit einer Zimtschnecke oder einem Eis den Tag ausklingen lassen.

Auf dem Weg Richtung Karlstad, haben wir einfach keine Lust, über die Autobahn zu fahren und so tuckern wir gemütlich über die Landstraßen und landen am wunderschönen Badeplatz in Svanskog.

109 Svanskog – *Strand*

GPS: N 59°11'50.7" E 12°32'58.9", Strandvägen. **Max. WOMOs:** 4. **Ausstattung:** WC, Mülleimer, Picknickbänke, Grillstelle, Badesteg. **Beschreibung:** Großer Schotterparkplatz neben einer mäßig befahrenen Straße, ansonsten sehr ruhig, Blick auf den See. **Zufahrt:** 1,2 km von der Storgatan, kurze Einfahrt zum Parkplatz vom Strandvägen.

Värmlands Ortsnamen zeugen von einer langen Geschichte: Sie sind oft tausende Jahre alt. Dies gilt insbesondere für die Namen von Seen und Wasserläufen, deren Bedeutung schwer zu entschlüsseln ist. Ein Beispiel ist der Name Vänern. Er könnte *das Wasser* oder *der Freundliche* bedeuten. Letzteres wäre magisch verwendet worden, um den See für Fischerei und Schifffahrt zu beruhigen. Eine andere Möglichkeit ist, dass der Name auf die Götterfamilie der Vaner zurückgeht, die vor allem Fruchtbarkeitsgötter waren. Auch die Namen von Siedlungen zeigen, dass die Region bereits seit der Eisenzeit bzw. dem Frühmittelalter bewohnt war.

»Lege einen Stein auf den höchsten Punkt des Hügels. Gib deine Sorgen dem Wind, damit er sie mit sich nimmt wie das Gewicht eines Steins.«

Unsere Herzen schlagen höher, denn heute besuchen wir **Värmlands Vikingacenter**, ein Museum mit Wikingerdorf Gladhem. Handwerkende und Handelnde bieten ihre Waren feil. Es gibt einen Kräutergarten, Axtwurf-, Lagerfeuer- und Waschstand, einen Apfelbaum mit den Früchten der Ewigkeit, ein Bootshaus, Schmiede, Bogenparcours und einen Sumpf.

Der Fluss neben dem Dorf wird als *E45 der Wikingerzeit* bezeichnet. Uns gefällt der Spruch auf dem Runenstein gut: »Lege einen Stein auf den höchsten Punkt des Hügels, das Lamma. Gib deine Sorgen dem Wind, damit er sie mit sich nimmt wie das Gewicht eines Steins. Trage deine Trauer zu den Göttern, damit sie dein Herz mit Federn füllen«.

Am Wikingerzentrum gibt es neben einer Ausstellung ein kleines Café mit Shop *(05-09, Di.-Sa. 11-17 Uhr, Außengelände ganzjährig begehbar, Ende Juli Wikingermarkt, barrierefrei, N 59°17'12.4" E 12°46'44.4", Byälvsvägen 9, Värmlands Nysäter, vikingaleden.se).*

110 Nysäter – *Småbåtshamn*

GPS: N 59°17'02.0" E 12°46'57.6", Byälvsvägen. **Max. WOMOs:** 20. **Öffnungszeit**: Ganzjährig, Service nur in der Hochsaison. **Ausstattung:** VE, Strom, WC, Dusche, Mülleimer, WLAN, Picknickbänke, Grillstelle, Badesteg, Sauna, Tennisplatz (Bälle und Schläger-Verleih). **Beschreibung:** Hübscher Platz am Fluss mit Blick auf die Drehbrücke. **Preise:** 140 SEK. **Hinweis:** Wikingermuseum auf der anderen Straßenseite. **Zufahrt**: In der Nähe von Byälvsvägen, kurz vor der Brücke rechts.

Värmlands Vikingacenter

Am nächsten Tag freuen wir uns auf einen Besuch in **Borgviks Hyttruin**. Die Ruine ist ein historisches Eisenwerk. Es wurde 1645 gegründet und war bis 1929 in Betrieb. Das Werk war eines der ersten Eisenwerke in Schweden und spielte eine wichtige Rolle in der Industrialisierung des Landes. Borgviks Hyttruin ist heute vollständig restauriert und kann jederzeit besichtigt werden. Es gibt eine Ausstellung über die Geschichte des Werks, ein Restaurant, einen Shop und ein Café. Die Umgebung eignet sich hervorragend für Radtouren und Wanderungen. Südlich des Dorfes verläuft eine schöne Runde durch einen Buchenwald. Das idyllische Dorf mit Umgebung lohnt einen Besuch.

111 Borkvik – *Hyttruin*

GPS: N 59°21'13.7" E 12°57'30.9", Rallvägen 13. **Max. WOMOs**: 4. **Ausstattung**: WC und WLAN am Restaurant, Mülleimer, Picknickbänke, Restaurant, Shop.
Beschreibung: Kleiner Wiesenparkplatz unter Bäumen direkt am Fluss. **Zufahrt**: Vom Byälvsvägen rechts in den Landsbrovägen und rechts auf Rallvägen. Ausschilderung Kungskvarnen.

Vielleicht ist Ihnen schon mal das rote Schild ***Sibylla*** aufgefallen? Dabei handelt es sich um einen Imbiss, vielleicht vergleichbar mit McDonalds oder Ähnlichem. Die Besonderheit ist hier sicherlich, dass es neben Burger und Co. Köttbullar mit Kartoffelstampf, Salat und Preiselbeeren gibt. Da halten wir gerne an *(N 59°21'53.4" E 13°06'49.6", Karlslundsgatan 31, Grums, www.sibylla.se)*.

Für alle, die eine Ver- und Entsorgungsstation benötigen, sei der Rastplatz Rasta Grums empfohlen.

P Grums – *Rasta*

N 59°22'01.6" E 13°08'29.0", Nyängsgatan 1, WC, VE, Picknickbänken, Mülleimer und Wiese, Tankstelle, Shop und Imbiss.

Für uns steht nun **Karlstad** (Einwohnerzahl 62.000), die Kulturstadt am Vänernsee auf dem Plan. Wir steuern den offiziellen Stellplatz an der Marina an und sind enttäuscht, denn es handelt sich um einen riesigen Parkplatz, an dessen Ende ein paar wenige Plätze als WOMO-Platz ausgewiesen sind. Diese sind zwar kostenlos, aber alle besetzt. Und nicht nur die. Mehrere Reihen Parkplätze sind von WOMOs belegt. Übernachten wollen wir so nicht. Aber für eine Besichtigung der Stadt ist der Parkplatz trotzdem in Ordnung.

112 Karlstad – *Mariebergsviken*

GPS: N 59°22'18.2" E 13°29'20.5", Långövägen. **Max. WOMOs**: 6+. **Öffnungszeit**: Ganzjährig. **Ausstattung**: 6 x Strom, WC, Mülleimer, Badesteg. **Beschreibung**: Großer, unromantischer Asphaltparkplatz. Am Rand Rasen mit Wasserblick. Klappstuhlgeeignet. **Preise**: Kostenlos, Strom 50 SEK zahlbar per App. **Hinweis**: Max. 24 Std. **Zufahrt**: Von der E18 Ausfahrt Klaramotet Richtung Zentrum nehmen. Der Ausschilderung Mariebergsviken folgen. **Ausweichplatz**: Ställplatser Husbil, N 59°23'36.7" E 13°30'47.9", Sävegatan, 10 kostenlose Parkplätze unter Bäumen, Strom 50 SEK. Max. 24 Std.

Karlstad ist eine sehenswerte Stadt am Vänernsee und die größte der Region Värmland. Die Stadt bietet ein vielfältiges Kulturangebot, darunter das Värmland-Museum mit international renommierten Kunstwerken und Fotografien oder den geschäftigen Innenhafenbereich **Inre Hamn** mit Restaurants und Cafés.

Skurril ist das alte Parkhaus am südlichen Rand der Stadt: In den frühen 2000er Jahren verschönerten Menschen die **Orrholmsgaraget** (Garage), um aus ihr einen Ort zu machen, der mehr positive als negative Gefühle auslöst. Kunstwerke, Gedichte, Beleuchtung und klassische Musik wurden eingefügt. Ein Rundgang durch die Unterwelt erinnert an eine Galerie - aber der Zahn der Zeit fordert auch hier seinen Tribut *(Styrbordsgatan 2)*.

Wir gönnen uns in der ***Kaffeerösterei Löfbergs*** eine **„Fika"**, eine für Schweden typische Kaffeepause mit Kuchen in der ***Kaffeebar Kafé Rosteriet*** am Tolagsgatan 1.

Das **Fredsmonumentet** (Friedensdenkmal) auf dem Stora Torget erinnert an die friedliche Auflösung der Union zwischen Schweden und Norwegen im Jahr 1905. Fünfzig Jahre später wurde die Statue enthüllt. Obwohl sie viel Kritik und viele weniger angenehme Kosenamen erhielt, steht sie immer noch auf dem Stadtplatz. Stora Torget erhielt sein heutiges Aussehen nach dem großen Brand im Jahr 1865.

Für die Nacht fahren wir dann aber doch lieber etwa 20 Kilometer nördlich auf einen kleinen Parkplatz am See. Wahnsinn, wie klar die Sterne am Badeplatz leuchten. Und wir sehen zum ersten Mal die Nordlichter! Was für ein Erlebnis!

113 Karlstad – *Killstadsbadet*

GPS: N 59°30'33.2" E 13°36'59.3", 63. **Max. WOMOs**: 2. **Ausstattung**: WC, Mülleimer, Picknickbänke, Grillstelle, Badesteg. **Beschreibung**: Schotterparkplatz etwas abseits der 63. Die vielbefahrene Straße ist in Sicht- und Hörweite. Nachts ist es dunkel und ruhig. **Zufahrt**: Aus Karlstad kommend an der 63 auf der rechten Seite.

Die Badestelle am See Gapern ist traumhaft schön und wir haben sie in der Nebensaison für uns allein. Toll für einen Grillabend mit Badesession.

Tour 5

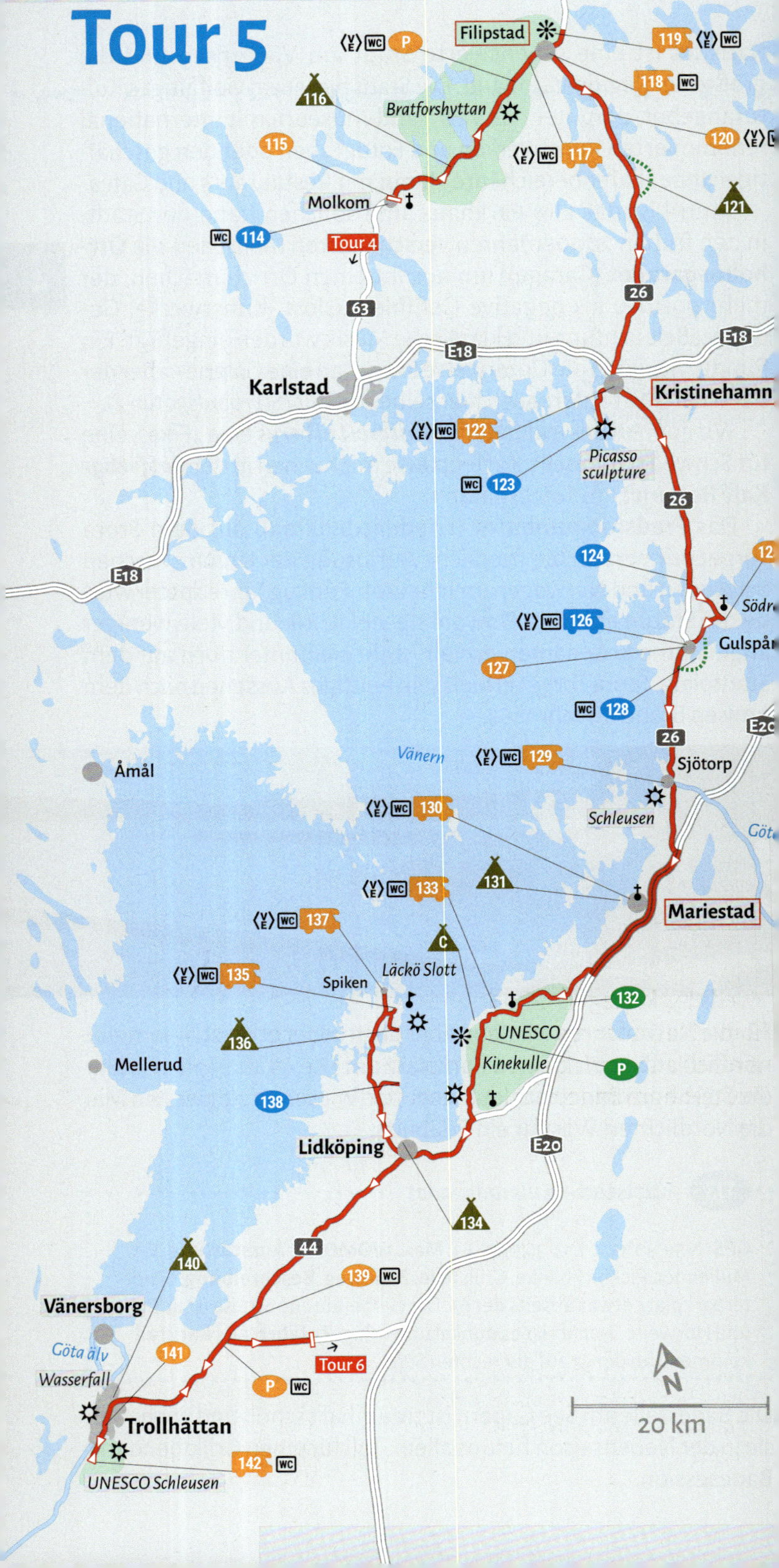
Filipstad
119
118
120
Bratforshyttan
117
116
115
121
Molkom
114
Tour 4
63
26
E18
Karlstad
Kristinehamn
122
Picasso sculpture
123
26
124
Södr
Gulspån
126
127
128
E20
26
Vänern
Sjötorp
129
Åmål
Schleusen
130
Göt
131
133
Mariestad
137
Läckö Slott
135
Spiken
132
UNESCO
136
Kinekulle
Mellerud
138
Lidköping
E20
134
140
44
139
Vänersborg
Göta älv
141
Tour 6
Wasserfall
Trollhättan
142
UNESCO Schleusen
N
20 km

Roadtrip am östlichen Vänern bis Trollhättan
355 km

Der Vänern ist der größte See Schwedens. Mit seinen 5.650 Quadratkilometern Fläche und 1.300 Kilometern Küstenlinie bietet er eine vielfältige Landschaft mit zahlreichen Sehenswürdigkeiten. Die östliche Seite des Sees ist besonders abwechslungsreich. Hier finden sich sowohl steile Ufer mit bizarren Felsformationen als auch sanfte Hügellandschaften mit Wäldern und Seen. Unsere Highlights sind:

- **Kristinehamn mit der Picasso Statue**
- **Draisinentour in Gullspång**
- **Mariestad**
- **Läckö Slott**
- **Wasserfälle von Trollhättan**

Unsere Übernachtung am Killstabadet verlief ruhig und wir waren froh, nicht zum Graningebadet weitergefahren zu sein, denn dieser Platz wird im Moment umgebaut und darf nicht befahren werden. Aber nach dem Umbau ist der Platz ganz hervorragend für eine Übernachtung geeignet – vorausgesetzt, es wird kein Verbotsschild aufgestellt.

114 Molkom – *Graningebadet*

GPS: N 59°35'45.5" E 13°42'43.7", Lillgatan. **Max. WOMOs**: 4. **Ausstattung**: WC, Mülleimer, Picknickbänke, Grillstelle, Badesteg, kleiner Strand. **Beschreibung**: Schöner Parkstreifen auf fester Erde/Schotter unter Bäumen. **Zufahrt**: Von der 63 in die Lillgatan, etwas abseits der Schnellstraße.

Nyeds Kyrka liegt am Stadtrand von **Molkom** (Einwohnerzahl 2.000), zwischen den beiden Seen Molkomssjön und Borssjön. Die hölzerne Kreuzkirche wurde im Jahre 1706 geweiht. Sie ist aber nicht die erste Kirche an diesem Ort. Es gab bereits zwei Vorgängerbauten, die beide durch Blitzeinschläge zerstört wurden.

115 Molkom – *Nyeds Kyrka*

GPS: N 59°35'41.9" E 13°43'58.3", Kyrkvägen 1. **Max. WOMOs**: 1. **Beschreibung**: Großer Schotterparkplatz neben der Kirche. **Zufahrt**: 300 m von der 63, am Annso Grillen rechts.

Wir fahren weiter Richtung **Filipstad** (Einwohnerzahl 10.600) und kommen in ein Gebiet mit vielen Naturschutzparks und Wandermöglicheiten. Neben den allgemein gültigen Regeln ist es auch wichtig, einige Besonderheiten zu kennen: Wohnmobile dürfen nur auf dem Campingplatz zum Übernachten abgestellt werden *(www.lansstyrelsen.se/varmland)*. Von März bis August müssen Hunde immer an der Leine geführt werden. Dies dient dem Schutz von Wildtieren während der Aufzucht ihrer Jungen.

116 Molkom – *Mangenbadens Camping*

GPS/Kontakt: N 59°36'59.3" E 13°52'50.6", Mången 412, +46760-213112, www.caravanclub.se/camping/mangenbaden. **Max. WOMOs:** 27. **Öffnungszeit**: 04-09. **Ausstattung**: VE, Strom, WC, Dusche, Mülleimer, Waschmaschine, Trockner, Spielplatz, Minigolf, Grillstelle, Kiosk, Badestelle. **Beschreibung**: Kleiner Familien-Campingplatz auf einer Wiese, viele Dauercamper, aber es ist trotzdem gemütlich. Schöner Sandstrand. **Preise:** 330-370 SEK. **Hinweis**: In der Hochsaison empfiehlt sich eine Reservierung. **Zufahrt:** Ein Schild an der Straße zeigt die Ausfahrt zum Campingplatz. Entfernung von der Filipstad-Nationalstraße 63 ca. 20 km in Richtung Karlstad.

Direkt an der 63 Richtung Filipstad liegt **Brattforshyttan**, eine ehemalige Eisenhütte, die seit dem 16. Jahrhundert in Betrieb war. Sie ist eine von mehreren Hütten in der Bergwerksregion um Filipstad, die Roheisen gewonnen haben. Brattforshyttan wurde erstmals 1540 erwähnt *(N 59°40'02.9" E 14°01'20.1")*.

An die Hütte schließt sich das Naturschutzgebiet **Brattforsheden** an. Dieses wurde 1984 ausgewiesen, um ein einzigartiges geologisches und biologisches Phänomen zu schützen: ein sogenanntes Eiskontakt-Delta. Solche Deltas entstehen, wenn Gletscher schmelzen und ihr Schmelzwasser Sedimente ablagert. In Brattforsheden ist ein solches Delta besonders gut erhalten. Es ist durch seine vielfältige Landschaft mit Seen, Wäldern und Mooren geprägt. Das Naturschutzgebiet soll die natürlichen Besonderheiten von Brattforsheden erhalten und wir sind froh, diese zu erleben.

P Filipstad – *Dammtjärn Rastplatz*

N 59°41'27.6" E 14°05'03.5" Damtjärns rasplats väg 63.VE, WC, Mülleimer, Picknickbänke, Imbiss. Rastplatz neben der Schnellstraße mit gutem ***Imbiss Toppgrillen***.

Filipstad förderte seit dem 15. Jahrhundert Eisenerz. Heute sind noch Überreste der ehemals blühenden Eisenerzgruben sichtbar. Die Umgebung ist vielfältig. Im Süden erstreckt sich eine weite Kulturlandschaft, im Norden liegen zahlreiche Flussläufe und tiefe wildromantische Wälder.

Bei unserem Besuch findet eine Kirmes mit einem Markt statt, der in der gesamten Altstadt aufgebaut ist. Es macht Spaß, an den Ständen entlangzuschlendern und die Menschen bei ihren Einkäufen zu beobachten. Aufgrund der Kirmes können wir aber leider nicht in der Innenstadt übernachten. An normalen Tagen steht ein kleiner Parkplatz neben der Kirche am Daglösen See für WOMOs zur Verfügung.

117 Filipstad – *Kyrkviken*

GPS: N 59°42'42.8" E 14°10'20.3", John Ericssonsgatan 4.
Max. WOMOs: 6.
Öffnungszeit: Ganzjährig.
Ausstattung: VE, Strom, Mülleimer.
Beschreibung: Asphaltparkplatz neben der Kirche mit Blick auf den See. **Zufahrt:** Von der 63 auf die 26. Im Kreisel an der Tankstelle rechts auf die John Ericssonsgatan. Im nächsten Kreisel links Richtung Kirche.

Wir fahren ein paar Kilometer zurück zur Fritidsarena (Freizeitcenter). Kalhyttan ist eine Sportstätte, die für verschiedene Wintersportarten (Ski, Snowboard, Langlauf, Eislauf) genutzt wird. Im Sommer steht das Gebiet für Wanderungen, Radtouren, Disc-Golf oder Outdoor-Gym zur Verfügung.

Filipstad – Fritisarena Kalhyttan

118 Filipstad – *Kalhyttan*

GPS/Kontakt: N 59°42'17.2" E 14°08'01.6", Skidstadion, Pettersons väg 5, Filipstad, +4659061354, www.kalhyttan.se. **Max. WOMOs:** 8. **Öffnungszeit**: Ganzjährig. **Ausstattung**: Frischwasser, Strom, WC, Dusche, Mülleimer, Sauna. **Beschreibung**: Großer Schotterplatz, unromantisch, aber praktisch und ruhig, am Rand ein kleiner Grünstreifen, klappstuhlgeeignet. **Preise**: 170 SEK, zahlbar online per Kreditkarte. **Hinweis**: Etwa 3 km bis Filipstad. **Zufahrt:** Von der 63 auf den Kalhyttevägen abbiegen. Am Fußballplatz vorbeifahren. Die Straße ist neu und nicht in unserem Navi verzeichnet. Einfach weiterfahren, bis links die Stromkästen zu sehen sind. Kalhyttan ist ein großes Freizeitzentrum und Skicenter.

Wir sind im Vasa Knäcke-Land. Also können wir natürlich auch das **Vasa Knäckebröd Museum** besichtigen. Seit 1931 wird in Filipstad Knäckebrot hergestellt. Wir tauchen ein in die Geschichte von Vasa und erfahren, wie aus einer kleinen Bäckerei ein internationaler Marktführer wurde. Shop und Café *(N 59°42'23.3" E 14°09'23.8", Konsul Lundströms väg 11, Mo.-Fr. 13-17 Uhr, Sa. 10-14 Uhr, Sonn- und Feiertage geschlossen, www.wasabrod.se/butik-museum).*

Wer etwas rustikaler und uriger übernachten möchte, folgt uns in die Wälder von Värmland. Dort liegt die Big Hill Lodge mit Restaurant, Café und Aussichtsturm. Dieser besondere Ort bietet alles, was Sie für einen bleibenden Eindruck brauchen:

ein Restaurant mit leckerem Essen, ein Café für ein entspanntes Heißgetränk, eine Bar für einen Drink, einen Aussichtsturm mit atemberaubender Aussicht und 10 Stellplätze für Wohnmobile.

119 Filipstad – *Big Hill Lodge Ställplatser*

GPS/Kontakt: N 59°43'52.6" E 14°11'57.6", Storhöjden 1, +46793404403, www.acamp.com/listing/big-hill-lodge.
Max. WOMOs: 10.
Öffnungszeit: Ganzjährig.
Ausstattung: VE, Strom, WC, Dusche, Mülleimer, Picknickbänke und Grillstellen an der Lodge.
Beschreibung: Runder Schotterplatz zwischen Bäumen, klappstuhlgeeignet. **Preise:** 200 SEK.
Hinweis: Das Essen im Restaurant lohnt sich! Online reservieren.
Zufahrt: 200 m vor dem Restaurant. Den Hügel zum Gipfel hinauf und rechts abbiegen. Folgen Sie der Beschilderung Ställplatser.

TOUR 5

Der 1934 erbaute Aussichtsturm **Storhöjden,** der *Big Hill*, markierte den Beginn einer Entwicklung, die ihn zu einem beliebten Ausflugsziel mit Restaurant und Hotel machte. Der Brand der Villa Bosjögården im Jahr 1993 war ein tragisches Ereignis, das die Geschichte des Ortes prägte. Calle Stjernlöf, der Sohn der Besitzer, übernahm Storhöjden im Jahr 2018 und renovierte den Ort. Er ist ausgebildeter Koch und hat Erfahrung in der Hotellerie. Heute ist Storhöjden ein beliebter Ort für Familien und Naturliebhabende und ist Mitglied des Netzwerks *Sweden Green Key*, das nachhaltigen Tourismus fördert.

Unser Weg führt uns Richtung Kristinehamn über die 26 gen Süden durch die hügelige Landschaft des Värmlands.

120 Nykroppa – *Prästbäckens Rastplats*

GPS N 59°37'27.7" E 14°15'38.7", Dammbovägen 7. **Max. WOMOs:** 6. **Öffnungszeit**: Ganzjährig. **Ausstattung**: WC-Entsorgung, WC, Mülleimer, Picknickbänke, Badesteg, Imbiss, klappstuhlgeeignet. **Beschreibung**: Großer Platz mit Schotter und Wiese. Im hinteren Bereich ist von der 26 nicht mehr viel zu hören und man ist sogar relativ ungestört. **Preise**: 50 SEK. **Hinweis**: Es ist ein Rastplatz für die Schnellstraße, also nicht immer ruhig. **Zufahrt**: Von der 26 ausgeschildert, ein knapper Weg um die Kurve zum Rastplatz.

Nach einer schönen Pause am kleinen See am Rastplatz brausen wir auch schon weiter.

121 Storfors – *Badsta Camping*

GPS/Kontakt: N 59°32'49.0" E 14°17'26.9", Hättälvsvägen 10, +46706834333, www.badsta.se. **Max. WOMOs**: 30. **Öffnungszeit**: Ganzjährig. **Ausstattung**: VE, Strom, WC, Dusche, Mülleimer, WLAN, Restaurant, Shop, Badesteg, Waschmaschine, Trockner, Spielplatz. **Beschreibung**: Beliebt für Familien, Naturliebhabende und Angelfreunde. Der Campingplatz liegt in einer schönen Landschaft mit vielen Wäldern und Seen. **Preise**: 150 + 50 SEK Strom. **Zufahrt**: 2 km zurück zur Bjurbäcken Bruk und dann etwa 10 km nach Storfors, dort im Kreisel etwa 1,4 km über den Baggetorpsvägen und links bis zum Campingplatz. **Hinweis**: Gasfüllstation im Ort: Piscators Bil Gasolmack, Industrigatan 3, N 59°32'38.7" E 14°16'36.7".

Wanderung: Der Lårhöjdsleden

13 km, mittelschwer: Wenn Sie gegen den Uhrzeigersinn gehen, beginnt der Weg mit einem vier Kilometer langen, ziemlich anstrengenden Anstieg hinauf in Richtung Lårhöjden. Oben befindet sich die schöne Hütte Lårhöjdstugan. Wenn Sie von der Hütte aus dem Åsjöleden folgen, etwa einen Kilometer durch den Wald, kommen Sie zum schönen Hättsjön, wo es einen Grillplatz gibt. Hier kann man baden, Badeschuhe werden jedoch empfohlen (Felsgrund mit großen Steinen). Vom Hättsjön aus können Sie der unbefestigten Straße zurück zum Jordkullen-Badeplatz dem Rövarleden folgen, um wieder zum Lårhöjdleden zu gelangen. Wenn der Lårhöjdsleden den Rövarleden kreuzt, kann es sich auch lohnen, einen Abstecher zum Sandstrand von Jordkullen zu machen. Eine Wanderkarte kann im Tourismusbüro oder am Campingplatz erworben werden.

Wir fahren weiter die 26 Richtung **Kristinehamn** (Einwohnerzahl 17.800). Vielleicht möchten Sie die südliche Schleife zwischen Vänern und Vättern nicht mitfahren (Tour 5 und 6), sondern direkt über **Örebro** Richtung **Stockholm**? Dann können Sie ab hier schon die Strecke abkürzen und wir sehen uns in Tour 7 wieder.

Vänern: Ein See voller Superlative

Der Vänern ist der größte See in der EU und der drittgrößte in Europa. Er ist nicht nur ein beliebtes Urlaubsziel, sondern auch eine wichtige Wasserressource. Er ist 5.648 Quadratkilometer groß und hat eine maximale Tiefe von 106 Metern. Die Uferlinie ist etwa 2.000 Kilometer lang. Im Vänern liegen schätzungsweise 10.000 Wracks, darunter Schiffe, Boote und Flugzeuge. Die meisten davon stammen aus dem Zweiten Weltkrieg. Der See ist auch die Heimat von etwa 16.000 Freizeitbooten. Hier gibt es sogar ein eigenes Fabelwesen, die Koffa. Die Koffa soll halb Kind und halb Fisch sein. Sie soll in den Tiefen des Sees leben und Schiffe und Fischer in Gefahr bringen.

Das Wasser macht ein Drittel des gesamten Süßwassers in Schweden aus. Der See ist die Trinkwasserquelle für 700.000 Menschen. Die Auflistung der Superlative ist noch nicht zu Ende, denn im See befindet sich außerdem ein Archipel mit über 22.000 Inseln und Schären.

Kristinehamn – Gamla Stan

122 Kristinehamn – *Gästhamn*

GPS/Kontakt: N 59°18'39.7" E 14°05'41.1", Hamnvägen 9, +46730406475, www.kristinehamnsgasthamn.se. **Max. WOMOs**: 40.
Öffnungszeit: Ganzjährig. **Ausstattung**: VE (auf Nachfrage frei zugänglich), Strom, WC, Dusche, Mülleimer, WLAN, Picknickbänke, Café, kleiner Shop, Brötchenservice, Spielplatz, Minigolf.
Beschreibung: Schotterparkplatz entlang des Kais des Gästehafens, recht eng nebeneinander. Klappstuhlgeeignet. Schöner Blick auf die Boote. **Preise**: 275 SEK. **Hinweis**: Mehr Plätze im hinteren Teil (um die Ecke), Grillen verboten, mehrere Supermärkte in der Nähe. Weitere WC-Entsorgung am Rastplatz Kvarndammen, Bartilsbrovägen 6, N 59°18'52.0" E 14°08'52.6". **Zufahrt**: Neben dem Lidl und einer Industrie vorbei in die Hamnbrogatan den Schildern folgen.

Kristinehamn trägt den Spitznamen *»Lusasken«*. Die Geschichte des Namens zeigt sich erst bei näherer Betrachtung. Um den Seeleuten im Winter zu helfen, sammelte die Stadt Geld in einer Art Spardose (Lusasken). Der Name entstand, weil diese zum Lucia-Fest geleert und verteilt wurde.

Der Stellplatz liegt ideal, denn der schöne Weg führt direkt am Ufer entlang durch einen Park mit etlichen Picknickbänken, Grillstellen, Spielplatz, Skulpturen und Sommer-Café. Über eine kleine Fußgängerbrücke betreten wir die Altstadt. Auf der rechten Seite schlägt mein Herz sofort für den hübschen Laden *Lev Vackert* höher. Aber meine Familie drängt, wir wollen ja schließlich die Stadt besichtigen. Direkt in der **Hovslagaregatan** bewundern wir die schönen Holzhäuser aus dem 17. und 18. Jahrhundert, unter anderem die **Galleri Moberg** und das **Kristinehamns Historiska** Geschichtsmuseum (nur schwedisch). Am *Södra Torget* halten wir kurz an der Touristeninfo, um einen Stadtplan zu besorgen. Unser Blick kann natürlich nicht am ***Stadshotellet*** vorbei. Das Dagens Rätt für 119 SEK ist sehr empfehlenswert! Aber auch das kleine ***Café Hemjord*** am Kanal ist bezaubernd und einen Besuch wert. Sehenswert sind die Brücke an der **Kungsgatan am Rådhuset,** der schöne **Brogårdsparken** und

Kristinehamn–Rådhuset

die neugotische Kirche von 1858 (Södra Kyrkogatan 3). Ebenfalls lohnt sich eine Erkundung der Spelmansgatan, in denen wir uns immer wieder über die bunten Holzhäuser freuen. Unser Ziel liegt an der ***Spelmansgatan 23***. Wir stehen vor dem Gebäude und sind verwirrt und begeistert, scheint es doch so gar nicht hier in hinzupassen. Es ist ein wahres Juwel, das aus dem Mittelalter zu stammen scheint. Der schottische Stil mit den Türmchen und Fenstern ist prachtvoll und verleiht einen ganz besonderen Charme. Wir betreten das ***Café Borgen*** und fühlen uns in der warmen und einladenden Atmosphäre sofort wohl. Hier werden gutes Fika-Brot und verschiedene Sandwiches angeboten *(Di.-Fr. 10-15, Sa. in ungeraden Wochen 10-13 Uhr, Mi. ab 10.30 Uhr Lieder zum Kaffee)*. Durch die Fußgängerzone **Kungsgatan** und Hovslagaregatan geht es wieder durch den Stadspark zurück zum Stellplatz. Wir sind uns einig: Das war ein gelungener Ausflug!

Die Skulptur von Picasso ist 15 Meter hoch und damit die größte der Welt, die Flügel wiegen acht Tonnen.

Wir besuchen die 15 Meter hohe **Skulptur von Picasso** *Femmes d'Alger* südlich der Stadt. Sie ist die größte der Welt und liegt am Stadtrand von Kristinehamn am Välösundet. Die Skulptur ist beeindruckend, denn die Säule hat einen Durchmesser von 1,65 Metern und die Flügel wiegen jeweils acht Tonnen. Sie stellt Picassos zweite Frau Jacqueline dar.

Das Areal rund um die Skulptur ist sehr schön gestaltet. Es gibt einen kleinen Park mit Bäumen und Blumen, ein Café und ein Restaurant. Zusätzlich gibt es eine kleine Ausstellung zur Entstehung der Skulptur. Entlang des Sunds am **Vålösundsvägen** gibt es etliche Parkplätze, auf denen das Übernachten und Parken mit dem WOMO nicht verboten ist. Von allen Plätzen hat man einen tollen Blick auf den Fjord.

TOUR 5

123 Kristinehamn – *Vålösundsvägen*

GPS: N 59°16'30.3" E 14°3'13.6", Skulpturvägen 5. **Max. WOMOs**: 4. **Öffnungszeit**: Ganzjährig. **Ausstattung**: WC, Mülleimer, Picknickbänke, Grillstelle, Badesteg (alles vorne am Strand, nicht direkt am Parkplatz). **Beschreibung**: Großer Schotterparkplatz, zweckmäßig, umgeben von Bäumen, zwar in einer Wohnsiedlung, aber trotzdem ruhig und relativ ungestört. **Hinweis:** An einigen der anderen Parkplätze entlang des Vålösundsvägen befinden sich teilweise Toiletten, Mülleimer, Frischwasser, Picknickbänke und Badestellen/-stege, Imbiss. **Zufahrt**: Den Vålösundsvägen fast bis zum Ende fahren, am Ryssebovägen links abbiegen. **Ausweichplätze** am Vålösundsvägen: N 59°16'53.1" E 14°03'07.5", N 59°17'05.7" E 14°03'12.5", N 59°17'03.8" E 14°03'11.7".

Wir essen im ***Picassos Veranda Café och Bistro*** das Dagens Rätt (129 SEK) und sind sehr zufrieden.

Am nächsten Morgen brechen wir früh auf. Die 26 ist angenehm zu fahren und die Sonne scheint uns herrlich von der Seite ins WOMO. Unterwegs können wir eine Rast am See einlegen.

124 Gullspång – *Vänern*

GPS: N 59°3'31.5" E 14°8'49.5", 26. **Max. WOMOs**: 1-2. **Ausstattung**: Picknickbänke, Grillstelle, kleiner Strand. **Beschreibung**: Parkstreifen abseits der Straße in Sicht- und Hörweite auf fester Erde. Blick auf den Nebensee des Vänern. **Hinweis**: Nicht bei Regenwetter, nur für kleine WOMOs. **Zufahrt**: Einfahrt direkt von der 26, etwas nördlich des Platzes bei N 59°03'35.8" E 14°08'54.8".

Södra Råda – Originalfoto 1996

Wir freuen uns schon auf die **Södra Råda Gamla Kyrka**. Als wir sie 1996 besichtigten, waren wir beeindruckt von den wunderschönen Deckenmalereien der Kirche. Doch heute lesen wir auf den Infotafeln: *»An dieser Stelle stand eine der am besten erhaltenen mittelalterlichen Holzkirchen Schwedens, deren Inneres mit Malereien aus dem 14. und 15. Jahrhundert bedeckt war. Es war ein einzigartiger und unschätzbarer Teil unseres und des gesamten europäischen Kulturerbes. Bei einem Brandanschlag im November 2001 brannte die Kirche bis auf die Grundmauern nieder. Die alte Kirche kann nicht wiederhergestellt werden. Aber wir* *können Wissen und ein aufregendes und interessantes Ziel neu erstellen.«* Wir sind entsetzt! Was sind das nur für Menschen, die solch einen Schatz mutwillig zerstören! Unglaublich traurig.

Heute steht in Södra Råda eine Rekonstruktion der mittelalterlichen Fachwerkkirche. Die Herangehensweise an den Bau ist dieselbe wie damals, als die Kirche vor fast siebenhundert Jahren gebaut wurde. An den Wochenenden von Juni bis August kann die Kirche auch von innen besichtigt werden und es gibt Führungen, ansonsten helfen die Infotafeln weiter. Ein Besuch lohnt sich, auch wenn es die Deckenmalereien nicht mehr gibt *(Gamla kyrkplats, Gullspång, www.sodrarada.se)*.

125 Gullspång – *Södra Råda Timmerkyrka*

GPS: N 59°00'13.3" E 14°12'12.0", Gamla kyrkplats. **Max. WOMOs:** 3. **Ausstattung**: WC, Mülleimer, Picknickbänke an der Kirche. **Beschreibung**: Schotterparkplatz neben der Kirche, für eine Übernachtung völlig in Ordnung. Schöne Aussicht in die Umgebung und die Felder. **Zufahrt**: 7,7 km von der 26, der Beschilderung folgen.

Wir mieten uns allerdings auf dem offiziellen Stellplatz in **Gullspång** (Einwohnerzahl 1.170) ein, denn wir haben einiges vor.

126 Gullspång – *Ställplats*

GPS: N 58°59'16.1" E 14°05'46.1", Storängsgatan 8. **Max. WOMOs**: 20. **Öffnungszeit**: Ganzjährig. **Ausstattung**: VE, WC, Dusche, Mülleimer, Spielplatz, Grillstelle. **Beschreibung**: Riesige Wiese am Fluss, teilweise eingeschränkter Blick auf diesen, sehr großzügig verteilt. Kostenlose VE für Durchreisende. **Preise**: 160 SEK per Parkster App oder im ICA-Markt. **Hinweis**: Die Straße 26 ist in Hörweite, kein Strom. **Zufahrt**: Von der Storgatan am ICA der Ausschilderung bis zum Sportplatz folgen.

Der **Gullspångsälven** ist ein besonderer Fluss. Er ist der einzige Ort auf der Welt, an dem die einmalige Art der Gullspångsalken laicht. Im Herbst schwimmen die Lachse aus dem Vänern zurück in den Gullspångsälven. Die *Laxtrappan* (Lachstreppe) ermög-

licht den Fischen den Zugang zum Laichplatz. Die Stufen und Becken sind so konzipiert, dass die Lachse die Höhenunterschiede von bis zu zehn Metern überwinden können. Die beste Zeit dafür ist von Ende September bis November. Bringen Sie Geduld mit und tragen Sie eine polarisierte Sonnenbrille, um die Fische im dunklen Wasser besser zu sehen.

127 Gullspång – *Laxtrappan*

GPS: N 58°59'11.0" E 14°06'21.3" Storgatan 39. **Max. WOMOs**: 2.
Beschreibung: Einige Asphaltparkplätze neben der Lachstreppe.
Zufahrt: Von der Storgatan abbiegen zum P Laxtrappan.

Wir sind begeistert von der Idee, die **Gullspång Dressin** von Trelänsbanan nach Degerfors zu fahren. Wir hatten uns schon lange vorgenommen, diese Strecke einmal zu erkunden und sind gespannt auf das, was uns erwartet.

Draisinen-Fahrt: Abenteuer auf Schienen

Am Morgen packen wir unseren Rucksack mit Lunchpaketen und reichlich Wasser und machen uns auf den Weg zur Station. Dort angekommen, werden wir von unserem Guide begrüßt und erhalten eine kurze Einweisung in die Bedienung der Draisinen. Dabei handelt es sich um eine Art Fahrrad mit Beiwagen und Bank, das auf einer Schiene fährt und entweder per Hand oder Pedale angetrieben wird. Dann geht es auch schon los. Wir überqueren die alte Eisenbahnbrücke über den Gullspångsälven und passieren die Laxtrappan. Die Strecke führt durch eine wunderschöne Landschaft mit Wäldern, Seen und Feldern und etlichen Geocaches. Wir haben einen tollen Blick auf die umliegende Natur und können die Ruhe und Stille genießen. Die Tour geht dann weiter am Löksta gård vorbei. Mit der Landstraße zwischen uns und dem Gullspångsälven überquert die Strecke die Grenze von Västergötland nach Värmland. Etwa 13 km von Gullspång entfernt liegt Värmlands Säby Herrgård.

Nach ein paar Kilometern erreichen wir Konsterud. Hier gibt es einen Rastplatz. Unterwegs machen wir immer wieder Pausen, um die Gegend zu erkunden oder einfach nur zu entspannen. Wir haben Zeit, die Natur zu beobachten und unsere Gedanken schweifen zu lassen. Nach einer gemütlichen Fahrt entscheiden wir, wieder umzudrehen, denn bis Degerfors ist es uns zu weit. Sie können zwischen zwei Routen wählen: Die Torvedsbanan ist 12,5 Kilometer lang und verläuft südlich entlang des Gullspångsälven. Die Trelänsbanan ist 38 Kilometer lang und verläuft von Gullspång nördlich über Konsterud bis zur Endstation in Degerfors *(Stationsgatan 1, Gullspång, N 58°59'05.8" E 14°05'41.3", 04-09, Station besetzt von 10-12 Uhr, Vorabbuchung +46737551756, www.vastsverige.com/gullspang/artiklar/cykla-dressin-i-gullspang)*.

Am nächsten Morgen fahren wir, eher zufällig, den schönen Badeplatz **Skagersvik** an und merken erst dort, dass hier ein Draisinen-Haltepunkt der südlichen Route ist. Nächstes Mal fahren wir diese Strecke, denn der Badeplatz bietet zahlreiche Picknickbänke und einen Badesteg in einer atemberaubend schönen Landschaft.

128 Gullspång – *Skagersvik*

GPS: N 58°58'07.4" E 14°06'41.7", Sågverksgatan 6. **Max. WOMOs:** 2.
Ausstattung: WC, Mülleimer, Spielplatz, Badesteg, Badestelle, Grillstelle, Picknickbänke, Strand. **Beschreibung**: Kleiner Parkplatz auf Schotter für kleine WOMOs neben der Badestelle und der Draisine.
Zufahrt: Vom Skagersviksvägen der Ausschilderung Badestelle folgen.

Wir fahren nun in das Gebiet des **Göta-Kanals,** ein *Wunderwerk der Ingenieurskunst*, der auf 190 Kilometern Sjötorp am Vänernsee mit Söderköping am Bråviken verbindet. Er wurde zwischen 1810 und 1832 erbaut und ist der längste künstliche Kanal der Welt.

Es ist interessant, den Schleusenvorgang in **Sjötorp** (Einwohnerzahl 440) zu beobachten und das Kanalmuseum zu besuchen. Die *Sjötorp-Doppelschleuse* überbrückt einen Höhenunterschied von fast fünf Metern.

129 Sjötorp – *Gästhamn*

GPS: N 58°50'12.7" E 13°58'42.5" Stenbordsvägen 4. **Max. WOMOs:** 12+. **Öffnungszeit**: 04-09. **Ausstattung**: VE, Strom, WC, Dusche, Mülleimer, Picknickbänke, Café, Restaurant. **Beschreibung**: Schotterplatz, recht eng nebeneinander, ohne Rasen, in einem Karree, gute Nähe zur Schleusenanlage und den Restaurants. **Preise**: 250 SEK, zahlbar im *Café Baltzar* oder per Aimo App. 09-03 kostenlos. **Hinweis**: VE frei zugänglich N 58°50'17.0" E 13°58'46.0" **Ausweichplätze**: N 58°50'18.6" E 13°58'49.3", N 58°50'15.8" E 13°58'56.7". **Zufahrt**: Slussvägen der Ausschilderung in den Sjöfallsvägen folgen.

Empfehlenswert ist das ***Café Perssons i backen*** *(Stenbordsvägen 1, Sjötorp, 05, Sa.-So. 12-18 Uhr, 06-08, täglich 11:30-20 Uhr)*.

Sjötorps kyrka wurde 1956 aus heimischem Holz gebaut und hat ein schiefergedecktes Dach. Sie wurde auf einer Anhöhe erbaut, um die Aussicht auf den Göta-Kanal zu genießen. Wir sind erstaunt, dass sie noch so jung ist, sind aber sehr von ihrem Anblick angetan. Vor allem der Innenraum ist ganz bezaubernd *(N 58°49'58.8" E 13°59'01.6", Kyrkvägen 23)*.

Ausflugtipp: Wer ein Rad hat oder gerne wandert, kann bis zum Leuchtturm **Harnäsuddens fyrplats** fahren beziehungsweise gehen. Am Leuchtturm gibt es Picknickbänke mit fantastischer Aussicht.

Etwa 22 Kilometer weiter südlich besuchen wir das hübsche und beliebte **Mariestad** (Einwohnerzahl 16.600) am Ufer des Vänern. Im Hafen parken viele Womos, um den herrlichen Ausblick auf den Vänernsee zu genießen.

130 Mariestad – *Hamn*

Mehrere Möglichkeiten: **Gästhamn:** Wer schnell in der Stadt sein möchte, wählt den Platz am Gästehafen, N 58°42'46.5" E 13°49'08.7", Hamngatan 43. WOMOs: 15. **Äußere Mole**: Wem ein paar Schritte mehr nichts ausmachen, parkt ganz vorne an der Mole. Dort gibt es Parkplätze mit Kunstrasen, N 58°43'07.9" E 13°49'13.8". WOMOs: 20, bis zum Ende durchfahren! **Mittlere Mole:** Und wer nichts mehr bekommen hat, weicht auf die anderen Plätze aus. Noch relativ gut ist der Parkplatz in der Mitte der Mole: N 58°43'00.4" E 13°49'13.1", +46501755850. WOMOs: 50. **Stadtnahe Mole** Nicht mehr schön, direkt hinter Häusern, dafür näher zur Stadt und Restaurants: N 58°42'51.8" E 13°49'11.6". **Preise**: 190 SEK +Strom. Zahlbar per App oder am Automaten. **Hinweis**: Alle Plätze sind eigentlich normale Parkplätze auf Asphalt und haben Blick auf das Wasser. Parkplatz-Romantik. Nur ganz vorne an der Mole gibt es Schotter mit Rasen-Teppichen. Die Plätze gehören zusammen. Zugang zu allen Service-Leistungen inklusive Waschmaschine. VE (frei zugänglich, am Ende der mittleren Molenplätze, N 58°43'01.8" E 13°49'14.1"), Strom (reicht nicht immer für alle, langes Kabel erforderlich), WC, Dusche, Mülleimer, teils WLAN.

Nur wenige Schritte entfernt liegt die malerische Altstadt. Sie bezaubert mit ihren gut erhaltenen Holzhäusern aus dem 18. und 19. Jahrhundert. Durch die schmalen Gassen und charmanten Plätze schlendert man wie in einer anderen Zeit. Die Häuser sind mit bunten Blumen geschmückt und die Luft ist erfüllt vom Duft von frisch gebackenem Brot. In den kleinen Läden und Cafés findet man alles, was das Herz begehrt. Und in den Museen (zum Beispiel **Vadsbo Museum**) erfährt man mehr über die Geschichte der Stadt *(Eintritt frei, 05-09 täglich, 11-16 Uhr)*.

Mittendrin liegt ein beeindruckendes Wahrzeichen: die **Domkyrka**. Mit einer Höhe von über 80 Metern ist sie das höchste Gebäude der Region und schon von weitem zu sehen.

Mariestad – der Hafen mit etlichen WOMO-Stellplätzen

TOUR 5

Mariestads: Das schwedische Bier mit Kultstatus

Mariestads ist ein helles Lagerbier mit mildem Geschmack, welches über 150 Jahre in Mariestad gebraut wurde. Heute gehört es zur Spendrups Brauerei. Mariestads wurde erstmals 1848 gebraut und war bald eines der beliebtesten Biere in Schweden. Es ist auch heute noch eines der meistverkauften Biere in Schweden und wird in über 50 Länder der Welt exportiert.

Wir müssen zugeben, dass uns die Stellplätze in Mariestad nicht so gut gefallen. Für eine Stadtbesichtigung und ein leckeres Essen in den Restaurants sind sie sehr praktisch, aber Parkplatz bleibt letztlich doch Parkplatz. Wir bevorzugen den Campingplatz, etwa drei Kilometer von der Innenstadt entfernt. Dieser liegt herrlich grün auf einer Art Halbinsel im Vänern.

131 Mariestad – *First Camp Ekudden*

GPS/Kontakt: N 58°42'55.0" E 13°47'42.6", Ekuddenvägen 50, +4650110637, www.firstcamp.se/destinationer/ekudden-mariestad. **Max. WOMOs**: 250. **Öffnungszeit**: Ganzjährig, Restaurant nur in der Hochsaison. **Ausstattung**: Waschmaschine, Trockner, Picknickbänke, Badestelle, Spielplatz, Programm im Sommer, Fahrradverleih. **Beschreibung**: Sehr schöner Campingplatz, groß, aber gut aufgeteilt. Die ruhigsten und schönsten Plätze sind unserer Meinung nach auf der Halbinsel (Plätze 506-515), denn hier scheint die Sonne abends am längsten. Kinder mögen sicherlich die Plätze in Nähe der Rezeption bzw. Spielplatz und Strand lieber. **Preise**: 320+ SEK. **Hinweis**: Vorher online buchen! **Zufahrt**: Den Ekuddenvägen bis zum Ende fahren. Schöne Wanderwege! Bis in die Innenstadt etwa 3 km.

Südlich von Mariestad liegt der **Kinnekulle**. Der *Tafelberg* ist mit seinen 306 Metern Höhe ein wahres Naturwunder. Der Kinnekulle ist ein *UNESCO-Biosphärenreservat* und beherbergt eine Vielzahl von Pflanzen- und Tierarten. Hier finden sich seltene Orchideen, der Bärlauch und der Gelbe Frauenschuh. Auch die

Tierwelt ist reichhaltig: Hirsche, Rehe, Füchse und Hasen sind hier zu Hause. Auf zahlreichen Wegen können die verschiedenen Landschaften des Berges erkundet werden. Ein Highlight ist der 45 Kilometer lange **Kinnekulleleden**, der auf der gesamten Strecke einen atemberaubenden Blick auf den Vänernsee bietet.

Auf dem Gipfel des Kinnekulle befindet sich der *Aussichtsturm Högkullen*. Von hier aus hat man einen 360-Grad-Blick auf die umliegende Landschaft.

Tafelberg Kinnekulle: Zeitzeugnis der Urzeit

Der Tafelberg entstand vor etwa 540 Millionen Jahren durch die Ablagerung von Sand und Schlamm am Boden eines flachen Meeres. Im Laufe der Zeit wurden diese Sedimentschichten durch das Gewicht des darüberliegenden Gesteins zusammengepresst und zu Sandstein verfestigt. Vor etwa 400 Millionen Jahren wurde das Gebiet des heutigen Kinnekulle durch tektonische Bewegungen angehoben. Dabei wurden die Sandsteinschichten gefaltet und zerbrochen. Durch die Erosion der weicheren Gesteine blieben die härteren Sandsteinplatten zurück, die heute den Tafelberg Kinnekulle bilden. Im Gestein des Kinnekulle wurden Fossilien von primitiven Tieren gefunden, die zu den ältesten Lebensformen auf der Erde gehören. Wer sich für Geschichte interessiert, sollte die mittelalterlichen Kirchen von **Forshem** und **Husaby** besuchen. Diese Kirchen sind wichtige Zeugnisse der schwedischen Geschichte.

Wir starten mit einem Picknickplatz im Wald und tasten uns erst einmal langsam an dieses besondere Gebiet heran, denn im Naturschutzgebiet ist freies Übernachten natürlich nicht gestattet.

132 Götene – *Forshems Distrikt*

GPS: N 58°37'51.1" E 13°30'08.7". **Max. WOMOs:** 4. **Beschreibung:** Großer Schotterplatz im Bogen einer Waldlichtung. **Hinweis:** Ausflug zum Björkullasand-Strand möglich (Fahrzeuge nur vom 16.9.-14.5. erlaubt). **Zufahrt:** Vom Forshemsvägen wenige hundert Meter fahren.

Der Platz ist ein guter Ausgangspunkt für Wanderungen und Fahrradtouren, zum Beispiel in das Gebiet Gössäter und Kinnekulle, oder für einen Besuch bei der Kirche von Forshem *(N 58°37'12.1" E 13°29'21.4")*. Der offizielle Stellplatz liegt noch näher am Naturschutzgebiet:

133 Hällekis – *Ställplats Kinnekulle*

GPS/Kontakt: N 58°37'54.1" E 13°26'26.8", Björkuddsvägen, www.hallekisbatklubb.se. **Max. WOMOs:** 20. **Öffnungszeit**: Ganzjährig. **Ausstattung**: VE, Strom, WC, Dusche, Mülleimer, Grillstelle. **Beschreibung**: Großer Wiesenstreifen hinter der Hauptstraße. Eingeschränkter Blick auf den Hafen. **Preise**: 125 SEK, 150 SEK zahlbar in bar per Umschlag. **Hinweis**: Im Hafen befindet sich das Sani-Haus, den Code bekommt man per SMS. **Zufahrt**: Der Beschilderung zum Parkplatz folgen und nicht zu früh in den Stenbacksvägen einbiegen.

TOUR 5

Am *Kinnekulle Utsiktstorn* erwartet uns ein Ausblick, der sprachlos macht. Schon Carl von Linné, der berühmte schwedische Naturforscher, war von dem Ausblick begeistert. Er schrieb in sein Tagebuch: »*Der Blick von hier oben ist einfach atemberaubend. Man kann bis zum Horizont sehen.*« Der Aufstieg zum Aussichtsturm ist nicht schwierig, aber es geht schon steil bergauf. Der Weg ist gut ausgeschildert und führt durch die faszinierende Natur des Kinnekulle.

P Kinnekulle – *Utsiktstorn*

N 58°36'12.7" E 13°24'50.4", Infotafeln zu Wanderrouten.

Einen tollen Zwischenstopp mit außergewöhnlich schöner Aussicht legen wir am ***Kinnekullegården Restaurant och Café*** ein (*Kinnekulle, N 58°35'48.5" E 13°24'53.1", www.kinnekullegarden.com*).

Mein Herz schlägt höher, als wir zum **Wikingerschiff Sigrid Storråda** fahren. Das Schiff ist eine Nachbildung des norwegischen Gokstadsschiffes aus dem 10. Jahrhundert. Es ist 24 Meter lang, 5,3 Meter breit und wiegt 14 Tonnen. Der Steven ist mit einem Drachenhaupt geschmückt, das nach dem Vorbild eines Runensteins in Husaby gestaltet wurde. Im Sommer werden Fahrten mit dem Schiff angeboten, bei denen die Passagiere in die Wikingerzeit zurückversetzt werden (*N 58°32'40.9" E 13°18'25.0", Ramslöksbacken 5, Källby, www.sigrid.se*).

Wir verlassen das wildromantische Gebiet des Kinnekulle Richtung **Lidköping** (Einwohnerzahl 25.600). Eigentlich wollten wir die Stadt besichtigen. Aber hier herrscht so viel Verkehr, dass wir dann doch einen Bogen drumherum machen. Kein Wunder, dass hier so viel los ist, die 44 ist quasi die Durchgangsstrecke zwischen Göteborg und Stockholm. Für alle, die sich davon nicht abschrecken lassen, gibt es hier ein paar kurze Infos zur Stadt:

Lidköping – Rådhus

Schwedens Porzellanstadt ist bekannt für die berühmte Porzellanmarke *Rörstrands*. Erkunden Sie das Rörstrands Museum, das Rörstrand-Center mit Outlets, das romantische Rathaus *(N 58°30'13.8" E 13°09'27.0")*, das einst ein Jagdschloss war oder auch andere der vielen alten Bauwerke, wie die Kirche von Lidköping und genießen Sie einen Kaffee in ***Skafferiet i Lidköping*** *(Torggatan 6, www.skafferietlidkoping.se)*. Da das Parken in der Stadt generell schwierig ist, empfehlen wir den Campingplatz:

134 Lidköping – *Kronocamping*

GPS/Kontakt: N 58°30'46.2" E 13°08'18.5", Läckögatan 22, +4651026804, www.kronocamping.com. **Max. WOMOs**: 100. **Öffnungszeit**: Ganzjährig. **Preise**: 400-550 SEK. **Zufahrt**: Am ICA in die Läckögatan.

Wir fahren stattdessen auf die wunderschöne Landzunge **Kållandsö**, die weit in den Vänernsee hineinragt. Auf dem Weg dorthin kommen wir am **Stenhusbacken Gravfält** vorbei. Das Gräberfeld ist über 3.000 Jahre alt und wurde von Menschen der Steinzeit, Bronzezeit und Eisenzeit genutzt. Die Gräber sind schwer zu unterscheiden, aber der Ort ist schön und wir voller Ehrfurcht. Es gibt Parkmöglichkeiten und Infotafeln an den verschiedenen Grabarten. Ein Besuch lohnt sich und die Mühle schräg gegenüber ist ein hübsches Fotomotiv *(N 58°35'10.9" E 13°07'05.8")*.

Kållandsö ist die zweitgrößte Insel des Sees und liegt etwa 20 Kilometer nördlich von Lidköping entfernt. Die berühmteste historische Sehenswürdigkeit ist das **Schloss Läckö**, ein Barockschloss aus dem 17. Jahrhundert und da wollen wir jetzt hin.

135 Kållandsö – *Läckö Slott*

GPS/Kontakt: N 58°40'18.9" E 13°12'47.6", www.lackoslott.se. **Max. WOMOs**: 30. **Öffnungszeit**: Ganzjährig. **Ausstattung**: VE, Strom, WC, Mülleimer. **Beschreibung**: Großer Schotterplatz, umgeben von Bäumen, klappstuhlgeeignet. **Preise**: 150 SEK oder 50 SEK für das Parken am Tage, zahlbar per EasyPark App. **Hinweis**: Vorher entscheiden, ob man übernachten will oder nicht. Tagsüber wuselig, nachts ruhig. Die VE befindet sich vor dem Campingplatz (hinten links hinter dem PKW-Parkplatz), frei zugänglich. **Zufahrt**: Immer den Schildern zum Läckö Slott folgen, links auf den WOMO-Parkplatz fahren.

Läckö Schloss: Eine Zeitreise ins barocke Schweden

Das **Läckö Schloss** wurde 1298 als Burg von Bischof Algotsson erbaut. Sie diente als Verteidigungsanlage und Verwaltungszentrum der Diözese Skara. Nach der Reformation wurde das Schloss von der Krone beschlagnahmt und an Adelige verliehen. Im 17. Jahrhundert wurde es von Magnus Gabriel de la Gardie zu einem prächtigen Barockschloss umgebaut, heute gilt es als eins der schönsten Schlösser des Landes. Die Schlosskirche und der Schlossgarten wurden sowohl zu spirituellen als auch zu kultivierenden Zwecken angelegt. Ebenfalls lohnt sich ein Besuch im Naturum *(Schloss 04-06 und 09-11 Eintritt nur mit Führung, 06-08 geöffnet 10-18 Uhr, 08-09 geöffnet 10-17 Uhr, Eintritt 50-140 SEK, bis 26 Jahre gratis. Naturum 04-12, gratis, www.lackoslott.se).*

Eine schöne Alternative zum Stellplatz am Schloss bietet der kleine Campingplatz:

136 Kållandsö – *Läckö Strand*

GPS/Kontakt: N 58°38'37.1" E 13°12'40.4", Kållandsö Sommargården, +4651010047, www.lackostrand.se. **Max. WOMOs**: 20. **Öffnungszeit**: 04-10. **Ausstattung**: VE, Strom, WC, Dusche, Mülleimer, WLAN, Brötchenservice, Café. **Beschreibung**: Rasenplätze umgeben von Wald, in der Nähe einer Badestelle mit Strand. **Preise:** 300-375 SEK. **Hinweis:** Frühzeitig online buchen! **Zufahrt**: Richtung Uddeberg, Läckö Strand ausgeschildert. Etwa 1,5 km vor dem Schlossparkplatz abbiegen.

Ausflugstipp Spikens Fiskehamn, Kållandsö: Im Sommer ist **Spiken** (Einwohnerzahl 100) ein lebendiger Ort mit lebhaftem Fischereihafen. Die Fischerboote kommen täglich mit frischem

Fang aus dem Vänernsee. In den Räucheröfen wird der Fisch zu köstlichen Delikatessen verarbeitet. Wer möchte, kann auch den feinen Venerable-Rum probieren.

Es gibt Cafés und Restaurants für jeden Geschmack, Serviceshops, Galerien und viele hübsche Geschäfte in den roten Häuschen. Die meisten Menschen kommen zwischen Mai und August. In dieser Zeit ist es hier besonders lebhaft. Viele Geschäfte sind das ganze Jahr über geöffnet, ein Besuch lohnt sich also auch außerhalb der Saison.

Empfehlung: ***Spikens Brygga rökeri butik och servering.*** Genießen Sie die lokalen Spezialitäten, insbesondere den Fisch! Sie können ihn direkt am Hafen kaufen und auf dem Stellplatz nebenan grillen.

137 Kållandsö – *Spiken*

GPS/Kontakt: N 58°41'22.2" E 13°12'6.1", Kållandsö, www.spikensbat.se/stallplats. **Max. WOMOs**: 10. **Öffnungszeit**: Ganzjährig.
Ausstattung: VE, Strom, WC, Dusche, Mülleimer, WLAN, Waschmaschine, Trockner, Picknickbänke, Grillstelle, Brötchenservice.
Beschreibung: Großer Schotterparkplatz am Hafen. **Preise**: 150 SEK +Strom. Code bei Zahlung beim Hamnvärd (Hafenmeister).
Hinweis: Keine Reservierung. **Zufahrt**: Von Otterstad etwa 5 km über Granviksvägen, Richtung Spiken, Fiskehamn.

Unser neuer Lieblingsplatz ist aber definitiv der kleine Privathafen **Möviks Hamn**, der nur über die *App Eremit* zu buchen ist und genau einen Stellplatz bietet.

Möviks Hamn – Privathafen

138 Östanlid – *Möviks Hamn*

GPS: N 58°34'55.8" E 13°10'39.2", Vena. **Max. WOMOs:** 1. **Öffnungszeit**: Ganzjährig. **Ausstattung**: Keine, außer schöne Natur-Badestelle, Badesteg Grillstelle. **Beschreibung**: Kleiner privater Naturhafen. Der Hafen liegt abseits aller Wege. Es ist himmlisch ruhig und man hat den Platz ganz für sich allein. Auf Rasen. **Preise**: 280 SEK online per PayPal. **Hinweis**: Dieser Platz ist **nur** über die App Eremit buchbar! Nicht ohne Buchung hinfahren. Nur für kleine WOMOs. **Zufahrt**: Die genaue Wegbeschreibung gibt es bei Buchung. Das Fahrverbot-Schild darf dann ignoriert werden.

Jetzt folgt ein etwas größerer Ausflug zu den Wasserfällen in **Trollhättan** (Einwohnerzahl 48.600). Dieser würde auch in Tour 3 ab Tanumshede passen, wir haben uns aber für diese Tour entschieden, da die Stadt mehr mit dem Vänern verbunden ist als mit der Schärenlandschaft der Westküste. Von der Landzunge Kållandsö bis Trollhättan sind es etwa 80 Kilometer pro Strecke. Unterwegs gibt es einige Raststätten, an denen wir uns stärken können. Für diesen Ausflug planen wir mindestens einen Tag und eine Nacht ein.

139 Grästorp – *Rastplats Viggen*

GPS: N 58°21'16.0" E 12°40'40.5", 44. **Max. WOMOs**: 6. **Ausstattung**: WC, Mülleimer, Picknickbänke, Spielplatz. **Beschreibung**: Parkplatz neben der Durchgangsstraße 44. In Sicht- und Hörweite, trotzdem schön. Flugzeug Saab 37 Viggen im Originalmaßstab. **Hinweis**: LKW-Parkverbot. **Zufahrt**: Direkt neben der 44, von Weitem dank des Flugzeugs gut erkennbar. **Gasfüllstation**: N 58°20'00.2" E 12°40'10.6", Mo.-Fr. 10-18, Sa. 10-13.

Von hier aus sind es nur noch knappe 30 Kilometer bis Trollhättan

Trollhättan – Wasserfälle

140 Trollhättan – *City Camping*

GPS/Kontakt: N 58°17'36.1" E 12°18'00.2", Hjulkvarnelundsvägen 17, +46790779516, www.campaitrollhattan.se. **Max. WOMOs:** 70. **Öffnungszeit**: 05-09. **Ausstattung**: Waschmaschine, Trockner, Spielplatz, Mini-Shop. **Beschreibung**: Schöner Campingplatz im Grünen, umgeben von alten Bäumen. Straße und Zug sind zwar in Hörweite, aber es stört nicht sehr. Nachts ist es ruhig. **Preise:** 255-395 SEK. Wenn die Rezeption nicht besetzt ist (gegen 16 Uhr ist meistens jemand vor Ort), muss online gebucht werden. **Hinweis**: Feuerverbot. Guter Ausgangspunkt für eine Stadtbesichtigung und für Wanderungen. **Zufahrt**: Der Kreisel und die Brücke am Campingplatz sind neu und die Ausschilderung etwas verwirrend. Durch den Kreisel geradeaus fahren und nicht links über die Brücke fahren (Google Maps ist nicht aktuell).

141 Trollhättan – *Turbin*

GPS: N 58°16'40.7" E 12°16'39.3", Åkersbergsvägen 5. **Max. WOMOs**: 4. **Beschreibung**: Schotterparkplatz, am Wasserfall.

Der Name der Stadt Trollhättan geht auf eine alte Legende zurück, nach der in den Wasserfällen von Trollhättan Trolle lebten, deren Hüte wie Inseln aus dem Wasser ragten.

Trollhättefallen: Naturgewalt pur

Der **Trollhättefallen** ist ein spektakulärer **Wasserfall** am Fluss Göta älv. Wenn die Schleusen geöffnet werden, strömen 300.000 Liter Wasser pro Sekunde 32 Meter über Felsen in die Tiefe. Dieses Ereignis findet während der Sommermonate zu bestimmten Zeiten und während des Stadtfestes **Fallens Dagar** statt. Fallens Dagar ist Schwedens ältestes Stadtfest und findet jährlich im Juli statt. Zu allen anderen Zeiten wird das Wasser für die Stromproduktion ohne Spektakel genutzt. In Trollhättan befindet sich eines der größten Wasserkraftwerke Schwedens.

Die beste Aussicht auf den Wasserfall bietet die *Oscarsbron*. Von den umliegenden kleineren Straßen und dem höchsten Punkt, *Kopparklinten*, hat man ebenfalls eine atemberaubende Aussicht.

Das ***Innovatum Science Center*** und das ***Saab Car Museum*** bieten einen Einblick in die schwedische Wissenschaft und Technik *(Di.-So. 11-16 Uhr, 140 SEK, 65 SEK 4-19 Jahre, Åkerssjövägen 16, www.innovatumsciencecenter.se. Di.-So. 11-16 Uhr, 120 SEK, 60 SEK 4-19 Jahre, www.saabcarmuseum.se/en).*

Die Stadt ist ebenso Heimat von *Film i Väst*, eine der größten Filmproduktionsfirmen in Skandinavien. Dank ihr wurden in Trollhättan zahlreiche internationale Filme gedreht, darunter *Der Mann, der seine Haut verkaufte* und *Triangle of Sadness*.

Nicht umsonst wird Trollhättan auch als *Trollywood* bezeichnet. Im Zentrum der Stadt befindet sich ein Walk of Fame, auf dem die Namen von bekannten (schwedischen) Schauspieler:innen und Regisseur:innen verewigt sind.

Trollhättans kyrka ist eine evangelisch-lutherische Kirche und thront auf einem Hügel direkt neben den Trollhättan-Fällen und ist durch ihren 60 Meter hohen Turm weithin sichtbar. Die Kirche wurde im neugotischen Stil erbaut und 1862 eingeweiht.

Bei schlechtem Wetter bietet sich die ***Shopping-Mall Affärshuset Oden*** *(Mo.-Fr. 10-19, Sa. 10-16, Kungsgatan 30, www.odenhuset.se)* an. Das ***Café & Restaurang Strandgatan*** *(Strandgatan 34)* ist ein beliebtes Restaurant in Trollhättan. Es liegt direkt am Wasser und bietet eine Vielzahl von Optionen auf seiner Speisekarte, darunter auch vegane Gerichte.

Unser nächster Ausflug gehört zwar noch zu Trollhättan, ist aber etwas außerhalb, weshalb wir auch den Stellplatz wechseln.

142 Trollhättan – *1844 Års Slussar*

GPS: N 58°16'05.3" E 12°15'38.5", Vassliden 3. **Max. WOMOs:** 6.
Öffnungszeit: Ganzjährig. **Ausstattung:** WC und Duschen an der Schleuse, Mülleimer, Picknickbänke an den Schleusen.
Beschreibung: Einfacher Schotterparkplatz für Wohnmobile gekennzeichnet, kein Schatten, klappstuhlgeeignet, recht dicht nebeneinander. **Hinweis**: Die Plätze sind frühzeitig belegt. **Zufahrt**: Der Ausschilderung Års Slussar folgen. Vom Zentrum etwa 3,5 km.
Ausweichplatz: Ställplats Trollhätte kanal, Åkerssjövägen 50, N 58°15'55.0" E 12°15'56.2", 25 SEK / Std oder 200 SEK / 24 Std, ganzjährig, im Winter jedoch kein Zugang zum Frischwasser, Asphaltparkplatz hinter einer Schranke mit tollem Ausblick auf den Kanal.

Die alten Schleusen: Ein technisches Meisterwerk

Der Trollhätte-Kanal ist eine 82 Kilometer lange Wasserstraße, die den Vänern mit dem Kattegat verbindet. Er besteht aus einem zehn Kilometer langen, gegrabenen und gesprengten Kanal und einer natürlichen Fahrrinne im Fluss Göta. 1844 Års Slussar sind die alten Schleusen. Sie bestehen aus zwei parallelen Kammern, die jeweils 80 Meter lang und 18 Meter breit sind. Die Fallhöhe beträgt 4,5 Meter. Sie überwinden eine Höhe von 11,5 Metern. Die Schleusen werden durch ein System von Wasserrädern und Hebewerken betrieben. Sie sind ein wichtiges Zeugnis der industriellen Entwicklung Schwedens im 19. Jahrhundert und ein Teil des *UNESCO-Welterbes Göta-Kanal*. Sie waren für den Transport von Waren und Personen zwischen dem Kattegat und dem Vänernsee von entscheidender Bedeutung und die ersten Schleusen im Trollhätte-Kanal, die mit Wasserrädern betrieben wurden.

Der **Weg der Liebe** ist ein wunderschöner Wanderweg, der durch das Naturschutzgebiet führt. Es geht durch hohe Tannenwälder, vorbei an umgestürzten Bäumen und einer vielfältigen Pflanzen- und Tierwelt. An der Kanalmündung befindet sich die Landzunge Åkersvass mit Birken, die an hellen Sommerabenden ein beliebter Treffpunkt für Liebespaare ist.

In der Nähe befindet sich ein großer, gespaltener Stein. Der Stein ist von mehreren Legenden umgeben. Eine davon erzählt von einer Riesin, die den Stein in ihrem Strumpf fand und ihn wütend an den Strand warf. Dabei wurde der Stein in zwei Teile geteilt. Der Stein wird auch Zauberstein oder Erdstein genannt.

Auf dem Rückweg von Trollhättan Richtung Lidköping fahren wir den großen Rasthof an der 44 an:

P Grästorp – *Rasta*
N 58°19'59.6" E 12°36'40.1" Frischwasser, WC, Dusche, Mülleimer, Restaurant, Tankstelle.

Trollhättan – 1844 års Slussar – UNESCO-Weltkulturerbe

Tour 6

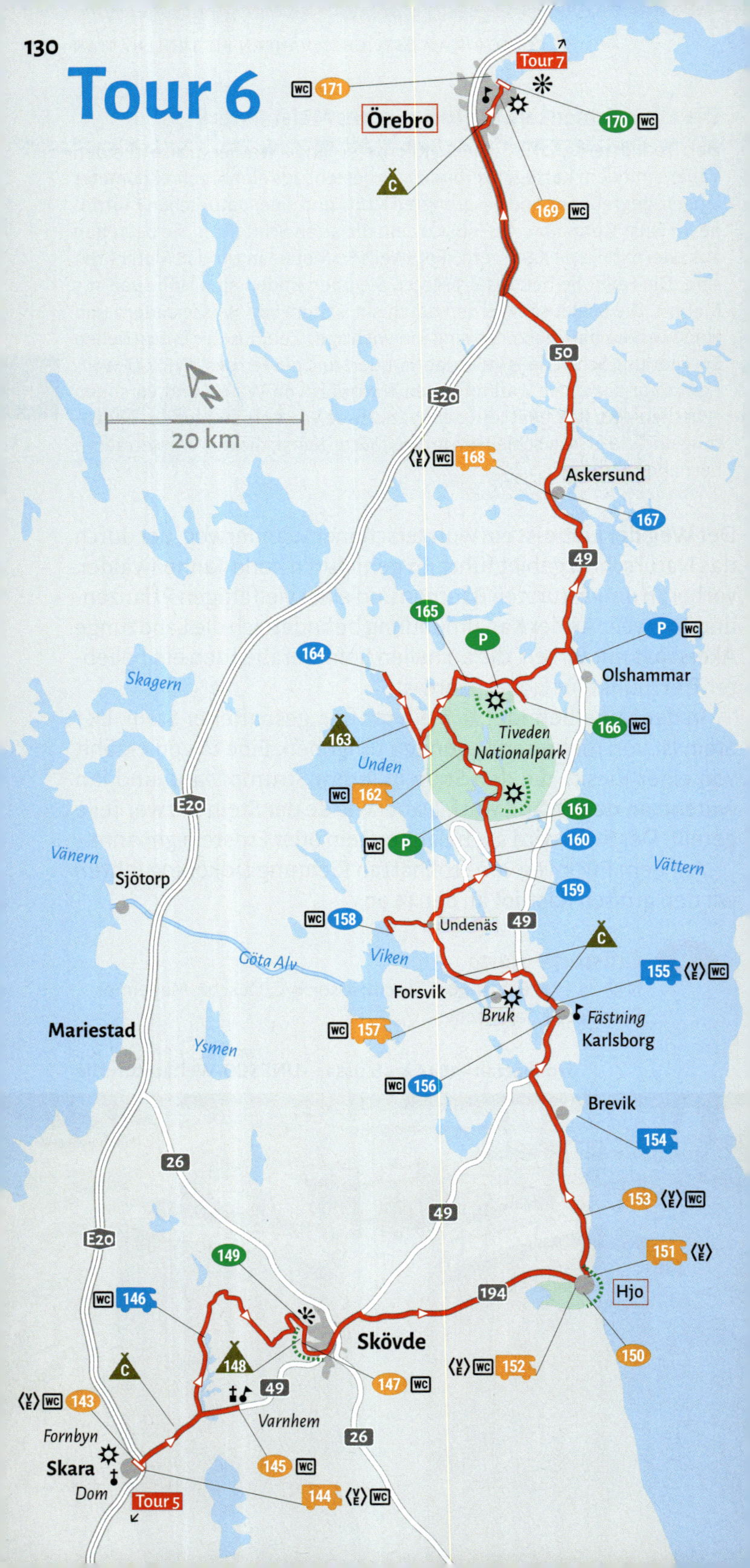

Örebro
Tour 7
171
170
169
C
50
E20
20 km
168
Askersund
167
49
165
P
164
Olshammar
Skagern
163
Tiveden
Nationalpark
166
Unden
162
161
P
160
Vänern
Sjötorp
159
Vättern
158
Undenäs
49
Viken
Göta Alv
C
155
Forsvik
Bruk
Fästning
Karlsborg
157
Mariestad
Ysmen
156
Brevik
154
26
153
49
E20
149
151
194
Hjo
146
Skövde
148
C
150
152
147
49
143
Varnhem
Fornbyn
26
145
Skara
Dom
Tour 5
144

Skara bis Örebro – zwischen den großen Seen
300 km

Tiefe, wilde Wälder erwarten uns zwischen den größten Seen Schwedens, die vom Göta-Kanal miteinander verbunden werden. Im Tiveden Nationalpark erwartet uns eine wildromantische Landschaft mit hohen Felsblöcken, tiefen Schluchten und dichten Wäldern, ein Paradies für Wanderfreudige. Am Vättern besuchen wir die beeindruckende Festung Karlsborg und unterwegs können wir einige Kirchen, Klöster und Ruinen bestaunen. Unsere Highlights sind:

- **Dom zu Skara**
- **Varnhems Klosterkyrka**
- **Forsviks Bruk Industriemuseum**
- **Tiveden Nationalpark**
- **Örebros Festung und Wadköping**

Wir verlassen nun das Gebiet des Vänern und wenden uns dem **Vättern** zu.

Vom türkisblauen Vänern zum grün-bräunlichen Vättern

Dieser ist Schwedens zweitgrößter See und liegt im Herzen des Landes. Die beiden Seen sind nicht nur für ihre Größe und Schönheit bekannt, sondern auch für ihre Besonderheiten wie zum Beispiel die unterschiedliche Wasserfarbe. Der Vänern ist ein sehr klares Gewässer mit einem türkisblauen Farbton, während der Vättern eher grünlich bis bräunlich ist. Dies ist auf die unterschiedlichen Gesteinsformationen zurückzuführen, aus denen die beiden Seen geformt wurden.

Das Wasser des Vättern ist nicht besonders warm. Im Sommer erreicht es nur selten Temperaturen über 20 Grad Celsius. Der Name Vättern bedeutet *der Tiefe*: Die tiefste Stelle des Sees liegt bei 128 Metern. Er ist schmal und lang (31 Kilometer breit und 135 Kilometer lang). Wer einmal um den See herumfahren möchte, muss mit etwa 300 Kilometern rechnen. Der See ist ein Natura-2000-Gebiet und sein Nordostufer ein Biosphärenreservat.

Bevor wir allerdings den Vättern erreichen, lassen wir die Landschaft und Ortschaften zwischen den Seen natürlich nicht außer Acht. So führt unser Weg von Trollhättan kommend erst über die 47 und dann über die E20 bis nach **Skara** (Einwohnerzahl 18.600).

143 Skara – Fornbyn

GPS: N 58°23'19.9" E 13°26'27.9", Drysvägen. **max. WOMOs:** 4. **Ausstattung**: WC im Museum, Mülleimer, Spielplatz, Picknickbänke im Park. **Beschreibung**: Asphaltparkplatz mit Parkbuchten hinter Hecken. Liegt sehr ruhig im Grünen und eignet sich gut für eine Übernachtung. **Hinweis**: Sehr guter Ausgangspunkt für eine Stadtbesichtigung. Die **VE** in Skara befindet sich in der Björkelundsgatan N 58°22'25.7", E 13°25'14.7". **Zufahrt**: Von der Malmgatan in die Trädgårdsgatan und dann dem Drysvägen bis zum Museum folgen.

Eigentlich haben wir zwischen den großen Seen und weit ab von den Touristenzentren nicht viel erwartet und werden umso mehr von der hübschen Altstadt und dem imposanten Dom überrascht.

Skara – Dom

Einer lokalen Legende zufolge wurde Skara im Jahr 988 n. Chr. gegründet und ist damit eine der ältesten Städte Schwedens. Während der frühen Christianisierung übernahm Skara die Führung und ist seitdem Sitz eines Bischofs. Die Kathedrale auf dem Bild hat ihre Wurzeln im 11. Jahrhundert.

Besonders gut gefällt uns das **Freilichtmuseum Fornbyn**. Es gehört zu Västergötlands Museum, liegt mitten in der Stadt und ist ein wunderbarer Ort, um Geschichte und Kultur kennenzulernen *(Eintritt frei, barrierefrei, 05-09 täglich von 08-20 Uhr. Hütten 06-08 täglich von 08-16 Uhr, www.vastergotlandsmuseum.se)*.

Wir sind besonders beeindruckt von der Vielfalt der Gebäude, die aus ganz Västergötland stammen. So besichtigen wir ein Bauernhaus, eine schmiedeeiserne Mühle und eine Dorfschule.

Das Museum ist interaktiv; wir können die alten Handwerke ausprobieren, wie zum Beispiel Spinnen oder Schmieden.

Sehr interessant sind ebenso: Die **St Nicolai Kyrkoruin** *(Järnvägsgatan 4)*, **Skara Stadshus** *(Södra Kyrkogatan 2)*, **Skaraborgs Slott** *(in Miniatur, Skaraborgsgatan 34)*, **Sparaborgen** *(Skaraborgsgatan 21, hier befindet sich auch ein Bankautomat)* und die **Museumsbahn Skara Lundsbrunns Järnvägar** *(Järnvägsgatan, www.sklj.se)*.

144 Skara – *Järnvägsmuseum*

GPS: N 58°22'59.7" E 13°26'50.6", Vallgatan. **Max. WOMOs**: 2. **Öffnungszeit**: Ganzjährig. **Ausstattung**: Keine (WC im Bahnhofsbereich, VE Björkelundsgatan N 58°22'25.7", E 13°25'14.7"). **Beschreibung**: Unromantischer Asphaltparkplatz an der Museumseisenbahn. **Zufahrt**: Südlich der Museumsbahn, am Stellwerk.

Wir verlassen Skara auf der 49 östlich Richtung Skövde. **Skara Sommarland** ist ein Vergnügungspark und Spaßbad, das in einer Saison 800.000 Menschen anzieht.

Ein nächster Besichtigungspunkt steht auf unserer Agenda: eine Klosterkirche. Ja, genauso gelangweilt haben unsere Kinder auch geschaut. Wir suchen uns, obwohl sie keine Lust haben, einen Parkplatz.

145 Varnhem – *Klosterkyrka*

GPS: N 58°23'07.8" E 13°39'11.7", Varnhems klosterkyrka. **Max. WOMOs:** 4. **Öffnungszeit**: Der Parkplatz ganzjährig. **Ausstattung**: WC, Mülleimer, Picknickbänke, Café, Restaurant (Pizzeria und Information auf der gegenüberliegenden Straßenseite). **Beschreibung**: Asphaltparkplatz unter Bäumen, tagsüber sehr wuselig, nachts ruhig. **Zufahrt**: Von der 49 und Axevallavägen der Ausschilderung zur Klosterkyrka folgen.

Doch als wir um die Ecke biegen, müssen wir erst einmal innehalten und Luft holen. Wow! Mit der Größe der Abtei haben wir nicht gerechnet. Wir stehen einfach nur da und sind überwältigt.

Die Abtei wurde im 12. Jahrhundert gegründet und ist eine der besterhaltenen mittelalterlichen Klosteranlagen in Schweden.

Wir sind erstaunt über die massiven Steinmauern der Kirche, die von einer hohen Turmspitze überragt werden. Hier ruhen die Könige der mittelalterlichen Eriksdynastie (Knut Eriksson, Erik Knutsson und Erik Eriksson) sowie der Stammvater der Folkungerdynastie Birger Jarl und der Reichskanzler Magnus Gabriel de la Gardie. Die Kirche ist ein Meisterwerk.

Varnhem Klosterkyrka - Schauplatz historischer Romane

Im 12. Jahrhundert gründeten Zisterzienser das Kloster Varnhem. Die Mönche wurden zunächst vertrieben, aber von der Eriksdynastie unterstützt. Die Kirche wurde 1234 bei einem Brand beschädigt und im gotischen Stil wieder aufgebaut. Nach der Reformation wurde das Kloster aufgegeben und die Kirche verfiel.

Im 17. Jahrhundert wurde sie von Magnus Gabriel de la Gardie renoviert, der sie zu seiner Grabstätte machte. In den 1910er und 1970er Jahren wurden Ausgrabungen durchgeführt, die die Grundmauern des Klosters und einen frühen christlichen Sakralraum freilegten. Es wurde ein Grab mit dem Skelett einer Frau aus dem 10. Jahrhundert gefunden. Das Kloster ist heute ein beliebtes Touristenziel und Schauplatz der historischen Romane von Jan Guillou.

Wir sind auch von der **Ruine der Klosteranlage** fasziniert, die aus einem Kreuzgang, einem Kapitelsaal und einem Refektorium besteht. Wir fühlen uns wie in einer anderen Welt, als wir durch die Abtei schlendern. Die Atmosphäre ist so friedlich und besinnlich. Wir können uns gut vorstellen, wie die Mönche hier einst gelebt und gearbeitet haben. Und auch unsere Kinder sind nun vollauf begeistert.

Noch ist es ein bisschen zu früh, um schon schlafen zu gehen, und so fahren wir noch ein Stückchen zu einem romantischen Badeplätzchen, das uns sehr gut gefällt. Am Abend entzünden wir sogar noch ein Lagerfeuer mit Blick auf den kleinen See.

146 Lerdala – *Flämslätts Badplats*

GPS: N 58°27'33.8" E 13°40'50.1", Stifts-och Kursgård. **Max. WOMOs:** 6. **Öffnungszeit**: Ganzjährig. **Ausstattung**: Frischwasser, Strom, WC, Dusche, Küche, Mülleimer, Picknickbänke, Grillstelle, Badesteg, Strand. **Beschreibung**: Asphaltparkplatz am Ende einer Sackgasse mit herrlichem Blick auf den See und einer gemütlichen Rasenecke. Klappstuhlgeeignet. **Preise**: 250 SEK, zahlbar an der Rezeption des Kurhauses. **Hinweis**: Das Bad ist so beliebt, dass es tagsüber voll werden kann. Eine Outdoor-Kirche und Tanzbühne werden in Sommer viel benutzt. In der Nebensaison ist es sehr ruhig. Der Parkplatz gehört zum Kurzentrum Flämslätts Stifts- & Kursgård. Das Restaurant und Café kann nur tagsüber genutzt werden. Geeignet für: Kanu, SUP, Fahrrad und Wanderungen. **Zufahrt**: Vom Skaravägen eine kurze Anfahrt Richtung Badeplatz und Freizeitzentrum.

TOUR 6

Am nächsten Morgen sind wir wieder motiviert für neue Ausflüge und Abenteuer: Die **Billingen Fritidsområde** ist ein riesiges Freizeitgebiet. So gibt es einen Bike-Park, MTB-Strecken, Rodelbahn, Freibad, Minigolf und im Winter alles zum Thema Ski. Es bietet eine reiche Auswahl an Wander- und Radwegen, einzigartigen Aussichtspunkten und einen See mit etlichen Picknick- und Grillplätzen. Restaurants in der Nähe sorgen nach einem erlebnisreichen Tag für das leibliche Wohl. Das gesamte Zentrum wird derzeit neu gebaut und erschlossen, einiges ist bereits fertig. So gibt es nun auch eine überdachte Eissporthalle (halb Outdoor) sowie das **Billingen Zentrum** selbst, das offiziell als Vasalauf-Zentrum zählt. Hier befinden sich ein sehr gutes Restaurant und mehrere Geschäfte *(Ganzjährig, 24 Std. geöffnet, **Restaurant Toppen** zurzeit geschlossen, www.billingenskovde.se).*

Flämslätts –Badplats

147 Skövde – *Billingen*

GPS: N 58°24'05.7" E 13°49'04.2", Alphyddevägen. **Max. WOMOs**: 10. **Öffnungszeit**: Ganzjährig. **Ausstattung**: WC, Dusche, Mülleimer, WLAN, Picknickbänke, Grillstelle, Minigolf, Restaurant, Shop, Sauna. **Beschreibung**: Großer Asphaltparkplatz. **Zufahrt**: Von der 49 über den Södra Bergvägen.

148 Skövde – *Billingens Stugby och Camping*

GPS/Kontakt: N 58°24'22.3" E 13°49'07.4", Alphyddevägen, +46500471633, www.billingensstugby.se. **Max. WOMOs**: 100. **Öffnungszeit**: Ganzjährig. **Ausstattung**: Waschmaschine, Trockner, Spielplatz. Beschreibung: Ebene, geschotterte Stellflächen mit daneben liegendem Rasenstreifen. **Preise**: 280-350 SEK. **Hinweis**: Für die Duschen benötigt man 5 SEK-Münzen. **Zufahrt**: Etwa 3,5 km von der 49 über den Södra Bergvägen, links in den Alphyddevägen, diesem bis zum Ende und der Ausschilderung Camping folgen.

Die Aussichtspunkte **Viewpoint Billingen** und **Grillplats Lilla Utsikten** bieten einen schönen Blick auf das umliegende Gebiet und sind ein beliebter Ort für Wanderungen.

Wanderweg mit Kindern: Der magische Trollstigen

2,6 km, mittelschwer, mit großen Höhenunterschieden und steilen Abschnitten, nicht barrierefrei: Begleiten Sie Billingetroll auf seiner Reise auf dem magischen Weg! Der Billingetroll ist ein schüchternes Wesen, das in den Tannen des Waldes und in seiner Höhle im Skogsmulreliket lebt. Jeden Morgen vor Sonnenaufgang geht er auf seinem Trollpfad, um Natur, Tiere und Billingeberget zu schützen. Erledigen Sie Aufgaben des Billingetrolls und sammeln dafür Stempel. Wenn Sie alle vier Missionen abgeschlossen haben, erhalten Sie eine Belohnung in Billingetrolls Höhle.

Sehenswert ist außerdem die **Ryds Grottor** etwa vier Kilometer nördlich vom Viewpoint Billingen *(N 58°25'50.8" E 13°49'20.6")*: Ryds Grottor ist eine Aussichtsplattform mit Picknickbänken und Grillstelle auf dem Berg Billingen. Der Name ist irreführend, da es sich nicht um echte Grotten handelt, sondern um eine große Kluft in den Felsen. Diese entstand vor etwa 300 Millionen Jahren, als Magma in die Risse der umliegenden Gesteine drang. Das Magma erstarrte und bildete die Säulen. Im Laufe der Zeit erodierten die Säulen und die Kluft wurde tiefer. Sie ist etwa 100 Meter lang und 20 Meter breit und es finden sich hier mehrere kleinere Höhlen. Besonders spektakulär ist es bei Sonnenaufgang, da man die Sonne im Osten über dem Horizont aufgehen sieht.

Ryds Grottor liegt im Naturreservat Rånna Ryd. Der Weg hinauf kann für WOMOs schwierig sein, da der letzte Teil sehr steil und durch den Schotter rutschig ist. Wir parken lieber vorher und gehen den Rest zu Fuß.

149 Skövde – *Ryds Grottor*

GPS: N 58°25'42.1" E 13°49'24.4". **Max. WOMOs**: 1.
Beschreibung: Schotterparkbucht hinter dem Steinbruch.
Zufahrt: Über den Inga-karls väg, links steiler Schotterweg.

Tipp: Tragen Sie festes Schuhwerk, da der Weg zur Aussichtsplattform teilweise steil und uneben ist. Seien Sie bitte vorsichtig, wenn Sie in die Nähe der Kluft gehen. Halten Sie Kinder und Hunde unter Aufsicht. **Lebensgefahr!**

Der Billingen Trail führt an **Ymsingsborg** vorbei, einer ehemaligen Hügelfestung (Fornborg / Wallburg) aus der Eisenzeit. Die Festung diente nie wirklich der Verteidigung, sondern als geschützter Treffpunkt. Heute sind Spuren der Festung in Form von Abgründen und Felswällen zu erkennen. Der Billingen Trail verläuft an den Ryd-Höhlen vorbei hinauf auf den Berg.

Nun fahren wir endlich zum Vättern in die kleine, wunderschöne Holzstadt **Hjo** (Einwohnerzahl 6.100). Im 16. und 17. Jahrhundert erlebte sie ihre Blütezeit als Handelsstadt. Im 18. Jahrhundert wurde die Stadt von einem Brand zerstört, aber bald wieder aufgebaut. Hjo gehört zu den *Drei Holzstädten Schwedens*, zusammen mit Eksjö in Småland und Nora in Bergslagen.

Skövde – Ryds Grottor

150 Hjo – *Hammarsvägen*

GPS: N 58°18'09.7" E 14°17'01.9", Hammarsvägen. **Max. WOMOs**: 2. **Beschreibung**: Schotterparkplatz, etwa 300 m in die Altstadt. **Ausweichplatz**: N 58°18'13.0" E 14°17'19.6", Viktoriagatan, Altstadt etwa 200 m, es kann laut und voll sein. **Hinweis**: Eintritt ins Schwimmbad Guldkroksbadet, Hamnen, N 58°18'11.1" E 14°17'35.2", ist kostenlos 06-08.

151 Hjo – *Lokstallet*

GPS/Kontakt: N 58°18'32.4" E 14°17'29.6", Änggatan 10, www.lokstallethjo.se. **Max. WOMOs:** 20. **Öffnungszeit**: Ganzjährig. **Ausstattung**: VE, Strom, Mülleimer, Werkstatt. **Beschreibung**: Großer Wiesenparkplatz am Lokschuppen. **Preise:** 200 SEK, Barzahlung. **Hinweis**: Ein WC ist etwa 300 m entfernt im Stadtpark. Man kann über den alten Bahndamm gehen. Keine Vorreservierung möglich. Etwa 1 km bis in die Altstadt. **Zufahrt**: Im Kreisverkehr 3. Ausfahrt (Sveavägen), nach 400 m rechts abbiegen auf Änggatan.

Wanderung im Hjoåns Dalgång

6,5 km, leicht, teilweise barrierefrei: Wir starten vom Stellplatz aus über den alten Bahndamm zum Stadtpark. Die Kinder freuen sich über den schönen Spielplatz im Wald. Und ich erfreue mich an den schönen Villen.

Im Societetshuset befindet sich das **Experimenthuset**, hier können wir nach Herzenslust kreieren, bauen und experimentieren *(07-08, 160 SEK, Kinder 110 SEK, Familien 230 SEK, www.experimenthuset.se)*.

Wir wandeln weiter durch den Stadtpark. Im Jahr 1877 wurden eine Wasseraufbereitungsanlage und ein Sanatorium erbaut. Die **Villa Idun** zeugt noch heute vom Geist der Zeit. Im Laufe derer kamen weitere Gebäude hinzu, darunter sieben Wohnhäuser für Badegäste, Badehäuser und das ***Restaurant Bellevue***.

Der Park ist toll! Es gibt Biergärten, Cafés, Restaurants, Minigolf, Boule, einen kleinen, schönen Strand, das kostenlose Freibad ***Guldkroksbadet*** und natürlich einen Gästehafen. Sehr zu empfehlen ist das ***Moster Elins Glass***

(Hamnvaktstugan) am Hafen. Das selbstgemachte Eis ist eine Wucht! Es gibt auch einige vegane Sorten.

Am Flussufer des Hjoån befindet sich das **Naturschutzgebiet Hjoåns Dalgång** mit gut ausgebautem Naturpfad. Wir machen eine Wanderung am Fluss entlang und genießen die Ruhe mitten in der Stadt. Nach etwa zwei Kilometern erreichen wir eine alte *Weberei* und ein Stück weiter das schöne, historische Gebäude der *Grebbans Kvarn* (Mühle). In Hjoån gibt es einen natürlichen Wasserfall, der seit Jahrhunderten zur Nutzung der Wasserkraft dient. In den 1990er Jahren wurde die Mühle restauriert und wird heute für Kunstausstellungen und Musikveranstaltungen verwendet.

Zurück in der Altstadt begeistert uns der **Stadsgården** mit Gemeindehaus und ehemaliger Polizeitstation und der Stora Torget mit einigen historischen Gebäuden, darunter das EB Ohlssons, das einzige rosa Haus auf dem Platz. **Kihlbergsgården** ist ein alter Bauernhof mit einer bewegten Geschichte. Im 19. Jahrhundert wurde er zu einem Eisenwarengeschäft, das von Josef Kihlberg übernommen wurde. Die Firma expandierte schnell und er wurde zum Millionär. Heute befindet sich hier ein hübscher Laden ***Kihlbergsgårdens Antik & Kuriosa*** und das ***Kihlbergsgårdens Café & Bistro*** mit einer wundervollen Terrasse und herrlichem Ausblick auf den Vättern. Klare Empfehlung!

Empfehlenswert ist ebenso ein Gang durch die Torgatan. Auf der Ecke zur Trädgårdsgatan befindet sich das ehemalige **Lutherska Missionhuset**, ein Blockhaus mit handgehobelten Paneelen aus dem Jahr 1862. Es ist eines der ältesten seiner Art in Västergötland.

Zum Abschluss unserer Wanderung besuchen wir noch einmal den beliebten Hafen. Hier erinnert ein kleiner Zug an die einstige Eisenbahnlinie zwischen Stenstorp und Hjo. Es gibt eine Vielzahl von Restaurants, Cafés und Außenterrassen mit Blick auf den Vättern. Im Hafen liegt auch ein historischer Dampfer aus dem Jahr 1892 vor Anker.

Das Restaurant ***Bryggan & Norra Piren*** ist empfehlenswert. Es serviert klassische schwedische Gerichte mit frischen Zutaten und lokalem Fokus. Die Terrasse bietet einen schönen Blick auf Hafen und See. Von hier aus geht es wieder zurück durch den Stadtpark zum Stellplatz.

Wir haben Hjo ins Herz geschlossen. Die Stadt ist ein absolutes Highlight,vor allem die Holzhäuser. Wir sind uns einig, ein einziger Tag reicht hier bei weitem nicht aus, wir kommen wieder!

Vielleicht quartieren wir uns nächstes Mal auf dem Stellplatz Stampens Kvarn, der historischen Mühle mit Restaurant, ein. Hier können Sie am Mühlenteich sitzen und einen Kaffee trinken oder das Tagesgericht probieren, bevor es weiter nördlich geht.

152 Hjo – *Stampens Kvarn*

GPS/Kontakt: N 58°18'27.0" E 14°15'15.0", +46739835109, www.stampenskvarn.nu/stellplatz. **Max. WOMOs:** 10. **Öffnungszeit**: 04-09. **Ausstattung:** VE, Strom, WC, Dusche, Mülleimer, Brötchenservice, Restaurant, Waschmaschine, Trockner. **Beschreibung:** Große, einfache Wiese direkt an der 195 in Sicht- und Hörweite. **Preise:** 220 SEK. **Hinweis:** Keine Reservierungen möglich. Das Restaurant ist von Mi.-So. von 10-15 Uhr geöffnet. Sehr schöner Fußweg durch Hjoåns dalgång bis zum Hafen etwa 3 km. **Zufahrt:** Direkt an der 195.

TOUR 6

153 Hjo – *Rastplats Ekhammar*

N 58°21'30.6" E 14°21'8.3", VE, WC, Picknickbänke, Mülleimer.

Hjo – Grebbans Kvarn

Etwas außerhalb von **Brevik** (Einwohnerzahl 8.800), nur einen Steinwurf vom Vättern entfernt, liegt das idyllische ***Brevikens Trädgårdscafe*** mit einem verträumten Garten. Hier können Sie köstlichen Kaffee und hausgemachte Speisen genießen und die schwedische Sommerluft tief atmen *(Kyrkebo Mariebo, Karlsborg, N 58°26'25.2" E 14°26'30.5", Sa.-So. 12-17 Uhr)*.

154 Brevik – *Hamnen*

GPS/Kontakt: N 58°26'18.0" E 14°26'27.7", Kyrkebo Sjöstugan 1, +4670393912. **Max. WOMOs:** 20. **Öffnungszeit**: Ganzjährig. **Beschreibung:** Große, einfache, etwas abschüssige Wiese mit Blick auf den Vättern. **Preise:** 100 SEK, zahlbar im Café oder in die Milchkanne am Platz. **Hinweis:** Nichts für heftige Regentage. **Zufahrt:** Von der 195 rechts Richtung Brevik abfahren. Etwa 2,5 km geradeaus, der Stellplatz liegt auf der rechten Seite, ein paar Meter weiter als Breviks Fiskehamn.

Nach der herrlichen Idylle und Ruhe von Brevik wagen wir es und stürzen uns ins Getümmel **Karlsborgs** (Einwohnerzahl 3.600), denn die Lage und vor allem die Festung interessieren uns. Und nicht genug des Trubels steuern wir auch noch den engsten und vollsten Stellplatz unserer Tour an. Aber wir haben uns gesagt: »Das ziehen wir jetzt durch.«

155 Karlsborg – *CSS Ställplats*

GPS/Kontakt: N 58°32'25.4" E 14°30'06.4", Västra Varvsgatan 6, www.husbil.se/stallplatser/p/170. **Max. WOMOs**: 32. **Öffnungszeit**: 04-10. **Ausstattung**: VE, Strom, WC, Dusche, Mülleimer, Waschmaschine, Trockner, Picknickbänke, Grillstelle, Badesteg. **Beschreibung:** Eng, laut, voll, Schotterstellplatz mit wenig Rasen, nur die erste Reihe hat etwas mehr Platz und Ruhe. **Preise:** Ab 260 SEK, zahlbar am Automaten. **Hinweis:** Früh anreisen! Sehr gutes Sani-Haus. **Zufahrt**: Von der 49 in die Hamngatan einbiegen und den Schildern folgen. Etwa 200 m vom Zentrum entfernt.

Im Gegensatz zu mehreren anderen Städten am Göta-Kanal gibt es in Karlsborg keine Schleuse. Hier befindet sich jedoch ein etwa 35 Meter langer Kanal vom westlichen Hafen zum Vätternsee. **Karlsborgs Brygga** ist sehr hübsch, mit vielen kleinen Häuschen und Restaurants, die sich auf der gegenüberliegenden Seite des Stellplatzes befinden. So ist zum Beispiel das ***Kanalkrogen Carlsborg*** am Ende der Mole mit der schönen Außenterrasse empfehlenswert.

Vom Stellplatz sind es etwa zwei Kilometer bis zur Festung. Der Weg führt sehr schön am Strandvägen, am tollen Spielplatz mit Outdoor-Gym, vielen Picknickbänken und Grillstellen vorbei.

156 Karlsborg – *Strandvägen*

GPS: N 58°31'57.5" E 14°30'43.7", Strandvägen. **Max. WOMOs:** 2-3.
Ausstattung: WC am Spielplatz, Picknickbänke, Grillstelle, Badesteg.
Beschreibung: Parkstreifen entlang der Straße mit fantastischem Blick auf die Bucht. **Hinweis:** Im Sommer (06-08) max. 4 Std.

Jetzt besuchen wir die Karlsborgs Fästning, eine der größten und am besten erhaltenen Festungen in Nordeuropa. Wir sind sehr gespannt, sie endlich einmal selbst zu sehen.

Die Festung ist auf einer Halbinsel im Vätternsee erbaut und umfasst eine Fläche von rund 650 Hektar. Sie ist von einer zwölf Kilometer langen Mauer umgeben, die von 100 Kanonentürmen und Kasematten geschützt wird. Die Festung verfügt über eine eigene Garnison. In der Festung befindet sich heute ein Museum zur schwedischen Militärgeschichte *(85 SEK, 40 SEK 7-13 Jahre, Mo.-Fr. 10-14 Uhr, www.fastningsmuseet.se)*.

Karlsborgs Fästning: Die unvollendete Bastion

Die Festung wurde zwischen 1819 und 1909 erbaut, um Schweden vor einem möglichen Angriff durch Russland zu schützen. Nach dem Verlust Finnlands im Russisch-Schwedischen Krieg 1808-1809 war Stockholm strategisch gesehen sehr gefährdet. Die Festung Karlsborg sollte eine neue Hauptstadt im Landesinneren bieten, die von den russischen Streitkräften nicht so leicht zu erreichen war. Sie sollte im Kriegsfall der schwedischen Regierung, der Königsfamilie, den Kronjuwelen und den Goldreserven der Reichsbank Schutz geben. Die Festung wurde von dem schwedischen Festungsbaumeister Erik Gustaf af Klintström entworfen. Der Bau sollte ursprünglich nur 10 Jahre dauern. Allerdings kam es zu Verzögerungen aufgrund von finanziellen Problemen und Uneinigkeiten zwischen den verschiedenen Behörden. Der Bau wurde erst im Jahr 1909 abgeschlossen, dann nie wirklich benutzt und diente schließlich als Lager und Schule.

Wir freuen uns die ganze Zeit schon auf unseren nächsten Besuch in der **Forsvik Bruk** (Einwohnerzahl 300), einem Industriedenkmal, das 600 Jahre Geschichte beherbergt. Dazu steuern wir erstmal den Stellplatz an der Schleuse am Göta-Kanal an.

157 Forsvik – *Göta kanal*

GPS/Kontakt: N 58°34'30.6", E 14°26'12.9", Forsviks sluss, www.husbil.se/stallplatser/p/311. **Max. WOMOs:** 15. **Öffnungszeit**: 05-09. **Ausstattung**: Frischwasser, Strom, WC, Dusche, Mülleimer, Waschmaschine, Trockner, Picknickbänke. **Beschreibung**: Schotterplatz mit Rasen direkt am Kanal. Sehr schön gelegen und interessant. Klappstuhl geeignet. **Preise**: 200 SEK, zahlbar in der Kanalbutiken oben an der Schleuse. **Hinweis**: Früh anreisen! Das Sani-Haus ist auf der anderen Kanalseite im gelben Häuschen (N 58°34'32.4" E 14°26'6.4"). In der Nebensaison kostenlos, allerdings ohne Zugang zu WC, Dusche und Frischwasser. **Zufahrt**: Hinter dem Shop Kanalbutiken 5 knop. Der Platz liegt direkt neben der Schleuse vom Baltzar von Platens väg.

TOUR 6

Forsviks Café & Mat ist ein beliebtes Café und Restaurant mit traditionellem schwedischem Essen, Live-Musik und einem schönen Blick auf den Kanal *(www.forsvikscafe.com/cafe-mat)*.

Die **Forsviks Schleuse** ist die höchste Einzelschleuse im Göta-Kanal. Sie wurde 1813 erbaut und hat eine Fallhöhe von über drei Metern. Der Bau der Schleuse war eine große Herausforderung. Es waren etwa 500 Soldaten nötig, um die Schleuse zu errichten. Außerdem nahmen einige russische Deserteure an der Arbeit teil.

Laut einem weit verbreiteten Mythos sollen russische Kriegsgefangene den Göta-Kanal gegraben haben. In Wirklichkeit waren es jedoch 58.000 eingeteilte Soldaten, die den Kanal über einen Zeitraum von 23 Jahren erbauten. Die russischen Deserteure waren nur eine kleine Minderheit, die an der Arbeit beteiligt war.

Eine spannende Reise durch die Zeit

Forsviks Bruk wurde 1605 von dem schwedischen König Karl IX. gegründet. Die Anlage lag an einem wichtigen Handelsweg und günstig an einem Wasserfall. In den ersten Jahren wurden vor allem Eisenerz aus dem nahen Bergbau verarbeitet. Später kamen auch andere Produkte hinzu, wie zum Beispiel Gusseisen, Dampfmaschinen und Schiffe. Im 19. Jahrhundert erlebte Forsviks Bruk seine Blütezeit, aber nach Modernisierung und Erweiterung wurde im 20. Jahrhundert die Konkurrenz aus anderen Ländern doch zu groß und die Produktion immer unwirtschaftlicher. 1977 wurde die Anlage dann geschlossen.

Heute ist Forsviks Bruk ein lebendiges Museum. Wir können die Geschichte und die Technik der Eisenverarbeitung kennenlernen. Es gibt Ausstellungen zum Beispiel zur Geschichte des Bergbaus, der Eisenverarbeitung und der Schifffahrt. In der Schmiede und der Gießerei können wir den Handwerkern bei der Arbeit zusehen und es werden Kurse und Workshops angeboten. Im Jahr 2008 erhielt Forsviks Bruk die Auszeichnung ***Schwedens Industriedenkmal des Jahres*** *(Baltzar von Platens väg 32, Forsvik, 70 SEK, bis 20 Jahre frei, 05-08, täglich 10-17 Uhr, www.forsviksbruk.se).*

Darüber hinaus gibt es auf dem Gelände verschiedene Wanderwege, auf denen man die schöne Natur erkunden kann.

Das ***Café Ada*** befindet sich in einem der ältesten Gebäude der Mühle, die ursprünglich eine Schmiede war. Heute können Sie hier selbstgebackene Sandwiches, Eis und Kaffee genießen.

Wir machen uns wieder auf den Weg und finden einen schönen Parkplatz im Wald mit Zugang zum See Viken.

158 Björstorp – *Badplats*

GPS: N 58°40'27.3" E 14°20'48.7". **Max. WOMOs:** 2. **Ausstattung**: WC (am Strand) Mülleimer, kein Internetempfang. **Beschreibung**: Schotterparkplatz im Rondell mitten im Wald. Ein paar Meter durch den Wald bis zum schönen Sandstrand mit Liegewiese. **Zufahrt**: Über Älgarås nach Sättra. Am Viken links Richtung Björstorp und nach 500 m rechts. In der Nähe von Närlunda.

Als nächstes testen wir einige Übernachtungsmöglichkeiten, denn im nahen Nationalpark ist Übernachten verboten. Die Straßen werden immer schmaler, der Belag steiniger und die Gegend wilder. Unser Navi zeigt an, dass wir für die nächsten sechs Kilometer noch 34 Minuten brauchen werden. Wir denken, dass das nicht stimmen kann, werden aber eines Besseren belehrt. Wir haben die Abkürzung Richtung Höghult / Hulta Hage gewählt, da wir die große Runde (22 km) nicht erst Richtung Norden und dann wieder Richtung Süden fahren wollten. Das finden wir zuerst unsinnig, hätten letztlich aber nicht viel länger benötigt als quer durch. Irgendwie war es das aber wert! Wir kommen also bei Granvik Guldvaskning wieder auf eine Asphaltstraße und finden nach wenigen Metern einen schönen Waldparkplatz.

159 Tiveden – *Bergsjön Kvarnsjön*

GPS: N 58°40'05.7" E 14°31'30.1". **Max. WOMOs:** 2.
Ausstattung: Mülleimer, kein Internet. **Beschreibung**: Toller Platz! Über die wenig befahrene Straße hinweg gibt es einen Mini-Strand, Grillstelle und Picknickbank. Klappstuhlgeeignet. Camping für eine Nacht erlaubt. Nur für WOMOs bis max. 7 m. **Zufahrt**: Neben der wenig befahrenen Straße, 13 km bis Tived, 4 km bis Granvik.

Noch schöner ist der Parkplatz direkt am See, etwa einen Kilometer weiter, dieser war bei unserer Ankunft aber schon belegt. Schwedische Idylle pur!

160 Tiveden – *Ottersjön*

GPS: N 58°40'29.6" E 14°31'53.0". **Max. WOMOs:** 4.
Ausstattung: Mülleimer, Grillstelle, Picknickbänke, Badesteg.
Beschreibung: Rasenplatz am See. Nur für WOMOs bis max. 7 m. Klappstuhlgeeignet. Vom Parkplatz biegen wir rechts ab Richtung Tivedens Nationalpark. Von hier aus sind es noch 10 Kilometer und wir fahren mal wieder über eine Schotterstraße.

161 Tiveden – *Laxå Mellannäs*

GPS: N 58°41'49.7" E 14°33'07.7". **Max. WOMOs:** 1. **Ausstattung**: Mülleimer, Infotafeln. **Beschreibung**: Parkbucht neben der wenig befahrenen Straße. Blick auf den See. Kurz vorm Nationalparks. Wanderwege. **Zufahrt**: Ausschilderung Tivedens Nationalpark folgen.

Die kleine Schotterstraße wird immer spektakulärer. Es gibt zwar drei Eingänge zum Park (Huvudentren, Vitsand, Osjönäs), allerdings dürfen WOMOs nur am Haupteingang (Huvudentren) parken - und das auch nur tagsüber.

Tiveden – Schilderwald

P Tiveden – *Huvudentren*

N 58°42'56.6" E 14°35'33.4"

Am Haupteingang gibt es ein Visitor-Center, das nur im Sommer besetzt ist. Das ganze Jahr stehen Infotafeln und Broschüren, WC, Mülleimer und Grillplätze zur Verfügung. Ansonsten gilt im gesamten Naturschutzgebiet Parkverbot, Camping- und Übernachtungsverbot. Hunde sind erlaubt, müssen aber angeleint sein (*www.tiveden.se*).

Urwald, wir kommen!
Tiveden - Schwedens südlichste Wildmark

Der Tiveden Nationalpark liegt zwischen Vänern und Vättern. Er besticht mit chaotischen Felsblöcken, tiefen Felsritzen und Risstäler. Die Felsblöcke sind Überbleibsel der Eiszeit, als das Inlandeis die Landschaft formte. Sie sind bis zu 10 Meter hoch und bieten ein einzigartiges Wandererlebnis.

Es gibt viele Grotten und Wildmark-Seen. Tiveden ist ein Ort, der uns in die Wildnis Schwedens entführt. Hier können wir die Ruhe und Abgeschiedenheit der Natur genießen und die Spuren der Eiszeit erleben.

Die Wälder hier im Nationalpark sind bis zu 1.000 Jahre alt. Die Tiveden-Wälder entstanden durch wiederholte Waldbrände. Dickrindige Kiefern überleben in der Regel einen Brand, während die meisten Fichten absterben. Mit Glück können Sie hier Hirsche, Elche, Füchse und viele andere Wildtiere beobachten. Auch die Vogelwelt ist sehr vielfältig.

Tipps für Wanderungen im Tiveden

Festes Schuhwerk ist aufgrund des schwierigen Geländes unbedingt erforderlich. Wanderstöcke erleichtern oft, schwierige Stellen zu überbrücken. Bringen Sie genügend Wasser und Snacks mit. Die Parkplätze am Haupteingang können in der Hochsaison voll sein. Planen Sie Ihren Besuch für die ruhigeren Zeiten vor 10 Uhr oder nach 16 Uhr. Besuchen Sie den Park außerhalb der Hochsaison (15. Juni bis 15. September). Planen Sie ausreichend Zeit ein, die Wege sind uneben und oftmals nicht leicht begehbar (nur an den Eingängen barrierefrei!). Überlegen Sie, für welchen Wanderweg Sie sich entscheiden und laden Sie sich eventuell im Vorfeld Offline-Wanderkarten auf Ihr Handy.

Im Nationalpark gibt es neun mit verschiedenen Farben und Nummern markierte Rundwege in unterschiedlichen Längen von 0,9 bis 9,5 km. Aufgrund der dramatischen Topographie sind viele Wandertouren anspruchsvoll *(www.sverigesnationalparker.se/park/tivedens-nationalpark)*.

Wanderung Trollkyrkoleden: Ein Tag im Trollwald

5 km, mittelschwer bis schwer: Heute ist es endlich so weit! Das Wetter ist perfekt: sonnig und warm, aber nicht zu heiß. Wir starten unsere Tour am Haupteingang des Nationalparks und folgen den roten Markierungen. Der Weg führt uns zunächst durch einen dichten Urwald. Die Bäume sind so hoch, dass wir die Sonne kaum sehen können. Es ist ein märchenhaftes Gefühl, durch diese alte, unberührte Natur zu wandern. Aber es geht hoch und runter, teilweise sehr steil und ich komme an meine Grenzen.

Nach einer Weile erreichen wir die erste Trollkirche, **Lilla Trollkyrka**. Es ist eine Felsformation mit spektakulärer Aussicht auf den Vättern.

Weiter geht es durch das schroffe Gelände und es geht weiter über steile Felsen, weichen Waldboden, Holzstege und durch tiefe Schluchten und es ist ein anstrengender Aufstieg bis wir die Trollkirche, **Stora Trollkyrka** erreichen. Beide Felsformationen dienten früher den Seefahrern auf dem Vättern als Seezeichen.

Später geht es vorbei am Trollkyrkosjön und am wunderschönen Metesjön zurück zum Haupteingang. Es war ein unvergesslicher Tag in einem der schönsten Nationalparks Schwedens.

Die Wanderung ist für etwa 3,5 Stunden angesetzt, wir haben über 5 benötigt. Nach etwa einem Viertel der Strecke besteht die Möglichkeit, eine kürzere Route zu wählen, die etwa halb so lang ist. Im Osten gibt es einen Verbindungsweg zum Bergslagsleden.

Nach dem langen Tag wollen wir uns nur noch ausruhen und suchen einen Platz für die Nacht. Am **Sörängs Bergsjö** ist es neuerdings verboten zu campen. Wir finden nur wenige Minuten später einen wundervollen Stellplatz inmitten der hügeligen Landschaft des Nationalparks in dem malerischen **Tivedstorp**. Es besteht aus Farmgebäuden, einer Kapelle, Ferienhäusern, Hostel mit Sauna, Partyscheune und Café. Das romantische Herbergsdorf ist umgeben von Wiesen und Wäldern.

162 Tived – *Tivedstorp STF Hostel*

GPS/Kontakt: N 58°45'29.8" E 14°35'32.5", Tivedstorp, www.tivedstorp.se. **Max. WOMOs**: 6-8. **Öffnungszeit**: Ganzjährig, Café bis 04-08. **Ausstattung**: 4 Strom, WC, Dusche, Mülleimer, Café und Restaurant, Sauna, Whirlpool, Tanzfläche, Volleyballplatz, Grillstelle, Picknickbänke, Spielplatz, MTB-Strecken und mehr. **Beschreibung**: Schotterplatz zwischen Bäumen. Sehr ruhig! Klappstuhlgeeignet. **Preise**: 250 SEK. Online im Voraus buchen und zahlen. **Zufahrt**: Der Ausschilderung Tivedstorp Vandrarhem folgen..

Leider fehlt uns hier die Entsorgungsstation und so steuern wir am nächsten Morgen den nahen Campingplatz am See Unden an. Unterwegs halten wir noch am ***Tiveds Lanthandel och Café***, ein gemütlicher, traditionsreicher Familienbetrieb, in dem es eine große Auswahl an Fleisch und Wurstwaren gibt *(Sanneruds Bygata 23, Sannerud, N 58°46'19.5" E 14°31'57.3", www.tivedslanthandel.se)*.

Tivedstorp – STF Hostel Tived

TOUR 6

163 Tived – *Camping Tiveden*

GPS/Kontakt: N 58°47'54.3" E 14°32'16.5", Baggekärr 2, +46700944718, www.campingtiveden.se. **Max. WOMOs:** 80. **Öffnungszeit**: 04-10. **Ausstattung**: Wäsche, Restaurant, Spielplatz, Minigolfplatz, Kiosk, Grillstelle, Picknickbänke, Badesteg. **Beschreibung**: Familienfreundlicher Campingplatz auf Rasenflächen direkt am Strand des Sees Unden. 9 separate WOMO-Plätze auf Schotter. **Preise:** 320-360 SEK je nach Saison. **Zufahrt**: Wenn Sie das Dorf Sannerud passieren, liegt der Campingplatz etwa 3,5 km weiter auf der linken Seite.

Hinweis: Am beliebten Parkplatz ***Out House*** am Unden stehen jetzt Verbotsschilder (WC). Aber nur ein paar hundert Meter weiter darf im WOMO übernachtet werden:

164 Fagerlid – *am Unden*

GPS: N 58°50'28.8" E 14°32'48.9". **Max. WOMOs**: 2.
Ausstattung: Picknickbänke, Grillstelle. **Beschreibung**: Schotterparkplatz direkt am See. **Preise**: 200 SEK zahlbar per App.
Zufahrt: Etwa 700 m vorher als Touristväg ausgewiesen.

Wir fahren noch weiter östlich, weil die Strecke aus unserer Sicht eine der schönsten zwischen den Seen ist.

165 Tived – *Gettaryggen*

GPS: N 58°48'05.5" E 14°38'42.2", Bosjön.
Max. WOMOs: 1. **Ausstattung**: Infotafeln, Feuerstelle.
Beschreibung: Schotterparkplatz am See, am Rande des Naturschutzgebietes. **Zufahrt**: Von Sörbytorp Richtung Vargklämman bis Getaryggen.

Getaryggen ist ein 18 Kilometer langer Bergrücken. Er entstand durch einen Eisfluss im Zusammenhang mit dem Abschmelzen der Eiskappe. Der Bergrücken ist ein schönes Wanderziel und Teil des Bergslagsleden und des Munkastigen.

Die nächsten drei Kilometer sind auf jeden Fall eine landschaftlich schöne Strecke und führen durch eine fantastische Natur und am **Vargklämman** vorbei. Hier halten wir auf dem kleinen Parkplatz.

P **Vargklämman**
N 58°47'09.1" E 14°40'50.2"

TOUR 6

Die Klamm ist das größte Höhlensystem, das durch die Verschiebung von Blöcken und Rissen im Gestein entstand, die vor etwa 10.000 Jahren von der Erosion des Wassers geformt wurde.

Vargklämman: Die Wolfsklamm

In der alten Zeit war der Wolf ein furchtbarer Feind der Menschen in Tiveden. Um die Wölfe zu bekämpfen, bauten sie eine Falle in die Wolfsklamm. Große Netze waren dort gespannt, um die Wölfe zu fangen und zu töten.

Die Wölfe wurden in den Pass getrieben, der vor der Landstraße deutlich schmaler war. Dort wurden Wolfsnetze aus Schweineborsten und Schachtelhalm gespannt. Unter den sogenannten Wolfsschädeln wurden die Wölfe in Richtung Klamm getrieben. Entweder trafen die Wölfe im Pass ihr Schicksal oder sie verfingen sich in den Netzen, die sich in den Mulden befanden. Dort suchten die Wölfe natürlicherweise Zuflucht.

Der Weg führt weiter, zwar nicht mehr so dramatisch wie an der Klamm, trotzdem schön durch die dichten Wälder. An der Weggabelung biegen wir zum Seerosenteich **Fagertärn** ab.

166 **Askersund – *Fagertärn***

GPS: N 58°45'55.4" E 14°42'06.1". **Max. WOMOs**: 4. **Ausstattung**: WC, Kiosk, Picknickbänke, Infotafeln. **Beschreibung**: Großer Schotterparkplatz mitten im Wald auf einer Lichtung. **Hinweis:** Nur Barzahlung am Kiosk, da es so gut wie keinen Internet-Empfang im Wald gibt.

Fagertärn ist ein 2,5 Hektar großer See im Tiveden-Nationalpark. Im Waldsee wachsen wilde rote Seerosen, die weltweit nur an diesem Ort vorkommen. Sie sind eine Mutation der weißen Seerose und blühen von Mitte Juli bis Mitte August.

Die rote Seerose: Symbol der Hoffnung und Liebe

Um die roten Seerosen ranken sich viele Legenden. Eine davon besagt, dass die Seerosen einst weiß waren. Eine arme Fischerfamilie lebte am See. Die Mutter, die sehr krank war, bat ihren Sohn, ihr eine weiße Seerose zu bringen. Der Sohn ging zum See und holte eine Seerose. Als er sie seiner Mutter brachte, war sie nicht mehr weiß, sondern rot. Die Mutter wurde gesund und die roten Seerosen wurden zu einem Symbol für Hoffnung und Liebe.

rote Seerose

TOUR 6

Wanderung um den Seerosensee

3 km einfach: Um den See führt ein Wanderweg. 1 km davon ist gut erschlossen und barrierefrei. Die restlichen 2 erfordern etwas Können und festes Schuhwerk. Da die Rosen eher in der Mitte des Sees wachsen, macht die Mitnahme eines Fernglases oder Teleobjektivs Sinn. Wir haben leider keine gesehen. Zur Blüte sind viele Menschen auf dem Weg.

Nach einem wundervollen Aufenthalt kehren wir nun dem Nationalpark den Rücken und wenden uns wieder dem Vättern zu.

P Aspabruk – *Olshammar*

N 58°46'01.5" E 14°48'08.1", WC, Mülleimer, Badesteg.

Wir benötigen dringend eine VE-Station und fahren daher direkt nach **Askersund**. Fast nebenan ist ein großer Schotterplatz. Na, wenn das mal nichts für uns ist?

167 Askersund – *Strandpromenaden*

GPS: N 58°52'48.5" E 14°54'57.5" Hagavägen. **Max. WOMOs:** 4. **Ausstattung**: Badesteg, Liegewiese, Bänke, Bolzplatz. **Beschreibung**: Großer Schotterparkplatz am See. **Hinweis**: Parken für 24 Std, kein Campingverhalten. **VE** nebenan (N 58°52'49.4" E 14°54'47.3"). **Zufahrt**: Quer durch den Ort über den Hagavägen, beim Badeplatz abbiegen.

Askersund (Einwohnerzahl 4.000) ist ein Cafèstädtchen mit historischen Holzhäuschen und einem malerischen Hafen. Von hier aus kann man Bootstouren in die Schären des Vätternsees unternehmen oder sich bei Outdoor-Aktivitäten wie Radfahren, Kajakfahren oder Schwimmen vergnügen.

Hier, im Schatten der **Askersunds Landskyrka**, die 1661 nach einem Blitzeinschlag neu erbaut wurde, befindet sich auch der offizielle WOMO-Stellplatz der Stadt.

168 Askersund – *Hamn*

TOUR 6

GPS/Kontakt: N 58°52'41.0" E 14°53'57.2", Södra Infarten 6, www.askersundscitycamp.se. **Max. WOMOs:** 15. **Öffnungszeit**: Ganzjährig. **Ausstattung**: VE, Strom, WC, Dusche, Mülleimer, WLAN, Waschmaschine, Kiosk, Boot- und Fahrradverleih. **Beschreibung**: Sehr schön am Wasser gelegen mit Ausblick auf die Stadt. Pflastersteine mit kleinem Rasenstück. **Preise**: 220 SEK. **Hinweis**: Kein Service in der Nebensaison! Keine Vorreservierung möglich. VE wie beschrieben durch den Ort fahren. **Zufahrt**: Von der 50 Richtung Askersund, Södra Infarten, hinter der Kirche und vor der Brücke rechts. **Ausweichplatz**: Ställplats Sundsängen, N 58°52'58.2" E 14°53'56.6", 25 WOMOs ohne Strom. Trockentoilette, Frischwasser, Mülleimer und Picknickbänke, Kies- und Rasenflächen in Hörweite der 50. 180 SEK.

Tipp: ***Askersund Sveas Tutingen*** ist eine Café-Bar am Marktplatz. Das Lokal bietet eine große Auswahl an Speisen und Getränken, darunter auch vegetarische und vegane Optionen. Außerdem gibt es Live-Musik, Karaoke, Tanzabende und Comedy-Shows *(Storgatan 21)*.

Das ***Café Garvaregården & B&B*** in Askersund ist ein gemütliches und heimeliges Haus mit einer Atmosphäre zum Wohlfühlen. Es liegt in unmittelbarer Nähe des Marktplatzes und des Hafens und bietet im idyllischen Garten hausgemachte Kuchen an *(Sundsgatan 4)*.

Heute brausen wir die etwa 50 Kilometer bis Örebro (Einwohnerzahl 156.000) einfach über die 50 und E20, denn wir freuen uns schon auf das mächtige Schloss und das schöne Freilichtmuseum. Dazu suchen wir uns einen Parkplatz mitten in der Stadt, damit wir alles gut erreichen können.

169 Örebro – *Skytteparken*

GPS: N 59°16'14.4" E 15°14'00.5", Skyttegatan. **Max. WOMOs:** 6. **Ausstattung**: WC am Museum, Mülleimer, freies WLAN in der ganzen Innenstadt, Picknickbänke, Spielplatz. **Beschreibung**: Asphaltparkstreifen unter Bäumen, ruhig und grün, guter Ausgangspunkt zur Besichtigung. **Preise**: 10 SEK/Std. 08-18 Uhr zahlbar am Automaten oder per Park-App Flowbird. **Hinweis**: Übernachtung möglich. **Zufahrt**: Von der Slussgatan in die Skyttegatan einbiegen.

Das Schloss Örebro: Ein Ort der Intrigen, Liebe und Tod

Das beeindruckende Schloss von Örebro liegt auf einer Insel im Fluss Svartån. Seit 700 Jahren erzählen die Mauern des Schlosses Geschichten von Hoheiten, Tyrannei, Abenteuerlustigen, Intrigen des Adelstands, Gewalttätigen und Spielleuten.

Einst ein 30 Meter hoher Verteidigungsturm mit drei Meter dicker Ringmauer wurden im 14. Jahrhundert zur heutigen Größe und Pracht ausgebaut. Im Mittelalter wurde es neun Mal belagert. Der dänische König Christian II., bekannter als *Der Tyrann*, belagerte die Burg im Jahr 1520, die mit einem blutigen Massaker an den schwedischen Adligen, die sich in der Burg verschanzt hatten, endete. Im Jahr 1522 nahm Gustav Vasa schließlich bei seinem Marsch auf den Thron die schwer zugerichtete Burg, nach neun Monaten der Belagerung, ein.

Kindgerecht war das Schloss im Mittelalter nicht gerade. Nicht zu vergleichen mit dem Zustand, in dem es sich heute befindet *(140 SEK, 60 SEK Kinder, täglich, 10-17 Uhr, in der Nebensaison eingeschränkt, www.orebroslott.se).*

Sehenswert sind ebenso der **Stortorget**, der umgeben ist von historischen Gebäuden, darunter das **Rådhuset** und die **Sankt Nikolai-Kirche**. Wir schlenderten am *Engelbrekt Engelbrektsson Denkmal* vorbei über den riesigen Platz, bestaunen die Gassen mit den bunten Stadthäusern.

Zum Dagens Rätt kehren wir im ***Kulturbistron*** an der Kunsthalle ein *(119 SEK, Fabriksgatan 4, So. geschlossen)*. Ganz neu liegt es mit schönem Blick auf den Fluss. Auf der Terrasse lassen wir uns vor allem das Brot aus der eigenen Bäckerei schmecken.

Ein wahres Schmuckstück ist das Freilichtmuseum. Wobei Museum nicht das richtige Wort für **Wadköping** ist, denn die kleine Stadt in der Stadt wird bewohnt, es gibt Geschäfte und sogar einen Kindergarten. Die historischen Häuser aus Örebro und Umgebung wurden hier zusammengetragen, um sie vor dem Verfall zu schützen. Es ist so unfassbar hübsch! Vor allem die kleinen Lädchen mit den zum Teil kuriosen Dingen. Natürlich können wir einem Besuch im ***Gamla Örebro Café*** nicht widerstehen.

In Wadköping gibt es Kunsthandwerk, Ausstellungen, kleine Geschäfte, eine Bäckerei, einen Spielschuppen, ein Antiquariat, Cafés, eine Touri-Info, Theatervorstellungen, Konzerte sowie verschiedene Märkte das ganze Jahr über, in der Adventszeit zum Beispiel Weihnachtsmärkte.

Zum Schlafen ist es noch zu früh und so fahren wir nur zwei Kilometer zum **Naturens Hus**, einem Naturkundemuseum, das an der Flussmündung des Hjälmaren liegt. Das Museum verbindet Naturwissenschaft und Kulturgeschichte und bietet eine Vielzahl an Ausstellungen, die die Natur erforschen und verstehen helfen.

Einst war der Standort des Museums ein ökologisch katastrophaler Ölhafen. Heute ist er ein renaturiertes Wunder. Der Naturlehrpfad entlang des Hjälmaren ist ein idealer Ort, um mehr über die Natur zu erfahren. Es gibt Aussichtspunkte, Picknickbänke und Grillstellen.

Wir empfinden den kleinen Schotterplatz gegenüber des offiziellen Museums-Parkplatzes ideal für eine Nacht.

170 Örebro – *Naturens hus*

GPS: N 59°16'42.4" E 15°15'27.5", Olaus Petri. **Max. WOMOs:** 3. **Ausstattung**: WC im Naturum. **Beschreibung**: Schotterparkplatz zwischen Bäumen. Sehr ruhig, viele Mücken, nah zum Kanal und zum Naturmuseum. **Zufahrt**: Dem Oljevägen bis zum Ende / Naturens Hus folgen. **Ausweichplatz**: Großer Schotterparkplatz Alnängsbadet, N 59°16'41.2" E 15°15'13.3", Frischwasser, WC, Outdoor-Dusche, Mülleimer, Badesteg, neben einem Volleyballplatz, sehr unruhig und voll.

Bevor wir Örebro den Rücken kehren, legen wir einen Stopp am Wasserturm Svampen ein. Der Turm ist ein markantes Gebäude und von Weitem zu sehen. Er wurde im Jahr 1958 eingeweiht und ist 58 Meter hoch, fasst 9 Millionen Liter Wasser. Im oberen Stockwerk gibt es ein Café und eine Aussichtsplattform, von der Sie eine gigantische Aussicht über die Stadt genießen können. Der Svampen Wasserturm ist ein beliebtes Motiv, einer der meistbesuchten Wassertürme der Welt und ein Wahrzeichen für **Örebro**.

171 Örebro – *Svampen*

GPS: N 59°17'16.4" E 15°13'37.1", Längbrogatan 21. **Max. WOMOs**: 4. **Öffnungszeit**: Ganzjährig. **Ausstattung**: WC, Mülleimer, Imbiss, Infotafel. **Beschreibung**: Asphaltparkplatz unter Bäumen, neben einer Wiese und Spielplatz, für einen normalen Parkplatz sogar relativ gemütlich. Der Kiosk/ Imbiss ist gut besucht. **Preise:** 5 SEK/Std, zahlbar am Automaten oder per FlowBird App von 8-20 Uhr, über Nacht kostenlos. **Zufahrt:** Aus der Stadt auf der Östra Bangatan kommend, am Wasserturm rechts in die Dalbygatan abbiegen. Der Parkplatz liegt auf der rechten Seite.

Tour 7

Stockholm
Tour 8
E4
Sigtuna
Uppsala
Gamla Uppsala
Mälaren
E18
55
72
56
E20
Sala
Silvergruva
Anundshög
Västerås
Tidö Slott
Halstahammar
Stömsholm Slott
Köping
Arboga
Tour 6
20 km
N
172
173
174
175
176
177
178
179
180
181
182
183
184
185
186
187
188
189
190
191
192
193
194
195
196
197
198

Schwedens historisches Herzstück
Von Arboga über Sala und Uppsala bis Sigtuna
375 km

Die Region nördlich der Hjälmaren- und Mälaren-Seen umfasst eine abwechslungsreicher Natur mit Wäldern, Seen und geschützten Feuchtgebieten sowie historischen Städten wie Sala, Sigtuna oder Uppsala, in der sich die älteste Universität Schwedens befindet. Unsere Highlights sind:

- **Die Altstadt von Arboga**
- **Schleusen von Hallstahammar**
- **Das Ekomuseum Bergslagen**
- **Rytterne Kyrkoruin**
- **Gamla Uppsala**

Ein neuer Morgen bricht an und wir starten gut gelaunt in neue Abenteuer Richtung der wunderschönen Seenlandschaft Mälaren. Und weil wir keine Lust auf große Schnellstraßen haben, schippern wir mal wieder über Nebenstraßen durch die großartige Landschaft.

172 Tjugesta – *Tjugestasjö*

GPS: N 59°22'06.3" E 15°23'09.2". **Max. WOMOs:** 2. **Ausstattung**: An der Badestelle: WC, Mülleimer, Picknickbänke, Grillstelle, Badesteg, Strand, Liegewiese. **Beschreibung**: Waldparkplatz im Schatten einiger Häuser, etwa 250 m bis zur Badestelle, keine Verbotsschilder. **Zufahrt**: Vom Ödebyvägen in einen sehr unscheinbaren und privat wirkenden Weg bis um die Kurve am Ende fahren.

Unser Weg führt uns auf die Insel Kägleholms zur Schlossruine. Leider ist heutzutage von **Kägleholms Slottsruin** nicht mehr viel zu sehen, trotzdem ist es interessant und Kirche und Café sind im Sommer sehr schön.

Kägleholms Schloss: Glanz und Fall eines Adelssitzes

Kägleholm war im Mittelalter ein Gutshof. 1674 erbte Graf Magnus Gabriel de la Gardie das Anwesen. Er ließ den Architekten Nicodemus Tessin den Älteren ein Schloss bauen. De la Gardie besaß bereits mehrere Schlösser, darunter Karlsberg, Makalös, Venngarn und Läckö. Im 18. Jahrhundert konfiszierte der Staat viele Güter des Adels, sodass de la Gardie nur noch Venngarn behielt. 1712 brannte Kägleholms Schloss ab und wurde nie wieder aufgebaut. Die Ruine liegt auf einer Insel im See Väringen.

173 Glanshammar – *Kägleholms Slottsruin*

GPS: N 59°24'14.5" E 15°24'56.9", Ödebyvägen. **Max. WOMOs:** 2. **Ausstattung**: WC (im Sommer und Wochenende) neben der hübschen Ödeby Kyrka. **Beschreibung**: Kleiner Schotterplatz mit Rasen. **Zufahrt**: Etwa 5,4 km vom Tjugestasjö über den Ödebyvägen.

Wir fahren einige mögliche Badeoptionen und Parkplätze an, aber viele der früheren Stellen sind inzwischen verboten. Trotzdem ist der Weg das Ziel und die Landschaft ist herrlich idyllisch.

Lust auf eine Wanderung? Dann folgen Sie uns zu einem liebevoll hergerichteten Platz.

174 Fellingsbro – *Käglanspåret*

GPS: N 59°25'04.0" E 15°33'41.2". **Max. WOMOs:** 2. **Ausstattung**: Picknickbank, Infotafeln und Prospekte für die Wanderungen. **Beschreibung**: Schotterparkplatz etwas abseits der Straße, Startpunkt für mehrere Wandertouren. **Hinweis**: Man kann eine Spende in die Box werfen. **Zufahrt**: Bis Kungsvägn in eine Stichstraße abbiegen, Wanderparkplatz ist ausgeschildert.

Informationen zu den Käglan-Wanderrouten

Rot: 9 km, **Blau**: 5,6 km, **Grün** (Skantz-Trail): 3,8 km, **Gelb** (Toya räddade) 3,1 km, **Grau** (Hälsospåret) 1,5 km. Geht man auf dem **roten** Weg, muss man damit rechnen, dass dieser nicht so gut präpariert und markiert ist wie die anderen Wege.

Unser Weg führt uns nach **Arboga** (Einwohnerzahl 11.000), eine hübsche Stadt, nett am Fluss Arbogaån gelegen und mit einigen historischen Häusern. Wir parken für maximal vier Stunden hinter den Supermärkten ICA und Willys.

P Arboga – *Centrum*

N 59°23'44.2" E 15°50'18.9", WC und Info am Bahnhof.

175 Arboga – *Ställplats Bergmansparken*

GPS: N 59°23'44.0" E 15°50'58.7" Ångbåtsgatan 3. **Max. WOMOs:** 5. **Ausstattung**: WC, Mülleimer, Picknickbänke. **Beschreibung**: Offizieller Parkstreifen auf Asphalt neben einem grünen Park mit Spielplatz und einer alten schäbigen Firma, nicht direkt am Kanal, sondern nah an der viel befahrenen Straße Stureleden. **Hinweis**: Max. 3 Tage. **Zufahrt:** Vom Stureleden rechts vor der Tankstelle in die Sackgasse fahren.

Sehr reizend ist die historische **Kapellbron.** Die Kapellenbrücke war lange Zeit die einzige Brücke von Arboga. Sie wurde vermutlich Ende des 13. Jahrhunderts erbaut, als die Stadt im Süden zu wachsen begann. Lange Zeit wurde die Brücke einfach nur *Brücke* genannt. Erst 1899, als die Herrgårdsbron fertiggestellt wurde, wurde sie umgenannt. Sehenswert sind ebenfalls das **Rådhuset** von 1470 und die **Heliga Trefaldighets Kyrka** von 1256. **Tipp: *Restaurang Ågården*** mit gemütlicher Terrasse und Blick auf den Fluss *(Dagens Rätt 119 SEK, Kapellgatan 8, www.restaurangagarden.com)*.

Arboga Bryggerimuseum ist die einzige erhaltene Holzbrauerei des Landes. Sie befindet sich heute in der alten Scheune der Arboga Bryggeri. In der Brauerei sind alle Werkzeuge zu sehen, die früher bei der Bierherstellung verwendet wurden. Bereits im 13. Jahrhundert wurde hier gebraut, wobei dieses Bier mit 10,2 Prozent noch heute mit zu den alkoholhaltigsten Bieren Schwedens gehört *(nur im Sommer geöffnet, Führungen 04-10, Skandiagatan 3)*.

Die ***Medeltidsdagar (Mittelaltertage)*** in Arboga sind ein besonderes Ereignis, das jedes Jahr im August stattfindet. Während dieser fünf Tage taucht die Stadt ins Mittelalter ein, mit Ritterspielen, Gauklern und einem mittelalterlichen Markt *(www.arbogamedeltid.se)*.

Der Stellplatz am Bergmansparken gefällt uns nur bedingt gut und so fahren wir für die Nacht einfach acht Kilometer weiter zu einem tollen Parkplatz am See.

176 Arboga – *Kvarnsjön Badplats*

GPS: N 59°22'29.0" E 15°56'31.8" Hällby 307. **Max. WOMOs:** 2. **Ausstattung**: WC am Café, Mülleimer, so gut wie kein Netz, Picknickbänke, Grillstellen, Badesteg, Strand. **Beschreibung**: Schotterparkplatz am Waldrand mit herrlichem Blick auf den Stand und den See. **Hinweis**: Kein Campingverhalten. WC-Entsorgung bei N 59°23'57.5" E 15°52'01.3". **Zufahrt**: Ein bisschen skurril über den Flugplatz. Dann Richtung Badeplatz, schmale Zufahrt über eine kleine Brücke.

Weiter geht's auf der E18 Richtung Nord-Ost. Wussten Sie, dass die europäische Route 18 in Craigavon in Nordirland beginnt, durch Norwegen, Schweden und Finnland bis nach Sankt Petersburg in Russland führt? Noch ein Fun-Fact: Die schwedische Nationalhymne hat ihren Ursprung hier in Köping.

P Köping – *Skoftesta*

N 59°30'38.5" E 15°56'39.1". VE, WC, Imbiss, Picknickbänke, Mülleimer, Infotafel. VE auch auf der Gegenseite aus Nord-/Ost kommend: N 59°30'46.9" E 15°56'43.5", Fußweg unter der E18.

Die nächste Ausfahrt fahren wir schon wieder ab, denn wir wollen shoppen in **Köping** (Einwohnerzahl 18.500). Ein schönes Wortspiel, denn Köping war im Mittelalter ein Handelsort mit Marktrechten. Im Maxi ICA Stormarknad finden wir auf jeden Fall, was wir brauchen *(N 59°31'23.0" E 15°58'31.5")*.

Weiter geht es zum **Ekomuseum Bergslagen**, das über die Geschichte der Eisenproduktion der Region berichtet und sicherlich einen ausgedehnteren Besuch verdient. Umfasst es doch 68 Standorte, darunter Bergwerke, Hütten, Arbeiterunterkünfte, Herrenhäuser und Bergarbeiterdörfer. Lokale Vereine arbeiten daran, die Geschichte lebendig zu halten. Alle Standorte werden wir leider nicht schaffen, aber wir fangen einfach mal bei der Trangfors Schmiede und den schönen Schleusen an.

177 Hallstahammar – *Trangfors smedja*

GPS: N 59°37'40.7" E 16°12'10.8", Hallstahammar 3. **Max. WOMOs:** 4. **Öffnungszeit**: Ganzjährig. **Ausstattung**: Mülleimer, Picknickbänke. **Beschreibung**: Sehr schöner Schotter-Rasenplatz am Kanal, umsäumt von Bäumen, klappstuhlgeeignet. **Preise**: Spende. **Zufahrt**: Vom Hammarleden den Schildern Sehenswürdigkeit Smedja Ekomuseum folgen Ökomuseum Bergslagen.

Trångfors Smedja ist eine historische Schmiede aus dem Jahr 1799, die von Wasserkraft angetrieben wurde. Sie wurde 1915 geschlossen und ist heute ein Museum. Es gibt einige Picknickbänke am rauschenden Fluss *(www.ekomuseum.se)*.

Die Gegend westlich des Stadtzentrums von **Hallstahammar** (Einwohnerzahl 15.200), die Åsby-Skantzen genannt wird, ist ein beliebtes Tourismusziel. Dort befindet sich auch die kleine *Insel Skantzö*, die zwischen dem Strömsholms Kanal und dem Flüsschen Kolbäcksån liegt. Åsby-Skantzen ist ein vielseitiges Gebiet, das Naherholung, Natur und Industriegeschichte miteinander verbindet.

TOUR 7

178 Hallstahammar – *Konung Gustav IV Adolfs Sluss*

GPS: N 59°36'29.4" E 16°12'51.0", Karl-Erik Sjögrens väg 1.
Max. WOMOs: 2. **Ausstattung**: WC, Mülleimer, Picknickbänke und Café 250 m zum Skantzen. **Beschreibung**: Schotterparkplatz neben einer größeren Straße, zwar etwas abseits, aber gerne besucht, deshalb parken wir möglichst weit hinten. **Zufahrt**: Neben dem Sörkvarnsvägen, ausgeschildert: Skantzen Kanal.

Der **Strömsholms Kanal** wurde 1795 fertiggestellt und war ein wichtiger Transportweg für Eisen aus der Region Bergslagen. Er ist 110 km lang und hat 26 Schleusen, dabei werden 14 Seen passiert und 100 Meter Höhenunterschied überwunden. Bis 1860 war der Kanal für den Güterverkehr wichtig, danach wurde er zunehmend vom Tourismus genutzt. Heute sind Bootsfahrten und Radtouren hier beliebt.

Das Herzstück des Strömsholmskanals **Skantzen** war einst das Verwaltungszentrum des Kanals.Heute ist es ein Freilichtmuseum, in dem wir die Geschichte des Kanals erleben können. Rund um das gesamte Gebiet gibt es schöne Spazierwege. Beliebt ist beispielsweise die Rundwanderung zur Trångfors-Schmiede, an der wir schon zuvor waren, eine

Wanderung von etwa fünf Kilometern. Die meisten Wanderwege verlaufen auf Schotterflächen und eignen sich daher auch zum Joggen und sind barrierefrei und beleuchtet.

Ganz begeistert sind wir vom ***Skantzen Kanal Kafé***, das so originell und hübsch eingerichtet ist. Die Terrasse befindet sich in einem wild-romantischen Garten. Zwar gibt es kein Dagens Rätt, aber die leckeren Gerichte sind nicht allzu teuer *(täglich, außer Mo., 11-16 Uhr, www.skantzenkanalkafe.se)*.

Wir wollen für die Nacht auf einen großen Stellplatz südlich von Hallstahammar, weil dieser so schön am Fluss und der Schleuse *Konung Karl XII sluss* liegt und die Pizza im ***Westerqwarn Pub & Restaurang*** sehr gut sein soll. Wir haben aber Pech. Das Restaurant ist geschlossen und das Online-Bezahlen des Platzes funktioniert nicht. Und dabei sieht alles gut aus! Die Terrasse ist romantisch und der Flusslauf sehr idyllisch. Schade, aber wir kommen bestimmt wieder.

179 Kolbäck – *Westerqwarn*

GPS/Kontakt: N 59°32'42.3" E 16°15'03.6", Västerkvarnsvägen 4, www.westerqwarn.se/stallplatser. **Max. WOMOs:** 60. **Öffnungszeit**: Ganzjährig. **Ausstattung**: VE, Strom, WC, Dusche, Mülleimer, WLAN, Restaurant, Golf, Minigolf. **Beschreibung**: Riesiger Stellplatz auf einer Wiese, am Rand mit Bäumen. Die Lage am Fluss ist schön und die Ausflugsmöglichkeiten vielseitig. **Preise:** 150-295 SEK online zahlbar. **Zufahrt**: Direkt neben dem Mölntorpsvägen und dem Golfplatz.

Es ist noch früh und so fahren wir einfach noch ein bisschen weiter und kommen am schmucken, gelben **Strömsholm Slott** vorbei. Es leuchtet farbenfroh in der Abendsonne.

Strömsholm: Das gelbe Juwel am Mälarsee

Das Barockschloss Strömsholm gehört zu den elf Königlichen Schlössern und wurde im 17. Jahrhundert als Sommerresidenz des schwedischen Königs Karl XI. erbaut. Die Fassade ist gelb gestrichen und mit weißen Gesimsen und Pilastern verziert. Auf dem Schlossgelände befindet sich eine Rennbahn, auf der jedes Jahr das Grand National von Schweden ausgetragen wird *(Slottsvägen 32, N 59°31'28.3" E 6°15'53.9", 06-08, Di.-So., 11.30-15.30 Uhr, www.kungligaslotten.se).*

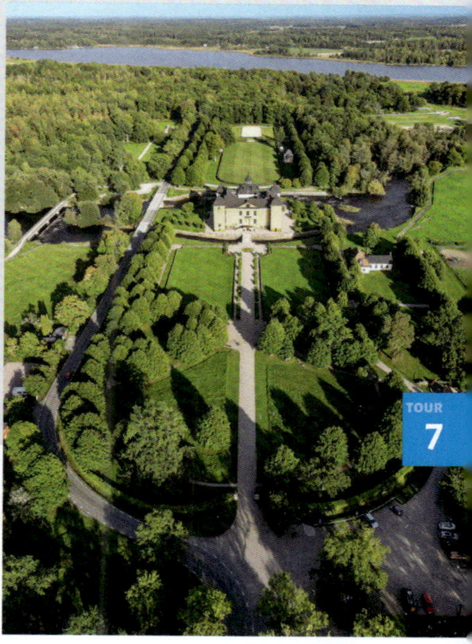

Strömsholm Slott

Auf dem Parkplatz vor dem Schloss darf nicht übernachtet werden, also fahren wir weiter. Am steinzeitlichen Gräberfeld können wir natürlich nicht einfach vorbeifahren und so legen wir noch ein spät-abendliches Programm ein. Die Sonne steht aber auch zu verlockend am Himmel und der laue Sommerabend ist herrlich.

180 Västerås – *Hornsåsens Gravfält*

GPS: N 59°29'58.1" E 16°16'52.7" neben der 252. **Max. WOMOs:** 4. **Beschreibung**: Asphaltparkplatz etwas abseits der viel befahrenen Straße, weiter hinten versteckter durch Bäume, auch für große WOMOs geeignet. **Zufahrt**: Von der 252 Richtung Sanda auf den Nyckelövägen abbiegen und direkt danach rechts auf den Parkplatz zum Gravfällt.

Die größte Grabstätte der Region umfasst rund 200 sichtbare Gräber, aber es gibt wahrscheinlich noch viele weitere unmarkierte. Die Gräber stammen aus der Eisen- und der Bronzezeit.

Hornsåsens Gravfält – Grabstätten aus der Eisen- und Bronzezeit

Noch sind wir voller Tatendrang und so geht es weiter zum ***Rytterne Hembygdsgård***, in dessen historischen Gebäuden oftmals Flohmärkte, Handwerks-Märkte, Ausstellungen und andere Veranstaltungen stattfinden. Hier gibt es auch eine kleine Kunstgalerie und ein saisonales Café *(N 59°29'42.6" E 16°20'48.1" Rytterne Bygdegård 1, www.rytternegarden.se)*.

Die nächste Abzweigung links entpuppt sich als holprige Schotterstraße. Aber der Weg lohnt sich, denn die Kirchenruine wird gerade wundervoll von der Abendsonne angestrahlt. Wir parken auf der kurzgeschorenen Wiese direkt vor der Ruine.

181 Västerås – *Stora Rytterne Kyrkoruin*

GPS: N 59°30'45.3" E16°20'31.9", Rytterne Lundby 6. **Max. WOMOs:** 2. **Beschreibung**: Rasenparkplatz mit Schottereinfahrt unter Bäumen. Sehr ruhig. **Zufahrt**: Von der Abbiegung an der Bushaltestelle etwa 2 km der Ausschilderung Lundy folgen.

Stora Rytterne Kyrka: Die Kirche, die einst ein Opferhain war

Auf dem Friedhof neben der Südmauer der Stora Rytterne Kyrka stehen zwei **Runensteine** aus dem 11. Jahrhundert und belegen, dass das Gebiet schon damals ein wichtiger Ort war. Der Name Lundby lässt darauf schließen, dass hier einst ein Opferhain stand. Die erste Kirche war wahrscheinlich aus Holz. Die Stora Rytterne Kyrka, die große Ritterkirche, wurde vermutlich im 13. Jahrhundert erbaut. Sie zeichnet sich durch einen Turm aus, der für diese Zeit ungewöhnlich war. Solche Kirchen waren meist privat und wurden von der Elite der Gesellschaft finanziert.

Eine Ruine geht noch! Denn die Kleine im Bunde fehlt uns noch. Dazu müssen wir natürlich auch die Holperstrecke wieder zurück, aber das hätten wir sowieso gemusst.

182 Västerås – *Lilla Rytterne Kyrkoruin*

GPS: N 59°30'28.6" E 16°23'53.8". **Max. WOMOs:** 1-2. **Ausstattung**: Picknickbank. **Beschreibung**: Schotterparkplatz mit Rasen, leicht uneben, wir sind aber trotzdem ohne Keile ausgekommen. Sehr ruhig! **Zufahrt**: Direkt neben der sehr wenig befahrenen Straße Richtung Schloss Tidö.

Die Kirchenruine **Lilla Rytterne** ist eine der ältesten christlichen Spuren in Västmanland. Im 18. Jahrhundert wurde sie abgerissen, um eine neue Kirche zu bauen. Der letzte Gottesdienst fand 1817 statt, die letzte Beerdigung jedoch erst 1841. Beide Ruinen in Rytterne sind einen Besuch wert. Schließlich gibt es auch einige Legenden und Mythen über die Kirche. Eine besagt, dass die Kirche auf einem alten Friedhof erbaut wurde, auf dem sich die Überreste eines heiligen Mannes befinden. Ob das wohl stimmt?

Wir finden es so unglaublich romantisch hier, dass wir spontan bleiben. Die Nacht ist ruhig und insgesamt kommen vielleicht zwei Autos vorbei.

Am nächsten Morgen geht unsere Tour weiter zum berühmten und schönen **Tidö Slott.** Gut, dass wir gestern Abend an der Ruine übernachtet haben, denn hier am Schloss hätten wir die Nacht nicht verbringen dürfen.

Tidö Slott: Die Geister des Barocks

Das Schloss ist im niederländischen Renaissance-Stil erbaut und gilt als eines der besterhaltenen Barockschlösser Schwedens. Das Schloss ist heute noch bewohnt. Es wurde 1625 bis 1645 von Simon de la Vallée und Nicodemus Tessin d. Ä. erbaut. Es wird erzählt, dass der Geist des verstorbenen Schlossherrn selbst durch die Korridore wandeln soll *(N 59°30'17.1" E 16°28'48.7", Tidö Värdshus 1, www.tidoslott.se, Führungen im Juli, Di., Do., Sa., So., 13 Uhr, 190 SEK, Kinder 90 SEK, Schlosspark ganzjährig kostenlos, Café und Museum 04-10).*

Wesentlich lauter geht es da natürlich im Gästehafen in **Västerås** (Einwohnerzahl 128.000) zu. Trotzdem liegt der Stellplatz sehr schön und ist sicherlich eine gute Option.

183 Västerås – *Gästhamn*

GPS: N 59°36'07.3" E 16°32'39.9", Lögarängsvägen 1. **Max. WOMOs:** 40. **Öffnungszeit**: Ganzjährig. **Ausstattung**: VE, Strom, WC, Dusche, Mülleimer, Strand, Restaurant, Tankstelle, Skatepark, Fahrradverleih. **Beschreibung**: Schotterparkplatz in schöner Lage am Kanal, Wakeboard-Anlage, im Sommer voll und laut. Im hinteren Bereich ruhiger. **Preise**: 300 SEK. **Hinweis**: Im Vorfeld online buchen! Nicht alle Plätze haben Strom. frei zugängliche VE am Ende der Sackgasse. Etwa 1,5 km bis zum Dom. **Zufahrt**: In der Nähe von Sjöhagsvägen, Richtung Hafen.

184 Västerås – *Biskopsgränd*

GPS: N 59°36'43.0" E 16°32'09.9", Biskopsgatan 3. **Max. WOMOs:** 6. **Öffnungszeit**: Ganzjährig. **Ausstattung**: Mülleimer. **Beschreibung**: Großer Asphaltparkplatz, unromantisch, aber nah zur Stadt. **Preise:** 15 SEK / Std., 9-18 Uhr, zahlbar am Automaten oder per EasyPark App, nachts kostenlos. **Zufahrt**: Vom Västra Ringvägen in die Biskopsgatan abbiegen und kurz vor der Brücke links zum Parkplatz.

Västerås wurde im 12. Jahrhundert gegründet und war zunächst Bischofssitz. Die Stadt entwickelte sich schnell zu einem wichtigen Handelszentrum und war neben Stockholm der wichtigste Hafen am Mälarsee. Das Schloss von Västerås, das eigentlich so gar nicht nach Schloss, sondern eher nach großem Herrenhaus aussieht, hieß im Mittelalter Västra Aros (westliche *Flussmündung*, daher auch der Stadtname). Der Wehrturm, der später zum Schloss ausgebaut wurde, existiert noch heute an der nordöstlichen Ecke des Schlosses. 1522 eroberte Gustav Vasa das Schloss. Ab dem Turbinhuset nutzen wir jede Brücke, um die wunderschönen historischen, roten Holzhäuschen zu bewundern, die direkt an den *Fluss Svartån* gebaut wurden. Sehr hübsch sind ebenfalls die kleinen Gassen Badhusgatan, Prästgatan und Västra Kyrkogatan. Wollen wir noch einen Blick über das Geländer der nächsten Brücke werfen? Na klar!

Die **Domkyrka** wurde im 12. Jahrhundert als kleine Kirche aus Naturstein erbaut. Im Jahr 1517 wurde eine weitere Kapelle hinzugefügt, wodurch die Kirche ihre heutige Größe erhielt. Es erwarten uns eine Reihe von Kunstschätzen, darunter das Marmorgrab des ältesten Sohnes von Gustav Vasa, Erik XIV., zwei wunderschöne mittelalterliche Flugaltare und tolle Buntglasfenster. Der heutige barocke Turm wurde 1693 von Nicodemus Tessin dem Jüngeren erbaut und misst mit Hahn 102,5 Meter.

Gegenüber vom Dom liegt das **Bischofshaus**, hier befinden sich weitere historische Gebäude, wie das Gymnasium und die Bibliothek. Ganz begeistert sind wir vom schönen ***Café Malin***. Die Stuckdecken sind beachtlich *(Tagessuppe als Dagens Rätt für 69 SEK)*. So hübsch es im Innenraum des Cafés auch ist, bei dem schönen Wetter zieht es uns in den idyllischen Garten.

Besonders sehenswert ist das *Altstadtviertel Kyrkbacken*, ein Gewirr aus engen Gassen und charaktervollen Holzhäusern. Früher war es das Armenviertel, in dem der verachtete Henker lebte, heute ist es ein renommiertes Künstler:innen-Gebiet.

Fehlt noch der **Stora Torget** in unserer Besichtigungstour. Aber außer dem **Stadshotellet** ist der Platz nicht sehenswert. Leider wurden hier im 20. Jahrhundert viele alte Häuser abgerissen. In Schweden gilt Västerås als hässlichste Stadt des Landes. Aber wir halten uns ja an den Grünen Gürtel am Fluss und so sind wir zufrieden.

Västerås – Altstadt Kyrkbacken

Tipps: ***Mälarkrogen***, schöne Außengastronomie im Sommer *(Dagens Rätt 145 SEK, Lögarängsvägen 5, www.malarkrogen.se)*. ***Stigen Västerås***, schöne Terrasse, Rentier und Elch, etwas teurer *(Stora Torget 1, www.stigenavknut.se/stigen-i-vasteras)*. ***Nya Hattfabriken***, großartiges Ambiente in einem ehemaligen Hutladen *(Slottsgatan 8, www.nyahattfabriken.se)*.

Die erste **H&M-Filiale** weltweit befindet sich im Erikslund Shopping-Center *(N 59°36'28.5" E 16°27'11.1", Krankroksgatan 17, Västerås, www.erikslundshoppingcenter.se)*.

Es ist an der Zeit, Västerås den Rücken zu kehren. Doch weit kommen wir nicht, denn wir können unmöglich an den Grabhügeln und **Schiffssetzungen** von **Anundshög** vorbeifahren.

185 Västerås – *Anundshög*

GPS: N 59°37'54.7" E 16°38'51.7", Anundshög 5. **Max. WOMOs:** 6.
Ausstattung: WC im Café, Mülleimer, Picknickbänke, Café.
Beschreibung: Großer Schotterparkplatz zwischen den Bäumen, teils versteckte Plätze auf dem ersten kleineren Parkplatz. **Zufahrt**: 1,5 km von der E18, Richtung Anundshög über die Tyrgatan geradeaus.

Wikinger-Tempel, Handelszentrum und Thingstätte

Anundshög war ein kulturelles Zentrum und Handelsknotenpunkt der Wikinger und ist Teil der *Viking Route* des Europäischen Rates, die 50 Sehenswürdigkeiten aus dem Leben der Wikinger umfasst. Im Mälartal gibt es weitere gelistete Orte. Auf jeden Fall ist Anundshög Schwedens größter Grabhügel, der zwischen 500 und 1050 n. Chr. angelegt wurde. Er ist knapp 10 Meter hoch und über 60 Meter breit. In der Umgebung befinden sich weitere Hügel, die möglicherweise über Feuergräbern errichtet wurden. Im Mittelalter war Anundshög eine Thingstätte, an der sich die Menschen versammelten, um über das Tagesgeschehen zu diskutieren *(siehe Hamburgsund Tour 3)*.

Hier befinden sich ebenso fünf Schiffssetzungen, die aus stehenden Steinen angeordnet sind. Kein anderes Gebiet mit prähistorischen Überresten in Schweden verfügt über fünf Schiffsstandorte. Sie wurden wahrscheinlich im 9. oder 10. Jahrhundert errichtet und sind Teil der nordischen Mythologie. Die Steine waren ursprünglich aufrecht, wurden aber im Mittelalter umgestürzt, als das Christentum an Stärke gewann.

Heute sind vier der fünf Schiffssetzungen restauriert. Der größte ist 53 Meter lang und 16 Meter breit. Neben dem Grabhügel und den Schiffssetzungen befindet sich noch ein beeindruckender Runenstein auf dem Feld.

Unser Besuch in Anundshög hat uns sehr bewegt und inspiriert und die Vorfreude auf die Grabhügel in Uppsala steigt. Wir machen aber erst noch einen lohnenden Abstecher zu den **Silberminen in Sala** (Einwohnerzahl 13.000), denn das reizt uns doch sehr.

P Sala – *Evelund*

N 59°53'19.9" E 16°33'50.7", VE, WC, Mülleimer, Picknickbänke.

186 Sala – *Silvergruva*

GPS: N 59°54'30.4" E 16°34'59.2", Drottning Christinas väg.
Max. WOMOs: 4. **Öffnungszeit**: Ganzjährig. **Ausstattung**: WC im Museum. **Beschreibung**: Schotterplatz etwas abseits der Straße hinter Bäumen, ruhig. Klappstuhlgeeignet. **Zufahrt**: Vom Västeråsleden in den Drottning Christinas väg. Großflächig ausgeschildert.
Alternativplatz: Naturreservat Aspenstorp, N 59°54'35.1" E 16°34'14.8", Schotterparkplatz, guter Ausgangspunkt für Wanderungen.

Sala Silvergruva: Die Schatzkammer Schwedens

Die **Sala Silvergruva** gehören zum **UNESCO Welterbe**. Die Mine wurde im 15. Jahrhundert entdeckt und war bis 1908 in Betrieb. In dieser Zeit wurden etwa 700 Tonnen Silber und 1,5 Millionen Tonnen Blei abgebaut. Die Mine ist etwa 300 Meter tief und hat ein Tunnelnetz von über 20 Kilometern. Gustav Vasa nannte sie »Schatzkammer des schwedischen Reiches« und Karl XI »mein schönstes Kleinod«.
Die Mine ist heute ein beliebtes touristisches Ziel *(tägliche Führungen 250-895 SEK, ab 75 Minuten, online vorab buchbar. Wasserfeste Schuhe und keine Angst vor vielen Treppen sind hier von Vorteil. Ganzjährig geöffnet. Der oberirdische Bereich ist kostenlos und rund um die Uhr zugänglich. Restaurant, Café und Antiquitätenladen befinden sich ebenfalls auf dem Gelände. Hunde sind an der Oberfläche willkommen, allerdings nicht in der Grube. Diese ist nicht barrierefrei).*

187 Sala – *Sofielund Café & Vandrarhem*

GPS/Kontakt: N 59°55'00.5" E 16°34'46.2", Mellandammen 112, +46707998777, www.sofielundsala.se. **Max. WOMOs**: Im Sommer 14, im Winter 8. **Öffnungszeit**: Ganzjährig. **Ausstattung**: VE, Strom, WC, Dusche, Mülleimer, Picknickbänke, Grillstelle, Café. **Beschreibung**: Schöner Platz unter Bäumen. **Preise**: 250 SEK, online buchbar. **Hinweis:** Die Rezeption und das Café sind im Sommer täglich von 13-19 Uhr geöffnet. In der Nebensaison telefonisch erreichbar. **Zufahrt**: Vom Fagerstavägen den Schildern Vandrahem folgen.

Am nächsten Morgen machen wir uns auf den Weg Richtung Uppsala. Unterwegs suchen wir ein Badeplätzchen und finden zwei.

188 Morgongåva – *Axsjöbadet*

GPS: N 59°55'38.7" E 16°57'16.2" Axsjövägen. **Max. WOMOs**: 1. **Ausstattung**: WC, Mülleimer, Picknickbänke, Strand. **Beschreibung**: Schotterparkplatz, zwar in einer Wohnsiedlung, aber etwas unter Bäumen, trotzdem für eine Nacht in Ordnung. **Hinweis**: Hunde verboten. **Zufahrt**: Von der 72 ausgeschildert.

189 Järlåsa – *Tenabadet*

GPS: N 59°53'12.4" E 17°05'32.1", Tenasjon. **Max. WOMOs**: 3-4. **Ausstattung**: WC, Mülleimer, Picknickbänke, Grillstelle, Badesteg, Volleyballfeld, Strand. **Beschreibung**: Sehr schöner, großer Schotterparkplatz, ideal für eine Nacht, klappstuhlgeeignet. **Hinweis**: Hunde dürfen zwar an den Strand und auf die Liegewiese, aber nicht ins Wasser. **Zufahrt**: Von der 72 ausgeschildert, 2 km bis zum Badeplatz, die letzten 500 m Schotterweg mit tiefen Löchern.

Unser persönliches Highlight dieser Reise steht bevor: **Gamla Uppsala**! Da freuen wir uns schon die ganze Zeit drauf. Wir empfinden die alten **Grabhügel** als sehr mystisch und bezaubernd. Im 3. und 4. Jahrhundert entwickelte sich das alte Uppsala zu einem wichtigen religiösen und politischen Zentrum, mit dem heidnischen Tempel und dem Thing aller Schweden. Aber von vorne Zuerst einmal müssen wir schließlich parken und das können wir am besten auf dem riesigen Parkplatz vor dem Gelände.

190 Uppsala – *GamlaUppsala*

GPS: N 59°53'51.9" E 17°38'09.8", Gamla Uppsalagatan 17.
Max. WOMOs: 20. **Ausstattung**: VE, WC, Mülleimer, Picknickbänke, Café. **Beschreibung**: Großer Schotterparkplatz, teils unter Bäumen, tagsüber viel los, nachts ruhig. **Zufahrt**: Der Ausschilderung Gamla Uppsala über den Vattholmavägen folgen.

Das **Gamla Uppsala Museum** lohnt sich und ist nur wenige Schritte vom Parkplatz entfernt *(04-09 täglich von 11-16 Uhr, 10-03 nur Mi., Sa., So. 12-16 Uhr, 150 SEK, Kinder frei, barrierefrei, Mitte Juni findet an drei Tagen das Sonnenwendfest statt. www.upplandsmuseet.se/gamla-uppsala-museum).*

Wir finden die Ausstellung über die Geschichte und die archäologischen Funde sehr spannend! Das Museum Gamla Uppsala präsentiert die sagenumwobene Geschichte des Ortes.

Was diesen Ort so besonders macht, sind natürlich weder der Parkplatz noch das Museum, sondern die mächtigen Grabhügel, die sich hinter dem Museum erheben.

TOUR 7

Gamla Uppsala: Das Herz der nordischen Kultur

Bereits im 6. Jahrhundert war Uppsala ein politisches und religiöses Machtzentrum in Skandinavien. Hier befinden sich etwa *300 Grabhügel*, darunter die *drei monumentalen Kungshögarna*. Der Legende nach beherbergen sie die vorwikingerzeitlichen Könige Aun, Egil und Adils, die in Beowulf und in Ynglingsaga (Edda) des isländischen Historikers Snorre Sturlason vorkommen. Neuere Erkenntnisse deuten darauf hin, dass die Bewohnerin von Östhögen (Osthügel) eine Frau war, wahrscheinlich eine Regentin zwischen 20-30 Jahre.

Laut Olof Rudbecks Buch Atlantica aus dem Jahr 1679 war Gamla Uppsala der Sitz der westlichen Kultur und das mythische verlorene Atlantis. Im Nachhinein scheint dies unwahrscheinlich, aber die Gegend ist dennoch enorm faszinierend. Auf dem gesamten Gelände gibt es Informationstafeln. Von Anfang an gab es Spekulationen um die Grabstätten. Dem Mythos nach kamen während der Wikingerzeit alle neun Jahre Menschen aus ganz Skandinavien zum Tempel in Gamla Uppsala,

Die neue Kirche hinter dem Thing-Hügel

um den nordischen Göttern ihre Opfer darzubringen. Im Zuge der Christianisierung wurde der Tempel 1087 niedergebrannt. Danach wurde ein christlicher Dom erbaut, der 1130 eingeweiht wurde. Dieses Bauwerk fiel Anfang des 13. Jahrhunderts einem Brand zum Opfer und wurde nur noch als kleine Gemeindekirche wieder aufgebaut. Der neue Dom wurde in Östra Aros erbaut, dem heutigen Uppsala. Als das Christentum um 1090 eintraf, begannen Thor, Odin und die anderen Wikingergötter zu verblassen.

In Uppsala wird auch heute noch den nordischen Göttern gehuldigt. Der neuheidnische Verein *Samfundet Forn Sed Sverige* feiert in der Osterzeit sein traditionelles *Vårblot*. Bei der lebensfrohen Veranstaltung werden natürlich weder Mensch noch Tier geopfert, sondern eine moderne Form der Spiritualität gelebt.

Wer unter den Hügeln wirklich begraben liegt, wird wohl für immer ein Mysterium bleiben – was es umso spannender macht, wie wir finden.

Eriksleden: Ein Pilgerweg auf den Spuren des Märtyrers

6 km, leicht: Wenn Sie Lust auf eine Wanderung oder eine Radtour haben, ist Eriksleden ein schöner *Pilgerweg* zwischen der Kathedrale in Uppsala und der Kirche in Gamla Uppsala. Sein Namensgeber, Erik der Heilige, war ab etwa 1150 König von Schweden, bis ihn die Dänen zehn Jahre später enthaupteten.

Der Hauptweg bietet auch Zugang zu einem gebirgigen Wildnisgebiet namens Tunåsen mit einem Aussichtspunkt (folgen Sie den Schildern entlang des Eriksleden südlich von Gamla Uppsala nach Utsiktsleden).

In der Nähe der Thinghügel und der Kirche von Gamla Uppsala befindet sich das ***Café Odinsborg***. Es ist im Stil der Vendel- und Wikingerzeit erbaut. Die Innenräume sind mit Holzvertäfelungen und traditionellen Möbeln ausgestattet. Im Außenbereich ist die Terrasse mit Blick auf die Landschaft sehr gemütlich. Das Café ist bekannt für seinen **Met**, der nach einem alten Rezept aus dem Jahr 1830 gebraut wird. Er wird in Hörnern serviert, wie es in der nordischen Mythologie üblich war.

Tipp: Schräg gegenüber am Parkplatz (an der historischen Feuerwache) gibt es eine Bushaltestelle (Gamla Uppsala). Von dort aus fährt etwa jede viertel Stunde ein Bus (Linie 110/115) zur Centralstation in die Innenstadt von Uppsala. Mit dem Fahrrad sind es fünf Kilometer. Der Radweg entlang des Vattholmavägen ist gut ausgebaut und gut ausgeschildert.

Wir wagen uns mit dem WOMO in die Großstadt und steuern einen guten Parkplatz an den Universitätsgebäuden an.

191 Uppsala – *Von Kraemers Allé*

GPS: N 59°50'55.1" E 17°37'55.1", Von Kraemers Allé 7. **Max. WOMOs:** 5. **Öffnungszeit**: Ganzjährig. **Ausstattung**: WC im Botanischen Garten. **Beschreibung**: Großer Schotterparkplatz. **Preise:** 100 SEK /24 Std. zahlbar per AimoPark App oder am Automaten. **Hinweis:** Kein Campingverhalten. Vom Parkplatz bis zum Schloss etwa 700 m. **Zufahrt** Von Sankt Olofsgatan, rechts abbiegen auf Råbyvägen, links Richtung Schloss und Universität. **Gasfüllstation**: N 59°53'09.6" E 17°37'10.3"

TOUR 7

Uppsala (Einwohnerzahl 177.000) ist eine Universitätsstadt mit rund 40.000 Studierenden. Die Uni wurde 1477 gegründet, ist damit eine der ältesten noch existierenden Skandinaviens und eine der größten Universitäten Nordeuropas. Sie nimmt in Rankings regelmäßig Spitzenplätze ein. *Acht Nobelpreisträger* sind mit der Universität wissenschaftlich verbunden.

Dementsprechend jung ist das Durchschnittsalter der Menschen in Uppsala, was man in vielen Cafés und Bars der Stadt bemerken kann. Vor allem fallen die vielen Fahrräder auf und es gibt richtige Fahrradstraßen, die das Vorankommen erheblich erleichtern.

Uppsala ist eine Universitätsstadt mit rund 40.000 Studierenden. Die Uni wurde 1477 gegründet und ist eine der ältesten Nordeuropas.

Uns beeindruckt der **Dom** zu Uppsala, denn dieser ist der größte Schwedens und die Grabstätte vieler schwedischer Könige. Das **Schloss** ist ein Renaissanceschloss und wurde im 16. Jahrhundert von König Gustav Vasa erbaut. Das **Gustavianum**, das ehemalige Hauptgebäude der Universität ist heute es ein Museum, das eine Sammlung von Kunst, Antiquitäten und Naturkundeobjekten beherbergt. Unbedingt sehenswert ist der alte Hörsaal *(bis Sommer 2024 wegen Renovierung geschlossen, www.uu.se)*!

Noch ein Superlativ: Der **Botanische Garten Linnéträdgården** ist der älteste Schwedens. Er wurde im 17. Jahrhundert von Carl von Linné gegründet und beherbergt heu-

Uppsala – Dom

te eine Sammlung von über 10.000 Pflanzenarten. **Carl von Linné** war ein schwedischer Naturforscher, der die Grundlagen der modernen Zoologie schuf.

Tipps: *Klostergatan 5*, gemütlich, exklusiv und gehoben, schwedische Küche *(www.klostergatanfem.se)*. ***Güntherska***, Konditorei mit Dagens Rätt und Fika, gemütlich drinnen und draußen, auch vegane Gerichte *(Östra Ågatan 31, www.guntherska.se)*. ***Il Forno Italiano***, gemütliches italienisches Restaurant *(Sankt Olofsgatan 8, www.ilfornoitaliano.se/uppsala)*.

TOUR 7

Wir sind von den vielen Eindrücken der letzten Tage überwältigt und brauchen nun eine Pause. Am liebsten würden wir uns an einen ruhigen Badeplatz zurückziehen und einfach nur die Seele baumeln lassen.

192 Uppsala – *Dalkarlskärret*

GPS: N 59°46'34.4" E 17°35'08.0". **Max. WOMOs:** 2-3. **Ausstattung**: WC, Mülleimer, Picknickbänke, Grillstelle, Badesteg, 4G. **Beschreibung**: Schotterparkplatz am Naturschutzgebiet, über die wenig befahrenen Straße geht es zu einem kleinen See mit Badesteg und schönem Picknickbereich, ruhig. Fahrradweg. **Zufahrt**: Vom Vretavägen 700 m fahren, der Parkplatz liegt auf der linken Seite.

Ausweichplatz: **Hammarskogs badplats,** N 59°45'52.6" E 17°34'37.2", WC, Mülleimer, Badesteg, Strand, Grillstelle, klappstuhlgeeignet.

Zum beeindruckenden **Skokloster** gibt es keinen kurzen Weg und wir umfahren einen Seitenarm des Mälaren, um auf die Halbinsel Viksjö zu kommen. Und da es schon relativ spät ist, mieten wir uns auf dem gemütlichen Campingplatz ein.

193 Skokloster – *Camping*

GPS/Kontakt: N 59°42'21.6" E 17°32'17.3", Skoklostervägen 47, +461838 6035, www.skoklostercamping.se. **Max. WOMOs:** 180. **Öffnungszeit**: Ganzjährig. **Ausstattung**: Wachsmaschine, Trockner, Grillstellen, Picknickbänke, Spielplatz, Badesteg, Strand, Minigolf, Restaurant, Mini-Shop. **Beschreibung**: Schöner Campingplatz mit einigen WOMO-Plätzen direkt am Wasser oder am Wald. **Preise**: 250-395 SEK. **Hinweis**: Das Sani-Haus ist etwas in die Jahre gekommen, der Steg neu. **Zufahrt**: Vom Skoklostervägen ausgeschildert.

TOUR 7

Für alle, die lieber auf einen Campingplatz verzichten und einen Platz im Wald bevorzugen oder noch eine Wanderung machen wollen, bietet sich der Platz am Naturschutzgebiet an:

194 Skokloster – *Arnöhuvud*

GPS: N 59°43'34.4" E 17°33'44.2". **Max. WOMOs**: 1-2. **Ausstattung**: Infotafel. **Beschreibung**: Waldparkplatz am Rande eines Naturschutzgebiets, umringt von hohen Bäumen. Sehr ruhig. **Hinweis**: Wanderweg zum Arnuhuvuds Naturreservat, Aussichtspunkt. Kann bei starkem Regen sehr matschig sein! **Zufahrt**: Schotterstraße mit vielen tiefen Schlaglöchern. Vorsichtig fahren!

Am nächsten Morgen fahren wir früh los, um noch vor dem großen Ansturm am Schloss von Skokloster einzutreffen.

P Skokloster

N 59°42'20.5" E 17°37'22.1", Skoklostervägen

Skokloster Slott: Der Größenwahn eines Feldmarschalls

Im 17. Jahrhundert erbaut, ist das Schloss eines der *größten und am besten erhaltenen Barockschlösser* in Skandinavien. Es ist bekannt für seine riesige Sammlung von Waffen und Rüstungen. Es wurde von Carl Gustav Wrangel, einem schwedischen Feldmarschall, erbaut. Wrangel sammelte während seiner Reisen durch Europa eine große Anzahl von Kriegswerkzeug. Diese Sammlung ist heute im Schloss ausgestellt und

TOUR 7

Skokloster Slott

umfasst über 20.000 Exponate. Skokloster wurde in nur 12 Jahren erbaut, aber nie vollendet. So ist der große Festsaal auch heute noch eine Baustelle, mit Werkzeugen und anderen Hilfsmitteln aus dem 17. Jahrhundert *(04-09, Sa.-So. 11-16, 07-08 täglich 10-17 Uhr, 120 SEK, Kinder frei, 150 SEK inklusive Führung)*. Dagens Rätt im historischen Schlosscafé, drinnen in der gemütlichen alten Küche unter den Gewölben oder draußen mit Blick auf den Mälarsee.

Das ***Kloster-Café*** in der hübschen gelben Villa Sjövillans wird derzeit umgebaut, weshalb ein Caféwagen im Sommer vor der Kirche steht.

In der ehemaligen Tankstelle befindet sich seit Kurzem eine Kaffee-Rösterei mit Café: ***Skokloster Kafferosteri & Café*** *(www.skoklosterkafferosteri.se)*.

Das imposante Schloss ist nicht die einzige Sehenswürdigkeit auf dem Gelände, kommt man doch direkt an der schönen **Klosterkyrka** vorbei.

König Knut Långe: Der Gutsherr, der Nonnen rettete

Im Jahr 1225, vier Jahre vor seiner Königskrönung, nahm der Gutsherr Knut Långe einige Nonnen auf seinem Hof auf. Die Nonnen kamen aus dem Kloster Byarum in Småland, das aus unbekannten Gründen aufgegeben worden war. Der Bau des Klosters begann Mitte des 13. Jahrhunderts, bis es 1527 von der schwedischen Krone eingezogen wurde. 1611 kam das Kloster als Lehen an den Reichsrat und Feldmarschall Hermann von Wrangel, der 1633 die Wrangelsche Grabkapelle errichten ließ und auch hier begraben wurde.

Wir sind sehr angetan und kommen sicherlich bald wieder. Auf dem Rückweg von der Halbinsel halten wir noch an der hübschen, gelben Häggeby Kyrka, das in der Abendsonne besonders schön strahlt.

195 Häggeby – *Kyrka*

GPS: N 59°39'27.9" E 17°32'49.1", Häggebylundsvägen 20. **Max. WOMOs:** 2.
Ausstattung: Frischwasser, WC, Mülleimer.
Beschreibung: Unromantischer Asphaltparkplatz mit Basketballkörben. **Hinweis**: Viele Häuser rundherum, Übernachtung nur spätabends bis frühmorgens empfehlenswert. **Zufahrt**: Vom Sigtunavägen (263) in den Skoklostervägen und links in den Häggebylundsvägen einbiegen. Nach 750 m steht die Kirche auf der linken Seite.

Gerade mal viereinhalb Kilometer weiter halten wir am **Runenstein**. In der Umgebung von Håbo gibt es etwa 30 solcher Steine, darunter der Warpsund-Stein, der an die Menschen erinnert, die während des Wikingerangriffs von Ingvar dem Weißvater ums Leben kamen. Ingvar starb im Jahr 1041. Der Stein wurde im späten 11. Jahrhundert errichtet *(N 59°37'47.0" E 17°30'00.2")*.

Weiter geht's nach **Sigtuna** (Einwohnerzahl 9.100), Schwedens ältester Stadt. Sie liegt wunderschön am Ufer des Mälaren-Sees. Wir werden zum Stellplatz der Stadt geleitet und wir folgen der Ausschilderung.

196 Sigtuna – *John Åkerlunds väg*

GPS: N 59°37'0.9" E 17°41'44.4", John Åkerlunds väg 10. **Max. WOMOs**: 9.
Öffnungszeit: Ganzjährig. **Ausstattung**: Mülleimer.
Beschreibung: Großer, unromantischer Schotterparkplatz, leicht schräg, sehr unruhig, da sich die Recycling-Tonnen am Ende des Platzes befinden. Für große WOMOs geeignet. **Hinweis:** Schöner Weg direkt am Wasser entlang, bis in die Altstadt etwa 2 km. **Zufahrt**: Über den Ragvaldsbovägen außen um Sigtuna herum.

Wir haben hier nicht übernachtet, sondern sind für unseren Besuch auf einen Parkplatz in die Stadt gefahren.

197 Sigtuna – *Strandvägen*

GPS: N 59°36'56.8" E 17°43'28.8", Strandvägen 36. **Max. WOMOs**: 2. **Ausstattung**: WC, Mülleimer, Picknickbänke, Minigolf, Spielplatz, Liegewiese. **Beschreibung**: Normaler Asphaltparkplatz für Vans und max. Kastenwagen. 150 m zum Badesteg. **Preise**: Kostenlos.
Hinweis: Tagsüber max. 4 Std. 9-18 Uhr, nachts unbegrenzt.
Zufahrt: Immer geradeaus durch den Ort über den Uppsalavägen.

Sigtuna: Die Wiege Schwedens

Sigtuna wurde um 970 von König Erik Segersäll gegründet und ist damit die *älteste authentische Stadt Schwedens* und gehört ***zum UNESCO-Welterbe***. Die Stadt war zu dieser Zeit ein wichtiges Handelszentrum und Sitz der ersten schwedischen Münzprägestätte. Aus dem Mittelalter wurden bis heute das Straßennetz, die Kirchenruinen und die Klosterkirche erhalten. Das Rathaus aus dem 18. Jahrhundert, die niedrigen Holzbauten aus dem 19. Jahrhundert und die fruchtbaren Gärten von der Jahrhundertwende um 1900 zeugen von der langen und bewegten Geschichte der Stadt.

Besonders sehenswert sind: Die **Mariakyrkan**, eine Backsteinkirche aus dem 13. Jahrhundert. Ihre Größe, die Farbe der Ziegel und das Licht im Kirchenraum müssen auf die Besucher einen göttlichen Eindruck gemacht haben. Es handelt sich um die erste bekannte Backsteinkirche im Gebiet des Mälarsees. Im Garten stehen Reste der **Sankt Olofs Kyrkoruin**. Neue Erkenntnisse zeigen, dass die Kirche eine der *ältesten Steinkirchen* in der gesamten nordischen Region war. Dies ist eine Sensation, denn Sigtuna war zu dieser Zeit noch eine junge Stadt.

Gründung von Sigtuna

Als König Erik die Stadt erbauen ließ, war sein Ziel, die Kontrolle über die Menschen zu erlangen und ein Königreich zu schaffen, das den südlicheren

Königreichen ähnelte. Er wusste, wie eine Stadt angelegt sein sollte, und er wusste, dass er mit der Kirche zusammenarbeiten musste. Erik war ein moderner nordischer König. Für die Reichen der Umgebung war Sigtuna eine aufregende und neue Stadt. Doch wer dazugehören wollte, musste sich dem Königreich anschließen.

Wir wenden uns nun der Altstadt zu. Wer noch mehr über die Geschichte der Stadt wissen möchte, ist im **Sigtuna Museum** genau richtig *(Di.-So. 12-16 Uhr, 60 SEK, Kinder frei, Stora Gatan 55, www.sigtuna.se)*.

Die Häuser entlang der **Stora Gatan,** sind so unglaublich hübsch! Es gibt viele kleine Lädchen zum Stöbern, Cafés für den kleinen Hunger oder eine schwedische Fika. Die **Lundström-Farm** ist ein gut erhaltenes Bürgerhaus und ein Gebrauchtwarenladen aus der Jahrhundertwende um 1900. Im **Drakegården**, einem 300 Jahre alten Haus, befindet sich heute die Information des Ortes. Ein Besuch lohnt sich wegen der kleinen Ausstellung und des schönen Gartens.

Wir essen im ***Café Mynt (The Coin)*** auf der kleinen Außenterrasse eine Portion Köttbullar und machen uns auf zum Rathaus. Das **Rådhuset** von Sigtuna ist ein wunderschönes Holzgebäude im Herzen der Stadt. Es ist eines der *kleinsten Rathäuser Schwedens*, wurde 1744 fertiggestellt und besteht aus einem Ratssaal und einer Wachstube *(07-08 Mo.-So. 12-16 Uhr, Eintritt frei)*.

Sigtuna – Stora Gatan im Herzen der ältesten Stadt Schwedens

Tour 8

Stockholm
Saltsjön
E18
Kaknästornet
201
Skansen
Kungliga Djurgården
Saluhallen
Kungsträdgården
Gamla Stan
222
Vasa Museum
Gröna Lund
Skeppsholmen
Kungliga Slottet
T-Centralen
Stadshus
Södermalm
Globen
Avicii Arena
203
E4
75
226
Långholmen
202
Älvsjö
E20
Mälaren
N
3 km
Tour 9
275
Bromma
199
261
Tour 7
Bredäng
200
P
Drottningholm Slott

Stockholm – Lieblingsstadt auf Wasser
90 km

Stockholm ist eine der schönsten Städte Europas und liegt auf 14 Inseln im Mälaren, welche durch zahlreiche Brücken miteinander verbunden sind. Schwedens Hauptstadt ist bekannt für die mittelalterliche Altstadt, moderne Wahrzeichen und seine lebendige Kulturszene. Schmale Gassen, Kopfsteinpflaster und historische Gebäude prägen das Stadtbild. Es gibt zahlreiche Museen, Theater, Opernhäuser und Galerien. Unsere Highlights sind:

- **Gamla Stan**
- **Vasa Museum**
- **Freilichtmuseum Skansen**
- **Schären-Bootstour**
- **Schloss Drottningholm**

Ein neuer Morgen bricht an und damit auch ein neuer Tag voller Abenteuer. **Stockholm** (Einwohnerzahl 980.000) rückt immer näher und wir schwanken etwas zwischen: »Suchen wir direkt den Campingplatz auf oder besichtigen wir vorher noch ein Schloss?« Haben Sie Lust?

Schweden hat elf *Kungliga Slotten* (Königliche Schlösser), von denen zehn für die Öffentlichkeit zugänglich sind. In dem elften, Schloss Haga, lebt Kronprinzessin Victoria mit ihrer Familie.

Unseren ersten Halt machen wir am **Rosersbergs Slott**, ein Barockschloss im Norden von Stockholm. Es diente bis 1860 als königliches Lustschloss. Heute ist es ein Kulturdenkmal und zählt zu den schönsten Beispielen schwedischer Barock- und Empirearchitektur *(aufgrund von Sparmaßnahmen ist das Schloss 2024 nur 06-08 für vorreservierte Gruppenführungen zugänglich, Schlosspark ganzjährig frei zugänglich, www.kungligaslotten.se)*.

198 Rosersberg – *Slott*

GPS: N 59°34'31.4" E 17°50'32.6", Slottsvägen 203. **Max. WOMOs**: 10. **Öffnungszeit**: Ganzjährig. **Ausstattung**: WC (tagsüber), Mülleimer, Picknickbänke, Grillstelle, Badesteg. **Beschreibung**: Großer Schotterparkplatz zwischen Wald und Wiese mit Blick auf das schöne Schloss. **Hinweis:** (Siehe Karte S. 156). Die Flugzeuge des nahen Flughafens Arlanda sind tagsüber zu hören. **Zufahrt**: Am Slottsvägen.

Rosersbergs Slott

Für unseren Stockholmbesuch entscheiden wir uns für einen Campingplatz, denn das Fahren in Schwedens Hauptstadt empfinden wir als kompliziert und wir mögen es gerne einfach. So halten wir es eigentlich mit allen Hauptstädten: Außerhalb auf den Campingplatz fahren und alles mit den öffentlichen Verkehrsmitteln besichtigen. Der Wagen steht sicher und wir müssen uns keine Gedanken machen.

Für einen Besuch in Stockholm sollten Sie viel Zeit einplanen, denn die Altstadt ist schlicht gesagt: großartig!

Vielleicht noch vorweg: Für einen Besuch in Stockholm sollten Sie *viel Zeit einplanen,* denn die Altstadt ist schlicht gesagt: großartig! Es gibt eine Menge zu sehen und zu erleben, aber planen Sie auch Zeit zum Bummeln, Gucken und einfach zum Bleiben ein. Wir empfehlen mindestens drei Tage. Am ersten Tag checken wir immer auf dem Campingplatz ein, am zweiten Tag wird erkundet und am dritten Tag muss man (vielleicht) schon wieder um 10 Uhr den Campingplatz verlassen. Deshalb lieber mindestens einen Tag mehr nehmen, so bleibt neben einem Altstadt-Besuch noch Zeit für ein Museum oder eine Bootstour. Vier bis fünf Tage wären super, eine Woche perfekt. Oder Sie kommen einfach immer wieder – so wie wir.

Wir waren inzwischen viele Male in Stockholm und buchen uns meistens auf Ängby Camping ein. Uns gefällt es hier, denn der Platz ist eher schlicht, familiär und naturbelassen. Außerdem ist das Bad mit dem Strand unschlagbar. Wir nutzen den Platz ebenfalls als Ausgangspunkt für eine Besichtigung von Drottningholm Slott. Dazu später mehr.

199 Stockholm – *Ängby Camping Bromma*

GPS/Kontakt: N 59°20'13.9" E 17°54'3.9", Blackebergsvägen 25, +46 8370420, reservierung@angbycamping.se, www.angbycamping.se. **Max. WOMOs:** 100. **Öffnungszeit**: Ganzjährig. **Ausstattung**: Waschmaschine, Trockner, Picknickbänke, Grillstelle, Badesteg, Sauna, Shop, Strand, Rutsche, Liegewiese, Café, Minigolf. **Beschreibung**: 2**-Camping, eher Naturcamping, man darf keinen Luxus erwarten, alles ist schlicht und in die Jahre gekommen. Gute Lage am Ängbybadet und Anbindung zur Stadt. **Preise:** 345 SEK. **Hinweis**: Es muss vorab reserviert werden. Quick Stop vor dem Campingplatz möglich. Das schöne Judarskogens Naturreservat liegt direkt neben dem Platz und bietet

Rundwege um den See Judarn. **Zufahrt**: Von der 275 auf dem Färjestadsvägen geradeaus. **T-Bana:** Ängbyplan, 650 m vom Campingplatz entfernt. Von Ängbyplan sind es mit der Tunnelbana etwa 20 Min zur T-Centralen. Die 19 fährt alle 10 Min.

200 Stockholm – *Bredäng Camping Skärholmen*

GPS/Kontakt: N 59°17'44.4" E 17°55'24.4", Stora Sällskapets Väg 60, +468977071, www.bredangcamping.se. **Max. WOMOs:** 250. **Öffnungszeit**: 05-09. **Ausstattung**: Waschmaschine, Trockner, Picknickbänke, Shop, Brötchenservice, Restaurant. **Beschreibung**: 4**** Platz, sehr schön im Grünen, ruhig, neben dem Naturschutzgebiet Sätraskogen, 350 m bis zum Mälarhöjdsbadet mit Sandstrand. **Preise**: 350-390 SEK. **Hinweis**: Zwischen 05-09 fährt regelmäßig ein Dampfschiff vom Anlegesteg zum Rathaus oder zum Schloss Drottningholm (stromma.se). **Zufahrt**: Auf E20/E4 Ausfahrt 152-Trafikplats Bredäng, Ausschilderung. **T-Bana**: 700 m zur Station Bredäng und 20 Minuten zur T-Centralen mit der 13, fährt etwa alle 10 Min.

201 Stockholm – *Kaknästornet*

GPS: N 59°20'02.7" E 18°07'36.9", Mörka Kroken 28. **Max. WOMOs**: 10. **Ausstattung**: Mülleimer, Picknickbänke, Grillstelle im Park. **Beschreibung**: Großer Asphaltparkplatz mitten im Grünen am Fernsehturm, klappstuhlgeeignet, sehr ruhig! **Preise:** 200 SEK/24 Std. zahlbar am Automaten oder per EasyPark App. **Hinweis**: Seitdem der Turm für die Öffentlichkeit geschlossen wurde, ist hier nicht mehr viel los. Der Park eignet sich hervorragend für ausgedehnte Spaziergänge! **Zufahrt**: Von der E20 über Södra Hamnvägen, Tegeluddsvägen und Lindarängsvägen bis Mörka Kroken. **VE**: Grauwasser-Entsorgung, Toilet discharge point N 59°20'21.8" E 18°06'57.9", Ladugårdsgärdet, Lindarängsvägen. **T-Bana:** Keine 100 m durch das Wäldchen zur Bushaltestelle Kaknästornet Södra, Linie 69 fährt etwa alle 15 Min. Und benötigt etwa 15 Min. bis zur T-Centralen. **Fahrrad/zu Fuß**: Vom Turm bis in die Gamla Stan 4,1 km. Die Strecke durch den Ladugårdsgärdet und entlang der Promenade Strandvägen ist wunderschön!
E-Scooter: Im Sommer kann man Glück haben, dass am Parkplatz die beliebten Miet-Roller stehen. Das Fahren macht viel Spaß!

Der **Kaknästornet** war ein beliebtes Ausflugsziel in Stockholm. Der 170 Meter hohe Fernmelde- und Aussichtsturm bot einen atemberaubenden Blick über die schwedische Hauptstadt und Umgebung. Im September 2018 wurde der Turm für die Öffentlichkeit geschlossen. Der Grund dafür war die Notwendigkeit einer umfassenden Renovierung (Brandschutz). Wann er wieder für Besucher geöffnet wird, ist noch nicht bekannt.

Nur 500 Meter vom Parkplatz entfernt befinden sich das **Tekniska Museet** (Interaktives Wissenschafts- und Technikmuseum mit familienfreundlichen Ausstellungen), das **Ethnografische Museum** (Umfangreiche Sammlung mit Statuen, Trachten, Stoffen und Schriften aus aller Welt, mit Führungen und Restaurant) und das **Sjöhistoriska Museum** (Seefahrtsmuseum mit Ausstellungen zur Handelsschifffahrt, zu Booten und Schiffbau und zur schwedischen Marine).

202 Stockholm – *Långholmen Husbilscamping*

GPS/Kontakt: N 59°19'12.7" E 18°01'50.5", Skutskepparvägen, www.husbilstockholm.se. **Max. WOMOs**: 77. **Öffnungszeit**: 05-09. **Ausstattung**: VE, Strom, WC, Container-Dusche, Mülleimer, Waschmaschine. **Beschreibung**: Großer, unromantischer Stellplatz, dicht unterhalb der viel befahrenen Västerbron. **Preise:** 380-480 SEK +Service. **Hinweis**: Muss mindestens 10 Tage im Voraus gebucht werden! Die Ausweichplätze gehören alle zusammen und sind online buchbar. **Zufahrt**: Bis Skutskepparvägen auf Långholmen. **T-Bana**: 450 m zur Station Högalidsgatan, die 54 fährt knapp 20 Min bis T-Centralen, etwa alle 10 Min. **Ausweichplatz**: **Tantolunden**, N 59°18'44.8" E 18°03'11.0", Ringvägen 24, max. WOMOs: 14, ganzjährig, neben der Eisenbahnlinie und dem Ringvägen, sehr laut, ein bisschen Grün, 350-380 SEK +Service. **T-Bana**: 650 m zur Station Märsta, die 41 fährt 3 Min bis T-Centralen, etwa alle 10 Min. **Ausweichplatz**: **Alvsjö Camping**, N 59°16'51.8" E 18°01'08.6", Parkeringsvägen 10, max. WOMOs: 87, 06-09, hinter der Messehalle, zwischen einer viel befahrenen Straße und Eisenbahn, kein Grün, nur Asphalt. 320 SEK +Service. **T-Bana**: Komplett um das Messegelände herum, etwa 1,2 km, die 41 fährt ab Älvsjö 9 Min bis T-Centralen.

Sommer in der Altstadt

Auf Långholmen gibt es rund um das Theatergelände im Nordosten der Insel einen hundefreundlichen Strand, wo Hunde schwimmen, frei herumlaufen und spielen können. Das Wasser ist sauber und die Aussicht ist toll. In der Nähe gibt es auch einen Hunderuheplatz und das hundefreundliche ***Café Lasse i Parken*** *(Högalidsgatan 56, www.lasseiparken.se)*. Mehr hundefreundliche Aktivitäten: www.hundvanliga-stockholm.se.

203 Stockholm – *Gamla Stan Riddaholmen*

GPS: N 59°19'26.4" E 18°03'48.8", Södra Riddarholmshamnen 13.
Max. WOMOs: 4. **Ausstattung**: WC. **Beschreibung**: Kleiner Parkplatz direkt am Kai der Riddarholmen Brygga. **Preise:** 31 SEK/Std. 174 SEK/8 Std. und 634 SEK/24 Std. **Hinweis**: Nichts für große WOMOs über 7 m. **Zufahrt**: Über die Norrbro und Slottskajen bis Riddarhusbron, Wrangelska backen und Södra Riddarholmshamnen.

TOUR 8

Hinweis: Es gibt sogenannte *Infartsparken*, also Parkplätze an den *Einfahrten* in die Innenstadt, bei uns würde man wahrscheinlich Park & Ride dazu sagen. Es sind meistens schlichte Parkplätze an den Hauptknotenpunkten in der Nähe einer T-Station *(www.stockholm-parkering.se/infartspark)*.

Kunst in der Tunnelbana

In Stockholm ist die Verkehrsgesellschaft SL für den öffentlichen Nahverkehr zuständig. SL steht für Stockholms Lokaltrafik. Das Unternehmen betreibt Busse, U-Bahnen, S-Bahnen, die Straßenbahnlinie 7 nach Djurgården, mehrere Personenfähren und einige lokale Zugstrecken im Großraum Stockholm.

Wir empfehlen die SL-App: Damit kann man nicht nur die gewünschte Route wählen und sich live anzeigen lassen, sondern direkt auch ein Ticket kaufen *(39 SEK 75 Minuten)*. Die Stockholm-Card gibt es nicht mehr, SL bietet eine *Reisekarte* an, die für eine gewisse Zeit gilt *(165 SEK 24 Stunden, 330 SEK 72 Stunden, 430 SEK 7 Tage, 970 SEK 30 Tage zahlbar in der SL App)*.

Tipp: Bezahlen Sie während der Fahrt bei allen SL-Diensten mit einer kontaktlosen Karte (Visa, Mastercard), Smartphone oder -Watch. Zum Fahrtantritt legen Sie einfach Ihre Karte oder Ihr Handy auf den Kartenleser.

Die Stockholmer U-Bahn oder Tunnelbana (T-Bana) ist die einzige U-Bahn in Schweden. Sie ist bekannt für ihre Kunstwerke, die an vielen Stationen zu sehen sind. Daher wird sie auch als *längste Kunstgalerie der Welt* bezeichnet.

Fahren Sie einfach mal ein paar **Tunnelbana**-Strecken ab. Sie

Ausflug mit den Hoppies

werden überrascht sein, denn es gibt viel zu sehen an den einzelnen Haltestellen. Auf der blauen Linie von Kungsträdgården nach Akalla und Hjulsta ist fast jeder unterirdische *Bahnhof ein Kunstwerk*. Die rote Linie, die von Norsborg nach Ropsten und von Fruängen nach Mörby Centrum fährt, ist ebenfalls sehr empfehlenswert.

Tickets für Sehenswürdigkeiten können über GetYourGuide (App) gekauft werden *(www.getyourguide.de)*. Ein Stockholm **Go City All-Inclusive Pass** mit 50+ Attraktionen kostet 760 SEK pro Person (exklusive Öffis!). Eine gute Alternative ist die **Kulturarvskortet**, die Kulturerbekarte (siehe Tipps und Infos), immerhin befinden sich von den 300 kulturellen Angeboten 50 in Stockholm.

Wenn wir eine für uns neue (große) Stadt besuchen, buchen wir uns immer als Erstes eine **Hop-on Hop-off** Tour - *»Hoppies«*, wie unsere Kids die Busse getauft haben. Mit einem Ticket für den Bus oder das Schiff können wir Stockholm ganz einfach erkunden, weil wir an jeder beliebigen Haltestelle ein- und aussteigen können, um die Sehenswürdigkeiten der Stadt im eigenen Tempo zu entdecken. Zum Beispiel: 24 Stunden 220 SEK, 72 Stunden 500 SEK.

Apropos **Bootstour**: Es empfiehlt sich unbedingt eine Tour durch die *Stockholmer Schären* zu machen. Ein absolutes Highlight!

Man kann nicht alles schaffen und anschauen, dazu bietet Stockholm einfach viel zu viel. Außerdem gibt es ganze Bücher über diese wunderschöne Stadt, das würde meinen kleinen Reiseführer hier sprengen, auch, wenn ich eigentlich so viel schreiben möchte, denn die Stadt ist wirklich einzigartig!

Stockholm hat eine mehr als 700-jährige Geschichte und ist seit 1643 die Residenz des schwedischen Königs.

Der Pinnen am Sergels Torg

Wir wenden uns erst Richtung Altstadt, denn hier ist es am Vormittag noch nicht so voll. Da wir am **T-Centralen** mitten in der Innenstadt ankommen, bestaunen wir als allererstes am **Sergels Torg** die 37 Meter hohe Glassäule. Sie wird von den Stockholmern spöttisch *Pinnen* genannt, was *der Stock* bedeutet. Wir setzen uns mit einem Eis in der Hand einfach auf die Stufen an der Drottninggatan-Seite, genießen die Sonne und beobachten die Menschen. Jemand übt seine Weitsprungkünste, andere jonglieren oder zaubern. Obwohl es ein zentraler Platz und Dreh- und Angelpunkt der Tunnelbana ist, scheinen die meisten der vorbeiziehenden Menschen nicht in Eile zu sein. Überhaupt ticken die Uhren in dieser Hauptstadt weitaus langsamer, als wir es in anderen erlebt haben. Gehen die Leute gemächlicher oder kommt es uns nur so vor?

Storkyrka in Gamla Stan

Irgendwann wollen wir natürlich die Altstadt **Gamla Stan** erkunden, wenden uns der **Drottninggatan** zu und lassen uns durch die schmalen Gassen treiben. Wir gehen immer geradeaus über die **Reichstagsinsel**, an dessen Parlament Greta Thunberg 2018 zum ersten Mal allein streikte, etwas schräg in die **Västerlånggatan**, denn hier sind die ganzen Lädchen mit Souvenirs und Kunsthandwerk und unserer Meinung nach die beste Eisdiele der Welt im ***Cafe Kåkbrinken***! Vielleicht liegt der Geschmack aber auch nur an der Atmosphäre.

Werfen Sie unbedingt mal einen Blick nach links und rechts in die Seitengassen, Tunnel (**Gåsgrändstunneln**) und Stockholms engste Gasse (**Mårten Trotzigs gränd**). An der engsten Stelle misst sie nur 90 Zentimeter. Sie ist nach dem Kaufmann Mårten Trotzig benannt, der Ende des 16. Jahrhunderts ein einflussreicher Kaufmann in der Stadt war. Am **Stortorget** lassen wir die Stimmung auf uns wirken, doch um 12:15 Uhr wollen wir pünktlich am Schloss sein zur Wachablösung.

Kungliga Slottet – Das Königliche Stockholmer Schloss

Im Allgemeinen findet vom 23. April bis zum 31. August jeden Tag die Wachablösungszeremonie am Kungliga Slottet – einschließlich einer Parade mit Militärkapelle – statt. Die Kolonne marschiert um 11:45 Uhr bzw. 11:35 Uhr und um 12:00 Uhr vom Armeemuseum oder der Kavalleriekaserne ab. An Sonn- und Feiertagen jeweils um 12:45 und 12:35 Uhr. Die *Zeremonie* der Königlichen Garde im Königlichen Palast dauert etwa 40 Minuten. Beginn ist werktags um 12:15 Uhr im Schlossvorhof, sonntags um 13:15 Uhr.

TOUR 8

Hauptveranstaltungen: Geburtstag seiner Majestät des Königs am 30. April, Schwedens Nationalfeiertag am 6. Juni, Geburtstag Ihrer Königlichen Hoheit, der Kronprinzessin am 14. Juli, der Namenstag Ihrer Majestät der Königin am 8. August (jeweils einschließlich eines Salutschusses aus Skeppsholmen um 12 Uhr). Zu diesen Terminen ist es besonders voll in der Stadt.

1697 brannte das alte Schloss Tre Kronor nieder. Das heutige Kungliga Slottet wurde auf den Grundmauern des alten Schlosses erbaut. Nicodemus Tessin der Jüngere entwarf das neue Königliche Schloss. Es wurde im italienischen Barockstil erbaut und ist einem römischen Palast nachempfunden. Der Entwurf war so schnell fertig, dass man Gerüchten zufolge annahm, Tessin selbst habe dafür gesorgt, dass das alte Schloss abbrannte. Der Bau dauerte 60 Jahre, weil Schweden wegen mehrerer Kriege Geld fehlte. Als das Schloss fertig wurde, war es bereits unmodern.

Sehenswürdigkeiten, die aus unserer Sicht neben dem Kungliga Slottet sein sollten: Die Backsteingotik-Kathedrale **Storkyrkan**, auch als *Große Kirche* bekannt, beherbergt eine Sammlung von Artefakten und eine berühmte Statue des Heiligen Georg. Hier heirateten 2010 *Kronprinzessin Victoria und Daniel Westling*. **Riddarhuset** ist ein prächtiges Gebäude aus dem 17. Jahrhundert. **Riddarholmskyrkan** ursprünglich im 13. Jahrhundert erbaut, dient heute als Begräbnis- und Gedenkstätte.

Restaurant-Tipps: ***Aifur,*** nach einem Wikingerschiff benannt, bietet Wikinger-Spezialitäten im historischen Gewand *(Västerlånggatan 68b, www.aifur.se)*. ***Den Gyldene Freden*** ist ein elegantes Restaurant aus dem 18. Jahrhundert mit traditioneller skandina-

vischer Küche in historischem Ambiente *(Österlånggatan 51, www.gyldenefreden.se)*.

Wir schlendern weiter durch die Gassen hinüber zu den **Skeppsbrokajen**, von denen die Ausflugsboote starten. Die **Skeppsbron** ist eine historische Kaimauer in Stockholm, die im 17. Jahrhundert erbaut wurde. Sie war ursprünglich der wichtigste Hafen der Stadt und diente auch als Fischereihafen. Im 19. Jahrhundert wurde sie zum Passagierhafen für den Verkehr nach Norwegen, Finnland und ins Baltikum. Heute ist die *Schiffsbrücke* eine beliebte Attraktion mit historischen Gebäuden und Zollpavillons.

Über die **Reichstagsinsel** geht es dieses Mal auf der östlichen Seite zum **Gustav Adolfs torg** und von dort aus in den **Kungsträdgården** (kurz *Kungsan*), einem gemütlichen Park, der bereits 1650 eingeweiht wurde. Damals war er noch nicht für die Öffentlichkeit zugänglich, heutzutage umso intensiver. Student:innen feiern hier oft ihre bestandenen Prüfungen, ebenso wie Junggesell:innen ihren Abschied. Jedes Jahr Anfang Juni findet hier das *Smaka Good Food Festival* statt. Dieses dauert fünf Tage und bietet eine Vielzahl an kulinarischen Köstlichkeiten aus aller Welt. Es ist eines der größten Food Festivals der Welt und lockt jedes Jahr rund 350.000 Besucher an.

Wir setzen uns auf eine der vielen Bänke am Springbrunnen und genießen einfach die Zeit. Wir sinnieren noch, wie es war, als wir einmal hier saßen, als die Pokémon-GoApp neu war und tausende Menschen jeden Alters mit einem oder mehreren Handys in der Hand wie Zombies durch den Park wackelten. Wir lachen: eine schöne Erinnerung! Doch inzwischen knurrt uns der Magen und so wechseln wir unsere Position auf die Außenterrasse des italienischen Restaurants ***Ricordi***, eines von vielen Cafés und Restaurants am Platze.

Am nördlichen Ende des Parks liegt das elegante **Kompaniet NK** (Nordisches Kaufhaus), das immer wieder mit kreativen Fensterdekorationen überrascht.

Kirschblüte im Kungsan

Eigentlich sind wir schon fast wieder an der T-Centralen und wir überlegen, ob wir den Tag damit abschließen, können es aber nicht lassen, doch noch weiter zu Stockholms **Stadshus** zu gehen. Vom 106 Meter hohen Turm hat man einen phänomenalen Ausblick auf die Insel Riddarholmen, auf Södermalm und die Gamla Stan. Das Stadshus ist jedes Jahr am 10. Dezember der Schauplatz des Nobel-Preis-Banketts, bei dem die neuen Preisträger geehrt werden. An so einem schönen Tag wie heute ist die Terrasse vor dem Rathaus voller entspannter, fröhlicher Menschen aus aller Welt.

Ausflugstipp: Klara Mälarstrand Bootstour

Birka liegt auf der Insel Björkö und ist nur mit dem Boot zu erreichen. *Strömma Canal* (www.stromma.com) bietet von Mai bis September ganztägige Rundfahrten an, die von Stockholms *Klara Mälarstrand* (in der Nähe des Rathauses, N 59°19'40.4" E 18°03'29.8") abfahren. Die Bootsfahrt nach Birka dauert zwei Stunden pro Strecke. An Bord gibt es ein Restaurant und Waschräume. Die Fahrt ist eine angenehme Möglichkeit, die schwedische Landschaft zu erleben. Im Ticket-Preis sind neben der Bootsfahrt auch der Eintritt ins Birka-Museum und eine Führung durch die Ausgrabungsstätte enthalten. Neben den Booten, die vom Zentrum Stockholms abfahren, gibt es auch einige, die von anderen Zielen außerhalb der Stadt, wie Strömma und Rederi Mälarstaden, abfahren.

Birka war vom 8. bis zum 10. Jahrhundert der wichtigste Handelsplatz Skandinaviens und heute *UNESCO-Welterbe*. Hier trafen sich Händler aus ganz Europa, um Waren wie Bernstein, Glas, Gewürze und Waffen zu handeln. Hovgården war der königliche Wohnsitz in dieser Zeit. Beide Orte auf den zwei benachbarten Inseln Björkö und Adelsön im Mälarsee geben Zeugnis vom ausgedehnten Handelsnetz der Wikinger, das sich in den 200 Jahren ihrer Expansion über ganz Europa erstreckte.

Mälarpaviljongen – hier sind alle willkommen

Restaurant-Tipp: Im Zeichen des Regenbogens

Arto Winter betreibt eines der beliebtesten Sommerrestaurants, mit einer ausdrücklichen Einladung an queere und queerfreundliche Menschen. Dank der Lage am Wasser und des entspannten Ambientes zieht ***Mälarpaviljongen*** ein großes Publikum an. *»Es gibt in Stockholm nicht viele Restaurants, die sich nur an die LGBTQIA+ Community richten – stattdessen ist die ganze Stadt offen und inklusiv«*, sagt Arto Winter *(Am Wanderweg Norr Mälarstrand, nur im Sommer geöffnet, Fleisch, Fisch und vegane Gerichte, Hunde sind natürlich ebenso willkommen, Norr Mälarstrand 64, www.malarpaviljongen.se).*

Östermalms **Saluhall** ist eine **Markthalle** mit Geschichte und kulinarischer Vielfalt: In den 1880er-Jahren erbaut, ist die Saluhall eine der ältesten Markthallen Stockholms. Hier finden sich rund 70 Stände, die eine große Auswahl an Lebensmitteln und Delikatessen bieten. Viele der Stände sind in historischem Ambiente untergebracht und verleihen der Markthalle einen besonderen Charme. Die Saluhall ist nicht nur ein Ort zum Einkaufen, sondern auch zum Schlemmen. In der Markthalle befinden sich mehrere Restaurants und Cafés, in denen man sich kulinarisch verwöhnen lassen kann. Besuchen Sie die Markthalle am besten vormittags, wenn die Stände noch frisch beliefert werden *(Mo.-Fr. 9:30-19 Uhr, Sa. 9:30-17 Uhr, N 59°20'09.8" E 18°04'42.1", Östermalmstorg 4, www.ostermalmshallen.se).*

TOUR 8

Das **Vasa Museum** auf der Insel **Djurgården** beherbergt das Kriegsschiff Vasa aus dem 17. Jahrhundert. Das Schiff sank bei seiner Jungfernfahrt, wurde aber 1961 geborgen und restauriert. Heute ist es das am besten erhaltene Schiff seiner Art und eine der wichtigsten Touristenattraktionen Schwedens *(tägl. 10-17 Uhr, Mi. bis 20 Uhr, bis 18 Jahre freier Eintritt, 170 SEK 10-12, 190 SEK 01-04, 220 SEK 05-09, Galärvarvsvägen 14, www.vasamuseet.se).*

Junibacken bietet Theater, Minizug, Spielhaus und Veranstaltungen für Kinder mit viel Spaß und Abwechslung *(Galärvarvsvägen 8, www.junibacken.se).*

Vasa Museum

Nordiska Museet befindet sich in einem gewaltigem Gebäude mit Ausstellungen zu einheimischen Traditionen, Wohnkultur, Mode und Festivals *(Djurgårdsvägen 6-16, www.nordiskamuseet.se).*

The Viking Museum, das Wikingermuseum zeigt hölzerne Wikingerschiffe aus dem 9. Jahrhundert und Fundstücke aus Wikingergräbern *(Djurgårdsvägen 48, Djurgårdsstrand 15, www.thevikingmuseum.com).*

ABBA The Museum ist ein interaktives Museum, das der schwedischen Popgruppe ABBA gewidmet ist. Das Museum umfasst eine Sammlung von Erinnerungsstücken der Band, darunter Kostüme, Instrumente, Auszeichnungen und Musikvideos. Es gibt auch interaktive Exponate, mit denen Besucher die Musik und die Geschichte von ABBA erleben können *(Djurgårdsvägen 68, www.abbathemuseum.com).*

Gröna Lund ist ein saisonal geöffneter Freizeitpark. Er bietet eine Vielzahl von Fahrgeschäften und Attraktionen für alle Altersgruppen. Hier finden regelmäßig Live-Konzerte, Wettbewerbe und anderen Veranstaltungen statt *(Lilla Allmänna Gränd 9, www.gronalund.com).*

Vergnügungspark Gröna Lund auf der Insel Djurgården

Spukschreck mit Gruselfaktor

Als wir mit Freunden Gröna Lund besuchten, wagten wir uns ins Spökhuset. Wir dachten, es wäre eine normale Geisterbahn. Es war stockdunkel und wir tasteten uns langsam voran. Plötzlich stand ein Geist vor mir! Ich schrie auf! Schlagartig schrien auch alle anderen um die Wette, denn von überall griffen blutige Hände nach uns und gruselige Horror-Gesichter schoben sich aus der Dunkelheit zu uns heran. Wir rannten, doch auch im nächsten Raum wurde es nicht besser, bis wir auf einem Balkon Zuflucht fanden und wir eine kurze Atempause einlegen konnten. Verkleidete Menschen hatten uns erschreckt, aber so genial gemacht, dass wir alle aus vollem Herzen anfingen zu lachen. Es war ein unvergessliches Erlebnis.

Für mich persönlich ist der Besuch des **Skansen Freilichtmuseums** ein absolutes Highlight in Stockholm und mich zieht es immer wieder dorthin. So packen wir frühmorgens unseren Rucksack mit Picknicksachen und verbringen einen ganzen langen Tag im Skansen, denn hier, im *ältesten Freilichtmuseum der Welt*, kommt keine Langeweile auf. Es ist ein riesiges Areal mit über 150 Gebäuden aus ganz Schweden, die vom 16. bis ins 20. Jahrhundert datieren. Ein Modell des 300.000 m² großen Geländes steht am Haupteingang. Die Übersichtskarte sorgt für eine gute Orientierung.

Wir besichtigen Bauernhöfe, Kirchen, Handwerksbetriebe und sogar ein kleines Stockholmer Stadtviertel aus dem 19. Jahrhundert und erleben, wie die Menschen früher gearbeitet, gelebt und gefeiert haben.

Im Skansen gibt es auch einen Tierpark mit über 700 Tieren aus ganz Schweden. Wir beobachten unter anderem Bären, Wölfe, Elche, Rentiere und Luchse. Unsere Kinder freuen sich, die Tiere zu beobachten, denn hier haben sie viel Platz. Der Streichelzoo ist dann aber, was sie am meisten genießen.

Etliche Restaurants und Cafés bieten Stärkungen, wie traditionelle schwedische Gerichte an. Wir gönnen uns das Dagens Rätt, bevor wir weiter auf Entdeckertour gehen. Vom **Skogaholms Herrgård** haben wir einen herrlichen Ausblick auf Stockholm *(Sollidsbacken 9, ganzjährig geöffnet, Zeiten und Preise variieren je nach Saison, www.skansen.se)*.

Södermalm ist ein lebendiger, vielfältiger und kreativer Stadtteil Stockholms. Hier finden sich historische Sehenswürdigkeiten, trendige Geschäfte, Restaurants und Menschen aus der ganzen Welt. Von der **Fjällgatan** hat man einen schönen Ausblick auf die Altstadt und die Inseln.

Elche im Skansen Park

Wer noch mehr Zeit hat, kann einen Ausflug zum *Globen*, der **Avicii Arena**, wie es heute heißt, machen. Tim Bergling, besser bekannt unter seinem Künstlernamen *Avicii*, war ein schwedischer DJ, Remixer und Musikproduzent im Bereich der elektronischen Tanzmusik. Mit dem Lied *Levels* gelangte er zu internationaler Berühmtheit. Er wurde 1989 in Stockholm geboren, starb bereits 2018 und wurde in seiner Heimatstadt beigesetzt.

In der riesigen Halle, in Form eines Golfballs, finden große Musik-, Sport- und Kulturveranstaltungen statt. Man kann in einer Glasgondel an der Außenfassade des größten kugelförmigen Gebäudes der Welt hinauffahren und von oben einen phänomenalen Blick über Stockholm genießen – vorausgesetzt, man hat keine Höhenangst.

TOUR 8

Von der Sightseeing-Tour zum Eishockey-Traum

Wir fahren zum Globen / Avicii Arena, einfach weil wir das verrückte Gebäude aus der Nähe sehen wollen. Dort angekommen, strömen tausende lauter und lachender Menschen mit wedelnden Flaggen zum Eingang. Wir fragen: »Was ist denn hier los?« und bekommen zur Antwort: »Na, die Eishockey-Weltmeisterschaft. Wollt ihr Tickets?« Ja, wir wollen. Warum nicht? Sport interessiert uns eigentlich nicht, aber egal, die Tickets sind günstig und wir haben nichts anderes vor. Also schließen wir uns der Menschenmasse an und kommen von ziemlich weit oben in die Arena, die natürlich auch im Inneren kreisrund ist. Wow! Was für ein Anblick! Überall werden schwedische Flaggen geschwungen und vereinzelt auch ein paar deutsche, denn Schweden spielt heute gegen Deutschland. Was für ein Zufall! Der Blick von oben hinab auf das winzig wirkende Spielfeld ist überwältigend! Wir schauen auf unsere Tickets.»Wo sind eigentlich unsere Plätze?« Wir fragen und werden weiter nach unten geschickt. Da sitzt die Presse, und wir sitzen daneben, direkt hinter dem Tor. Die Plätze sind perfekt! Wir fühlen uns wie VIPs und erfreuen uns am Spiel. Das Gute: Schweden gewinnt mit 7:1 und die Stimmung in der Halle haut uns schlichtweg um. Jedes Mal, wenn Schweden ein Tor schießt, tobt die Halle. Von den 16.000 Menschen sind mindestens 15.900 schwedischer Nationalität und so feiern wir einfach mit und genießen ein außergewöhnliches Erlebnis.

Drottningholm Slott

Wir kehren Stockholm noch nicht den Rücken, denn auch die Peripherie hat noch viel zu bieten.

Das **Drottningholm Slott** gehört zum *UNESCO-Welterbe* und ist königlicher Wohnsitz. Ein einzigartiges Ensemble von Schloss, Park und Theater und unser heutiges Ziel. Für unseren Besuch planen wir einen ganzen Tag ein. Das Schloss ist beispielsweise von Ängby Camping gut erreichbar. Es gibt verschiedene Möglichkeiten: 1.) Eineinhalb Kilometer zur Nockeby Station (ein fantastischer Wanderweg oberhalb der Küste), die 176 fährt drei Minuten bis zum Schloss. 2.) 700 Meter zur Station Ängbyplan. Die 19 fährt bis Brommaplan, dann die 176. 3.) Zu Fuß oder Rad dreieinhalb Kilometer pro Strecke. Der Weg führt über die Nockebybron und die Drottningholmsbron. Die 261 ist zwar stark befahren, bietet aber spektakuläre Ausblicke auf die Seitenarme des Mälarensees und auf das Schloss – immerhin liegt es auf einer Insel. Drottningholm heißt auf Deutsch **Königininsel**.

TOUR 8

P **Stockholm – *Drottningholm Karusellplan***
N 59°19'32.5" E 17°52'44.4", Ekerövägen 20, bis max. 3,5 t, runder Schotterparkplatz, 750 m nördlich des Schlosses, Fußweg durch den Park. **Teaterparkeringen,** N 59°19'24.0" E 17°53'11.8", Asphaltparkplatz, 200 m nördlich des Schlosses. Beide Parkplätze am Schloss sind reine Tagesparkplätze, max. 6 Std., Parkverbot 00-03 Uhr, 15 SEK/Std. zahlbar per EasyPark App.

Die Welterbestätte umfasst nicht nur das Schloss, sondern auch den Park und das Theater. Das *Schlosstheater* ist das *einzige erhaltene Barocktheater* in Schweden. Die Königsfamilie nutzt das Schloss für offizielle Empfänge und Veranstaltungen.

Sie lebt seit 1981 im Schloss Drottningholm. Die privaten Zimmer des Königspaares befinden sich im Südflügel des Schlosses. Die meisten Teile des Schlosses und Gärten sind jedoch für die Öffentlichkeit zugänglich *(Ganzjährig. Hundeverbot im gesamten Schloss und Park, www.kungligaslotten.se)*.

Wichtig: Wählen Sie online zuerst Drottningholm Slott aus und dann erst Ticket buchen, denn es gibt 10 der *Königlichen (Kungliga) Schlösser* und in der Gamla Stan gibt es auch noch eins, das genauso heißt: Kungliga Slott – The Royal Palace. Da kann es schnell zu Verwechslungen kommen und wenn Sie die Buchungsmöglichkeiten aller Schlösser auf einer Seite sehen, wird es leicht verwirrend. Wir wollen im Moment aber nur das eine Schloss besichtigen. Zu den Wochenenden gibt es oft noch zusätzliche Kontingente zu kaufen. Im Sommer sollte langfristig im Voraus gebucht werden! Anschließend wählen Sie sich eine Zeitspanne von einer Stunde aus. Nur innerhalb dieses gebuchten Slots haben Sie die Möglichkeit in das Schloss zu kommen. Sobald Sie drin sind, können Sie sich Zeit lassen. Wir finden die Formulierung auf der Webseite etwas verwirrend *(150 SEK, 75 SEK 7-17 Jahre, 75 SEK mit der Kulturerbekarte, Führung: +30 SEK, auch dieses Ticket benötigt ein Zeitfenster und muss extra gebucht werden)*.

Wachzelt Vakttältet

TOUR 8

Nach unserer Schlossbesichtigung wenden wir uns erst einmal dem ***Karamellan Café & Restaurang*** zu, auf dessen Terrasse wir zwar kein Dagens Rätt bekommen, aber das Essen ist trotzdem gut und bezahlbar. Wir essen Köttbullar, einen veganen Plantburger und überbackenen Lachs.

Kina Slott – das königliche Lustschloss

Barock, Romantik und Exotik

5,5 km, einfach, barrierefrei: Wir sind von der Schönheit des Schlosses und der Vielfalt des Gartens begeistert. Der Barockgarten nach französischem Vorbild ist streng geometrisch angelegt und wird von zahlreichen Skulpturen und Brunnen geschmückt. Die Rasenflächen und Hecken sind perfekt gepflegt und akkurat geschnitten.

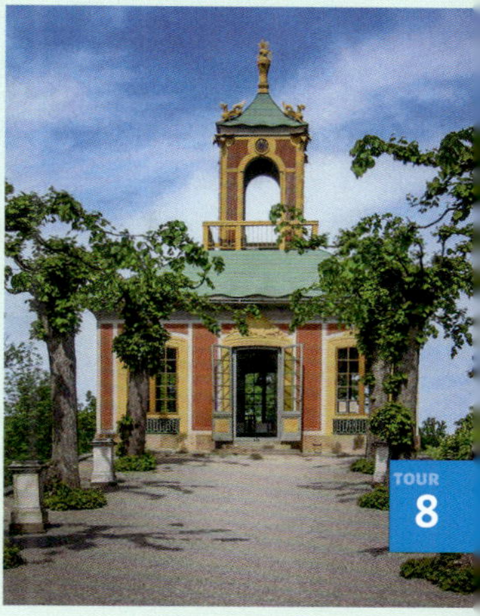

Das **Wachzelt Vakttältet** wirkt sehr romantisch. Es wurde im 18. Jahrhundert von Carl Fredrik Adelcrantz entworfen und ist wie ein türkisches oder römisches Soldatenzelt gestaltet. Es diente ursprünglich als Unterkunft für Wachen, heute ist es ein Picknickzelt und beliebtes Fotomotiv. Nur wenige Meter weiter erblicken wir das entzückende chinesische Lustschloss **Kina Slott**, ein Geschenk für die Königin.

An einem Sommerabend im Jahr 1753 feierte Königin Lovisa Ulrika ihren Geburtstag. Sie erwartete ein Geschenk von ihrem Mann, König Adolf Fredrik, aber sie hatte keine Ahnung, was er sich für sie ausgedacht hatte. Nach dem Abendessen führte König Adolf Fredrik seine Frau in den hinteren Teil des Schlossparks von Drottningholm. Dort, versteckt im Wald, stand ein kleines Schloss im chinesischen Stil. Die Königin war überwältigt. Sie hatte noch nie etwas so Schönes gesehen. Das Schloss war mit bunten Wandmalereien, lackierten Möbeln und exotischen Gegenständen aus China geschmückt. König Adolf Fredrik hatte das Schlösslein heimlich für seine Frau bauen lassen. Er wusste, dass sie eine große Bewunderin der chinesischen Kultur war.

Wir lieben das Schloss, die Gärten und überhaupt alles in Stockholm! Wir werden wiederkommen!

Tour 9

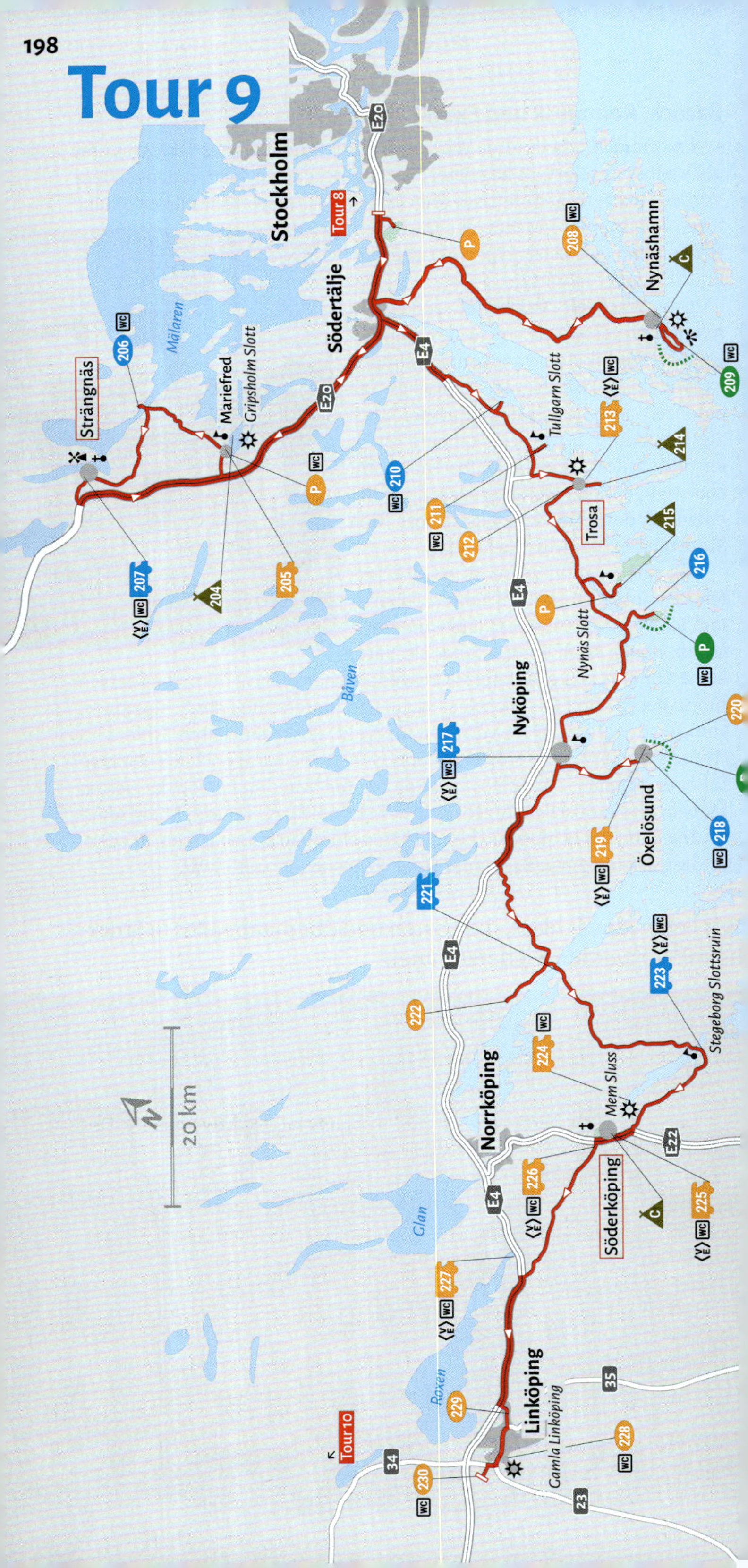
Stockholm
Tour 8
Södertälje
Mälaren
Strängnäs
Mariefred
Gripsholm Slott
Nynäshamn
Tullgarn Slott
Trosa
Nynäs Slott
Båven
Nyköping
Öxelösund
Stegeborg Slottsruin
Mem Sluss
Norrköping
Söderköping
Glan
Roxen
Linköping
Gamla Linköping
Tour 10
20 km
E20
E4
E22
35
34
23
204
205
206
207
208
209
210
211
212
213
214
215
216
217
218
219
220
221
222
223
224
225
226
227
228
229
230

Schlösser, Küsten und skandinavische Idylle Von Mariefred über Söderköping bis Linköping

510 km

Südlich von Stockholm reisen wir ins Södermanland, eine historische Provinz, in der wir landschaftliche Schönheiten, kulturelle Sehenswürdigkeiten und kleinstädtische Atmosphären erleben. Eine Region mit unzähligen Schlössern und Herrenhäusern. Besonders beeindruckend sind die Küste, Seen und Wälder. Unsere Highlights sind:

- **Schloss Gripsholm**
- **Nynäshamn Strandvägen**
- **Trosa**
- **Stendörren**
- **Gamla Linköping**

Nach dem Trubel der Großstadt zieht es uns wieder aufs Land und ans Wasser. Noch sind wir im Einzugsgebiet Stockholms, aber es wird ruhiger. So besuchen wir den *Hågelbyparken*, der oft als *das kleine Skansen* bezeichnet wird, da er einige Ähnlichkeiten mit dem berühmten Freilichtmuseum Skansen in Stockholm hat. Der **Gutshof Hågelby Gård** wurde von Lars Magnus Ericsson, dem Gründer der Telefongesellschaft Ericsson, 1922 im neoklassizistischen Stil erbaut. Heute ist Hågelby ein öffentlicher Park und bietet eine Vielzahl von Aktivitäten und Attraktionen, wie Café, Bauernhof mit Tieren, Shop mit Kunsthandwerk und Parkkiosk *(täglich 9-15 Uhr, Sa.-So. 9-16 Uhr, www.hagelby.se)*.

P **Tumba – *Hågelbyparken***
N 59°13'15.3" E 17°49'57.2", Hågelbyvägen 5

Wanderung Hågelbyparken und Ekholmens Naturschutzgebiet

7,4 km, leicht, nicht barrierefrei, rote Markierung oder Holzwegweiser: Der Wanderweg führt einmal um den See Aspen herum. Dabei geht man fast immer direkt am Wasser entlang, teilweise über Holzstege, manchmal durch den Wald, an dicken Felsen vorbei und über schmale Pfade. Vom Baden im See wird abgeraten, da dieser von vielen Algen bedeckt wird. Teilweise muss man auch über Tiergatter klettern und sieht Schafe. Uns gefallen die Waldpfade auf den Holzstegen am besten!

Hågelbyparken südlich von Stockholm

TOUR 9

Mariefred – das wuchtige Gripsholm Slott

Wohin fahren wir als Nächstes? Zum wuchtigen **Schloss Gripsholm in Mariefred** (Einwohnerzahl 4.000). Wir freuen uns schon mächtig, zählt es wohl zu den bemerkenswertesten Schlössern des Landes.

P Mariefred – *Gripsholm*

N 59°15'28.3" E 17°12'56.3", WC, Kiosk. Vorsicht tiefe Schlaglöcher bei der Einfahrt! Parkverbot zwischen 23-06 Uhr.

Wir parken auf dem riesigen Schotterparkplatz direkt vor dem Schloss. In Mariefred ist es fast unmöglich mit WOMO irgendwo anders zu parken, deshalb gehen wir auch von hier aus zu Fuß in die Stadt.

204 Mariefred – *Camping*

GPS/Kontakt: N 59°15'47.2" E 17°15'18.7", Edsala, +46015913530, www.mariefredscamping.com. **Max. WOMOs**: 130. **Öffnungszeit**: 04-10. **Ausstattung**: Picknickbänke, Grillstelle, Badesteg, Spielplatz, Minigolf, Brötchenservice. **Beschreibung**: Schotterparkplatz für das WOMO, Rasen für die Stühle, umgeben von Bäumen, Strand mit Blick auf den See. Sehr schöne Lage! **Preise**: 315-395 SEK. **Hinweis**: Rezeption ist weit auf dem Platz. 3 km Küstenpfad bis zur Stadt. VE frei zugänglich. **Zufahrt**: Vom Ärnäsvägen aus Mariefred kommend rechts der Ausschilderung folgen.

205 Mariefred – *Solvändan*

GPS: N 59°15'52.0" E 17°12'51.7", Solvändan 1. **Max. WOMOs**: 12. **Öffnungszeit**: Ganzjährig. **Ausstattung**: Strom, Mülleimer. Großer, unromantischer Schotterparkplatz neben der viel befahrenen Straße 223 stadtauswärts. **Preise**: 150 SEK zahlbar bar im Hafenkontor am Hafen, N 59°15'28.8" E 17°13'16.5", dort dürfen WOMOs nicht parken.

Geheimnisse und Legenden von Gripsholm Slott

Das Schloss ist eines der elf Königsschlösser. Es liegt auf einer kleinen Insel im Mälaren und ist von einem wunderschönen Schlosspark umgeben. Die Geschichte von Gripsholm beginnt im 14. Jahrhundert, als Bo Jonsson Grip, ein mächtiger Mann der damaligen Zeit, die Burg errichten ließ. Im 16. Jahrhundert wurde sie von Gustav Vasa zu einer königlichen Residenz umgebaut und im 17. Jahrhundert von Königinnenwitwen verwaltet. Die bekannteste ist Hedvig Eleonora, die den Flügel der Königin erbauen ließ. Heute ist Gripsholm ein Museum mit einer Sammlung von Porträts schwedischer Hoheiten und berühmter Persönlichkeiten. Der Schlosspark ist ein beliebtes Ausflugsziel.

Unseren Kindern gefällt es besonders gut. Sie können sich verkleiden, es gibt Mitmachprogramme und eine Übersichtskarte mit Rätseln *(150 SEK, 75 SEK 7-17 Jahre, 75 SEK mit Kulturerbekarte, 05-09 täglich 10-16 Uhr, Sa.-So. 12-15 Uhr, online vorbuchen, barrierefrei, www.kungligaslotten.se)*.

TOUR 9

Mariefred ist eine charmante Kleinstadt am Ufer des Mälarsees. Die **Altstadt** ist ein hübsches Ensemble aus Holzhäusern aus dem 17. und 18. Jahrhundert. Die Hauptstraße, die Drottninggatan, ist gesäumt von Geschäften, Restaurants und Cafés.

Haben Sie Lust auf eine Bootstour? Die S/S Mariefred ist ein historisches Dampfschiff, das auf dem Mälarsee verkehrt.

Oder wie wäre eine Tour mit der historischen Eisenbahn? Ostra Södermanlands Jarnvag verbindet das nahe gelegene Strängnäs mit Mariefred.

Mariefred

Eine Sommerliebe

Kurt Tucholsky hat sich durch seine Sommergeschichte *Schloss Gripsholm* verewigt. Der Erzähler Kurt und seine Freundin Lydia verbringen ihren Urlaub in Schweden. Sie sind ein modernes Paar, das nicht verheiratet ist, unabhängig und frei. Die Geschichte ist geprägt von Tucholskys Humor und Ironie. Er beschreibt die schwedische Kultur und Landschaft mit viel Charme. Die Geschichte, die 1931 veröffentlicht wurde, ist zwar eine Liebesgeschichte, aber sie hat auch einen sozialen Aspekt. Tucholsky kritisiert beispielsweise die Misshandlung von Kindern in Heimen. Die Affinität des Autors zu Schweden ist authentisch.

Tucholsky wurde 1890 in Berlin geboren, starb 1935 in Göteborg und war ein deutscher Journalist, Schriftsteller, Satiriker und scharfer Gesellschaftskritiker. Tucholsky veröffentlichte ebenso unter den Pseudonymen Kaspar Hauser und anderen. Da er häufig angefeindet wurde, konnte er so seine Kritik freier äußern. Seine Worte sind heute aktueller denn je. Sie sind geprägt von seinem Engagement für Demokratie, Frieden und sozialer Gerechtigkeit.

Sein Grab befindet sich auf dem örtlichen Friedhof. Gehen Sie vom Parkplatz geradeaus bis zur letzten Eiche rechts *(Mariefreds Kyrkogård, N 59°15'44.7" E 17°13'44.1")*.

Bevor wir nach **Strängnäs** (Einwohnerzahl 13.000) weiterfahren, steuern wir eine schöne Badestelle an.

206 Stallarholmen – *Östabadet*

GPS: N 59°22'06.2" E 17°12'05.6", Tegelugnsvägen. **Max. WOMOs**: 2.
Ausstattung: WC, Spielplatz, Picknickbänke, Grillstelle.
Beschreibung: Schöner Badeplatz, Camping verboten, in einer Wohnsiedlung etwas versteckt durch Bäume. **Zufahrt**: Links der Brogatan.

Strängnäs – Hamn

Es gefällt uns in Strängnäs so gut, dass wir uns spontan auf dem Stellplatz am Gästehafen einmieten. Das geht online ganz einfach, indem wir uns einen Platz aussuchen und direkt bezahlen.

207 Strängnäs – *Gästhamn*

GPS/Kontakt: N 59°22'43.1" E 17°01'33.3", Storgatan, www.campingspot.com. **Max. WOMOs**: 8 am Hafen, 5 am Outdoor-Gym. **Öffnungszeit**: Ganzjährig. **Ausstattung**: VE, Strom, WC, Dusche, Mülleimer, Picknickbänke am Hafen, Spielplatz. **Beschreibung**: Asphaltparkplatz mit wenig Charme, aber direkt am Park in guter Lage. Schön ist der Ausblick auf den Hafen, die Nähe zur Stadt mit vielen Restaurants und Cafés. **Preise**: 240-290 SEK, Code per Mail für das Sani-Haus und die VE. **Hinweis**: Vorher online reservieren! Alle drei Plätze gehören zusammen. **Zufahrt**: Immer der Storgatan durch die Stadt folgen bis zum Hafen. Die Plätze befinden sich im hinteren Bereich. **Ausweichplatz 1**: Etwas schöner und ruhiger steht man hinter dem Spielplatz am Outdoor-Gym. N 59°22'46.0" E 17°01'28.8". **Ausweichplatz 2**: Eldsundsviken, N 59°23'12.5" E 17°00'24.2", Eldsund Byggnad 819, Schotterparkplatz mit schönem Blick auf den Mälaren, etwa 1,5 km von der Altstadt entfernt, schöner Uferweg.

Auf der kleinen Halbinsel **Visholmen**, die sich hinter den ersten zwei Stellplätzen befindet, können wir schwimmen, sonnenbaden und picknicken.

Uns fällt natürlich die Windmühle auf, die 1855 am **Kvarnkullen** nach niederländischem Vorbild erbaut wurde.

Der **Dom** ist eine dreischiffige gotische Backsteinkirche. Der Bau begann 1250, der 75 Meter hohe Kirchturm wurde aber erst in den 1740er Jahren errichtet. Gustav Vasa wurde hier zum König gewählt und ebenfalls begraben *(N 59°22'32.0" E 17°02'00.2", Biskopsgränd 2)*.

Das Viertel westlich der Kathedrale, in Richtung **Västerviken** und rund um **Kvarnen**, ist von besonderem historischem Interesse. Es ist der einzige Teil der Stadt, der den großen Stadtbrand von 1871 unbeschadet überstanden hat. Hier befindet sich die älteste Straße von Strängnäs, die Lillgatan, mit *Kopfsteinpflaster* und Bürgermeistersteinen in der Mitte.

Tipp: Der Bauernhof ***Grassagården*** aus dem 17. Jahrhundert ist heute ein Café mit wunderschöner Außenterrasse. Hier wird alles hausgemacht *(täglich geöffnet, Mo.-So. 10-17 Uhr, Kvarngatan 2, www.cafe-grassagarden.se)*.

Wir lieben die schwedischen Seen, aber irgendwie zieht es uns ans Meer und so starten wir am nächsten Morgen zur Küste.

208 Nynäshamn – *Frejas Holme*

GPS: N 58°53'59.0" E 17°57'01.8", Fiskargränd 12. **Max. WOMOs**: 4. **Öffnungszeit**: Ganzjährig. **Ausstattung**: WC, Mülleimer, Picknickbänke, Cafés, Restaurant, Spielplatz, Minigolf. **Beschreibung**: Asphaltparkplatz, zweckmäßig, geschäftig, Eisenbahn, Langzeitparkplatz, Blick auf die Ostsee und gute Lage. **Preise**: Je nach Saison per App zahlbar von 04-09, in der Nachsaison kostenlos. **Zufahrt**: Am Fährterminal vorbei hinter den Hafengeäuden Richtung Långtidsparkering.

TOUR 9

Es war eine gute Idee an die See zu fahren! So schlendern wir am Hafen entlang, genießen die frische Brise und kaufen fangfrischen Fisch und Meeresfrüchte.

Es gibt eine Menge kleiner Restaurants, teilweise bieten sie ein *Dagens Rätt* an. Wir entscheiden uns für das schmucke ***Restaurant Kroken***. Das Essen ist fantastisch! Es gibt zu dem üblichen Salat, Brot und Dessert, Kartoffelpuffer mit Bacon, geschmorten Zwiebeln, Soße und Preiselbeeren. Auf die Kombination muss man erstmal kommen. Dabei sitzen wir direkt am Steg mit Blick auf das knallblaue Wasser. Und wir wissen: »Alles richtig gemacht!«

Ein Weg mit Treppen führt vom Hafen hoch zur neogotischen **Nynäshamns Kyrka.** Von oben hat man einen schönen *Ausblick* über den Nynäshamns Hamn: Ein Handelshafen, der von Fähren und Kreuzfahrtschiffen aus ganz Europa angefahren wird.

Die Innenstadt von **Nynäshamn** (Einwohnerzahl 15.000) ist zwar nicht besonders schön, aber für uns ist die Hauptattraktion der drei Kilometer kurze **Strandvägen**! Wow! Vielleicht ist der Strandvägen wirklich *Schwedens schönste Straße* und man sollte sie unbedingt mindestens einmal gefahren sein. Auf der einen Seite die Ostsee mit der schönen Schärenlandschaft und auf der anderen Seite schroffe Felsen und urige Natur. Dazwischen schlängelt sich eine wunderschöne schmale Straße, die nur in

eine Richtung befahren werden kann. Die Autos winden sich im Schritttempo (man darf nicht schneller rollen) entlang der Küste und die Insassen saugen die fantastischen Ausblicke in sich auf. Überall am Wegesrand finden sich zahlreiche Parkplätze, mal auf Schotter, mal asphaltiert, mal für kleine WOMOs, mal für große geeignet. Wir suchen uns ein schattiges Plätzchen und genießen die unglaubliche Natur.

Man könnte hier ewig verweilen. Doch eins sei erwähnt: Die Strecke ist beliebt und so sind wir nicht die Einzigen, die ihre Fahrt genießen – nicht nur am Tage, sondern teilweise bis spät in die Nacht. Der Strandvägen beginnt bei N 58°53'39.9" E 17°56'30.2", etwas südlich des Hafens.

209 Nynäshamn – *Lövhagen*

GPS: N 58°52'38.5" E 17°55'38.9", Lövhagen. **Max. WOMOs**: 4.
Ausstattung: WC am Café, Mülleimer, Picknickbänke.
Beschreibung: Großer Asphaltparkplatz umgeben von Bäumen am Café, stark frequentiert und unromantisch. **Hinweis**: Guter Ausgangspunkt für Wanderungen. **Zufahrt**: Dem Strandvägen folgen.

Der Name **Lövhagen** geht auf einen Bauernhof aus dem 19. Jahrhundert zurück. Die ursprünglichen Wohnhäuser und Wirtschaftsgebäude sind die heutige Herberge und das ***Lövhagen Café*** mit sehr schöner Außenterrasse, selbstgebackenem Brot, Kuchen, Suppen und frischen Waffeln *(06-09, in der Nebensaison, Lövhagen, www.lovhagen.se)*.

Die Seele baumeln lassen auf der Halbinsel Knappelskär

5,5 km, leicht, feste Schuhe, teils barrierefrei: Wir packen unseren Rucksack mit Badesachen und Picknickdecke und schlüpfen in unsere Wanderschuhe. Die Vegetation der Halbinsel ist durch die Lage im Archipel geprägt. Zwischendurch kommen wir an traumhaft schönen Buchten vorbei, das Wasser glitzert in der Sonne. Wir setzen uns auf die Felsen und lassen

die Natur auf uns wirken, während die Kinder im Wasser plantschen. An einem Strand gibt es sogar eine Wasserpumpe, aber unsere Trinkflaschen sind noch gut gefüllt. Am Knappelskär klettern wir über die Felsen und sind hin und weg von der umwerfend schönen Natur. Unterwegs gibt es weitere Picknickbänke, Feuerstelle und kleinen Sandstrand. Noch ein Stückchen weiter biegen wir links ab Richtung Stockbonäs. Hier befand sich bereits Mitte des 13. Jahrhunderts ein Hof, der von Birger Jarls Sohn, Herzog Erik, bewirtschaftet wurde. Heute gibt es hier einen kleinen Strand und eine Holzplattform auf den Felsen.

Ausflugs-Tipp: Landsorts Fyr ist das älteste Leuchtfeuer Schwedens und wurde im Jahr 1644 erbaut. Es liegt auf der Insel Landsort, etwa 15 Kilometer südlich von Nynäshamn. Die Ausflugsboote fahren ab Ankarudden *(www.waxholmsbolaget.se)*.

Im ***Åbykvarns Gårdsbutik & Café*** gibt es selbstgemachte Handwerkskunst, Kaffee, Kuchen, Sandwiches und ein Dagens Rätt, sehr liebevoll gemacht *(Västra Flygeln, Åby Kvarns Gård, Hölö, www.facebook.com/Abykvarn, Fr.-Sa., 11-15 Uhr und nach Bedarf)*.

210 Hölö – *Åbynäsbadet*

GPS: N 59°01'11.8" E 17°37'06.0", Åby Kvarn 22. **Max. WOMOs**: 2.
Ausstattung: WC, Picknickbänke, Badesteg, kaum Handynetz.
Beschreibung: Großer ruhiger Schotterparkplatz am Ende einer Sackgasse umgeben von Bäumen.
Hinweis: Hunde, Grillen und Feuer am Bad verboten. **Zufahrt**: Knapp 2 km vom Café.

Ziel unserer nächsten Etappe ist das **Schloss Tullgarn**, eins der königlichen Schlösser. Es war der Sommerpalast von König Gustaf V. und Königin Victoria und ist heute ein beliebtes Ausflugsziel.

211 Vagnhärad – *Tullgarn* Slott

GPS/Kontakt: N 58°57'09.5" E 17°34'49.1", Tullgarn, www.kungligaslotten.se/vara-besoksmal/tullgarns-slott.html. **Max. WOMOs**: 4. **Ausstattung**: WC, Mülleimer, Café. **Beschreibung**: Großer Schotterparkplatz, umrahmt von Hecken und Bäumen, tagsüber wuselig, nachts ruhig. **Zufahrt**: Der Ausschilderung Tullgarn Slott folgen.

Das **Tullgarn Slott** ist seit den 1770er Jahren ein königliches Lustschloss. Der Schlosspark ist ein schöner Ort zum Spazierengehen oder Picknicken, der mit Lindenalleen und einem Apfelgarten bepflanzt ist. Es gibt ein Restaurant im Värdshus und ein Café mit Shop und WC *(www.kungligaslotten.se, Hunde sind im Schloss nicht erlaubt, im Park aber willkommen)*.

Nun ist es nicht mehr weit bis **Trosa** (Einwohnerzahl 5.000). Es gibt mehrere Möglichkeiten zu Parken und zu Übernachten:

212 Trosa – *Kvarn*

GPS: N 58°54'10.5" E 17°32'56.2", Ådavägen. **Max. WOMOs**: 6.
Beschreibung: Rasengittersteine oder Rasen hinter Bäumen am Fluss, recht schön, aber die 218 in Sicht- und Hörweite. Nachts ruhig.
Hinweis: VE im Hafen frei zugänglich. Etwa 800 m bis ins Zentrum.
Zufahrt: Direkt an der 218 Richtung Zentrum.
Ausweichplatz: N 58°53'51.5" E 17°33'17.9", Gustavsbergsgatan 15, Schotterplatz am Sportplatz, klappstuhlgeeignet, 24 Std.

213 Trosa – *Gästhamn*

GPS/Kontakt: N 58°53'27.4", E 17°33'22.0", Askögatan, www.camping-spot.com/en/docks/256-trosa-gasthamn-och-stallplats.
Max. WOMOs: 13 (+6). **Öffnungszeit**: Ganzjährig. **Ausstattung**: VE, Strom, WC, Dusche, Mülleimer, Waschmaschine, Trockner, Picknickbänke, Spielplatz, Sauna, Shop, Restaurant, Kanuverleih.
Beschreibung: Schotterplatz am Hafen mit Rasen. Schöner Ausblick! Klappstuhlgeeignet. **Preise**: 220-380 SEK. **Hinweis**: Vorbuchen! VE direkt neben Platz 10! Das Sani-Haus befindet sich bei den Fischerhütten. 1 km bis zum Zentrum. **Zufahrt**: Die 218 bis zum Ende durchfahren.

Trosa – Stellplatz im Gästehafen

214 Trosa – *Havsbad och Camping*

GPS/Kontakt: N 58°52'19.4" E 17°34'31.9", Rävuddsvägen 42, www.trosa-havsbad.com. **Max. WOMOs:** 200. **Öffnungszeit**: 04-09. **Ausstattung**: Waschmaschine, Trockner, Restaurant, Shop, Sauna, Minigolf, Spielplatz, Rad-, Kanu-, SUP-Verleih, Sandstrand, Badestege, Sprungturm. **Beschreibung**: Großer Campingplatz in traumhafter Lage auf der Insel Edanö in den Schären. Unter Bäumen auf Rasen. **Preise:** 350-450 SEK. **Zufahrt**: 3,8 km vom Zentrum über die Brücke.

Ausflugstipp vom Campingplatz: Mit dem ***Boot M/S Brännskär*** können Sie während der Hochsaison täglich nach Trosa oder zu den umliegenden Inseln fahren.

Der schmale *Fluss Trosaån* schlängelt sich durch das Dorf und mündet in die Ostsee. An seinen Ufern stehen pastellfarbene Holzhäuser mit aufwändig gestalteten Schnitzereien und bunten Gärten. Diese Häuser verleihen dem Dorf eine besondere Atmosphäre. Trosa wurde bereits im 14. Jahrhundert gegründet. Der Ortsname leitet sich möglicherweise vom altisländischen Wort *trauður* (träge, schwerfällig) ab und bezieht sich auf den langsam fließenden Fluss. ***Trosa Marknad*** ist der erste Markt des Jahres und wird jedes Jahr am 2. Samstag im Juni vom Lions Club Trosa veranstaltet. Der Markt ist so beliebt, dass er das Sprichwort hervorgebracht hat: *»Der Sommer beginnt erst, wenn Trosa-Markt ist.«* Die **Stads Kyrka** ist eines der ältesten erhaltenen Gebäude der Stadt. Sie wurde 1711 geweiht und blieb vom russischen Brand verschont, da diese die Kirche als Stall für ihre Pferde nutzten. Besonders schön finden wir den Glockenturm aus Holz, der auf einem Felsen steht.

Das **Rådhus** oder auch **Rådstugan** ist das dritte Gebäude an dieser Stelle. Hier befinden sich heute das Tourismusbüro und eine Bibliothek. Die Glocke läutet täglich um 12.00 Uhr.

Das Gebäude ist wohl das meistfotografierte der Stadt, es ist ja auch zu hübsch! Ebenso lieben wir die kleinen Lädchen am Torget und stöbern ausgiebig.

Es gibt unzählige Cafés oder Restaurants in der Altstadt. Wir empfehlen das Dagens Rätt im ***Punchkällaren i Trosa***, direkt an der kleinen Brücke Torgbron. Es gibt Bratkartoffeln mit Falukorv und Spiegelei. Das gelbe Holzhaus an der Promenade, die **Villa Brogården**, Villagatan 2, war einst eine Brennerei, wurde dann zu einer Schule und ist heute ein Privathaus. Das Gebäude ist ebenfalls ein beliebtes Fotomotiv, weil die gelbe Farbe in Kombination mit den weißen Holzsprossen und dem Erker am Ufer eine reizvolle Optik ergibt. Wir sind hellauf begeistert!

Wir sind noch ganz verzaubert von Trosa und wären gerne länger geblieben, aber wir wollen natürlich noch viel mehr erleben und uns reizt das **Nynäs Slott**, das im 14. Jahrhundert als Gutshof gegründet wurde. Das heutige Hauptgebäude stammt aus dem 17. Jahrhundert und war im Besitz von mehreren Adelsfamilien, bevor es an die Provinz Södermanlands län verkauft wurde. Das Schloss kann zur Zeit nicht besichtigt werden, der Park ist aber frei zugänglich *(Hofladen und Restaurant 06-08, N 58°48'34.5" E 17°21'45.3", www.nynasslott.se)*.

An einem alten Lieblingsplatz steht heute ein Verbotsschild. Trotzdem ist der Platz immer noch ein toller Parkplatz.

P Brevik – *Tältplats*

N 58°47'48.4" E 17°22'48.2", Brevik Nynäs, ein Schild verweist auf den Campingplatz von Brevik, WC, Picknickbänke, 400 m bis zum Nynäs Brygga Tystberga mit Strand und Badestelle.

Bitte beachten Sie, dass im **Naturschutzgebiet Stendörren** das Übernachten und Parken auf allen Parkplätzen verboten ist! Deshalb fahren wir vorher zu Sandviks Camping.

Brevik – Tältplats

215 Västerljung – *Sandviks Camping*

GPS/Kontakt: N 58°47'47.3" E 17°24'38.1", Nynäs Sandvik 1, +4615641009. **Max. WOMOs**: 10. **Öffnungszeit**: 04-09. **Ausstattung**: Picknickbänke, Spielplatz. Strand etwa 500 entfernt, WC, Mülleimer, Picknickbänke, Spielplatz, Feuer- und Grillstelle, Liegewiese, Badeinsel. **Beschreibung**: Kleiner gemütlicher und uriger Campingplatz auf der Wiese, umgeben von Bäumen, ruhig. **Preise:** 160 SEK. **Zufahrt**: Hinter Brevik Tältplats links, 2 km bis zum Campingplatz.

216 Studsviks – *Brygga*

TOUR 9

GPS: N 58°45'30.0" E 17°23'17.9". **Max. WOMOs**: 2. **Ausstattung**: Picknickbänke, Mülleimer. **Beschreibung**: Schotterparkplatz, leicht schräg, schöner Wasserblick! **Hinweis**: Unten am Hafen dürfen keine WOMOs mehr parken. **Zufahrt**: Über die 219. Der Stichstraße bis zum Ende folgen.

P Krokholm – *Stendörren*

N 58°44'47.5" E 17°23'15.4", Schotterparkplatz, WC, Mülleimer. oder Aspsundet: N 58°44'55.2" E 17°22'50.7".

An der atemberaubenden Küste des Sörmland-Archipels liegt das Naturschutzgebiet Stendörren, eine traumhaftschöne Schärenlandschaft mit steil abfallenden Klippen, die durch unzählige Hängebrücken miteinander verbunden sind. Wir lieben es, über Stock und Stein zu klettern, auf den Felsen zu sitzen und den atemberaubenden Sonnenuntergang zu bestaunen.

Auch Ornithologen kommen voll auf ihre Kosten, denn es gibt hier Seevögel wie Seeschwalben, Eiderenten, Grauseeschwalben, Haubentaucher und Uferelstern. Wenn Sie Glück haben, können Sie sogar Seeadler oder Kegelrobben beobachten.

Hinweise für Abenteuer im Naturschutzgebiet

Das Naturschutzgebiet kann das ganze Jahr über besucht werden. Es gibt mehrere Toiletten, Windschutzhütten und Feuerstellen. Brennholz oder Grillkohle muss selbst mitgebracht werden und darf nur an den vorgesehenen Stellen entzündet werden. Es gibt drei markierte Routen: **Stora Stendörrenrundan** 9 km rote Markierung, **Erlebnisrunde** 4 km gelbe Markierung und **Waldtour** 2,5 km grüne Markierung. Festes Schuhwerk ist wichtig, denn wir klettern über Felsen. Der Rucksack wird mit Picknick- und Badesachen gepackt. Hunde sind erlaubt, müssen aber angeleint sein. Die Wege sind nicht barrierefrei und ein gewisses Maß an Beweglichkeit sollte vorhanden sein, da man immer wieder über Felsen und Wurzeln gehen muss. Barrierefrei ist nur ein asphaltierter Weg zum **Lerviksudden**, der einfacher zu erreichen ist als die anderen Wege (***Naturum Naturkundemuseum*** *Eintritt frei, täglich 11-15 Uhr. 06-08 täglich von Mi.-So. Führungen. Dann sind auch der Shop und das* ***Café Bergs Gård*** *mit schöner Außenterrasse geöffnet).*

TOUR 9

Wanderglück in Stendörrens Schären

Wir entscheiden uns für eine kleine Wanderung vom Parkplatz Aspsundet und gehen geradeaus über den Feldweg zum Wald, in dem links zwischen den Klippen am Wasser eine Picknickbank mit fantastischem Ausblick steht. Wir klettern auf unsere ersten Felsen und erreichen die erste Hängebrücke. Ein traumhaft schöner Anblick, wie sie über die Schären gespannt ist! Diese werden uns im Laufe des Tages noch häufiger begegnen. Es gibt keinen richtigen Weg, nur Markierungen. Aber bis zur nächsten Brücke finden wir auch so. Die Meeresbrise umspielt sanft das Gesicht und der Blick schweift über das offene Wasser. Wahnsinn, was die Natur geschaffen hat! Es ist atemberaubend. Bis zur dritten Brücke, war es noch recht einfach. Nach etwa 600 Metern teilt sich der Weg und wir gehen rechts entlang. Wir folgen weiter den roten Markierungen durch den Wald. Das Wasser lugt immer wieder durch die Bäume, bis wir die äußerste Spitze dieses Archipels erreichen. Was kann es Schöneres geben als ein Picknick auf den Felsen in der Sonne? Ein Traum für alle Sinne! Das Wasser funkelt türkis bis dunkelblau. Auf der anderen Seite gehen wir wieder zurück. Nach knapp drei Kilometern und etwas über drei Stunden kommen wir wieder am Parkplatz an.

Ein unvergesslicher Tag in einer Welt aus Inseln, Felsen und Wasser. Wir konnten die Seele baumeln lassen und wünschen es Ihnen genauso! Doch jetzt wird es wieder Zeit für eine Stadt:

Nyköping (Einwohnerzahl 38.000) ist eine der ältesten Städte Schwedens. Bereits im Jahr 1187 wurde der Befestigungsturm am **Nyköpingshus** erstmals urkundlich erwähnt. Die Stadt war im Mittelalter ein wichtiges Machtzentrum und Schauplatz des Machtkampfes zwischen König Birger Magnusson und seinen Brüdern Erik und Valdemar.

Nyköpingshus

Heute ist Nyköping eine lebendige Stadt mit einem historischen Stadtkern. Neben dem Nyköpingshus sind noch viele andere historische Gebäude erhalten, darunter die **Nicolai Kyrka**, das **Rådhuset** und das **Näringslivets Hus**.

217 Nyköping – *Gästhamn*

GPS: N 58°44'39.9" E 17°00'54.0", Spelhagsvägen 14e. **Max. WOMOs**: 8. **Öffnungszeit**: Ganzjährig. **Ausstattung**: VE, Strom, WC, Mülleimer, Liegewiese, Badesteg, Promenade, Supermärkte 400 m, Restaurants am Kai. **Beschreibung**: Zwei kleine Schotterparkplätze zwischen Hecken im Rücken der Industrie, auf der anderen Seite die Bootsanleger, klappstuhlgeeignet, nichts für überlange WOMOs, bis max. 8 Meter. **Preise**: 115 SEK/24 Std. zahlbar per EasyPark / Parkster App, max 2 Tage. **Hinweis**: Frühzeitig anreisen! Frei zugängliche VE, Gasflaschenfüllung bei N 58°44'35.3" E 17°00'33.0". **Zufahrt**: Vom Arnöleden im Kreisel links in den Spelhagsvägen bis zum Ende.

Am Flussufer des Nyköpingsån unterhalb des Nyköpingshus befindet sich eine Holzterrasse, auf der wir das rauschende Wasser beobachten und auf der gegenüberliegenden Seite bestaunen wir die schmucke Villa mit der großen Treppe, die den Namen NK-Villa trägt. In Nyköping wurden Möbel für die Kaufhauskette **NK** hergestellt. Im Gebäude befindet sich heute eine kleine Ausstellung (*www.nkvillan.se/nk-villan/historia*) und das ***NK-Villan Café Mat & Catering*** (*hwww.nkvillan-cafe.se*).

Bevor wir den **Stora Torget** besuchen, betreten wir erst ***Kumlins Konditori.*** Es gibt köstliches Gebäck und selbstgemachte Kuchen. Hmmmm, lecker! Auch ein Dagens Rätt ist erhältlich, vor allem das frischgebackene Brot ist ein Gedicht!

Sieht der rote Glockenturm **Västra klockstapeln**, wie er durch die Gassen lugt nicht bezaubernd aus? Er wurde 1692 erbaut und ist damit das älteste Holzgebäude der Stadt und war eines der wenigen, die den Brand von 1719 überstanden.

Hier jagt ein Highlight das nächste, denn schon wieder geht es in die Schärenlandschaft. Dazu fahren wir von einer Inselgruppe zur nächsten um die Bucht herum.

218 Oxelösund – *Gästhamn*

GPS: N 58°39'50.4" E 17°06'00.4", Strandvägen 6. **Max. WOMOs**: 6. **Öffnungszeit**: Ganzjährig. **Ausstattung**: WC, (Gemeinschafts-)Dusche, Mülleimer, Picknickbänke, Grillstelle, Spielplatz, Restaurants, Café, Imbiss. **Beschreibung**: Großer Asphaltparkplatz direkt am Hafen. Im Hintergrund ist zwar Industrie, aber der Ausblick ist trotzdem sehr schön auf die Schärenlandschaft. Sehr ruhig in der Nacht. Uns hat es gut gefallen! **Preise**: Kostenlos oder 100 SEK für das Sani-Haus.

Hinweis: Am Hafenkontor kann am Automaten für einen Boots-Liegeplatz bezahlt werden, um den Code zum Sani-Haus mit Dusche zu bekommen. **Aktuell**: Der Gästehafenbereich soll umgestaltet werden und ein neues Restaurant entstehen. Im Zuge dessen könnte auch der Parkplatz verändert werden. Die frei zugängliche **VE** bei N 58°39'29.0" E 17°06'31.8" ist etwa 200 m vor dem offiziellen Stellplatz. **Zufahrt**: Von der 53 in den Strandvägen einbiegen. **Ausweichplatz**: Stenvik, N 58°39'44.6" E 17°05'16.6", Kanalvägen, **Max. WOMOs**: 4, ohne Service, sehr beliebt und voll, schöne Lage, Badesteg, Strand.

219 Oxelösund – *Femöre Hamn*

GPS/Kontakt: N 58°39'31.2" E 17°06'40.8", Fiskehamnsvägen 13, www.visitoxelosund.se/se-och-gora/husbilssemester. **Max. WOMOs**: 20. **Öffnungszeit**: Ganzjährig. **Ausstattung**: VE, Strom, WC, Dusche, Mülleimer, Waschmaschine, Trockner, Picknickbänke, Grillstelle, Räucherei, ***Restaurant Sailor*** mit schöner Außenterrasse. **Beschreibung**: Riesiger Schotterparkplatz mit Blick auf die Industrie, hinter einer großen Halle. **Preise:** 150 SEK +Service. **Hinweis**: VE siehe Beschreibung oben. **Zufahrt**: Den Fiskehamnsvägen bis zum Ende fahren.

Oxelösund (Einwohnerzahl 11.500) ist eine junge Gemeinde, die sich aus einer kleinen Siedlung zu einem bedeutenden Industriehafen entwickelte. Der Grundstein dafür war der Bau einer Eisenbahnlinie von Grängesberg nach Oxelösund, die 1873 eröffnet wurde. Mit dem neuen Hafen und dem Bau eines Eisenwerks wuchs der Ort schnell. Schön ist es nicht, wäre da nicht **Gamla Oxelösund**, ein kleines *Altstadtviertel*, das einen Besuch wert ist. Hier findet man

Fischerhütten aus Holz, die liebevoll renoviert wurden. Außerdem gibt es ein Schärengarten-Museum (***Skärgårdsmuseet** i G:a Oxelösund*) und das schöne ***Café Oxelö Krog*** am Hang mit Blick auf das Meer. Von der gigantischen Industrie im Rücken bekommt man hier nichts mit.

220 Oxelösund – *Gamla Oxelösund*

GPS: N 58°39'49.8" E 17°07'46.0", Gamla Oxelösundsvägen.
Max. WOMOs: 4. **Beschreibung**: Großer Asphaltparkplatz zwischen Bäumen, ruhig. Maximale Parkdauer: 7 Tage (Langzeitparkplatz, Långtid). **Zufahrt**: Dem Gamla Oxelösundsvägen fast bis zum Ende folgen, der Langzeitparkplatz liegt auf der linken Seite.

Und dann ist da noch das Naturschutzgebiet auf der schönen **Halbinsel Femöre**. Hier treffen Gegensätze aufeinander. Kontrastreicher geht es kaum: Auf der einen Seite die schwere Industrie, auf der anderen Seite wunderschöne, unfassbar herrliche Natur und Ruhe – und das innerhalb von gerade mal vier Kilometern! Aber damit nicht genug.

Inmitten der idyllischen *Schärenlandschaft* von Oxelösund liegt ein schicksalhaftes Bauwerk: die **Festung Femörefortet**. In den 1960er Jahren erbaut, sollte sie Schweden im Falle eines Atomkriegs schützen. Die Anlage ist ein wahres Wunderwerk der Ingenieurskunst. 450 Meter lange Tunnelsysteme führen zu den unterirdischen Kanonenstellungen. Hier konnten 70 Soldaten den Einmarsch der Sowjetunion abwehren.

Heute ist Femörefortet ein beliebtes Ausflugsziel. Doch wir werden schnell mit der dunklen Vergangenheit der Festung konfrontiert. Femörefortet ist ein Mahnmal an die Zeit des Kalten Krieges. Die Anlage ist erst seit 2003 für die Allgemeinheit zugänglich.

P Oxelösund – *Femöre Naturreservat*
N 58°39'11.3" E 17°06'28.9" Söderviksvägen.

Die roten Häuser von Femörehuvud

3, km, leicht, nicht barrierefrei: Wir wandern den gut ausgebauten Weg bis zum Ende zu den Häusern von Femörehuvud. Was für ein Anblick! Die roten Häuser mit weißen Balken stehen vor uns, direkt am offenen Meer. Wir sind überwältigt von der Schönheit dieser Szenerie. Es ist ein idyllischer Ort, der uns sofort verzaubert. Die Häuser sind gepflegt und liebevoll hergerichtet. Die Terrassen bieten einen atemberaubenden Blick auf das tosende Meer und so setzen wir uns auf eine Bank, genießen die Aussicht und lassen die Zeit einfach verrinnen. Zum Glück haben wir unseren Picknickrucksack mitgenommen. Die Sonne scheint und das Meer rauscht. Es ist ein perfekter Tag. Auf den Infotafeln lesen wir, dass die Häuser einst als Leuchtturmwärterhäuser genutzt wurden. Der erste Kerosin-Leuchtturm wurde 1867 angezündet und der letzte 1974 gelöscht. Erkennen Sie die Szenerie wieder? Richtig! Das Leuchtturmwärterhaus ist unser Titelbild.

TOUR 9

Sehr zufrieden fallen wir müde und voller Eindrücke in unser Bett im WOMO. Da wir den Stellplatz am Hafen nicht so schön finden und wir Lust auf Urlaub haben, fahren wir zu einem freien Stellplatz ohne Service. Aber genau das brauchen wir jetzt auch.

221 Kolmården – *Säter Färjeläge*

GPS: N 58°38'20.0" E 16°35'44.4" Säterholmsvägen 2. **Max. WOMOs**: 15. **Öffnungszeit**: Ganzjährig. **Ausstattung**: Badesteg, Café im Sommer. **Beschreibung**: Große Wiese mit Nummern hinter einem Schilffeld. Schöner Blick auf eine kleine Insel und den Fähranleger. Klappstuhlgeeignet. **Preise**: 150 SEK bar in eine Box. **Hinweis**: Die Fähre ist zu hören, das hat uns nicht gestört. **Zufahrt**: Erst Richtung Tierpark Kolmården, dann Richtung Fähre Säter.

Ja, es handelt sich hier um eine einfache Wiese ohne Service, aber vielleicht macht es genau das aus?

Hier ist auch in der Hauptsaison wenig los, wir fühlen uns frei. Dafür zahlen wir auch gerne einen Obolus. Trotz des großen Schilffeldes hält sich sogar die Mückenpopulation in Grenzen und wir werfen den Grill an. Der Sonnenuntergang ist auf jeden Fall traumhaft schön!

Einen Tag nichts tun, die Seele baumeln lassen und die Sonne genießen, das muss einfach auch mal sein. Für alle, die die Füße nicht stillhalten können oder mit den Kindern doch noch was unternehmen wollen, bietet sich ein Ausflug zum **Djurpark Kolmården (Tierpark)** an. Kolmården ist der größte Wildpark Skandinaviens *(299-579 SEK, 199-479 SEK 3-12 Jahre, ganzjährig, täglich 10-17 Uhr, barrierefrei, Hunde verboten)*.

222 Kolmårdens – *Djurpark*

GPS/Kontakt: N 58°40'05.9" E 16°28'05.0", Kvarsebovägen, www.kolmarden.com. **Max. WOMOs**: 70. **Öffnungszeit**: Ganzjährig. **Beschreibung**: Riesiger Asphaltparkplatz. In der hintersten Ecke am Waldrand dürfen WOMOs auch über Nacht parken. **Preise:** 129 SEK, zahlbar per EasyPark, Parkster oder Apcoa Fow App.

Wir nehmen am nächsten Morgen direkt die kostenlose Fähre, die quasi direkt vor unserer Nase verkehrt und setzen sogar zwei Mal über, denn wir steuern heute eine Burgruine an, die malerisch im Sund liegt. Dazu fahren wir mal wieder als Erstes den Stellplatz an. Die kurze Fährfahrt von Norrkrog bis Stegeborg ist schon ein Erlebnis, fährt man doch direkt auf die Burg zu.

223 Stegeborgs – *Slottsruin*

GPS/Kontakt: N 58°26'22.9" E 16°36'03.5", Stegeborgs Hamn, www.betala.stegeborg.se. **Max. WOMOs**: 55. **Öffnungszeit**: Ganzjährig. **Ausstattung**: VE, Strom, WC, Dusche, Mülleimer, WLAN, Badesteg, Strand, Kiosk, Eisdiele, Café. **Beschreibung**: Großer Stellplatz am Sund mit fantastischem Blick auf die Burg, Schotter für das WOMO und Rasen für die Stühle. Sehr schön! **Preise:** 150-450 +Service. **Hinweis**: Früh online buchen! Das Sani-Haus befindet sich über den Steg bzw. Brücke auf Slottsholmen, VE am Bootshaus. **Zufahrt**: Anfahrt mit der Fähre von Norden kommend.

Stegeborg – ein Ort voller ritterlicher Romantik

Die Burgruine befindet sich auf einer kleinen Insel nahe der Einfahrt zum Göta-Kanal. Im Mittelalter war Stegeborg eine der wichtigsten Festungen Schwedens und bis zum 17. Jahrhundert eine königliche Burg. Die mächtigsten Familien der damaligen Zeit trafen sich auf der Burg in blutigen Schlachten oder erbitterten Verhandlungen.

Stegeborg wird 1310 erstmals schriftlich als *Stäkeborg* erwähnt, wobei *stäke* von den Pfählen kommt, die im Wasser rund um die Insel gefunden wurden. Diese stellen unter anderem einen Schutz gegen fremde Flotten dar. Die Pfahlwerke werden auf das 8. Jahrhundert n. Chr. datiert. Das Schloss ist von einem wunderschönen Park mit Kräutergarten umgeben *(40 SEK, 30 SEK 6-12 Jahre, ganzjährig, täglich)*.

Tipp: Die **Skallviks Kyrka** aus dem 12. Jahrhundert liegt nur eineinhalb Kilometer südlich der Stegeborg Ruine und kann gut zu Fuß oder mit dem Rad erreicht werden *(N 58°25'57.4" E 16°35'20.5")*.

224 Söderköping – *Mem Sluss*

GPS: N 58°28'46.0" E 16°25'05.8", Mem sluss 1. **Max. WOMOs**: 4. **Öffnungszeit**: 04-09. **Ausstattung**: Strom, WC, Dusche, Mülleimer, Picknickbänke, Waschmaschine, Trockner. **Beschreibung**: Wiese direkt am Göta Kanal. Sehr schön mit toller Aussicht! Klappstuhlgeeignet. **Preise**: 250 SEK. **Hinweis**: Vorher im Café Kanalmagasinet anmelden. Früh anreisen. **Zufahrt**: Richtung Helgestad IP, dann Richtung Mem.

Über den **Göta-Kanal** haben wir schon viel geschrieben und doch sind die Fakten immer wieder spannend. Deshalb noch mal kurz zusammengefasst: Baujahre: 1810-1832, Anzahl Schleusen: 58, Anzahl Yachthäfen: 21, höchster Punkt: 92 Meter, Länge des Kanals: 190 Kilometer. Die letzte Schleuse des Göta Kanals, die **Schleuse in Mem**, wurde 1832 erbaut.

Uns gefällt es gut hier, ist es doch klein, ruhig und beschaulich. Besonders schön sind die Stellplätze direkt am Kanal, von denen wir den Blick aus unseren Klappstühlen auf die Schleusenaktivitäten werfen können. Ebenso gut gefällt uns das ***Kanalmagasinet*** von 1832, das Restaurant Café mit der schönen Außenterrasse am Hafen *(www.kanalmagasinet.se)*.

Unser nächster Stepp ist **Söderköping** (Einwohnerzahl 7.000).

225 Söderköping – *Ställplats*

GPS/Kontakt: N 58°28'52.0" E 16°19'59.8", Skepparvägen 614, www.stellpy.se. **Max. WOMOs**: 21. **Öffnungszeit**: 04-10, ganzjährig (ohne Service). **Ausstattung**: VE, WC, Dusche, Mülleimer, Wäscherei. **Beschreibung**: Riesiger unromantischer Schotterparkplatz ohne Blick auf den Göta Kanal. **Preise**: 150-220 SEK. **Hinweis**: Man bekommt einen Code per Mail. VE nur per Code. Etwa 500 m bis zur Innenstadt. Im Winter ohne Service. **Zufahrt**: Über die Ågatan in die Tingshusgatan.

TOUR 9

226 Söderköping – *Skeppsdockans Camping och Vandrarhem*

GPS/Kontakt: N 58°29'32.2" E 16°18'17.5", Dockan 1, +4612121630, www.soderkopingscamping.se/skeppsdockan. **Max. WOMOs**: 102. **Öffnungszeit**: 04-09. **Ausstattung**: VE, Strom, WC, Dusche, Mülleimer, WLAN, Waschmaschine, Trockner, Spielplatz, Kiosk, Fahrradverleih, Brötchenservice. **Beschreibung**: Schöner, aber großer Platz am Kanal. Man steht auf Schotter und hat einen Rasen für die Stühle, klappstuhlgeeignet, kein Schatten. In der Mitte des Platzes befindet sich ein Trockendock. **Preise:** 280-430 SEK +Service, 70 SEK für VE ohne Übernachtung. **Hinweis**: 2 km bis in die Stadt. **Zufahrt**: E22 Abfahrt Richtung Slussporten oder Campingplatz-Symbol.

Vielleicht wundern Sie sich über die Kaninchen-Schilder im Ort? Die Künstlerin Eva Fornåå will mit *Rabbit Crossing* Mut, Zusammenarbeit und Hilfsbereitschaft fördern, in dem sich alle die Hände reichen, um Gemeinsames zu schaffen.

Söderköping ist eine historische Stadt, die neben Kalmar ebenso bedeutend, wie Stockholm war mit einer Geschichte, die bis ins 12. Jahrhundert zurückreicht. Heute ist sie bekannt für ihre gut erhaltenen Gebäude. Der **Rådhustorget** mit *Kopfsteinpflaster*, dem hübschen Rathaus und dem Reichstelefon gefällt uns besonders. Gut gelaunt wenden wir uns in die Munkrogatan, die sich

ganz schmal zwischen Rathaus und Eisdiele ihren Weg an den schmucken Häusern am Fluss bahnt.

Die **St. Laurentii Kyrka** beeindruckt uns mit dem Holz-Glockenturm, während das historische Museum sich in dem ältesten erhaltenen Schulgebäude der Stadt befindet *(Gamla Skolgatan 10, www.stragnhildsgille.se, Eintritt frei).* Schwedens beliebtestes Eiscafé befindet sich an der Kanalgatan und heißt ***Smultronställlet***. Es wurde in den 1980ern durch eine TV-Sendung berühmt. Fünfundsiebzig Tonnen Eis werden hier jedes Jahr verkauft. Hier gibt es 60 verschiedene Eiskreationen, 65 Mitarbeiter:innen, 150 Sitzplätze und im Sommer werden 180.000 Gäste bewirtet. Selbst ***Königin Silvia*** und ***König Carl Gustav*** waren schon Gäste im Smultronställlet.

Vom Kanallekplatsen führen 278 Stufen hinauf zum *Aussichtspavillion*. Er steht auf dem Hausberg von Söderköping, dem Ramunderberget. Von hier oben hat man einen beeindruckenden Blick auf die Stadt und die Umgebung. Ramunderberget ist außerdem ein Naturschutzgebiet mit zahlreichen Wander- und Joggingwegen.

Am Kanal gibt es eine Reihe schöner Lädchen, Cafés und Restaurants. Wir entscheiden uns für das ***Bakfickan*** mit schöner Außenterrasse, das Dagens Rätt gibt es für 109 SEK inkl. Salat, Wasser, Saft, Brot, Kaffee und Gebäck.

Söderköping – romantische Kopfsteingassen

Wenn Sie die schwedische Landschaft vom Wasser aus erleben möchten, können Sie eine **Bootstour** auf dem Kanal unternehmen, zum Beispiel eine Krabbenfahrt mit der **M/S Göta Lejon** (*www.gotakanal.se/de/aktivitat/bootsfahrt-mit-der-ms-gota-lejon-soderkoping-krabbenfahrt*).

Söderköping ist auch als Drehort für die deutsche Fernsehserie **Inga Lindström** bekannt. Die romantischen Geschichten der Serie spielen oft in der idyllischen Umgebung der Stadt.

Uns zieht es mal wieder weiter und so fahren wir am nächsten Morgen zur **Norsholms Schleuse**.

227 Norsholm – *Ställplats*

GPS: N 58°30'29.3" E 15°58'40.2", Slussvägen 7. **Max. WOMOs**: 14 Stellplätze auf dem hinteren Platz mit Strom, 13 Stellplätze auf dem vorderen Platz ohne Strom. **Öffnungszeit**: 04-09. **Ausstattung**: VE, Strom, WC, Dusche, Mülleimer, Picknickbänke, Badesteg, WLAN im Restaurant, gutes Sani-Haus, VE frei zugänglich, Supermarkt 300 m. **Beschreibung**: Großer Schotterplatz direkt am Göta Kanal mit Blick auf diesen. Am Rand etwas Rasen. **Preise**: 210 SEK ohne / 260 SEK mit Strom. **Hinweis**: Vor der Einfahrt im Restaurant Kapten Bille's Café & Hostel anmelden. VE etwas versteckt hinter Bäumen auf der Rückseite des Restaurants. **Zufahrt**: Bei Kimstadsvägen, 350 m links abbiegen auf Norsholmsvägen, 750 m links abbiegen auf Slussvägen.

Das Restaurant ***Kapten Bille's*** bietet eine große Auswahl an Speisen und Getränken. Es ist sehr gemütlich eingerichtet mit einer tollen Außenterrasse.

Heute sind wir früh dran, es ist Samstag und wir wollen ins **Freilichtmuseum** nach **Linköping** (Einwohnerzahl 107.000). Wenn die Geschäfte, Marktstände und Cafés öffnen, wird dieser schöne Ort zu etwas ganz Eigenem *(Eintritt frei, Sommer täglich 10-17 Uhr, Nebensaison Mi.-Fr., 11-17, Sa.-So. 11-16 Uhr, www.gamlalinkoping.se)*.

228 Linköping – *Gamla Linköping*

GPS: N 58°24'21.2" E 15°35'14.2", Tunnbindaregatan 1.
Max. WOMOs: 6. **Öffnungszeit**: Ganzjährig. **Ausstattung**: WC, Mülleimer, Picknickbänke, Grillstelle, Spielplatz, Restaurant, Shop.
Beschreibung: Großer Schotterparkplatz. **Preise**: 11 SEK/Std., 80 SEK/24 Std. zahlbar am Automaten oder per EasyPark App.
Zufahrt: Vom Y-Ring Mamslättsvägen ausgeschildert.
Ausweichplatz: Etwa 500 m durch den Wald, N 58°24'05.0" E 15°35'10.0", Valla Fritidsområde, **Max. WOMOs**: 4, 11 SEK/1 Std., 57 SEK/24 Std.

Linköping – Markttag im Freilichtmuseum Gamla Linköping

Zwar besuchen jedes Jahr etwa 450.000 Menschen das romantische Freilichtmuseum **Gamla Linköping,** doch jetzt wissen wir auch warum. Auf dem weitläufigen Gelände befinden sich mehr als 50 historische Gebäude aus den vergangenen Jahrhunderten, die alle originalgetreu wieder aufgebaut und restauriert wurden. Es ist reizvoll idyllisch und es herrscht eine gemütliche Atmosphäre. Besonders gut gefällt uns, dass wir auch Menschen in historischer Kleidung treffen, die uns mehr über die Geschichte des Ortes erzählen.

Tipp: ***Skönfärgaregården Shop and Waffle Cottage***: Hier finden Sie eine große Auswahl an Waffeln, Kuchen und anderen Backwaren. Im ***Gamla Linköpings Wärdshus*** können Sie traditionelle schwedische Gerichte genießen.

Natürlich wollen wir auch noch die schöne **Innenstadt Linköpings** sehen.

229 Linköping – *Saab Arena*

GPS/Kontakt: N 58°24'55.5" E 15°38'10.1", Gumpekullavägen, www.dukaten.se/karta.
Max. WOMOs: 20. **Öffnungszeit**: Ganzjährig. **Beschreibung**: Großer unromantischer Asphaltparkplatz, umrahmt von Bäumen in Fluss- und Stadtnähe. Ausgewiesene Plätze in der hinteren Ecke. Es kann (bei Veranstaltungen) laut werden. **Preise:** 16 SEK/ 1 Std., max. 90 SEK/ 24 Std., max. 8 Tage, zahlbar per EasyPark App. **Zufahrt**: Vom Linghemsvägen in den Gumpekullavägen, vor der Saab Arena links.
Ausweichplatz: Papegojan an der Linköping Arena, N 58°25'02.5" E 15°38'48.7", Vigfastgatan 8, 7 SEK/ 1 Std, 50 SEK/ 24 Std., max. 10 Tage.
Gasfüllstation: N 58°25'21.6" E 15°40'25.8".

Vom Parkplatz an der Saab Arena können wir durch den Park direkt über den Fluss Stångån gehen, um in die Innenstadt zu gelangen. Hier liegen die meisten Sehenswürdigkeiten links und rechts der Storgatan. Da sind zum Beispiel die strahlend weiße **St.-Lars-Kirche**, die im neoklassizistischen Stil gehalten wurde.

Rund um den Stora Torget, die Tannerforsgatan, Sankt Korsgatan und Ågatan sind noch Teile des mittelalterlichen Straßennetzes erhalten. Sehr schön ist ebenfalls das Ensemble aus Dom, Burg und Park. **Linköpings Domkyrka** ist nach dem Uppsala-Dom das größte und am besten erhaltene Kirchengebäude des Landes. Ausgrabungen haben ergeben, dass es christliche Gräber aus dem 11. Jahrhundert gab.

Aber eigentlich ist Linköping eine junge, weltoffene Stadt mit rund 27.000 Studierenden. Das zeigt sich auch an der lebendigen Innenstadt, die von Cafés, Kneipen und Fahrrädern geprägt ist.

Tipp: ***Ammos Café und Crêperie*** *(www.ammoscreperi.com)* und ***Bosses Glass,*** die bekannteste Eisdiele der Stadt *(Platensgatan 3, www.bossesglass.se)*. **Ausflugstipp: Flygvapenmuseum**: Im Luftwaffenmuseum in Linköping können Sie die Geschichte der schwedischen Militärluftfahrt von den Anfängen im frühen 20. Jahrhundert bis heute erleben. Das Museum ist ein preisgekröntes Technik- und Kulturmuseum, das eine umfangreiche Sammlung von Flugzeugen, Hubschraubern und anderen Luftfahrzeugen ausstellt *(120 SEK, 60 SEK für Kinder, täglich 10-17 Uhr)*.

Linköping – Sankt Lars kyrka

230 Linköping – *Flygvapenmuseum*

GPS/Kontakt: N 58°24'39.3" E 15°31'32.1", Carl Cederströms gata 2, www.flygvapenmuseum.se. **Max. WOMOs**: 10. **Öffnungszeit**: Ganzjährig. **Ausstattung**: WC im Museum, Café. **Beschreibung**: Große Wiese neben dem Museum. **Hinweis**: Der Schlagbaum wird über Nacht geschlossen und nur zu den Museums-Öffnungszeiten geöffnet. Es ist den ganzen Tag über wuselig, da das Museum sehr beliebt ist. Eisenbahnlinie neben dem Platz. **Zufahrt**: Von der 34 etwa 1,5 km.

Tour 10

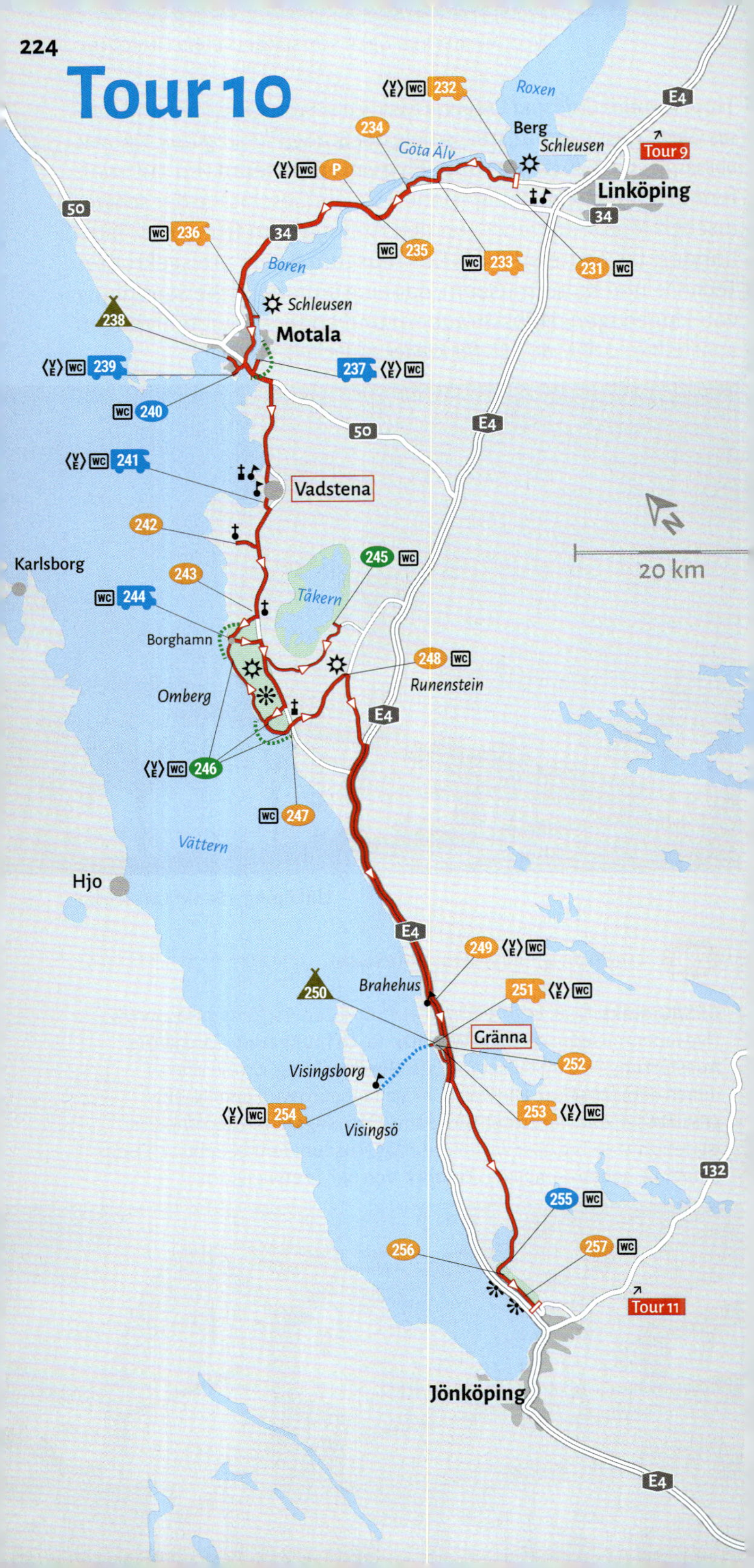
Roxen
Berg
Schleusen
Tour 9
Linköping
Göta Älv
Boren
Schleusen
Motala
Vadstena
Karlsborg
Tåkern
Borghamn
Omberg
Runenstein
Vättern
Hjo
Brahehus
Gränna
Visingsborg
Visingsö
Tour 11
Jönköping
20 km
E4
50
34
132
231
232
233
234
235
236
237
238
239
240
241
242
243
244
245
246
247
248
249
250
251
252
253
254
255
256
257

Natur und Geschichte östlich des Vättern

228 km

Die Ostseite des Vättern, Schwedens zweitgrößtem See, bietet eine reizvolle Landschaft, die von sanften Hügeln, dichten Wäldern und malerischen Dörfern geprägt ist. Besuchen Sie die charmanten Städte Motala und Vadstena, die mit ihren historischen Gebäuden und Sehenswürdigkeiten einen Einblick in die Vergangenheit Schwedens bieten. Ob Wandern, Radfahren, Schwimmen oder Bootfahren – die Ostseite des Vättern bietet vielfältige Möglichkeiten für aktive Erholung. Unsere Highlights sind:

- **Vreta Kloster**
- **Schleusenanlagen von Berg und Motala**
- **Vadstena Slott und Kloster**
- **Naturschutzgebiet Omberg**
- **Gränna und Visingsö**

Adjö Linköping – Hallå Berg och välkommen tillbaka Göta Kanal (Tschüss Linköping – Hallo Berg und willkommen zurück am Göta Kanal)! Es geht nach **Berg** (Einwohnerzahl 7.000) und zu Schwedens ältestem Kloster. Auf dem Parkplatz darf übernachtet werden.

231 Berg – *Vreta Kloster*

GPS: N 58°28'53.7" E 15°30'57.7", Vreta Kloster Kyrka 1. **Max. WOMOs**: 4. **Öffnungszeit**: Ganzjährig. **Ausstattung**: Tagsüber WC, Picknickbänke, Café. **Beschreibung**: Schotterparkplatz neben der Kirche und dem Friedhof. **Zufahrt**: Neben einer Kreuzung, Stjärnorpsvägen.

Das Vreta Kloster überlebte die Reformation

Das Kloster wurde um 1100 von König Inge dem Älteren und Königin Helena gegründet und war ursprünglich ein Benediktinerinnenkloster. Im 12. Jahrhundert wechselte es zum Zisterzienserorden und wurde zu einem der wichtigsten Klöster Schwedens. Das Kloster überlebte auch die Reformation, die in Schweden im 16. Jahrhundert stattfand. Erst als die letzten Nonnen um 1580 starben, wurde das Kloster geschlossen. Die Gebäude verfielen und heute sind nur noch Ruinen zu sehen. Diese wurden 1916 restauriert. Im Museum wird unter anderem eine außergewöhnliche Wasserleitung aus Holz ausgestellt.

Uns gefällt der Kreuzgang zwischen Kirche und Ruinen, da dieser von wildem Wein berankt ist und in der Septembersonne ein besonders schönes Farbenspiel zaubert.

Sehr attraktiv ist das ***Klosterhusets Café*** mit der Außenterrasse. Hier können wir eine schwedische Fika (Kaffee, Kuchen) und ein Eis genießen. Das Café befindet sich direkt an der Kirche und bietet einen malerischen Blick auf das Dorf und die umliegende Landschaft.

Tipp: In der **Klosterbrauerei Vreta**, nur 800 Meter von den Ruinen der ältesten Abtei Schwedens entfernt, braut man Bier im belgischen Stil mit Bezug zur lokalen Geschichte *(Blåsvädersgatan 7, Ljungsbro, www.klosterbryggeri.com)*.

Nur gut einen Kilometer entfernt befinden sich die Schleusen des Göta Kanals und wir wechseln auf den offiziellen Stellplatz.

232 Berg – *Slussar*

GPS/Kontakt: N 58°29'04.4" E 15°31'41.9", Oscars Slussar 2, www.bergsslussar.com. **Max. WOMOs**: 25+. **Öffnungszeit**: 05-09 (ganzjährig ohne Service). **Ausstattung**: VE (frei zugänglich), WC, Dusche, Mülleimer, WLAN, Waschmaschine, Picknickbänke, Grillstelle, Minigolf, Café, Restaurant, Shop, Badestelle. **Beschreibung**: Am Ende des riesigen Parkplatzes gibt es einen Grünstreifen. Klappstuhlgeeignet. **Preise**: 215 SEK zahlbar an der Rezeption im Hostel. **Hinweis**: Das Sani-Haus befindet sich auf der anderen Seite des Sees. **Zufahrt**: Vom Stjärnorpsvägen zu den Oscars Slussar Schleusen, über den ganzen Parkplatz bis hinten durchfahren.

Bergs Slussar ist Schwedens *größte und längste Schleusentreppe* des Göta Kanals und führt von der Mündung des Kanals in den See Roxen hinauf auf die Östgöta-Ebene Richtung Vättern. Die Anlage von Berg besteht aus drei Schleusen.

Die **Carl Johan Slussar Schleusentreppe** am vorderen Ende des Sees Roxen besteht aus sieben einzelnen Schleusen, die übereinander angeordnet sind. Die Gesamthöhendifferenz beträgt 18,8 Meter. Ein schönes Erlebnis ist eine Bootsfahrt mit der **M/S Vasa Lejon**, auf der insgesamt neun Schleusen passiert werden *(Ganztagesfahrt 05-09, 300 SEK, www.gotakanal.se)*.

Bezaubernde Landschaft abseits der Schnellstraße

Am nächsten Morgen haben wir keine Lust über die Schnellstraße 34 zu fahren, sondern lassen lieber die herrliche Landschaft an uns vorbeiziehen, dabei queren wir den Göta Kanal immer wieder. Einen sehr schönen Stellplatz finden wir direkt bei der nächsten Querung an der Ljungs Västra bro.

233 Ljungsbro – *Släta Västra Bro*

GPS/Kontakt: N 58°31'13.9" E 15°25'34.9", Västra Brostugan 1, www.lv1.se. **Max. WOMOs**: 25. **Öffnungszeit**: Ganzjährig. **Ausstattung**: Strom, Mülleimer, Sauna, Café, Badesteg. **Beschreibung**: Schöner Stellplatz in herrlicher Umgebung direkt am Kanal. 2023 wurde der Platz verbessert. Die Zone B befindet sich direkt an der Einfahrt und ist weiter von der Schnellstraße entfernt. Klappstuhlgeeignet. **Preise**: Zone B mit Strom: 250 SEK, Zone A (noch) ohne Strom 150 SEK, Sauna 500 SEK. **Hinweis**: Unbedingt vorher online reservieren. Der Platz befindet sich weiter im Aufbau. **Zufahrt**: direkt an der 34.

Entlang des Kanals führt ein schöner Fahrradweg. Wer kein Rad dabei hat, kann diesen bis zur nächsten Brücke auch zu Fuß gehen und zum Beispiel über die wenig befahrene Landstraße nördlich des Kanals zurück. Genau diese fahren wir nun bis zur nächsten Brücke. Dort kann nämlich wieder übernachtet werden.

234 Borensberg – *Sjöbacka*

GPS/Kontakt: N 58°31'59.2", E 15°23'30.1" Sjöbacka Bro 1, +46141202050, info@gotakanal.se. **Max. WOMOs**: 6. **Öffnungszeit**: Ganzjährig. **Ausstattung**: Mülleimer, Picknickbänke, Grillstelle, Badesteg. **Beschreibung**: Schöner Schotterplatz, Straße in Sicht- und Hörweite. Direkt am Göta Kanal an einer kleinen Brücke. **Preise**: 125 SEK. **Zufahrt**: Direkt an der 34.

Sjöbacka am Göta Kanal

Nun müssen wir über die 34 weiter zu einem historischen und sehr empfehlenswerten Hofladen. Die Kirche nebenan lugt zwischen den Bäumen hervor und strahlt im Sonnenlicht. Wir parken auf dem Parkplatz neben dem großen Gebäude. Zwar könnten wir hier über Nacht bleiben, empfinden es aber als zu unromantisch.

235 Borensberg – *Brunneby Musteri*

GPS: N 58°32'31.2" E 15°19'28.7". **Max. WOMOs**: 8. **Ausstattung**: WC im Restaurant, Bauernladen. **Beschreibung**: Großer Asphaltparkplatz neben der viel befahrenen Straße. **Zufahrt**: direkt an der 34.

Brunneby Musteri ist eine familiengeführte Mosterei in Borensberg. Seit 1941 werden dort Obst und Beeren verarbeitet. Im Hofladen werden die Produkte der Mosterei, Geschenkideen, lokales Handwerk sowie Delikatessen aus der Region verkauft. Das Dagens Rätt *(149 SEK)* im ***Restaurant Bettina*** ist empfehlenswert, vor allem das hausgemachte Gebäck. Uns gefällt besonders die Gårdsbutik (Hofladen). Sie ist so hübsch und es werden tolle Sachen verkauft *(viel Bio, mit Verköstigungsecke Brunneby Musteri, Mo.-Fr. 10-18 Uhr, Sa. 10-16 Uhr, So. 11-16 Uhr, Restaurant Mo.-Sa. 10-16 Uhr, So. 11-16 Uhr, www.brunnebymusteri.se).*

P Borensberg – *Kungs Norrby*

N 58°33'10.5" E 15°19'21.1", VE, Picknickbänke, neben der 34.

Wir nähern uns wieder dem Vättern, den wir in Tour 6 schon erlebt haben. Dieses Mal aber von der östlichen Seite. Ein besonderes Highlight ist die Beobachtung des fünfstufigen Schleusenbetriebes bei **Motala** (Einwohnerzahl 32.000). Sie können hautnah miterleben, wie die Schiffe die Schleusenstufen überwinden.

236 Motala – *Borenshult Bro*

GPS: N 58°33'20.1", E 15°4'42.6", Verkstadsvägen 114. **Max. WOMOs**: 15. **Öffnungszeit**: Ganzjährig. **Ausstattung**: Strom, WC, Mülleimer, WLAN, Boule Picknickbänke am Kanal, Kiosk. **Beschreibung**: Schotterparkplatz direkt am Göta Kanal. Klappstuhlgeeignet. **Preise**: 150+Strom. **Hinweis**: Bezahlung am Kiosk, dort bekommt man eine Service Card für das WC, außerhalb der Öffnungszeit darf man zwar kostenlos parken, darf dann aber auch keinen Strom nutzen. **Zufahrt**: Vom Borensvägen über die kleine Roll-Brücke, direkt links.

Uns hat es im schlichten ***Café & Grill, Borenshult*** auf der gegenüberliegenden Seite des Stellplatzes auf der Außenterrasse mit Blick auf den Kanal gut geschmeckt.

Borenshult Slussar – Die fünf Schleusen der Erinnerung

An den Ufern des Boren Sees, in der Nähe der Stadt Motala, liegen die fünf Schleusen der Erinnerung (Minnets fem slussar). Sie wurden zwischen 1823 und 1825 erbaut, um den Göta Kanal über eine 15,3 Meter hohe Wasserfallstufe zu führen.

TOUR 10

Inselzauber und Kanalromantik - Wandern am Göta Kanal

Ein Spaziergang entlang des Göta Kanals nach Motala ist ein Highlight. Die Strecke ist etwa vier Kilometer lang und führt durch eine interessante Umgebung. Der Weg führt über die Insel, auf der auch der Stellplatz ist. So gibt es Teilstücke mit Wasser auf beiden Seiten, auf der einen der Kanal und auf der anderen der Motala Ström. Der Weg ist sehr schön zu gehen! In Motala angekommen, können Sie sich in einem der vielen Restaurants oder Geschäfte stärken.

Im **Motala Hamn** gefällt es uns sehr gut! Alles ist hübsch, mit Ausblick auf die Schleusen des Göta Kanals. Der Hafen wurde im 19. Jahrhundert im Zuge des Baus des Göta Kanals angelegt und ist von schönen Gebäuden und Denkmälern umgeben, darunter das **Göta Kanal Museum**, das **Motormuseum Motala** mit einer der größten Rolls-Royce-Sammlungen Schwedens *(120 SEK, Di.-So. 10-16 Uhr, Aquarium Di.-Sa. 10-15 Uhr, Kombiticket möglich, Mo.-So. geschlossen. www.motormuseum.wixsite.com)* und das **Dampfschiff M/S**

Sverker *(700 SEK/Tag durch 12 Schleusen. www.kungsverker.se/tageskreuzfahrt)*. Wir aber lieben die Restaurants, Cafés und Geschäfte im Hafen. So kehren wir im Hamnkrogen ein *(Dagens Rätt 119 SEK, Mi. geschlossen, www.hamnkrogenmotala.se)*.

237 Motala – *Södra Strand*

GPS/Kontakt: N 58°31'46.9" E 15°02'16.4", Fabriksgatan 12H, www.parkandstay.se. **Max. WOMOs**: 28. **Öffnungszeit**: Ganzjährig. **Ausstattung**: VE, Strom, WC, Dusche, Mülleimer, WLAN, Badesteg, Gasflaschenservice. **Beschreibung**: Parken am Göta Kanal auf der Wiese, ein paar Bäume, Blick auf das Wasser, klappstuhlgeeignet. Von der Industrie drumherum bekommt man nicht viel mit. Nachts ruhig, trotz Eisenbahn. **Preise**: 350 SEK online zahlbar. **Hinweis**: Von Motala kommend über die Strömbron gibt es eine Beschränkung auf 3,5 t. Der Verkstadsvägen hat eine max. Höhe von 3,2 m und die Gästisgatan hat nur 2,80 m! Einen Bogen bis zur 50 fahren, aus der Richtung gibt es keine Einschränkungen. Keine Reservierungen. 1 km bis zur Stadt. Früh anreisen! **Zufahrt**: Von der 50 auf den Vadstenavägen, Motala S, links auf Taltrastvägen, links auf Fabriksgatan, der Platz liegt linksseitig.

Varamobaden ist mit fünf Kilometern der längste **Binnenseestrand** Nordeuropas. Der feine Sand und das flache, klare Wasser laden zum Baden ein. Es schimmert herrlich türkisfarben in der Sonne. Wer gerne Urlaub am Mega-Strand machen möchte, sollte sich rechtzeitig einen Platz auf dem kleinen, gemütlichen Campingplatz buchen.

238 Motala – *Furulid*

GPS/Kontakt: N 58°32'45.6" E 15°00'29.8", Badstrandsvägen 8, +46141211892 www.furulid.se. **Max. WOMOs**: 42. **Öffnungszeit**: Ganzjährig. **Ausstattung**: Waschmaschine, Trockner, Picknickbänke, Grillstelle, Spielplatz, Café. **Beschreibung**: Schöner Campingplatz in einem lichten Wald auf Rasen oder auf Schotter mit Rasenstück, klappstuhlgeeignet, ruhig. **Preise:** 300-390 SEK, online im Voraus buchen. **Hinweis**: Furulid ist eine Kirche mit Veranstaltungen, Gesang, Musik, Konzerten. Bis zum Strand sind es etwa 300 m. Alle Parkplätze in der Nähe des Strandes sind Tagesplätze, so auch der große Parkplatz N 58°32'32.5" E 14°59'59.2". **Zufahrt**: Furulids Eingang für Besucher ist der zweite auf der rechten Seite.

Am südlichen Strand, auf der Halbinsel **Råssnäs** und **Pariservikens Badplats** (Hundestrand), ist es nicht ganz so überfüllt wie am Varamobaden. Der Stellplatz am Segelclub liegt recht beschaulich an der Landspitze Råssnäsudden.

239 Motala – *MSK Råssnäsbadet*

GPS/Kontakt: N 58°31'47.5", E 14°58'55.6", Biskopsvägen 55, psidan.se/motalasegelklubb. **Max. WOMOs**: 30. **Öffnungszeit**: 04-09. **Ausstattung**: VE, Strom, WC, Dusche, Mülleimer, Picknickbänke, Grillstelle, Strand. **Beschreibung**: Schöner Stellplatz auf Schotter/Rasen direkt am Vättern. **Preise**: 240 SEK. **Hinweis**: Nur online buchbar. **Zufahrt**: 1,3 km entlang des Biskopsvägen.

240 Motala – *Råssnäsbadet*

GPS: N 58°31'48.1" E 14°59'26.7", Biskopsvägen. **Ausstattung:** WC, Picknickbänke, Grillstellen, Mülleimer, Spielplatz, Badesteg, Sprungturm. **Beschreibung**: Auf dem Weg Richtung Stellplatz befinden sich etliche schöne Parkplätze, keine Verbotsschilder. **Zufahrt**: Vom Råssnäsbadet in den Biskopsvägen Richtung Råssnäs fritid.

TOUR 10

Auch der schönste Strandurlaub kann nicht ewig währen, denn ein weiteres Highlight liegt nur 15 Kilometer südlich, in **Vadstena** (Einwohnerzahl 5.700). Auch hier steuern wir erstmal den Stellplatz an. Alles ist bei unserem Rundgang durch Vadstena gut fußläufig zu erreichen, obwohl es so viel zu sehen gibt!

241 Vadstena – *Lilla Hamn*

GPS/Kontakt: N 58°26'42.4" E 14°52'45.8", Hamngatan 9, www.bokavadstena.se/sv. **Max. WOMOs**: 50. **Öffnungszeit**: Ganzjährig. **Ausstattung**: VE, Strom, WC, Dusche, Mülleimer, Picknickbänke, Badesteg, WLAN (Stadt). **Beschreibung**: Großer zweigeteilter Stellplatz, teils Asphalt- und Rasenstreifen unter Bäumen, teils Schotterparkplatz vor einer Firma. **Preise**: 200-280 SEK. **Hinweis**: Im Vorfeld online buchen! Die schönsten Plätze sind die Richtung Schloss (Område A). Das Sani-Haus ist ein grüner Container (Code) auf der anderen Seite des Hafens (300 m). Die VE ist frei zugänglich direkt am Hafenkai. Eine zweite Entsorgung befindet sich vor dem Stellplatz im Industriegebiet in einem gelben Eckhaus (sehr ekelig). Mülleimer befinden sich an der Einfahrt zum 1. Platz. **Zufahrt**: Etwas im Zickzack durch das Industriegebiet den Schildern folgen. Nicht in die Hamngatan fahren.

Vadstena – Stellplatz am Schloss

Im Sommer, ab dem 23. Mai, finden mittwochs in der Nähe des Stellplatzes die Nostalgieabende der Stadt statt. In dieser Zeit wird die Gegend von Oldtimern und vielen Menschen belebt.

TOUR 10

Vadstena: Von der Pilgerstätte zum Renaissanceschloss

1545 ließ König Gustav Vasa die Burg Vadstena errichten. Sie war zunächst eine Verteidigungsfestung und wurde später zu einem prächtigen Renaissancepalast umgebaut. 1554 wird sie zum festen Wohnsitz von Gustav Vasas Sohn. Ab 1716 diente die Burg als Militärstützpunkt, Getreidespeicher und Textilweberei. Im 19. Jahrhundert wurden die Stadtmauern und quadratischen Türme abgerissen und in den 1980er Jahren wieder aufgebaut. Schloss Vadstena steht unter Denkmalschutz, es ist das am besten erhaltene Renaissanceschloss Schwedens *(06-08 täglich 10-16, 95 SEK, 75 SEK 8-15 Jahre, 45 SEK mit Kulturerbe-Karte, www.vadstenaslott.com).*

Im hinteren Bereich des ***Slottsgårdens Café*** *(täglich von 8-15 Uhr, Dagens Rätt, Shop mit Handwerkskunst www.slottsgarden.se)* befindet sich das wohl kleinste **Spielzeugmuseum** des Landes *(Slottsgårdens Leksaksmuseum, Hamngatan 3, 60 SEK, 45 SEK 5-15 Jahre)*. Keine 100 Meter entfernt liegt das **Eisenbahnmuseum Lokstallarna**, Schwedens älteste Schmalspurbahn *(Fahrten, Draisine und Führungen, Järnvägsgatan 8A, www.wfj.se/de)*. Möchten Sie mehr über die Stadt erfahren? Dann besuchen Sie das **Vadstena Stadtmuseum** auf dem Rathausplatz *(Rådhustorget 9, 06-08 täglich 13-16 Uhr, Eintritt frei).*

Aber mal was anderes: Würden Sie ***Waffeln mit Krabben*** essen? Im ***Café Nostalgi*** am Rådhustorget 1 können Sie solch Außergewöhnliches neben selbstgebackenem Kuchen und Gebäck probieren. Das Rathaus ist seit etwa 1490 in Betrieb und damit das älteste Rathaus Schwedens. Hier befinden sich unter anderem eine Gaststätte und ein Gefängnis.

Wir schlendern gemütlich entlang der Storgatan, an der es viele Geschäfte, Restaurants und historische Häuser, teilweise aus dem 15. Jahrhundert gibt.

Wenn wir vom **Rödtornet** (roten Turm) nach rechts blicken, lugt durch die Bäume ein Backsteinhaus. Das Bischofshaus war ursprünglich ein einfaches Gebäude mit einem einzigen Raum. Im Jahr 1528 wurde ein Anbau errichtet, der angeblich als ***Residenz für Gustav Vasa*** diente, während er auf die Fertigstellung des Schlosses wartete. Am roten Turm halten wir uns links, bis wir auf die alte Klostermauer stoßen. Jetzt wird es spannend, denn wir gehen am Pilgerzentrum vorbei zur großen Klosterkirche, Abtei und den Klosterruinen. Zunächst besuchen wir den schönen **Munkträdgården** (Mönchsgarten), einen von zwei Obstgärten des Klosters. Er ist einer der ältesten Obstgärten Schwedens

TOUR 10

Vadstena Slott

und beherbergt verschiedene Sorten von Äpfeln und Birnen. Die **Klosterkyrka** von Vadstena ist Schwedens viertgrößte mittelalterliche Kirche und beherbergt den Reliquienschrein der Heiligen Birgitta. Die Kirche wird jährlich von fast 300.000 Menschen aus aller Welt besucht.

Das geheime Leben im Kloster

In den 1930er Jahren wurden bei archäologischen Ausgrabungen Grundmauern zutage gefördert, die zum Sprechhaus, der Brauerei und der Bäckerei des Klosters gehörten. Diese Ruinen wurden zu einem Ruinenpark zusammengefasst, der heute Einblick in das Leben im Kloster gibt. Nonnen und Mönche lebten im Kloster getrennt voneinander in jeweils eigenem Konvent. Im Taleshuset (Sprechhaus) konnten sie jedoch durch verdeckte Holzgitter miteinander kommunizieren. Dort befanden sich auch eine Drehtrommel und eine Schublade, mit deren Hilfe Gegenstände ohne visuellen und körperlichen Kontakt ausgetauscht werden konnten.

Wir sind tief beeindruckt und stärken uns im Vadstena ***Klostercafé*** mit leckerem Kaffee und selbstgemachtem Kuchen. Zurück gehen wir entlang der Strandpromenaden. Inzwischen steht die Sonne schon tiefer und spiegelt sich so in warmen Farben auf dem glitzernden Wasser. Lange Seebrücken waren aufgrund der flachen Ufer für Seetransporte nach Vadstena unerlässlich. Die Stadtbrücke an der Einmündung der Helgeandsgatan wurde bereits 1529 erbaut.

Am nächsten Tag brechen wir vom Stellplatz in Vadstena auf und folgen der Sonne entlang des Vätterns. Unseren ersten Stopp legen wir an der **Örberga Kirche** ein. Sie wurde im 12. Jahrhundert im romanischen Stil erbaut. Der Chor ist gotisch und stammt aus dem 13. Jahrhundert. Die Anfahrt durch die Allee ist traumhaft schön und der Parkplatz an der Kirche weist kein Verbotsschild auf.

242 Vadstena – *Örberga Kyrka*

GPS: N 58°26'03.0" E14°48'04.6" **Max. WOMOs**: 1. **Beschreibung**: Schotterparkplatz mit Grünfläche und schöner Aussicht über die Felder. **Zufahrt**: 3 km von der Abzweigung Richtung Örberga.

In dieser Gegend gibt es einige interessante Kirchen. Haben Sie Lust auf noch eine? In diesem Fall interessiert uns aber viel weniger die Kirche, sondern die Tür.

243 Borghamn – *Rogslösa Kyrka*

GPS: N 58°22'59.7" E14°44'39.5", Rogslösa 205, **Max. WOMOs**: 1. **Ausstattung**: Mülleimer, Picknickbänke. **Beschreibung**: Kleiner Schotterparkplatz neben der Kirche. Zufahrt: Kurz vor der Abzweigung nach Borgholm, rechts in den Rogslösa kyrkväg abbiegen.

Vergessene Mythologie einer vergangenen Zeit

Die Tür der Kirche, die Rogslösadörren, ist ein mittelalterliches Kunstwerk, das eine Jagdszene und eine Szene mit dem Teufel und einem Engel zeigt. Sie wurde um 1275 von einem anonymen Schmied geschaffen. Die obere Hälfte der Tür zeigt eine Jagdszene, die möglicherweise auf Ombergs Tierfarm, den Menschen als Krone der Schöpfung oder möglicherweise auf das Paradies anspielt. Die untere Hälfte der Tür zeigt eine Szene mit dem Teufel, der eine Frau an den Haaren zieht und mit einem Speer auf sie einsticht, während ein Engel gegen einen Drachen kämpft. Die Legende von Königin Omma ist mysteriös und hat viele verschiedene Versionen. Laut einer Version war Omma eine unsterbliche Göttin, die von einem Mädchen aus dem Dorf zur neuen Königin ernannt wurde. Im Gegenzug erhielt das Dorf Schutz in Ommas Schloss. Das Zeitalter Ommas ging zu Ende, als die letzte Königin von ihrem Vater ermordet wurde. Die Legenden von Omma sind noch heute in der Region lebendig. Sie sind ein faszinierender Einblick in eine Zeit mit einer anderen und teilweise vergessenen Mythologie.

Am Vätternsee liegt das kleine Dorf **Borghamn** (Einwohnerzahl 160), eine Ansammlung von wenigen, aber historischen Häusern. Hier wurden die Steine des Steinbruchs geschlagen, die unter anderem für den Bau der mächtigen Festung in Vadstena verwendet wurden.

244 Borghamn

GPS/Kontakt: N 58°22'57.6" E 14°40'54.2" Borghamnsvägen 3D, www.borghamn.com/boka. **Max. WOMOs**: 6. **Öffnungszeit**: 04-09, ganzjährig ohne Service. **Ausstattung**: Strom, WC, Dusche, Mülleimer, Badesteg, Sauna. **Beschreibung**: Schotterparkplatz mit tollem Ausblick, liegt sehr schön am Wasser. Klappstuhlgeeignet. **Preise**: 290 SEK online zahlbar. **Hinweis**: WC, Dusche und Wasser in der Jugendherberge. Unbedingt vorher online buchen! Falls Sie keine Nummer auswählen können, ist der Platz bereits ausgebucht. Nebenan ist die Stein-Industrie, deshalb kann es zu Lärmbelästigung kommen. **Zufahrt**: 700 m aus Borghamn Richtung Hafen. **Ausweichplatz**: Oberhalb des Steinbruchs N 58°22'57.1" E 14°41'10.7", schlichter Schotterplatz.

Idyllisches Dorf mit steinernem Erbe

TOUR 10

Borghamn blickt auf eine mehr als 900-jährige Tradition des Kalksteinabbaus zurück. Die Anfänge gehen auf das Jahr 1143 zurück. In diesem Jahr gründeten Zisterziensermönche aus Frankreich das Kloster Alvastra in der Nähe von Borghamn. Die Voraussetzungen für den Kalksteinabbau in Borghamn waren ideal und mit dem Vättern bot sich außerdem ein geeigneter Transportweg an. So wurden im Laufe der Jahrhunderte viele Gebäude aus Borghamner Kalkstein errichtet, darunter Visingsborg auf der Vätterninsel Visingsö, Västanå Slott, Vadstena Klosterkyrka und das Vadstena Slott.

Seine Blütezeit erlebte der Steinbruch im 19. Jahrhundert mit dem Bau des Göta Kanals und der Festung in Karlsborg. Der Kalksteinabbau in Borghamn ist heute noch ein wichtiger Wirtschaftsfaktor für die Region. Der Stein wird unter anderem für den Bau von Straßen, Brücken und Gebäuden verwendet.

Wanderung Borghamn

5,3 km, leicht: Am Stadtrand von Borghamn liegt der **Bockakyrkogården**, der **Friedhof**. Hier ruhen 80 Seelen, die zwischen 1842 und 1894 starben. Die meisten waren Strafgefangene. Sie wurden anonym begraben, da Verurteilte damals nicht auf einem normalen Friedhof begraben werden durften.

Drottning Ommas Borg ist eine Ruine auf dem Omberg. Sie ist eine von drei alten Festungen auf dem Berg, die alle etwa 1500 Jahre alt sind. Sie wurde wahrscheinlich während der Völkerwanderungszeit erbaut und diente als Wachburg. Von den Resten der Burg ist nicht viel zu sehen, außer Steinhaufen. Der Blick vom Schlossgarten auf den Vätternsee ist jedoch phänomenal. Bezaubernde Geschichten aus Ombergs *Sagenschatz* finden Sie hier: www.upplevvadstena.se/de/ombergssagenschatz.htm.

Wir kehren dem Berg fürs erste den Rücken und gehen über den Strandstigen in nördlicher Richtung. Unterwegs kommen wir an einem Shelter mit Picknickbänken und Grillstelle vorbei. Am kleinen Steinstrand tasten wir uns langsam ins kühle Nass. Es ist herrlich romantisch und wir suchen einen weiteren Stein für das Steintürmchen am Strand. Legen Sie auch einen obenauf?

Im Dorf befindet sich das schmucke ***Gyllenhammars Värdshus***, ein schönes Restaurant mit romantischem Wintergarten voller Blumen *(Hovanäsvägen 7, www.gyllenhammarsrestaurant.se, Mo.-Fr. 18-21 Uhr, Sa. 13-21 Uhr, So. 12-20 Uhr)*. Weiter geradeaus kommen wir am kleinen Spielplatz vorbei zum ***Borghamns Kiosk & Fisk Ab***, wo wir spontan frischen Fisch und ein Eis auf die Hand essen. Hier wird selbst geräuchert. Sehr lecker und sehr freundlich! Beim nächsten Mal gehen wir die Runde andersherum, damit wir den gekauften Fisch am See grillen können.

Ausflugstipp Tåkern See, Naturum und Naturschutzgebiet

Der Vogelsee Tåkern ist ein bedeutendes Brut- und Rastgebiet für viele Vogelarten in Europa. Er ist mit einer Fläche von 54 Quadratkilometern das größte Schilfgebiet Nordeuropas. Der See ist flach, mit einer mittleren Tiefe von nur 80 cm. Um ihn herum gibt es vogelreiche Feuchtwiesen und feuchte Uferwälder. Die besten Zeiträume für einen Besuch sind Mai/Juni und September/Oktober. Es gibt vier Besucherzentren am See. In Glänås befindet sich das Naturum Tåkern *(täglich 04-08, 10-17 Uhr, Nebensaison unterschiedlich Do.-So. 10-15 Uhr, Eintritt frei, www.naturumtakern.se)*.

245 Väderstad – *Naturum Tåkern Glänås*

GPS: N 58°19'52.7" E 14°49'24.9", Glänås besöksområde 1.
Max. WOMOs: 10. **Öffnungszeit**: Ganzjährig. **Ausstattung**: WC, Mülleimer, Picknickbänke, Grillstelle, Spielplatz, Vogelbeobachtung, Museum, Aussichtsturm, Wanderwege. **Beschreibung**: Großer Schotterparkplatz, Extraparkering, hinter dem eigentlichen Parkplatz, am Waldrand, klappstuhlgeeignet. Max. 24 Std. **Zufahrt**: Das Naturum ist weiträumig ausgeschildert. 11 km von der Abzweigung vom Ödeshögsvägen bei Väversunda.

Wir haben bereits kurz vom **Omberg** gesprochen, als wir Drottning Ommas Fornborg besucht haben. Heute fahren wir hin und

Omberg – Aussichtsturm auf dem Hjässan

beschäftigen uns näher mit dem Naturphänomen Omberg. Vorweg: Das freie Übernachten im Naturschutzgebiet ist verboten und nur an bestimmten Stellen erlaubt.

Am östlichen Ufer des Vätternsees erhebt sich der **Omberg** 170 Meter in die Höhe, ein bewaldeter Berg mit einer artenreichen Natur. Omberg bedeutet *Berg des Nebels*.

Buchenwälder, Fichtenwälder und die dramatische Abbruchkante zum Vätternsee prägen die Landschaft. Sveaskog hat den Omberg zum Ökopark erklärt, um die einzigartige Natur zu schützen. Vom *Aussichtsturm* auf dem Hjässan hat man einen atemberaubenden Blick in alle Richtungen. Bei guter Sicht soll man bis zu 50 Kirchtürme ausmachen können.

TOUR 10

Die Straße von Stocklycke nach Borghamn ist eine Einbahnstraße und ähnelt einer Bergstraße. Sie führt teilweise hoch am Vätternufer entlang.

Der 13 Kilometer lange Weg von Stocklycke nach Borghamn ist Teil des ***Ombergsleden***, einem 38 Kilometer langen Wanderweg durch den Nationalpark. Der Weg ist Teil der *Svenska Turistföreningens Signaturled Omberg*.

Ein besonderes Highlight des Weges ist die Aussicht von der **Västra Väggen**, einer steilen Felswand, die sich über dem Vätternsee erhebt. Die Straße von Stocklycke nach Borghamn ist eine Einbahnstraße und ähnelt einer Bergstraße. Sie führt teilweise hoch am Vätternufer entlang. **Achtung**! Man kann nicht wenden. Einmal in die Straße eingebogen, muss man bis Borghamn fahren. Nichts für breite WOMOs.

246 Omberg – *Stocklycke*

Es gibt insgesamt 23 Parkplätze für WOMOs im Naturpark Omberg. Diese können **nicht** vorab gebucht werden. Fahren Sie einen Platz an, notieren Sie sich die Nummer und bezahlen online: www.ombergbokning.sveaskog.se. Der größte der Plätze ist in Stocklycke am Wanderheim.

GPS: N 58°18'33.3" E 14°38'03.3". **Max. WOMOs**: 10. **Öffnungszeit**: 04-09. **Ausstattung**: VE (frei zugänglich), WC, Picknickbänke, Grillstelle, Infotafeln. **Beschreibung**: Schräge Wiese am Waldrand, klappstuhlgeeignet, ruhig, Keile nötig.

Preise: 150 SEK, 30 SEK nur VE. **Hinweis**: Während starker Regenfälle kann der Stellplatz in Stocklycke vorübergehend geschlossen sein. Max. 3 Nächte. Eine Nacht zählt von 15-12 Uhr. In der Nebensaison kostenlos. Im Ökopark gibt es weitere Plätze: Diese Plätze sind maximal für 1 Nacht nutzbar.
Almelykkan N 58°17'46.1" E 14°38'50.5", 3 Plätze Nummern 11-13
Stocklycke Hamn N 58°18'25.1" E 14°37'39.2", 5 Plätze Nummern 14-18
Per Sten N 58°19'09.9" E 14°37'52.5", 3 Plätze Nummern 19-21
Anudden N 58°22'09.0" E 14°39'48.5", 2 Plätze Nummern 22-23

Wanderung Ellen Keys led zum Gipfel des Ombergs

6 km, mittelschwer bis anspruchsvoll, festes Schuhwerk, nicht barrierefrei, teils steile Abschnitte, Vorsicht an den Klippen, nichts für Regentage: Vom Parkplatz führt der Weg hinunter zum Vättern. Nach 200 m erreichen wir eine Mähwiese, die eine der artenreichsten und gleichzeitig am stärksten gefährdeten Landschaftsarten Schwedens ist. Weiter geht es durch einen abwechslungsreichen Uferwald bis zum Stocklycke Hamn. Der Weg schlängelt sich nun durch den Bokskogen (Buchenwald) bis zum Ombergs Turisthotell. Am Parkering Södra Omberg finden Sie WCs, Shelter und Picknickbänke. Vor dem Hotel führt der Weg steil hinauf zum Hjässan, dem höchsten Punkt des Ombergs. Oben angekommen, werden wir mit einer atemberaubenden Aussicht auf die Ebene Östergötlands, den Tåkern und den Vättern belohnt. Rund um den Hjässan befinden sich Überreste der Hjässaborgen, der größten Wallburg des Ombergs. Der Weg führt nun vorbei am Mörkahålkärret, wo wir Kröten und Frösche hören. Die letzte Etappe des Weges führt durch den schönen Buchenwald zurück zum Parkplatz.

An der **Klosterruine Alvastra** erwarten wir nicht viel, da von Ruinen oftmals nur Reste übrig sind. Diese überrascht uns aber positiv. Es gibt viel zu sehen, das Gelände ist sehr liebevoll restauriert und für uns Picknickfreunde gemütlich hergerichtet worden.

247 Ödeshög – *Alvastra Kloster*

GPS: N 58°17'49.0" E 14°39'39.0".
Max. WOMOs: 4.
Ausstattung: WC 06-08, Mülleimer, Picknickbänke.
Beschreibung: Schotterparkplatz neben der Klosterruine in einer Sackgasse neben Bäumen, tagsüber kommen Besucher, nachts ist es ruhig.
Zufahrt: Vom Mjölbyvägen Richtung Alvastra Klosterruin.

Alvastra Kloster

Ausflugstipp: Heute machen wir einen kleinen Schlenker durch das Hinterland, denn wir wollen unbedingt die berühmten **Runensteine** in **Rök** sehen.

248 Ödeshög – *Rök Runensten*

GPS: N 58°17'40.0" E 14°46'28.0", Alvastra Grindstugan 1. **Max. WOMOs**: 3.
Öffnungszeit: Ganzjährig.
Ausstattung: WC, Mülleimer, Picknickbänke, Infotafeln, Ausstellung.
Beschreibung: Schotterplatz neben der kleinen und interessanten Ausstellung an der Kirche und einer mäßig befahrenen Straße. **Zufahrt**: 4 km von der Heda Kirche.

Das Rätsel des Rök Runensteins

Während der Wikingerzeit steht Häuptling Varin vor einem Stein. Mit Hammer und Meißel ritzt er Runen ein, die an seinen gefallenen Sohn Vamod erinnern. Die Inschrift ist teils Denkmal, teils Rätsel für die Nachwelt. Der erste Teil erzählt von Vamods Heldentaten und seinem Tod in der Schlacht. Aber der zweite Teil ist ein Labyrinth aus Geheimzeichen und Rätseln. Er erzählt von Ereignissen und Sagen, die für uns heute unerklärlich sind. Was bedeutet es, wenn Varin den Namen des Gottes Thor in Geheimrunen ritzt? Was hat es mit den Zahlen und Zeichen auf sich, die sich durch die Inschrift ziehen? Der Rökstein ist ein Rätsel, das die Menschen seit Jahrhunderten fasziniert und herausfordert.

TOUR 10

Im Jahr 2020 interpretierten Forscher:innen die Inschrift des Steins neu. Sie kamen zu dem Schluss, dass der Stein vom Rhythmus der Sonne, der Angst vor einem neuen Fimbul-Winter und den mythologischen Figuren erzählt, die das Licht und die Wärme bewahren. Die Interpretation basiert auf einer Klimakatastrophe, die dreihundert Jahre vor der Errichtung des Aschesteins stattfand. Es wird vermutet, dass der Stein eine Reaktion auf diese Katastrophe ist.

Südlich von Ödeshög rauschen wir über die E4 und legen einen Stopp an der beeindruckenden **Brahehus Ruine** ein.

249 Gränna – *Brahehus*

GPS: N 58°03'09.8" E 14°30'32.6".
Max. WOMOs: 10.
Ausstattung: VE, WC, Restaurant, Café, Kiosk, Infotafeln, Mülleimer, Picknickbänke, Spielplatz, Ausblick, Tunnel zur Ruine, nachts ruhig.
Beschreibung: Asphaltplatz am Rastplatz. **Zufahrt**: Ausfahrt Brahehus.

Brahehus ist eine Ruine eines Renaissanceschlosses aus dem 17. Jahrhundert. Das Schloss wurde nie als Residenz genutzt, sondern diente als Lustschloss für Pehr Brahe den Jüngeren. Nach seinem Tod brannte es 1708 nieder.

Nun steht eine echte Tourismushochburg auf dem Plan. Wenn Sie in der Hauptsaison einen Bogen um **Gränna** (Einwohnerzahl 2.700) machen, können wir das gut verstehen. Aber manche Attraktionen sind nicht ohne Grund zu solchen Magneten geworden. Gränna ist schon eine kleine *Perle am Vättern*. Es liegt sehr eindrucksvoll am Hang unterhalb des Gränna-Berges. Der Ortskern bietet eine charmante Mischung aus Holzhaus-Idylle, Kopfsteinpflaster, Lädchen, die zum Bummeln einladen, Zuckerstangen-Handwerk und einem lebhaften Hafen mit etlichen Restaurants.

Gränna – Zuckerbäckerei

TOUR 10

Die Brahegatan führt schnurgerade mitten durch Gränna und Massen an Autos quetschen sich durch die volle Straße. Parken am sehr schrägen Rathausplatz können wir auf keinen Fall empfehlen! Wenn Sie entspannter zum Stellplatz fahren möchten, wählen sie die Anfahrt über Skiftesvägen und Gärdesvägen. Selten sieht man so viele WOMOs auf einem Fleck, wie hier am Hafen. Die Gemeinde verspricht: *»Es gibt Platz für alle.«* Wir versuchen, das scheinbare Chaos aufzudröseln:

250 Gränna – *First Camp*

GPS/Kontakt: N 58°01'35.0", E 14°27'24.5", Hamnvägen 49, +46 39010706, www.firstcamp.se/destinationer/granna-vattern.
Max. WOMOs: 400. **Öffnungszeit**: Ganzjährig.
Ausstattung: WLAN, Waschmaschine, Trockner, Shop, Picknickbänke, Grillstelle, Badesteg, Strand, Badelagune, Fahrradverleih, Spielplatz und mehr. **Beschreibung**: Großer Campingplatz mit viel Grün und Schotter für die WOMOs und genügend Platz zum Nachbarn. Im Sommer quirlig in der Nebensaison ruhig. Sehr schön am Wasser gelegen. **Preise**: 300-670 SEK je nach Saison. **Zufahrt**: Vom Amiralsvägen links.

Gränna – Stellplatz am Teich (251) und Parkplatz (252)

251 Gränna – *Gästplats Gränna*

GPS/Kontakt: N 58°01'45.3", E 14°27'34.6", www.gastplatsgranna.se. **Max. WOMOs**: 40. **Öffnungszeit**: Ganzjährig. **Ausstattung**: VE, Strom, WC, Dusche, Waschmaschine, Trockner. **Beschreibung**: Neuer Schotterplatz mit Kunstrasen am Mini-Teich. **Preise**: 335 SEK je nach Platzwahl, nur online buchbar. **Zufahrt**: Vom Amiralsvägen vor dem Padelplatz und Restaurant Hamnkrogen rechts.

252 Gränna – *Gästplats Parkplatz*

GPS: N 58°01'44.1" E 14°27'36.1". **Max. WOMOs**: 10. **Beschreibung**: Schlichter Asphaltparkplatz vor dem Stellplatz Gästplats Gränna. **Preise**: 180 SEK zahlbar per Aimo Park App. **Zufahrt**: Vom Amiralsvägen vor dem Padel-(Sport)platz rechts.

253 Gränna – *Quick-Stopp Hamn*

GPS: N 58°01'40.4", E 14°27'35.6". **Max. WOMOs**: 25. **Ausstattung**: VE, Strom, WC, Dusche. **Beschreibung**: Durch eine Schranke getrennter Asphaltparkplatz. Unromantisch. Klappstuhlgeeignet. **Preise**: 180-250 SEK, zahlbar am Automaten oder Aimo-Park-App. **Zufahrt**: Vom Amiralsvägen links, vor dem Campingplatz links.

Wir entscheiden uns für den Campingplatz, da wir hier etwas mehr Platz und mehr Ruhe haben als auf den anderen Parkplätzen. Eine ordentliche Alternative ist auf jeden Fall der neue Stellplatz hinter dem Restaurant. Beide Varianten sind vorbuchbar.

Die hübsche Stadt **Gränna** ist vor allem für ihre **Zuckerstangen** bekannt, die in traditionell rot-weißer Färbung unter dem Namen ***Polkagrisar*** vertrieben werden. Die Zuckerstangen wurden 1859 von Amalia Eriksson erfunden und sind seitdem ein beliebtes Mitbringsel aus Schweden. In den ***Polkagrisfabriken*** bestaunen wir die Herstellung der Zuckerstangen. Darüber hinaus ist Gränna auch für die malerische Altstadt bekannt. Die Stadt ist geprägt von bunten Holzhäusern, Kopfsteinpflaster und schmalen Gassen. Von der Stadtmitte hat man einen schönen Blick auf den Vätternsee und die Insel Visingsö.

Tipps: Das urige ***Kellergewölbe Källarvalv Valvet*** ist ein kleines, gemütliches Restaurant *(auch vegane Gerichte, Ribbagårdsgränd 1A, www.restaurangvalvet.se, Dagens Rätt 139 SEK)*. **Amalias Café** bietet ein Dagens Rätt und Terrasse mit Aussicht, Hunde willkommen *(Brahegatan 47, www.amalias.se)*. Hundebad: Lars Hilings Gränd 7, ein Fußweg führt entlang der Küste südlich zum Bad.

Ein schöner Ausflugstipp ist ein Besuch der **Insel Visingsö**. Eine Reservierung der Fähre ist nur im Sommer nötig *(www.jonkoping.se/visingsotrafiken)*.

254 Visingsö – *Ställplats*

GPS/Kontakt: N 58°02'01.7" E 14°20'54.8", Visingsö, www.visingsostallplats.se. **Max. WOMOs**: 50. **Öffnungszeit**: Ganzjährig. **Ausstattung**: VE, Strom, WC, Dusche, Mülleimer, WLAN, Wäsche. **Beschreibung**: Sehr schöner Stellplatz auf Schotter mit Rasen, unter Bäumen mit Seeblick. Auch wenn der Platz voll ist, wirkt es doch noch relativ luftig. **Preise:** 325 SEK. **Hinweis**: Nur online buchbar! Freie Platzwahl.

Im Sommer fahren Pferdekutschen regelmäßig vom Remmalagsplattan, gegenüber vom Fähranleger. Es gibt verschiedene Touren von Mai bis September *(www.visingsoremmalag.se, Waldtour 40 Minuten 160 SEK, Kumlaby-Tour 70 Minuten 195 SEK)*. Die Kumlaby-Tour führt nach Norden über die Inselmitte und am nördlichen Gräberfeld vorbei zur Kumlaby-Kirche. An der Kirche haben Sie die Möglichkeit, den hohen Aussichtsturm *(20 SEK)* zu besteigen oder im Kiosk nebenan einen Kaffee zu trinken.

Visingsborg: Ein Schicksal im Schatten des Krieges

Die **Visingsborg** wurde in den 1570er Jahren mit Steinen aus den Ruinen des Alvastra-Klosters und einer neuen Ziegelei in Gränna gebaut. Die Burg war ein mächtiges Gebäude mit sechs Türmen und die Fassade war in weiß und gelb verputzt. Die Burg wurde bis zum Brand in 1718 von Karl XII. während des Großen Nordischen Krieges als Gefängniskolonie genutzt. Die heutige Ruine ist ohne Zweifel die größte Attraktion von Visingsö *(Infotafeln, Eintritt frei, www.visingso.net)*.

Auch heute nehmen wir wieder die Landstraße anstatt der E4, obwohl der Streckenabschnitt auf der Europastraße tatsächlich sensationell direkt oberhalb des Vättern entlangführt und fast ohne Unterbrechung fantastische Ausblicke liefert. Aber wir haben noch Anderes vor und so fahren wir gemütlich über den Grännavägen zum Badeplatz.

255 Huskvarna – *Hunnerydsbadet Kaxholmen*

GPS: N 57°51'33.1" E 14°18'33.7", Vistakullevägen 4. **Max. WOMOs**: 2. **Ausstattung**: WC, Mülleimer, Outdoor-Dusche, Picknickbänke, Grillstelle, Badesteg, Spielplatz, Fahrrad-/Kanu-/SUP-Verleih, Café und Butik. **Beschreibung**: Schöner Badestrand, Schotterparkplatz oder Wiese mit Blick auf den See. **Hinweis**: Kein Campingverhalten! Im Sommer tagsüber voll. Hunde auf der Wiese und Bad verboten. **Zufahrt**: Von Skärstad der Straße Kärrliden folgen.

Das ***Café Grafitgrå***, gegenüber vom Badeplatz, bietet neben einer schönen Außenterrasse, Brötchen zum Frühstück und einer guten Auswahl an selbstgebackenen Kuchen auch einen Laden mit allerlei Kram und Kleidung *(Dagens Rätt 125 SEK, glutenfreie, laktosefreie, vegane Gerichte. www.grafitgra.se)*!

Der eigentliche Grund für die Wahl der Nebenstrecke ist ein Aussichtspunkt, zu dem wir von der E4 nur schwerlich Zugang hätten.

256 Huskvarna – *Vista kulle*

GPS: N 57°51'22.1" E 14°16'08.6", Vistakullevägen 147. **Max. WOMOs**: 2.
Ausstattung: Mülleimer, Picknickbänke, kein Netz.
Beschreibung: Schräger Schotterplatz mit toller Aussicht auf den Vättern am Naturschutzgebiet mit einigen unbefestigten Wanderwegen.
Hinweis: E4 in Hörweite, stört aber nicht, max. 24 Std. **Zufahrt**: Durch den Spalt im Gestein, direkt dahinter schräg links hoch.

Der Hügel *Vista kulle* erhebt sich 152 Meter über dem Vätternsee und bietet eine atemberaubende Aussicht. Im Herbst ist er ein beliebter Ort zur Vogelbeobachtung. Vista kulle diente während der Völkerwanderungszeit als Wallburg. Weitere kulturhistorische Spuren sind ein Steinbruch und eine Schmalspurbahn. Bitte beachten Sie, dass im Gisebobranten Naturreservat keine angelegten Pfade, Feuerstellen oder andere Einrichtungen vorhanden sind.

Nur dreieinhalb Kilometer weiter bietet ein Picknickplatz ebenfalls einen tollen Ausblick auf den Vättern.

257 Huskvarna – *Warpa Skans*

GPS: N 57°49'33.9" E 14°16'13.4", Varpastigen. **Max. WOMOs**: 3.
Ausstattung: WC, Picknickbänke, Infotafel und Wanderwege.
Beschreibung: Aussichtspunkt mit Blick über die E4 auf den Vättern. In Sicht- und Hörweite der E4 am Straßenrand. **Zufahrt**: Über Vistakullevägen und Skärstadsvägen.

Die Fahrt entlang der Küste oberhalb der E4 ist wunderschön! Immer wieder kann man herrliche Blicke auf den See werfen. Die Straße schlängelt sich durch große Felsen und Wälder.

Tour 11

Aneby
Wasserfall
Älgpark
Eksjö
Bruzaholm
Ingatorp
Katthult
Rumskulla
Mariannelund
Filmbyn
Bullerbyn
Lönneberga
Näs
Astrid Lindgrens Värld
Vimmerby
Ankarsrum
Gladhammar
Västervik
Tour 10
Tour 12
20 km
258
259
260
261
262
263
264
265
266
267
268
269
270
271
272
273
274
275
276
277
278
P
WC
132
32
40
47
E22

Småland – Schwedens Seele
Von Eksjö über Vimmerby bis Västervik
185 km

Wenn ich an Småland denke, denke ich an rote Holzhäuser, Astrid Lindgrens Geschichten, Kunst aus dem Glasreich und natürlich an ein Lagerfeuer am Seeufer bei Sonnenuntergang. Der wahre Charakter von Småland steckt im Spielerischen und Erfinderischen, in seiner Vielfalt und Weite. Unsere Highlights sind:
- **Stalpets Wasserfall**
- **Holzhausstadt Eksjö**
- **Aussicht auf Ingatorp**
- **Astrid Lindgrens Welt**
- **Västervik**

Diese Tour beginnen wir an einem schönen See bei **Aneby** (Einwohnerzahl 3.700) und suchen die Ruhe der Natur. Wir sind hier allein und genießen den Abend im untergehenden Sonnenlicht.

258 Aneby – *Skärsjösjön*

GPS: N 57°49'40.1" E 14°47'03.0", Skärsjösjön. **Max. WOMOs**: 4. **Ausstattung**: WC, Mülleimer, Picknickbänke, Grillstelle, Badesteg, Spielplatz. **Beschreibung**: Parkstreifen auf Schotter oder Rasen neben einer moderat befahrenen Straße. Toller Blick auf den See! **Zufahrt**: 2 km von der 132 der Ausschilderung folgen.

Die Pause tat uns sehr gut und so schöpfen wir Kraft für neue Ausflüge, denn Småland hat viel zu bieten. So zum Beispiel auch den höchsten Wasserfall Süd-Schwedens.

259 Aneby – *Stalpets Vattenfall*

GPS: N 57°50'58.1" E 14°49'24.5", Storgatan, Stalpet. **Max. WOMOs**: 1. **Ausstattung**: WC, Mülleimer, Picknickbänke rund um den Wasserfall, Café mit fantastischem Ausblick, Minigolf. **Beschreibung**: Kleiner Schotterparkplatz, guter Ausgangspunkt für eine Besichtigung des Wasserfalls oder für Wanderungen. **Hinweis**: Früh, spät oder außerhalb der Saison anreisen, da der Spot sehr beliebt ist! **Zufahrt**: Von Aneby Richtung Stalpet fahren.

Der **Wasserfall Stalpet** fällt 20 Meter steil in die Tiefe. Er entstand vor Millionen von Jahren, als die Kontinentalsockel aufeinanderprallten. In der letzten Eiszeit wurde die Landschaft geformt, durch die der **Fluss Svartån** heute fließt. Der Name *Stalpet* bedeutet *Abhang*.

Es ist fantastisch, um den Wasserfall herumzugehen und ihn aus allen Blickwinkeln zu betrachten. Auch wenn es nur wenige Meter und viele Treppenstufen sind, lassen wir uns dennoch Zeit und besuchen anschließend das schöne ***Stalpets Café*** und Kunsthandwerk, das direkt neben dem höchsten Wasserfall Südschwedens liegt. *(05-08, täglich 11-20 Uhr, www.stalpet.wordpress.com).*

Ist Ihnen eher nach einem gemütlichen kleinen Campingplatz zumute, können wir Ihnen diesen sehr ans Herz legen:

260 Aneby – *Målsånna Camping*

GPS/Kontakt: N 57°48'17.8" E 14°49'07.2", Fritidsområde 29, +46706588881, www.malsanna.se. **Max. WOMOs**: 30 (26 Campingplatz, 4 WOMO-Plätze). **Öffnungszeit**: 05-09. **Ausstattung**: Picknickbänke, Grillstelle, Badesteg, Café. **Beschreibung**: Sehr schön und etwas abseits aller Wege auf einer Wiese am See und Hang. Die 4 WOMO-Plätze liegen etwas höher und sind ein großer Schotterplatz ohne Rasen. **Preise**: 200-300 SEK +Strom. **Zufahrt**: 1,5 km vom Flisbyvägen. Immer der Ausschilderung folgen, auch wenn es nicht danach aussieht.

In Småland leben wahrscheinlich mehr Elche als in jeder anderen Region Schwedens, Schätzungen zufolge sind es etwa 30.000. Da Elche sehr scheu sind, sind sie in der freien Natur selten zu sehen, aber im Elchpark kann man die Tiere aus nächster Nähe erleben.

Skullaryd Älgpark – Elchsafari mit Traktorgespann

Wir begeben uns auf eine spannende Safari durch den Elchpark. Der Traktor mit Anhänger bietet etwa 30 Personen Platz und wir bekommen vom Guide viel Wissenswertes über Elche erzählt. Der Park ist landschaftlich schön gelegen und beherbergt auch eine große Anzahl Hirsche und Rehe. Die Elche sind zwar scheu, aber an Menschen gewöhnt und kommen oft ganz nah an den Traktor heran. Sehr beeindruckend!

Direkt am Eingang des Elchparks befindet sich das gemütliche ***Park Café***, in dem wir frischen Kuchen und belegte Brote genießen *(Eksjö, www.skullaryd-algpark.se, 199 SEK, 99 SEK 3-15 Jahre, Hunde sind im Park verboten).*

261 Eksjö – *Skullaryd Älgpark*

GPS: N 57°45'33.0" E 14°55'07.2", Skullaryd 1. **Max. WOMOs**: 3. **Ausstattung am Strand**: WC, Mülleimer, Picknickbänke, Badesteg, Liegewiese, Strand. **Beschreibung**: Großer Schotterparkplatz an der 32, gegenüber befindet sich der Badeplatz Skullarydsbadet. In der Nacht recht ruhig. **Hinweis**: Vorher im Shop fragen. **Zufahrt**: Direkt an der 32.

Für unsere Stadtbesichtigung im wunderschönen **Eksjö** (Einwohnerzahl 11.000) gibt es mehrere Möglichkeiten:

262 Eksjö – *Höglandssjukhuset*

GPS: N 57°40'01.5" E 14°57'31.0", Kullstadsgatan 12. **Max. WOMOs**: 10.
Beschreibung: Riesiger, beleuchteter und gut besuchter Schotterparkplatz hinter dem Krankenhaus. In der hinteren Ecke darf für 5 Tage geparkt werden, dort geht es auch einigermaßen mit dem Trubel.
Hinweis: WC am Stadshotell (etwa 700 m)
Zufahrt: Von der 40 über den Breviksvägen.

Eksjö – am Krusagården

263 Eksjö – *City Ställplats*

GPS/Kontakt: N 57°39'59.3", E 14°58'37.8" Karhulavägen 1a, stallplatseksjo.se. **Max. WOMOs**: 14. **Öffnungszeit**: Ganzjährig. **Ausstattung**: Strom, WC (200 m links neben dem Stadshotell), Mülleimer. **Beschreibung**: Zweckmäßiger Asphaltparkplatz zwischen der Arena, Supermärkten und großen Straßen. Aber auch am Rande von Bäumen mit Rasen. Klappstuhlgeeignet. **Preise**: 225 SEK. **Hinweis**: Frühzeitig online buchen! Frischwasser am Ende eines Gebäudes am Ende des Platzes. **Zufahrt**: Regementsgatan Richtung Arena.

264 Eksjö – *Camping och Konferens*

GPS/Kontakt: N 57°40'03.2" E 14°59'21.7", Prästängsvägen 5, +4638139500, www.eksjocamping.se. **Max. WOMOs**: 115. **Öffnungszeit**: Ganzjährig. **Ausstattung**: Waschmaschine, Trockner, Picknickbänke, Badesteg, Café, Bimmelbahn, Spielplatz, Minigolf. **Beschreibung**: Gemütlicher Campingplatz unter Bäumen. Uns gefallen die QuickStop Plätze vorne am Wasser. **Preise:** QuickStop 200-290 SEK, Campingplatz 290-340 SEK. **Hinweis**: 1,4 km Fußweg am See Hunsnäsen bis zur Kirche. **Zufahrt**: Von der 40 ausgeschildert.

TOUR 11

Eksjö ist eine der drei historischen Holzstädte Schwedens mit bezaubernder, gut erhaltener Altstadt und Kopfsteinpflastergassen. Besonders hübsch sind die kleinen Geschäfte und Cafés. Das Dagens Rätt im **Stadshotellet** gegenüber der Kirche ist ganz Besonders *(130 SEK, Södra Kyrkogatan 9, www.eksjostadshotell.se)*. Die Location ist einfach wunderschön!

Inferno in Eksjö: Stadtbrand vernichtet 41 Höfe und Rathaus

Dienstag, der 18. November 1856, war für die Einwohner von Eksjö ein Tag der Trauer und des Schreckens. Ein verheerender Stadtbrand zerstörte den südlichen Teil der Stadt. 41 Bauernhöfe und das Rathaus brannten nieder. Es wurde diskutiert, ob der Wiederaufbau nicht aus Stein geschehen sollte, um ein weiteres Feuer zu verhindern. Allerdings gab es in der Umgebung nicht genügend Ziegeleien, und die Stadt hatte große Waldflächen für den Fall eines Stadtbrandes reserviert. Letztendlich wurde die Stadt wieder aus Holz aufgebaut, mit Ausnahme des neuen Rathauses. Und so erhielt Eksjö sein erstes Steingebäude. Selbst die Kirche war zu diesem Zeitpunkt noch nicht vollständig aus Stein gebaut. Die Kirche von Eksjö wurde 1887 erbaut, nachdem die Vorgängerkirchen abgerissen wurden.

Wir spazieren vom **Stora Torget** in die Norra Storgatan und sind entzückt von den hübschen Häuschen. Etliche Cafés und kleine Lädchen säumen die Gasse. Am kleinen Platz an der Brücke wird gerade der **Krusagården** frisch bepflanzt. Hier bietet sich uns ein sehr romantisches Bild der Stadt. Später biegen wir in die Handskmakaregränd ab und stehen vor dem **Brandmuseum**, der historischen Feuerwache. Durch einen Hinterhof schlendern wir über den Eksjöån bis zum **Eksjö Museum**. Es befindet sich innerhalb der Mauern eines historischen Fabrikgebäudes und vereint die beiden Themen Kunst und Kulturgeschichte unter einem Dach. Hier befindet sich auch die Info *(www.eksjo.se)*. Werfen Sie unbedingt einen Blick in den **Fornminnesgården**. Dieser befindet sich in einem Kupferschmiedhof aus dem 17. Jahrhundert, der neben dem Museigården liegt. Haben Sie schon die königliche Postkutsche von 1850 gesehen?

Die Familie Aschan kam 1830 auf den Hof ***Aschanska Gården*** und bewirtschaftete diesen über Generationen hinweg. Heute ist die Farm ein Museum *(06-08, täglich um 11 Uhr, 90 SEK, 10 SEK 0-18 Jahre, 50 SEK mit Kulturerbekarte)*.

Uns gefällt Eksjö sehr gut und wir sind froh, hier einen längeren Stopp eingelegt zu haben. Da es in der Stadt, außer auf dem Campingplatz, keine VE-Station gibt, fahren wir die etwas außerhalb liegende Tankstelle mit Rastplatz an. Auch wenn hier die 40 direkt nebenan liegt, ist der Picknickbereich wirklich schön.

265 Eksjö – *Abborravik*

GPS/Kontakt: N 57°38'54.5" E 14°56'51.6", Kråkebergsvägen 1, www.rasta.se/eksjo. **Max. WOMOs**: 10. **Ausstattung**: VE, WC, Mülleimer, Picknickbänke, Grillstelle, Strand, Infotafeln, Tankstelle, Restaurant, Shop 6-20 Uhr (Dagens Rätt 129 SEK), WLAN bei Rasta. **Beschreibung**: Schöner Picknickbereich zwischen Bäumen hinter dem großen Rasthof. Am See mit Badestelle. Die 40 ist in Hörweite. **Hinweis**: Entsorgung an der Einfahrt zum Parkplatz: N 57°38'56.8" E 14°56'54.4", Frischwasser neben der AdBlue-Säule, Waschplatz auf der anderen Straßenseite. **Zufahrt**: Direkt neben der 40.

Weiter geht es über die 40 Richtung Mariannelund. Es gibt immer wieder viel zu sehen und so halten wir an einem alten Eisendorf bei **Bruzaholm** (Einwohnerzahl 240). Oberhalb der 40 ist ein Parkplatz mit kleinem Wasserfall.

266 Bruzaholm – *Eksjövägen*

GPS: N 57°38'34.4" E 15°16'00.1", Eksjövägen. **Max. WOMOs**: 2.
Ausstattung: Mülleimer, Picknickbänke, Infotafeln.
Beschreibung: Netter kleiner Parkplatz im Rondell mit Picknickbank und kleinem Wasserfall. **Hinweis**: Etwas abseits der Straße, aber in Sicht- und Hörweite. **Zufahrt**: Direkt neben der 40.

Bruzaholms Bruksmuseum - Eisengießerei

Im Herzen Smålands liegt Bruzaholms Bruk, eines der ältesten Eisenwerke Europas. Seit 1660 wird hier Eisen gegossen, trotz zahlreicher Rückschläge und Naturkatastrophen. Heute ist Bruzaholms Bruk ein führender Hersteller von hitzebeständigem und verschleißfestem Guss. Die Produkte werden in der ganzen Welt eingesetzt, unter anderem in Kraftwerken und in der chemischen Industrie.

Es werden Führungen durch die historische Umgebung angeboten, darunter die Arbeiterwohnungen, die Schmiede und die Mühle. Im Außenbereich gibt es eine Brücke und Picknickbänke *(06-08, Di.-So. 13-17 Uhr, 50 SEK, barrierefrei, Bruksvägen, www.bruzamuseum.se).*

Haben Sie den Namen Ingatorp schon einmal gehört? Vielleicht daheim bei IKEA? Richtig! Es sind ausziehbare Esstische aber auch ein kleines Dorf in Småland. In **Ingatorp** (Einwohnerzahl 470) kann man die schwedische Lebensart nicht nur im Möbelhaus, sondern auch in der realen Welt entdecken.

267 Ingatorp – *Ingatorpsbadet*

GPS: N 57°38'19.1" E 15°24'20.5" Storgatan 33.
Max. WOMOs: 1. **Ausstattung**: WC, Mülleimer, Picknickbänke, Grillstelle, Badesteg.
Beschreibung: Entweder neben der Kirche (Asphalt) oder runterfahren zum Strand (Schotter/Erde). **Zufahrt**: Von der 40 in die Brogatan, hinter der Kirche links.

Neben dem schönen Badeplatz interessiert uns natürlich auch die Kirche nebenan. Der Turm der **Ingatorp Kyrka** ist 40 Meter hoch und hat eine schlanke, elegante Form. Der Turm ist ein Wahrzeichen des Dorfes und ist von überall in der Umgebung zu sehen.

Die Zehntbude von Ingatorp

Ingatorp ist seit über 800 Jahren ein wichtiger Treffpunkt für die Bauern aus dem småländischen Hochland. Im Tal des Bruzaån, einem rauschenden Flüsschen, trafen sie sich nicht nur zum Gottesdienst, sondern auch, um ihre Steuern zu zahlen. Das beweist die Tiondeboden (Zehntbude), ein altes, unscheinbares Gebäude neben der Kirche am See. In ihr wurde der 'Zehnt' eingelagert, ein Teil der Ernte, den die Bauern an die Kirche abgaben. Und dabei ist das Speicherhaus von Ingatorp eines der ältesten Holzgebäude Schwedens. Die Bäume, die beim Bau des Speicherhauses verwendet wurden, wurden in den Jahren zwischen 1219 und 1239 gefällt. Nur ein einziges Bauwerk aus Holz ist älter als der Kirchenschuppen: Die Kirche von Granhult bei Lenhovda ist von 1217.

Eigentlich parken wir hier am See ganz gut und überlegen, ob wir bleiben. Aber es gibt da noch den **Aussichtspunkt Vallbacken**, von dem man einen herrlichen Blick auf Ingatorp und das umliegende Land hat. Also fahren wir für die Nacht einfach rauf auf den Berg. Es sind ja nur zwei Kilometer und wir sind froh, dass wir das noch gemacht haben, denn der Sonnenuntergang ist fantastisch und in der warmen Morgensonne liegt das kleine Dorf Ingatorp am Fuße des Berges wunderschön.

268 Ingatorp – *Dalens Topp*

GPS: N 57°38'43.8" E 15°24'56.7", Valbacken 1. **Max. WOMOs**: 7. **Öffnungszeit**: Ganzjährig. **Ausstattung am Café**: WC, Mülleimer, Picknickbänke. **Beschreibung**: Neu angelegter Schotterparkplatz mit eingeschränktem Blick durch die Bäume ins Tal. Sehr ruhig, klappstuhlgeeignet. **Preise**: 150 SEK. **Hinweis**: Die Straße ist eng und steil (20 %). Bei starkem Regen kann die letzte Steigung auf Schotter schwierig werden. 2 Funkmasten stehen im Rücken. Grandioser Ausblick vom Café. **Zufahrt**: Vom Rumskullavägen Richtung Café.

Ingatorp ist ein beliebtes Skigebiet in der Region. Der Vallbacken erhebt sich 228 Meter über dem Meeresspiegel und bietet vier Abfahrten für alle Könnerstufen. Im Sommer ist der Berg ein beliebter Aussichtspunkt für Wanderungen. Hier verläuft auch Abschnitt drei des ***Höglandsleden***, ein 440 Kilometer langer Wanderweg.

Vom Sommercafé ***Valbackens Café Dalens Topp*** auf dem Vallbacken genießen wir einen atemberaubenden Blick über Ingatorp und die Wälder des småländischen Hochlands.

»Und dann muss man ja auch noch Zeit haben, einfach da zu sitzen und vor sich hin zu schauen.« – Astrid Lindgren

TOUR 11

Wir kommen der Welt von Astrid Lindgren immer näher und starten unsere Abenteuer im Sinne von *Spaß, Ehrlichkeit, Mut und Lust auf Anderssein* ganz einfach mit Michel auf **Katthult**. Der Hof, der in den Verfilmungen von *Michel aus Lönneberga* als Katthult zu sehen ist, heißt in Wirklichkeit **Gibberyds Gård**. Er liegt in der Nähe des kleinen Dorfes **Rumskulla** (Einwohnerzahl 170). Und Michel heißt in Schweden übrigens gar nicht Michel, sondern Emil. Michel wurde in den deutschen Buch- und Filmfassungen nur umgetauft, um eine Verwechselung mit der Figur *Emil Tischbein* aus Erich Kästners *Emil und die Detektive* zu vermeiden.

P Vimmerby – *Katthult*
N 57°41'25.3" E 15°33'28.2", Gibberyd 125, WC, Shop.

Michel aus Lönneberga – Die wahre Kulisse seines Schabernacks

In den 1970er Jahren suchte ein Filmteam nach der perfekten Kulisse für die Verfilmung der Michel-aus-Lönneberga-Geschichten. Der Hof Gibberyd entsprach Astrid Lindgrens Beschreibungen von Katthult in allen Details. Kirschbäume, Fliederbüsche, ein Haupthaus mit Fahnenmast, eine Scheune, Vorratskammer, Gesindehaus, Plumpsklo und ein großes Gatter – all diese Elemente waren bereits vorhanden und hatten sich seit Jahrhunderten kaum verändert. Das einzige Gebäude, das für die Dreharbeiten errichtet wurde, war die Schreinerwerkstatt, in der Michel sich austobte.

Der Katthult-Hof hat sich seit den Dreharbeiten kaum verändert. Die Familie, die den Hof seit 1898 bewohnt, hat sich entschieden, das Anwesen in seinem ursprünglichen Zustand zu erhalten.

Mit Ausnahme des Haupthauses können wir uns auf dem gesamten Hof frei bewegen. Wir besichtigen die kleine Schreinerwerkstatt, das Haus von Alfred dem Knecht, das Plumpsklo und den großen Erdkeller. Auf Katthult leben immer noch Pferde, Schweine, Schafe, Kaninchen und Hühner. Im Sommer weiden Kühe auf den angrenzenden Wiesen.

Zwischen den Gebäuden stehen Tische und Bänke, auf denen man sein mitgebrachtes Picknick verzehren oder einfach die idyllische Umgebung auf sich wirken lassen kann. Neu ist der ***Hofladen Katthultsboden***, in dem wir Kaffee, Gebäck, Limo und Eis kaufen können. Es gibt auch Bücher, Filme, Kunsthandwerk, Ansichtskarten und allerlei Souvenirs. Ein Besuch auf Katthult ist auf jeden Fall ein Erlebnis *(06-08 täglich, 10-18 Uhr, 20-60 SEK, 09-05 nur von außen zu besichtigen)*.

»Und dann muss man ja auch noch Zeit haben, einfach da zu sitzen und vor sich hin zu schauen« – Astrid Lindgren

TOUR 11

269 Vimmerby – *Prästgårdskvarnen*

GPS: N 57°40'33.5" E 15°35'21.6", Ingatorpsvägen. **Max. WOMOs**: 1. **Ausstattung**: Picknickbänke, Mülleimer. **Beschreibung**: Kleiner schöner Schotterplatz ohne Verbotsschilder, erdig, leicht schräg, nur für kleine WOMOs. **Zufahrt**: Am Ingatorpsvägen, Richtung Katthult 3 km.

Weiter geht die lustige Fahrt bis nach **Mariannelund** (Einwohnerzahl 1.600). Kurz hinter dem Ortseingang gibt es einen netten kleinen Stellplatz, zwar im Dorf, aber doch ruhig und etwas abgelegen, mit einem Waldstück im Rücken.

Gibberyds Gård– *Katthultsboden*

270 Mariannelund – *Klocketorpet*

GPS: N 57°36'57.9" E 15°33'09.9", Västra Storgatan 53. **Max. WOMOs**: 6. **Öffnungszeit**: Ganzjährig. **Ausstattung**: Frischwasser, Mülleimer, Picknickbänke. **Beschreibung**: Teils Schotter, teils Wiese, im Heimatvervein am roten Schwedenhaus im Grünen. Sehr hübsch und gepflegt. Ruhig, klappstuhlgeeignet. **Preise:** 100 SEK zahlbar in bar per Umschlag. **Hinweis**: Nur für autarke WOMOs, bis max. 7-8 Meter. **Zufahrt**: 50 m von der 40. Kleines unscheinbares Schild an der Straße, mit Fähnchen.

Dieser Platz am Klocketorpet ist ein bisschen wie Freistehen. In der Nebensaison sind wir ganz allein hier und finden es sehr gemütlich! Der Platz befindet sich mitten im Heimatmuseum des Ortes. Die Häuser sind im typischen Schwedenstil.

Im **Filmbyn Småland** erleben wir, wie die Kinderfilme wie *Michel aus Lönneberga, Ronja Räubertochter, Wir Kinder aus Bullerbü und Pippi Långstrump* produziert wurden. Die Michel-Filme wurden von 1971 bis 1974 auch in Mariannelund gedreht. In dieser Zeit verwandelte sich das ganze Dorf in ein Filmset. Astrid Lindgren selbst war bei den Dreharbeiten dabei und im Dorf machten praktisch alle Bewohner als Statisten mit *(N 57°37'19.0" E 15°35'49.2", Spilhammarvägen 4, www.filmbyn.se, 06-08 täglich 11-17 Uhr, 09-05 wechselnde Öffnungszeiten, 190 SEK, 150 SEK 3-15 Jahre, Hunde verboten)*. Der Besuch im Filmmuseum macht uns viel Spaß und wir sind schon ganz aufgeregt, denn jetzt wollen wir uns richtig ins Astrid-Land stürzen.

TOUR 11

Die eigene Abenteuerlust in Astrid Lindgrens Geschichten

Astrid Lindgren wuchs in **Vimmerby** (Einwohnerzahl 8.200) auf. Ihre Kindheitserinnerungen an die schwedische Provinz Småland finden sich in ihren Geschichten wieder. Es gibt hier zahlreiche Orte, die mit der Autorin und ihren Erzählungen verbunden sind. Dazu gehört ihr Elternhaus auf dem Hof Näs. Aber auch einige fiktive Orte aus den Erzählungen haben ihre Wurzeln in der Realität. So diente beispielsweise der Ort Vimmerby als Vorlage für Bullerbü.

Es ist eine Welt voller Abenteuer, Fantasie und Lebensfreude, die Astrid Lindgren geschaffen hat. Eine Welt, die Kinder auf der ganzen Welt in ihren Bann zieht. Die Bücher von Astrid Lindgren sind mehr als nur Geschichten. Sie sind ein Geschenk an alle Kinder. Sie zeigen ihnen, dass alles möglich ist, wenn man nur daran glaubt.

Wir fahren auf selbem Wege wieder zurück und queren die 40 in Richtung **Bullerbü** (Sevedstorp). *Bullerbyn* heißt, übersetzt *Lärmdorf*. Die Geschichten der sechs Kinder, Lisa, Lasse, Bosse, Britta, Inga und Ole, die in dem idyllischen Dorf leben, haben Generationen von Kindern begeistert. Sie leben auf drei Höfen inmitten von weiten Feldern und dichten Wäldern.

271 Sevedstorp – *Bullerbyn*

GPS: N 57°36'52.4" E 15°40'06.1". **Max. WOMOs**: 10.
Ausstattung: WC, Mülleimer. **Beschreibung**: Großer Schotterplatz am Waldrand, ruhig, klappstuhlgeeignet. **Preise:** 100 SEK bar in eine Box.
Zufahrt: Von der 40 durch Rökulla und Stolparp.

Die drei Höfe von **Sevedstorp** sind die Vorlage für Astrid Lindgrens berühmte Kinderbuchreihe *Wir Kinder aus Bullerbü*. Hier ist Astrid Lindgrens Vater, Samuel August Ericsson, mit seinen vier Brüdern und zwei Schwestern aufgewachsen. Ihr Großvater, war das Vorbild für den Bullerbü-Opa. Die Höfe von Sevedstorp sind heute noch bewohnt und können daher nicht besichtigt werden. Eine Ausnahme bildet das ***Café Sörgården***, das im Juli und August in der großen Scheune eingerichtet wird. Das Dorf **Lönneberga** liegt südwestlich von Vimmerby am Flüsschen Silverån. In den Geschichten selbst wird das Dorf jedoch kaum erwähnt, die meisten Abenteuer von Michel spielen auf den Höfen und in den Weilern zwischen Vimmerby und Mariannelund.

TOUR 11

Bevor wir in Vimmerby ankommen, müssen wir uns noch um Weltliches kümmern.

P Vimmerby – *Åkebo Rastplats*

N 57°39'03.3" E 15°50'07.8", VE, WC, Picknickbänke, Infotafeln.

»Es gibt kein Alter, in dem alles so irrsinnig intensiv erlebt wird wie in der Kindheit. Wir Großen sollten uns daran erinnern, wie das war.« – Astrid Lindgren

Endlich fahren wir zu ***Astrid Lindgrens Värld***. Wir freuen uns schon so lange auf den Besuch und es ist viel zu lange her, dass wir das letzte Mal hier waren. Damals konnten wir mit unserem WOMO noch mitten zwischen den PKWs parken und es stand nicht halb so viel Platz zur Verfügung. Wir sind richtiggehend baff, als wir den neuen riesigen Stellplatz vor den Türen des Themenparks sehen. Sie sollten unbedingt vorher reservieren!

272 Vimmerby – Astrid Lindgrens Welt

GPS/Kontakt: N 57°40'29.6", E 15°50'24.7", Fabriksgatan 1, www.astrid-lindgrensvarld.se/boende/husvagn-och-husbilsplats. **Max. WOMOs**: etwa 400. **Öffnungszeit**: Ganzjährig, aber der Park ist nicht immer geöffnet. **Ausstattung**: VE, Strom, WC, Dusche, Mülleimer, Spielplatz. **Beschreibung**: Riesiger Stellplatz! Jeweils mit Schotter und einem Rasenstück pro WOMO. **Preise**: 250-550 SEK. **Hinweis**: Vorher online buchen! **Zufahrt**: Folgen Sie der Straße E22 bis zur Ausfahrt Vimmerby Zentrum. Ausgeschildert.

"Das haben wir noch nie probiert, also geht es sicher gut." – Pippi Långstrump

Astrid Lindgrens Värld: Ein Tag voller Abenteuer

Hier werden die beliebten Figuren aus den Büchern der schwedischen Kinderbuchautorin zum Leben erweckt. Zahlreiche Orte, die den Schauplätzen der Geschichten nachempfunden sind, laden dazu ein, in eine Welt voller Fantasie einzutauchen. Der Park verzichtet bewusst auf Fahrgeschäfte und widmet sich stattdessen den Figuren und Geschichten von Astrid Lindgren. So kann man hier Pippi Långstrump in der Villa (Villekulla) Kunterbunt besuchen, mit (Emil) Michel aus Lönneberga auf Abenteuerreise gehen oder Ronja (Rövadotter) Räubertochter in ihrem Versteck in der Mattisburg treffen. Überall auf den Wegen können die Schauspieler plötzlich vor einem stehen.

Auch, wenn die Vorführungen auf Schwedisch sind, lassen sich die Gestiken, Geschichten und Lieder gut verstehen. Wir freuen uns, wenn die Menschen lauthals mitsingen. So viel Spaß ist ansteckend! Als die Kinder noch klein waren, haben wir uns im Souvenirshop eine CD mit allen Liedern auf Schwedisch gekauft und so können wir einiges mitträllern: »*Här kommer Pippi Långstrump tjolahopp tjolahej tjolahoppsan-sa. Här kommer Pippi Långstrump, här kommer faktisk jag ...*«.

Die Idee zu Pippi kam Astrid Lindgren, als ihre Tochter Karin krank im Bett lag und sie sich eine Geschichte von ihrer Mutter wünschte. Drei Jahre später, als sich Lindgren selbst den Fuß verstaucht hatte, begann sie, die Geschichten aufzuschreiben.

»Warte nicht darauf, dass die Menschen Dich anlächeln... Zeige ihnen wie es geht!« – Pippi Långstrump

Auch für Kinder, die sich lieber austoben möchten, gibt es viele Möglichkeiten. Astrid Lindgrens Welt ist ein Ort, an dem Groß und Klein gemeinsam Spaß haben können - in einer Welt voller Abenteuer und Fantasie *(04-09 + Herbstferien, täglich 10-18 Uhr, 500 SEK, 380 SEK 3-14 Jahre, Geburtstagskinder frei, Hunde im Freigelände willkommen, viele Häuser wurden renoviert und vergrößert).*

TOUR 11

»Am besten, ihr geht jetzt nach Hause", sagt sie zu Tommy und Annika. "Denn wenn ihr nicht nach Hause geht, könnt ihr ja nicht wiederkommen. Und das wäre schade.« – Pippi Långstrump

Vom Stellplatz ist es nicht weit bis in die Stadt. Wir haben uns direkt für zwei Nächte eingebucht, denn auch Vimmerby ist sehr idyllisch und es gibt viel zu sehen! Für alle, die in der Stadt parken möchten, bietet sich der große Parkplatz hinter dem Sibylla Imbiss an.

P Vimmerby – *Sibylla*
N 57°40'05.5" E 15°51'17.3", Västra Tullportsgatan 3.

»Wie die Welt von morgen aussehen wird, hängt in großem Maß von der Einbildungskraft jener ab, die gerade jetzt lesen lernen.« – Astrid Lindgren

Vimmerby ist eine gemütliche Kleinstadt, die von Astrid Lindgren geprägt ist. Zuerst gehen wir auf den Friedhof, denn hier liegt die Autorin begraben. Das Grab ist sehr unscheinbar und in der hintersten Ecke ohne Wegweiser *(N 57°40'10.4" E 15°51'11.9", rechts der Kapelle).*

Schön ist der Marktplatz, der **Stora Torget**, auf dem – wer hätte es gedacht – ein Spielplatz aus kleinen Katthult-Häuschen steht, natürlich darf auch die Hoppe-Tosse als Spielschiff nicht fehlen. Wir setzen uns zu Astrid Lindgren in ihre Schreibstube und beobachten sie bei der Arbeit. Die **Statue** vor der Touri-Info wurde 2015 von der Künstlerin Marie-Louise Ekman geschaffen und besteht aus patinierter Bronze.

Übrigens ist das Dagens Rätt *(129 SEK)* im **Stadshotellet** sehr gut! Mit etwas Zeit können Sie bei einem Stadtrundgang durch Vimmerby viel über die Stadt, ihre Geschichte und ihre Verbindung zu Astrid Lindgren erfahren.

TOUR 11

»Freiheit bedeutet, dass man nicht unbedingt alles so machen muss wie andere Menschen.« – Astrid Lindgren

Zu einer ordentlichen Astrid Lindgren-Tour gehört natürlich auch ein Besuch in ihrem Elternhaus. Normalerweise gehören wir nicht zu den Menschen, die einen Personenkult gutheißen und wir hadern mit uns, ob wir das Haus besuchen möchten oder nicht. In diesem Fall sind wir sehr froh, sogar eine Führung mitzumachen. Nach den tollen Ausführungen und Erzählungen unseres Guides sind wir tief beeindruckt von dieser starken, mutigen und lebenslustigen Frau, weshalb wir uns auch für die vielen schönen Zitate von ihr entschieden haben.

Vimmerby – Astrid Lindgrens Näs

P **Vimmerby – *Näs***

N 57°40'26.1" E 15°51'24.1", Prästgårdsgatan 24, WC im Museum.

Astrid Lindgrens Näs ist ein typisch schwedisches Bauernhaus, wurde 1897 von ihren Eltern gebaut und ist heute ein Museum. Astrid Lindgren wurde hier am 14. November 1907 geboren, verbrachte ihre Kindheit und Jugend und schrieb hier auch ihre ersten Kinderbücher. Das Haus ist originalgetreu eingerichtet und zeigt, wie Astrid Lindgren und ihre Familie dort gelebt haben. Haben Sie den Limonadenbaum schon gefunden?

Im ***Café Näsgården*** kann man sich bei einer Tasse Kaffee und einem Stück Kuchen entspannen *(06-08 täglich 10-17 Uhr, 09-05 variierende Öffnungen, 220 SEK, 110 SEK 8-14 Jahre, 380 SEK inkl. Führung, 270 SEK 8-14 Jahre, www.astridlindgrensnas.se).*

Astrid Lindgren ist seit 2015 auf der ***20-Kronen-Banknote*** abgebildet. Der Beirat der schwedischen Reichsbank entschied sich für diesen Nennwert, damit auch Kinder die Möglichkeit haben, mit dem Porträt ihrer Lieblingsautorin zu bezahlen.

Der gesamte Besuch im Astrid-Lindgren-Land hat uns tief bewegt und ich brauche eine kleine Pause, um alles verdauen zu können. Und wo geht das am besten? Natürlich an einem Badesee in Småland in der Nähe von **Ankarsrum** (Einwohnerzahl 1.300).

TOUR 11

273 Kropphällarna – *Mjösjön*

GPS: N 57°41'50.9" E 16°13'27.3". **Max. WOMOs**: 1.
Beschreibung: Kleiner Waldplatz mit Seeblick, die 40 ist in Hörweite. Nichts für Regenwetter. **Zufahrt**: Von der 40 Richtung Rumhult.

P Ankarsrum – *Rastplats Långsjön*

N 57°41'50.6" E 16°17'45.2". WC, Mülleimer, Picknickbänke, Grillstelle, Badestelle, Badeinsel, Restaurant. Max. 3 Std.

Schnell sind wir bereit für Neues und finden sehr Skurriles: Tiefe Löcher im Gestein bei **Gladhammar** (Einwohnerzahl 70).

274 Gladhammar – *Gruvor*

GPS: N 57°43'10.8" E 16°25'30.3". **Max. WOMOs**: 1+1.
Ausstattung: Picknickbänke, Grillstelle, Infotafeln.
Beschreibung: Kleiner Schotterparkplatz neben einer alten Mine.
Hinweis: Man steht direkt unterhalb der Radiostation. Der Platz unten am See ist etwas ruhiger. Nichts für Regentage! **Zufahrt**: Richtung Radiomast. Der Straße weiter folgen. Zum See rechts durch den Wald.
Ausweichplatz: N 57°43'06.9" E 16°25'18.5" unten am See.
Gasfüllstation: N 57°43'19.0" E 16°32'48.9", Ostkustens Fritidscenter, Trådgatan 5, Gunnebo, www.ostkustensfritidscenter.se, Werkstatt.

Von Eisen bis Gold: Wechselvolle Geschichte eines Berkwerks

Gladhammars Gruvor: Das Bergwerk von Gladhammar wurde im 16. Jahrhundert eröffnet. Zuerst wurde Eisen abgebaut, dann Kupfer und schließlich Kobalt. Im 19. Jahrhundert wurde das Bergwerk zweimal betrieben, zuletzt zwischen 1875 und 1892. Im 20. Jahrhundert gab es mehrere Versuche, das Bergwerk wieder zu eröffnen. So wurde auch nach Gold gesucht.

Wir verlassen diesen *Lost Place* und sind uns noch nicht ganz sicher, ob es uns gefallen hat oder nicht. Was meinen Sie?

Västervik (Einwohnerzahl 21.000) liegt malerisch an einer Bucht an der Ostsee. Vor ein paar Jahren hatten wir uns mal für drei Wochen auf dem größten Campingplatz Schwedens eingebucht – und das im Juli. Dafür haben wir weit im Voraus gebucht und uns den schönsten Platz am Meer ausgesucht (Kapell, Nummer 429). Obwohl der Campingplatz riesig ist, hat er wunderschöne, ruhige Ecken. Ideal auch für kleine Kinder! Der Campingplatz auf der Halbinsel Judon ist über kleine Brücken mit dem hauseigenen **Archipel Korpaholmarna** verbunden.

275 Västervik – *Lysingsbadet Resort*

GPS/Kontakt: N 57°44'26.9" E 16°39'47.0", Lysingsvägen, +46490258000, www.vastervikresort.se. **Max. WOMOs**: 560. **Öffnungszeit**: Ganzjährig. **Ausstattung**: Waschmaschine, Trockner, Restaurant, Café, Imbiss, Shop, Spielplätze, Picknickbänke, Grillstellen, Badesteg, Strand, Whirlpool, Pool, Funbad, Rutschen, Sauna und mehr. **Beschreibung**: 5-Sterne Platz, je nach Standort ruhig, quirlig, im Wald, am Wasser, Wiese, Hügel oder zwischen den Felsen. **Preise:** 325-650 SEK. **Hinweis**: 06-08 mind. 24 Std. vorher buchen und mind. 3 Tage Aufenthalt. Hundebad im Bereich Timmerbyn, 2,5 km zur Stadt. **Boot-Taxi**: 50 SEK. Vom Campingplatz pendelt regelmäßig ein Boot zwischen dem Schloss Gränsö und der Altstadt. **Zufahrt**: Über den Östersjövägen und Lysingsvägen.

Västervik ist eine sehr beliebte Stadt und entsprechend zahlreich sind die Übernachtungsmöglichkeiten für WOMOs. Wir beschränken uns auf die, aus unserer Sicht, schönsten.

276 Västervik – *Sågen*

GPS/Kontakt: N 57°45'04.7" E 16°39'20.9", Värmeverksgatan, www.psidan.se/sagen. **Max. WOMOs**: 53. **Öffnungszeit**: Ganzjährig., **Ausstattung**: VE, Strom, Mülleimer, Badesteg. **Beschreibung**: Großer Schotterplatz, neben einem Wärmekraftwerk, das wir nicht als störend empfinden. Schöner Ausblick. **Preise:** 250 SEK online zahlbar. 50 SEK VE. **Hinweis**: Frühzeitig reservieren! 1. Reihe mit Kunstrasen. Nebensaison kostenlos. 1,5 km zur Stadt. **Zufahrt**: Vom Lucernavägen in die Värmeverksgatan.

TOUR 11

277 Västervik – *Tandstickan*

GPS: N 57°45'52.8" E 16°38'36.5", Tändsticksvägen. **Max. WOMOs**: 2. **Ausstattung**: WC an der Hauptstraße Slottsholmsvägen, Bushaltestelle, Mülleimer, Badesteg, Aussicht. **Beschreibung**: Kleiner Asphaltparkplatz direkt an der Straße. **Hinweis**: Auf der Insel Gränsö, 1 km zur Stadt. **Zufahrt**: Über den Damm, 1. rechts. Auf der Ecke.

278 Västervik – *Gränsö slott Bondbacken*

GPS: N 57°45'46.1" E 16°41'12.8". **Max. WOMOs**: 19. **Öffnungszeit**: Ganzjährig. **Ausstattung**: Frischwasser, WC, Mülleimer, Wanderwege, Strand 100 m. **Beschreibung**: Großer Schotterparkplatz mit ausgewiesenen Parkbuchten, zweckmäßig, klappstuhlgeeignet. **Preise**: 100 SEK bar im Umschlag in eine Box. **Hinweis**: Im Sommer schnell voll. Max. 24. Std., 4,5 km zur Stadt. **Zufahrt**: Gränsövägen links zum Parkplatz.

Die ***Schäreninseln*** von Västervik sind ein wahres Paradies, finden sich hier doch zahlreiche Buchten und Strände in kristallklarem Wasser. Ausflugsboote fahren zu den autofreien **Inseln Hasselö** und **Idö** *(Abfahrt am Skärgårdsterminalen, N 57°45'33.3" E 16°38'33.4", Slottsholmsvägen 8, www.skeppa.se/vara-turer).*

Die **Altstadt** ist charmant und gemütlich. Straßen aus Kopfsteinpflaster, Marktplätze und schmale Gassen laden zum Bummeln ein. In Västervik finden Sie auch viele verlockende Geschäfte. Die Auswahl an guten Restaurants und netten Cafés ist groß.

Der Blick entlang der Holzhäuser vom Skärgårdsterminalen durch die **Båtsmansgatan** bis hinauf zur St. Petri Kirche ist bezaubernd und ich gerate schon wieder ins Schwärmen. Die Rosen blühen auch im Spätsommer noch leuchtend rot und verströmen einen betörenden Duft. In der **Båtsmansstugorna** stehen acht kleine, rote Holzhäuschen aus dem 18. Jahrhundert. Sie wurden ursprünglich als Unterkünfte für die Bootsleute erbaut und später von der Feuerwehr genutzt. Seit den 1970er Jahren befinden sich hier aber Cafés und ein Wanderheim.

Der **Stortorget** oder auch **Rådhustorget** ist der zentrale Platz von Västervik und wird vom Rathaus aus dem Jahr 1793 dominiert. Das ältere Rathaus war ursprünglich sowohl ein Versammlungssaal für die Magistraten der Stadt als auch ein Gefängnis. Heute beherbergt das Rathaus unter anderem die Information.

Wir ziehen weiter auf die kleinen Inselchen Strömsholm, Slottsholmen und Stegeholmen, die durch einen Damm befestigt und miteinander verbunden wurden. Das **Warmbadhuset** ist ein modernes Badehaus im wunderschönen Jugendstilgebäude aus dem Jahr 1910. Hier können Sie einen entspannten Spa-Tag einlegen *(395-745 SEK, www.slottsholmen.com/warmbadhuset)*.

Von stolzer Burgruine zum Festivalgelände

Die **Stegeholm Slottsruin** liegt auf der gleichnamigen Insel im Hafen von Västervik. Die Ruine ist alles, was vom einst stolzen Schloss übriggeblieben ist. Es wurde 1370 erbaut aber 1699 war ein trauriger Wendepunkt. Während die Stadt Västervik nach dem Krieg wieder aufgebaut wurde, geriet das Schloss in Vergessenheit. 1734 erhielt die Bürgerschaft von Västervik dann die Erlaubnis, die Ruine als Steinbruch für den Hausbau zu benutzen. Sie rissen die Mauern nieder, um die Steine für ihre eigenen Häuser zu verwenden. Heute ist die Stegholmer Burgruine die Kulisse für das Visfestivalen, das jedes Jahr im Sommer stattfindet.

Jenseits von Slottsholmen erhebt sich der Unos Turm, der 34 Meter über dem Hafen in die Höhe ragt. Der Turm liegt auf den Kulbacken-Bergen zusammen mit dem Stiftelsen Museum von Västervik und dem Naturum Västervik. Hier befindet sich auch eine Kerzengießerei, in der man auch selbst Kerzen ziehen kann.

Västervik – Unos Torn

Am nächsten Tag machen wir einen Ausflug mit der **Tjustbygdens Järnvägsförening Museumseisenbahn**. Die unter Denkmalschutz stehende Eisenbahn verkehrte erstmals im Jahre 1879 und gehört zu den zwölf bedeutendsten industriellen Sehenswürdigkeiten Schwedens.

Västervik ist der Start- und Endpunkt der 71 Kilometer langen **Schmalspurbahn** nach **Hultsfred** (Einwohnerzahl 5.500). Am Bahnhofsgelände in Västervik befinden sich ein Lokschuppen, Busgarage, Werkstatt und Personalräume.

Die Schmalspurzüge der Bahnstrecke Hultsfred–Västervik nutzen die mittlere und rechte Schiene, während die Normalspurzüge die linke und rechte Schiene nutzen. Dies ist der einzige Abschnitt in Schweden mit drei Gleisen, der noch regelmäßig befahren wird.

Wir fahren durch die wunderschöne Landschaft Smålands und freuen uns, als wir bekanntes Land durchqueren. Am Långsjön rufen wir alle laut: *Heeeej* und winken. Wir fahren nicht bis zum Endpunkt in Hultsfred, sondern steigen schon eine Station eher aus. Am **Hultsfreds Hembygdspark**, am Stadtrand von Hultsfred, findet direkt neben der Station im Folkets Park der jährliche **Hultsfred-Markt** am letzten Samstag im August statt. Mit über 500 Ständen ist er der größte Markt Schwedens. Kirmes, Flohmarkt, Loppis, Buden, Gourmet, Imbiss, Handwerk und Attraktionen – alles in einem. Jährlich lockt die Veranstaltung etwa 50.000 Menschen in das Dorf.

Zurück in Västervik steht die Sonne bereits tief und wir sind zufrieden mit dem schönen Ausflug *(TJF Smalspåret Fahrplan: www.hwj.nu, Tickets in der SJ-App www.sj.se, Västervik-Hultsfred 280 SEK, 140 SEK 6-18 Jahre, 140 SEK Kulturerbekarte, Hunde fahren kostenlos).*

Västervik – Schloss Gränsö mit WOMO-Stellplatz

Einige von Ihnen sind vielleicht auf der Halbinsel Gränsö auf dem Stellplatz am Schloss untergekommen. Aber nicht nur dann macht ein Besuch in diesem wundervollen Gebiet Sinn.

Das **Schloss Gränsö** ist eine der exklusivsten Adressen in Schweden. Dabei reicht die Geschichte von Gränsö zwar 600 Jahre zurück, es wurde aber erst seit 1992 kontinuierlich wieder aufgebaut. Auf dem Gelände befinden sich ein Café, Sonnenterrassen, Konzert- und Ausstellungsräume und ein Golfplatz, sowie das ***Love Rosarium***. Dieser Rosengarten wurde von der Gartendesignerin Helena Åhlund entworfen. Sie hat es sich zur Aufgabe gemacht, einen Ort zu schaffen, der die Liebe feiert und die Sinne verzaubert.

Die **Halbinsel Gränsö** ist ein 3,28 Quadratkilometer großes Naturschutzgebiet und bietet eine Vielzahl von Möglichkeiten zur Erholung in der Natur. Es gibt wunderschöne Felsenbäder in einer atemberaubende Schärenlandschaft. Malerische Buchten, alte Eichenwälder und beeindruckende Felsklippen bieten eine einzigartige Kulisse. Das Reservat bietet einzigartige Erlebnisse in der Natur für jeden Geschmack. Ob Sie gerne wandern, schnorcheln, Fahrrad fahren, schwimmen, reiten, klettern, mit dem Kajak paddeln oder einfach nur am Strand entspannen.

Gränsöleden – Der Panoramaweg und der Naturlehrpfad

12 km, leicht: Der Wanderweg Gränsöleden führt entlang der Küste durch das Naturschutzgebiet. Der Weg ist gut markiert und bietet herrliche Ausblicke auf die Ostsee und die umliegende Landschaft. Unterwegs gibt es viele Möglichkeiten für Pausen, Grillen oder auch zum Baden am Strand. Vom Stellplatz rechts über Fiskartorpsvägen. Neben dieser Wanderroute gibt es zahlreiche kürzere Strecken.

2,7 km, leicht: Der Naturlehrpfad ist eine kürzere, aber nicht weniger interessante Wanderung. Der Weg führt durch verschiedene Waldtypen, darunter Mischwald, Sumpfwald und offenes Gelände. An verschiedenen Stationen erfahren Sie Wissenswertes über die Pflanzen- und Tierwelt des Waldes. Schöne Badestelle mit WC, Picknickbänken und Grillstelle. Start und Ziel sind am Parkplatz bei Sandvik. Orangefarbene Markierung.

Tour 12

Gladhammar
E22
Västervik
P
Lunds by
Tour 11
40
279
E22
280
Blankaholm
281
Mötfors
282
283
Misterhult
284
E22
P
286
285
Figeholm
Stensjö by
P
287
Oskarshamn
288
289
C
290
P
Steinmetz-
Museum
Vånevik
P
Påskallavik
292
291
293
294
Mönsterås
P
295
C
Kalmarsund
P
Pataholm
E22
136
Borgholm
N
20 km
P
Rockneby
296
Öland
Ostse
297
Tour 13
P
25
298
299
Kalmar
Tour 14
300
302
303
301
E22

Die Ostseeküste von Västervik bis Kalmar

195 km

An der Ostküste Smålands erstreckt sich eine malerische Landschaft aus idyllischen Fischerdörfern, feinen Sandstränden, felsiger Küstenlinie und tiefen Wäldern. Das klare Wasser der Ostsee lädt zum Schwimmen, Segeln und Angeln ein, während die zahlreichen Schären und Inseln ideale Orte zum Wandern und Radfahren sind. Unsere Highlights sind:

- **Gladhammar Hembygdsgården**
- **Schärengarten**
- **Stensjö by**
- **Pataholm**
- **Kalmar**

Wir verabschieden uns von einer wundervollen Zeit in Västervik und fahren Richtung Süden über die E22. Es sind nur wenige Kilometer bis zu unserem ersten Stopp.

P Gladhammar – *Hembygdsgården*

N 57°42'36.5" E 16°26'51.8", Lunds by 1, Västervik.

Gladhammar Hembygdsgård, das Heimatmuseums-Dorf **Lunds by**, umfasst acht Bauernhöfe aus dem 18. und 19. Jahrhundert, darunter ein Wohnhaus, Scheune, Schmiede und eine Schule. Sie zeigen die Lebensweise der Menschen in der Region zu dieser Zeit. Am Bach, der durch das Dorf Lund fließt, gibt es auch eine Dorfsäge mit Wasserrad, die bis 1929 genutzt wurde. Neben Ausstellungen finden ebenso Führungen, Workshops und Veranstaltungen statt. In der småländischen Landidylle wurden Teile der Filmreihe *Wir Kinder aus Bullerbü* gedreht (*05-09, www.gladhammars.se*).

Gladhammars Wanderwege

4,5 km, rote Markierung, leicht: Weg zu den verlassenen Minen von Gladhammar, die wir schon vor einigen Tagen besuchten.
9 km, blaue Markierung: Entlang des Weges gibt es alte Höfe und das Dorf Gladhammar selbst. Das Dorf wurde erstmals im frühen 14. Jahrhundert erwähnt.
15 km, grüne Markierung: Durch das Feuchtgebiet Lilla Tolen, in dem viele verschiedene Vogelarten leben, die man vom Vogelturm aus beobachten kann.
Alle Wanderwege starten vom Parkplatz und sind gut ausgeschildert.

Gegenüber des Dorfes sehen wir eine stattliche Kirche. Hier stand einst eine Holzkirche aus dem 12. Jahrhundert, diese wurde 1886 abgerissen und durch die neue Kirche ersetzt. Die Gemeinde verkaufte das meiste Inventar der alten Kirche, darunter die geschnitzte Kanzel, aber der Messingkronleuchter und das Taufbecken wurden in der neuen Kirche verbaut *(täglich 9-17 Uhr)*.

279 Västervik – *Rest area Botorpström*

GPS: N 57°39'42.4" E 16°26'45.9". **Ausstattung**: VE, WC, Mülleimer, beleuchtet, Infotafeln, Picknickbänke. **Beschreibung**: Der Rastplatz befindet sich am Ufer des Flusses Botorpström und bietet einen schönen Blick auf die umliegende Landschaft. Trotz der Nähe zur E22 ist der Platz durchaus eine Option für eine Übernachtung. **Zufahrt**: Von Västervik auf der E22 Richtung Kalmar.

Blankaholm (Einwohnerzahl 140) ist ein kleines Dorf etwa 18 Kilometer von der E22 entfernt. Es ist ein schönes Ausflugsziel für alle, die etwas abseits der Tourismusrouten urlauben möchten.

TOUR 12

Mit vereinten Kräften

In Blankaholm gab es im 19. Jahrhundert ein großes Sägewerk, das bis in die 1970er Jahre in Betrieb war. Nach der Schließung des Sägewerks verfiel das Dorf langsam. In den alten Anlagen des Sägewerks entstand ein kleiner Yachthafen. Doch auch dieser hat bessere Zeiten gesehen. 2012 brannte zu allem Überfluss das Brückenhaus auf der langen Anlegebrücke ab, das als Café und Treffpunkt diente. In den letzten Jahren hat sich in Blankaholm jedoch etwas getan. Das soziale Projekt *Vi bryr oss* *(Wir kümmern uns)* hat sich des Dorfes angenommen und versucht, es wiederzubeleben. Das Projekt bietet unter anderem Langzeitarbeitslosen Arbeit und Beschäftigung.

Blankaholm

Ein Anlaufpunkt im Ort ist der kleine Laden ***Blankaholms Lanthandel***, der Produkte aus der Region verkauft. Gleich gegenüber befindet sich ***Blankaholms Gästgiveri***, ein rotes Holzgebäude mit einer schönen Veranda in echter småländischer Tischlerfreude geschaffen. Die Holzskulpturen sind ein fester Bestandteil der Atmosphäre des Gasthauses. Es wird liebevoll *Mojsen* genannt und war einst das Lebensmittelgeschäft für die Holzarbeiter:innen des Sägewerks. Doch nun wurde dem Haus neues Leben eingehaucht *(Sommer täglich 11-15 Uhr, Dagens Rätt, 17-20 Uhr à la carte)*.

280 Blankaholm – *Vattenfronten*

GPS: N 57°35'23.7", E 16°31'44.1", Vattenfronten. **Max. WOMOs**: 16 + 25. **Öffnungszeit**: Ganzjährig. **Ausstattung**: VE, Strom, WC, (Gemeinschafts-) Dusche, Mülleimer, Picknickbänke, Badesteg, WLAN, Restaurant, Café, Shop. **Beschreibung**: Sehr schöner Stellplatz direkt an Wasser mit Blick auf die Marina und die kleinen Inseln. Schotter und Rasenstreifen, klappstuhlgeeignet. **Preise**: 250 SEK zahlbar im Café oder es kommt jemand vorbei. **Hinweis**: Früh anreisen! In der Nebensaison eingeschränkter Service. Das Sani-Haus hinter dem Tennisplatz ist schon älter, aber sauber. **Zufahrt**: Von der E22 Richtung Blankaholm abbiegen. Den Schildern zum Stellplatz folgen. **Ausweichplatz**: N 57°35'22.3" E 16°31'34.7", großer Schotterplatz mit Blick auf die See.

Direkt am Wasser liegt ein Naturcampingplatz mit Badestelle. Wer nicht unbedingt auf Service (außer VE) angewiesen ist, und lieber Wert auf Natur legt, ist hier richtig.

281 Blankaholm – *Naturcamping*

GPS/Kontakt: N 57°35'22.0" E 16°30'53.8", Talluddsvägen 1, +46701602020, www.blankaholmscamping.se. **Max. WOMOs**: 42. **Öffnungszeit**: 04-10. **Ausstattung**: Waschmaschine, Picknickbänke, Sandstrand, Badesteg, Sprungturm, Spielplatz, Trampolin, Bootsverleih, Sauna, Shop. **Beschreibung**: Freie Platzwahl ohne Parzellen. In die Jahre gekommener Naturplatz. **Preise**: 250-480 SEK. **Zufahrt**: Vom Gasthaus über den Torgvägen. Biegen Sie dann rechts ab und folgen Sie der Straße bis zum Ende.

Wanderung Blankaviken

2,5, km, orange-rote Markierung, leicht: Blankaviken ist ein kleines Naturschutzgebiet mit teils dichtem Wald, offenen Wiesen und felsigen Küstenabschnitten, Badestelle und kleinem, feinsandigem Strand und klarem Wasser. Der Majkaseberget ermöglicht einen herrlichen Blick auf die Schären. Unser Rundgang beinhaltet den Naturlehrpfad Barmarksled, der nur knapp über einen Kilometer lang ist. Unsere Route ist leicht zu begehen und verbindet Campingplatz, Stellplatz und Dorf miteinander.

Hinweis: Bevor Sie weiterfahren: In Blankaholm befindet sich die letzte VE-Station bis Oskarshamn!

Nur etwa zehn Kilometer südlich steuern wir ein bezauberndes Dörfchen an: **Mörtfors** (Einwohnerzahl 60). Von der E22 führt der Weg erst nur geradeaus und wir fragen uns: »Hm, ob sich das wohl lohnt?« Doch dann biegen wir um eine Rechtskurve und wir wissen: »Ja, alles richtig gemacht!«. Wir fahren langsam durch den malerischen Ort, vorbei an einer alten Feuerwache und über eine kleine Brücke, nach links Richtung Badestelle.

282 Fårbo – *Mörtfors Badplats*

TOUR 12

GPS: N 57°31'18.3" E 16°27'57.4" Kappemålavägen 12. **Max. WOMOs**: 2.
Ausstattung: WC, Mülleimer, Picknickbänke, Grillstelle, Badesteg.
Beschreibung: Kleiner Schotterplatz zwischen Bäumen mit Blick auf den kleinen See. **Hinweis**: Der Parkplatz ist sehr schräg, lediglich die zwei oberen Plätze an der Einfahrt sind einigermaßen gerade.
Zufahrt: Durch Mörtfors links in den Kappemålavägen einbiegen. Der Parkplatz liegt hinter dem letzten Haus. **Ausweichplatz**: N 57°31'29.1" E 16°28'15.7", Parkplatz mitten im Dorf.

Mörtfors liegt zwischen den beiden Seen Maren und Kappemålagöl und ist ein idealer Ausgangspunkt für Wanderungen. Die beiden Fernwanderwege *Tjustleden* und *Ostkustleden* führen durch den Ort und südlich liegt das 211 Hektar große **Naturreservat Mörtfors**.

Wir rauschen über die E22 und nehmen nach nur knapp sechs Kilometern die Ausfahrt Richtung **Misterhult** (Einwohnerzahl 200).Der Badebereich liegt etwas außerhalb und verfügt über einen familienfreundlichen Strand.

283 Misterhult – *Götemaren*

GPS: N 57°28'18.1" E 16°35'04.0", Götebo Sandvik 1. **Max. WOMOs**: 1. **Ausstattung**: WC, Mülleimer, Picknickbänke, Grillstelle, Badesteg, Sprungturm. **Beschreibung**: Schmaler Parkstreifen neben einem Schotterweg. Nichts für große WOMOs. **Zufahrt**: 5,4 km von der E22.

Aber eigentlich wollen wir in den Schärengarten fahren. Dieser besteht hier aus über 2.000 Inseln, die eine einzigartige Naturlandschaft mit einer reichen Flora und Fauna beherbergen. Hier finden sich seltene Pflanzenarten wie die Strand-Wolfsmilch oder der Gelbe Sanddorn und eine Vielzahl von Vögeln, darunter Kormorane, Seeschwalben und Eiderenten.

Wir sind etwas zwiegespalten, denn ganz in der Nähe der von uns ausgesuchten Insel ist ein Kernkraftwerk. Wir wagen es trotzdem und fahren Richtung Laboratorium um den Borholmsfjorden herum, die Landschaft ist ein Traum! Überall finden sich kleine Buchten, an denen wir parken können. Und so folgen wir einfach den Schildern bis zum Laboratorium. Kurz vorher befindet sich ein Parkplatz mit Infotafeln.

284 Ävrö – *Äspölaboratoriet*

GPS: N 57°26'04.4" E 16°39'34.8", Långö 300. **Max. WOMOs**: 2. **Ausstattung**: Mülleimer, Picknickbänke, Grillstelle, Infotafeln. **Beschreibung**: Parkplatz auf Schotter und Felsen vor einem Forschungsinstitut. Ruhig! **Zufahrt**: Kurz vor Lilla Laxemar links, Richtung SKB Äspölaboratoriet. **Ausweichplätze**: Nichts für große WOMOs: kleiner Parkplatz im Wald: N 57°26'17.0" E 16°40'05.7", Parkplatz am Seitenstreifen: N 57°26'06.3" E 16°40'11.5", Parkbucht an der Seite mit Blick auf das Wasser: N 57°25'56.2" E 16°40'29.5", etwas abseits der Straße: N 57°25'43.9" E 16°40'26.1", Weg etwas abseits der Straße: N 57°25'22.0" E 16°39'37.8", alle klappstuhlgeeignet.

Äspölaboratoriet: Das schwedische Kernmüll-Versteck

Im Forschungsinstitut werden verschiedene Methoden und Technologien für die geologische Endlagerung abgebrannten Kernbrennstoffs getestet. Die Anlage ist in 460 Metern Tiefe in den Felsen gegraben. Ein wichtiger Unterschied ist jedoch laut Info, dass sich im Äspö-Labor **kein** abgebrannter Kernbrennstoff befindet. Die Ergebnisse der Tests tragen dazu bei, ein Endlager zu entwickeln, das die Umwelt und die Gesundheit der Bevölkerung für die nächsten 100.000 Jahre schützt *(www.skb.se)*.

Wir haben noch lange nicht genug von der schönen Schärenlandschaft und fahren nach **Figeholm** (Einwohnerzahl 740), das 15 Kilometer nördlich von **Oskarshamn** liegt und von herrlicher Natur umgeben ist. Wald und Schärengarten bilden eine malerische Kulisse. Direkt vor der Tür gibt es gute Angelmöglichkeiten.

285 Figeholm – *Vasakajen*

GPS: N 57°22'20.7" E 16°33'19.4", Vasakajen. **Max. WOMOs**: 20. **Öffnungszeit**: 05-09. **Ausstattung**: Frischwasser, Strom, WC, Dusche, Mülleimer, Picknickbänke, Grillstelle, Badesteg, WLAN, Supermarkt 500 m. **Beschreibung**: Riesiger Asphaltparkplatz auf einer Mole im Wasser. Tolle Umgebung! Der Parkplatz an sich ist eher unromantisch. **Preise**: 175 SEK. **Hinweis**: Keine Entsorgung! Im Winter verboten. **Zufahrt**: Vom Påkhäradsvägen auf den Kai links abbiegen.

TOUR 12

Das italienische ***Restaurant Dolce Vita*** finden Sie etwa 400 Meter vom Stellplatz entfernt *(Dagens Rätt 115 SEK, Brogatan 3, www.restaurangdolcevita.se)*.

Mit dem Pontonboot P/B Holger können Sie im Sommer die Schären rund um Figeholm erkunden. Das Boot ist barrierefrei und bietet Platz für bis zu 10 Personen. Die Touren starten vom Bootsclub und führen durch die malerische Schärenlandschaft *(www.fbk.nu)*.

P Fårbo – *Rastplatz*

N 57°22'27.6" E 16°29'24.0", Ficksjövägen 38, WC, Supermarkt, Post, Bankautomat, Tankstelle, Imbiss, mit Dagens Rätt 85 SEK.

Nur einen Kilometer von der E22 entfernt fahren wir zu einem sehr schönen Badeplatz am Forbosjön.

286 Fårbo – *Badplats*

GPS: N 57°22'09.4" E 16°28'33.0", Misterhults Flathult 1. **Max. WOMOs**: 2. **Ausstattung**: WC im Sommer, Mülleimer, Picknickbänke, Grillstelle, Badesteg, Sandstrand, Sprungturm, Spielplatz. **Beschreibung**: Schöner Parkplatz auf fester Erde mitten zwischen Bäumen mit Blick auf den See. **Zufahrt**: Von der E22 im Kreisel Richtung Flathult. Geradeaus bis zum Ende beziehungsweise Badeplatz.

Ich bin mal wieder diejenige, die unbedingt in das nächste Museumsdorf will. Es ist aber auch einfach zu hübsch! Schon die Anfahrt ist traumhaft schön. So schlängelt sich der Schotterweg etwa zweieinhalb Kilometer zwischen Weidezäunen entlang an Feldern, einem See und Waldstücken. Immer wieder tauchen kleinere und größere Felsen links und rechts auf und wir tuckern gemütlich zum Ziel: **Stensjö by**.

P Virkvarn – *Stenjö by*

N 57°20'40.6" E 16°28'01.1", Stensjöby 3, WC, Mülleimer. Ausweichplatz N 57°20'10.2" E 16°28'51.2", 2 km zum Dorf.

Stensjö by: Ein Dorf wie aus dem Bilderbuch

Wir fühlen uns wie in eine andere Zeit versetzt. Die hügelige Landschaft ist von saftigen Wiesen und Wäldern bedeckt, die im Laufe der Jahrhunderte durch *Mahd* (gemähtes Gras) und Beweidung entstanden sind. Es ist ein spannender Ort, weil es ein einzigartiges Beispiel für ein vollständig erhaltenes Bauerndorf aus dem 18. bis 19. Jahrhundert ist. Die Häuser, Scheunen, Gärten, Äcker und Weiden sind alle originalgetreu erhalten und geben einen Einblick in das Leben der schwedischen Bauern zu dieser Zeit. Auf den Koppeln grasen Schafe, Kühe und Schweine. Hühner laufen frei herum und suchen nach Futter. Die Umgebung ist so idyllisch, dass sie auch in Astrid

Lindgrens Filmen über die *Kinder in Bullerbü* zu sehen ist. Mehrere Szenen wurden direkt im Dorf oder auf den Straßen rund um das Dorf gedreht.

Die Geschichte von Stensjö reicht bis 1351 zurück. Der Name des Dorfes bedeutet *die Felseninsel*. Dieser Name erklärt sich, wenn man sich anschaut, wie die Landschaft vor der Bewirtschaftung aussah. Bäche und andere Wasserstraßen wurden ausgegraben, um Ackerland zu schaffen. In den Gärten wachsen schattenspendende Obstbäume und in den Beeten blühen farbenprächtige Blumen. Wie in vielen Dörfchen lohnte sich die Landwirtschaft nicht mehr und die Menschen verließen die Höfe, die Gebäude verfielen. Rechtzeitig kaufte die *Königliche Akademie der Geschichte* das Dorf, restaurierte es und sorgte dafür, dass das Land heute im alten Stil bearbeitet wird. Das Team macht Führungen durch das Dorf und bietet verschiedene Veranstaltungen und Workshops an.

Wanderungen Stensjö by

Mehrere, markierte Wanderwege führen durch die Kulturlandschaft, um die wunderschöne Umgebung besser kennenzulernen: 1,3 km Viråslingan, 1,4 km Lomgölsslingan (zurzeit wegen Borkenkäferbefalls geschlossen), 1,4 km Ängsslingan, 3,7 km Skogsslingan. Auch der Ostkustleden verläuft durch den Ort.

TOUR 12

Seit Juli 2023 gibt es im kleinen Dorf ***Tilias Café***, das an eine berühmte Einwohnerin erinnert. Tilia lebte um die Jahrhundertwende in dem Haus. Sie war eine fröhliche und gastfreundliche Frau, die gerne Kaffeeabende veranstaltete. Die Wände sind mit alten Möbeln und Bildern aus der Zeit um 1900 geschmückt. Auf der Speisekarte stehen traditionelle schwedische Gerichte wie *Kanelbullar* (Zimtschnecken) und *Saffransbröd* (Safranbrot). Im Garten stehen kleine Tischchen und es ist wundervoll romantisch *(Sommer, Mi.-So. 10-16 Uhr)*.

Es ist spät geworden und da wir hier nicht übernachten dürfen, zieht es uns zurück in die Schären. Gerade mal zehn Kilometer liegen zwischen Stensjö by und unserem auserwählten Ziel, trotzdem brauchen wir eine gute halbe Stunde. Das liegt zum einen an unserem reduzierten Fahrstil und zum anderen an den vielen Kurven und schmalen Straßen. Wir genießen die Fahrt auf die **Insel Draget**, die mitten im fantastischen Schärengarten liegt.

287 Oskarshamn – *Dragskär*

GPS: N 57°18'41.6" E16°34'00.3", Dragskär Eken 8. **Max. WOMOs**: 4.
Ausstattung: WC, Mülleimer, Picknickbänke, Grillstelle, Badesteg, Spielplatz, Liegewiese, Sandstrand.
Beschreibung: Großer Schotterplatz mit herrlichem Blick auf die Schärenlandschaft. Ideal für eine Nacht.
Zufahrt: Von der E22 Richtung Dragskär etwa 7 km bis zum Ende.

Der Sonnenuntergang über den Felsen ist atemberaubend schön! Aber in der einsetzenden Abendfrische werden die Felsen rutschig und ich lande leider schmerzhaft auf meinem Knie. Aus Angst, dass mehr passiert ist als Schürfwunden, fahren wir direkt nach **Oskarshamn** (Einwohnerzahl 18.300) auf den öffentlichen Stellplatz, um in der Nähe von Apotheke und Krankenhaus zu sein – nur zur Sicherheit.

288 Oskarshamns – *Gästhamn*

GPS/Kontakt: N 57°15'59.3" E 16°27'14.2", Skeppsbron 4, +46761189462, www.oskarshamns-gasthamn.se. **Max. WOMOs**: 10+. **Öffnungszeit**: Ganzjährig. **Ausstattung**: VE, Strom, WC, 2 (Gemeinschafts-)Duschen, Mülleimer, WLAN. **Beschreibung**: Riesiger Asphaltparkplatz am Hafen mit Blick auf den Hafen. **Preise**: 220-320 SEK. **Hinweis**: Begrenzte Stellplätze in Kalenderwoche 27, da hier das *Latitud Festival* stattfindet. Stellplätze können nicht vorgebucht werden, nur Drop-in! Im Sommer kann es laut aus dem Nachtclub werden. **Zufahrt**: Über die Skeppsbron, links Richtung Badholmen.

Oskarshamn: Vom Schifffahrtszentrum zum maritimen Idyll

Die Geschichte Oskarshamns (nach König Oskar I. benannt) ist eng mit der Schifffahrt und der Steinindustrie verbunden. In der Vergangenheit waren die Werften der Stadt für die wirtschaftliche und soziale Entwicklung von großer Bedeutung. Auch heute spielt der Hafen noch eine wichtige Rolle für die Stadt. Die Fährverbindung nach **Gotland** verbindet wichtige Wirtschaftszweige miteinander. Darüber hinaus werden im Sommer zahlreiche *Bootstouren* für Touristen angeboten. Das Ausflugsschiffs M/S Solkust fährt links am Rand vom Stellplatz zur **Insel Blå Jungfrun** *(www.solkustturer.se)*.

TOUR 12

Vom Stellplatz führen steile Treppen Richtung Altstadt in den *beschwerlichen Weg*, die Besvärsgatan. Der laute Hafen lässt gar nicht darauf schließen, dass es hier in der Altstadt so beschaulich zugehen kann. Es gibt tatsächlich einige Holzhäuser, Kopfsteinpflaster und schmale Gassen, aber vieles wurde leider verbaut. Der Lilla Torget beeindruckt allerdings mit einigen schicken *Stadthäusern*.

Der laute Hafen lässt gar nicht darauf schließen, dass es hier in der Altstadt so beschaulich zugehen kann. Es gibt noch einige Holzhäuser.

Tipps: Im Restaurant ***Kupolen*** unter dem großen Kuppeldach gibt es das Dagens Rätt für 129 SEK mit einer Auswahl aus Pizza, Hamburger, Fish & Chips und Pasta *(Drottninggatan 1, www.kupolenoskarshamn.se)*. ***Nilsson's Patisserie & Bakery*** ist eine traditionelle Bäckerei *(Köpmangatan 11, www.nilssonskonditori.se)*.

Kurz bevor wir wieder am Hafen ankommen, nehmen wir Platz auf dem ***Långa Soffan***. Das Besondere an diesem langen Sofa: es misst 72 Meter *(Skeppsbron, N 57°15'53.6" E 16°27'13.6")*.

Badholmen ist die kleine Insel neben dem Stellplatz mit Restaurant (Dagens Rätt 129 SEK). Im Sommer finden hier regelmäßig Konzerte, Partys und andere Veranstaltungen statt.

Ausflugstipp: Der **Ernemar Hafen** ist ein Schmuckstück in der schwedischen Küstenlandschaft. Er liegt an der Einfahrt nach Oskarshamn und bietet einen einzigartigen Blick auf den Kalmarsund und die Blå Jungfrun. Ein gut befestigter und beleuchteter Fußweg führt etwa 700 Meter über mehrere kleine Schäreninseln vorbei am Hundebad und dem kleinen Leuchtturm zur Spitze des Damms an der Einfahrt zum Sund. Von hier aus kann man ganz fantastisch die großen Fähren und kleinen Boote beobachten, die an der Landzunge vorbeiziehen. Die Stadt und die Industrie des Hafens sind weit genug entfernt, um viele gemütliche Stunden auf den Schären zu verbringen.

289 Oskarshamn – *Ernemar Hamn*

GPS: N 57°15'27.0" E 16°29'10.7", Berggrundsvägen. **Max. WOMOs**: 1-2 kleine. **Beschreibung**: Kleiner Parkpatz am Rande des Fußwegs. **Zufahrt**: Vom Östersjövägen in den Lotsgårdsvägen, dann rechts.

Einen schönen großen Parkplatz an einer Badestelle finden wir nur sechs Kilometer südlich von Oskarshamn.

290 Oskarshamn – *Badplats Åsvallesund*

GPS: N 57°13'37.2" E 16°29'06.7", Kanotvägen. **Max. WOMOs**: 3. **Ausstattung**: WC, Mülleimer, Picknickbänke, Badesteg. **Beschreibung**: Großer Schotterparkplatz im Wohngebiet, aber für eine Nacht okay. **Hinweis**: Kein direkter Wasserblick, aber quasi direkt an der Badestelle. **Zufahrt**: Über den Svampvägen in den Sommarvägen.

TOUR 12

In der Gegend von **Vånevik** (Einwohnerzahl 70) gibt es etwa 30 große und kleine Steinbrüche. Es gibt Spuren von Schiffsanlegestellen und Überreste von Pulverkellern, Schmieden, Steinkränen und Eisenbahnstraßen. Vånevik war im 19. und 20. Jahrhundert ein wichtiges Zentrum der Steinindustrie in Schweden. In den **Steinbrüchen** wurde Granit abgebaut, der in ganz Europa und darüber hinaus verwendet wurde.

P Vånevik – *Stenhuggarmuseerna*
N 57°11'11.1" E 16°27'08.0", Ritsmejselvägen

Im **Steinmetzmuseum i Vånevik Ångkransbrottet** *(Ritsmejselvägen)* sind Werkzeuge, Loren, Maschinen und Dokumente aus der Steinindustrie zu sehen. Das Freilicht-**Steinmetzmuseum Näset** *(N 57°11'44.5" E 16°28'09.0")* liegt etwa zwei Kilometer nördlich auf einer Schärenhalbinsel und ist nur zu Fuß über einen schönen Wanderweg über eine Holzbrücke erreichbar *(beide Museen sind ganzjährig geöffnet und kostenfrei. Die Einrichtungen werden 06-08 unregelmäßig betreut. Mehr Infos und Übersichts- und Wanderkarte: www.hardklang.se).*

Wanderung Steinmetzweg Vånevik

5 oder 12 km, leicht: Der Stenhuggarleden erstreckt sich von Näset im Norden bis Påskallavik im Süden. Der Weg verfügt über 15 Stationen, die mit einem QR-Code markiert sind. Eine Wanderung entlang des Weges bietet einen spannenden Einblick in die Blütezeit der Steinindustrie. Die kleine Runde führt vom Museum in Vånevik bis Näset.

Am schönen Våneviks Badeplatz sind WOMOs leider nicht mehr willkommen. Ein kurzer Badebesuch ist aber trotzdem drin.

P Vånevik – *Badplats*

N 57°10'47.2" E 16°27'34.6", Flatmejselvägen 20, WC, Mülleimer, Picknickbänke, Badesteg, Strand, max. 5 Std. Hunde im Wasser verboten, auf der Liegewiese an der Leine willkommen.

Källströmsgården ist ein ehemaliges Wohnhaus und Atelier des schwedischen *Bildhauers Arvid Källström* (1893-1967). Ab 1934 schuf er zahlreiche Skulpturen. Im Atelier befinden sich ein ***Café*** und ein kleines Museum. Zu den bekanntesten Skulpturen gehören *Liggande kvinna (Liegende Frau), Fransyskan (Die Französin)* und *Blå pojken (Der blaue Junge)*. Leider nagt der Zahn der Zeit an den Kunstwerken im Freien *(Garten ganzjährig, kostenlos, N 57°10'04.0" E 16°27'24.8", Kustvägen 65, Påskallavik, www.kallstromsgarden.se).*

Der Stellplatz in **Påskallavik** (Einwohnerzahl 1.000) gehört definitiv zu einem der schöneren Orte und wir finden es hier sehr gemütlich.

291 Påskallaviks – *Hamn*

GPS/Kontakt: N 57°09'49.2" E 16°27'49.7", Callerströmsgatan, www.pvbk.se. **Max. WOMOs**: 13. **Öffnungszeit**: 03-10. **Ausstattung**: VE, Strom, WC, Dusche, Mülleimer, Waschmaschine, Trockner, Picknickbänke, Grillstelle, Badesteg, WLAN, Café. **Beschreibung**: Sehr schöner Stellplatz direkt am Wasser mit fantastischem Ausblick! Schotterparkplatz, klappstuhlgeeignet. **Preise**: 150-200 SEK zahlbar beim Hafenmeister, der abends kassiert. **Hinweis**: Links 8 Plätze mit Strom, rechts am Hafen weitere 5 ohne Strom. Das Servicegebäude befindet sich auf der Nordseite der großen Lagerhalle. Früh anreisen! **Zufahrt**: Von Kustvägen in die Callerströmsgatan, der Ausschilderung folgen.

Das ***Påskallaviks Hamncafé*** bietet neben der schönen Aussicht eine große Auswahl an Kuchen, Waffeln und Sandwiches *(Callerströmsgatan 10, Påskallavik)*. In sehr schöner Lage liegt ebenfalls die Halbinsel Nötö.

TOUR 12

292 Påskallaviks – *Naturcamping Nötö*

GPS/Kontakt: N 57°09'24.5" E 16°28'21.0", Nötö, +4649191852, www.oskarshamn.com/product/noto-camping. **Max. WOMOs**: 40. **Öffnungszeit**: 06-09, ganzjährig ohne Service. **Ausstattung**: VE, WC, Dusche, Mülleimer, Picknickbänke, Grillstelle, Badesteg, Spielplatz, Strand. **Beschreibung**: Wunderschöner Platz mitten in der Natur, unter Bäumen oder Wiese, mit fester Erde oder Schotter, teilweise direkt am Wasser. Sehr einfacher Platz ohne Komfort, freie Platzwahl, klappstuhlgeeignet, Freisteh-Feeling, teilweise uneben. **Preise:** 200 SEK zahlbar in bar in eine Box am Sportheim. **Zufahrt**: Vom Kustvägen an der Kirche Richtung Nötö. Am Sportplatz vorbei bis nach hinten durchfahren.

293 Mönsterås – *Emåns Rastplats*

GPS: N 57°07'40.9" E 16°28'56.2", E22. **Ausstattung**: VE, WC, Mülleimer, überdachte Picknickbänke, Grillstelle, Infotafeln.
Beschreibung: Rastplatz im Grünen, sehr schön und gemütlich angelegt. Auf Asphalt, zwischen Bäumen. Die E22 ist zwar in Hörweite, aber erträglich. Wenige Meter bis zum wunderschönen Fluss Emån mit Stromschnellen. **Hinweis**: Auf der Gegenrichtung ist der Rastplatz ähnlich, auch mit VE, N 57°07'38.3" E 16°28'49.1". **Zufahrt**: An der E22.

Mönsterås (Einwohnerzahl 5.000) selbst ist für uns nicht so reizvoll, obwohl das Städtchen durchaus hübsch ist und ein Bummel über die Storgatan lohnenswert. Das eigentliche Highlight der Gemeinde ist aber die Umgebung.

294 Mönsterås – *Södra*

GPS/Kontakt: N 57°02'21.2" E 16°26'49.0", Hamngatan 5, www.monsteras.se/trafik-resor-och-utemiljo/stallplatser. **Max. WOMOs**: 20. **Öffnungszeit**: Ganzjährig. **Ausstattung**: Frischwasser, Strom, WC, Dusche, Mülleimer, Spielplatz. **Beschreibung**: Große Wiese ohne alles, relativ unromantisch, ohne Wasserblick. Hinter einer Veranstaltungsstätte. **Preise**: 250 SEK zahlbar in der Touri-Info *(Sommer 10-19 Uhr, gelber Bahnhof, Sjögatan)*, Nebensaison kostenlos. **Zufahrt**: Von der E22 Richtung Turistyrå. **Gasfüllstation**: N 57°01'28.9" E 16°25'54.3", Timmernabbsvägen 4.

Ausflug auf die wunderschöne **Schäreninsel Öknö**: Von Mönsterås fahren wir entlang des herrlichen Nynäsvägen über einen natürlichen Damm. Der Öknöleden Wanderweg verläuft parallel. Öknö steht unter Naturschutz! Deshalb ist das Übernachten außerhalb der Stell- und Campingplätze verboten.

P Mönsterås – *Oknöström*

N 57°00'57.2" E 16°29'54.7", Nynäsvägen, WC, Mülleimer, Picknickbänke, Grillstelle, schöne neue Badestelle, Sprungturm, Badesteg, Restaurant.

Wanderung Oknö

3-9 km, leicht, gute Ausschilderungen, nicht barrierefrei. 8,7 km Oknöleden entlang des Wassers. Dieser ist hinter dem First Camp abkürzbar, so dass der Weg entweder nur um den größeren Teil der Insel Storön (4,8 km) oder den kleineren Teil Lillön (3,2 km) führt. Der Weg über die kleine Nachbarinsel Ramsö ist über eine Brücke erreichbar und 2,7 km lang. Unterwegs gibt es immer wieder Picknickmöglichkeiten, Badeplätze, WC und herrliche Aussichten auf die Umgebung! Hier stehen bis zu sechs Badeplätze zur Auswahl. Ein schöner Fahrradweg führt bis in die Stadt.

295 Mönsterås – *Kronobäcks Klosterkyrkoruin*

GPS: N 57°01'05.0" E 16°26'18.2", Kronobäck 102. **Max. WOMOs:** 2. **Öffnungszeit**: Ruine ganzjährig, WC 04-09. **Ausstattung**: WC, Mülleimer, Picknickbänke. **Beschreibung**: Zwei kleine Schotterparkplätze neben der Kirchenruine. Ruhig und schön. **Hinweis**: Kein Camping! Nichts für große WOMOs. **Zufahrt**: 800 m von der E22 in den Timmernabbsvägen.

Vom Hort der Heilung zur vergessenen Ruine

Im 13. Jahrhundert gegründet, war das **Kloster Kronobäck** ein Ort der körperlichen und seelischen Stärkung. Die Johannitermönche pflegten Kranke und betrieben Seelsorge. 1528 wurde das Kloster von König Gustav Vasa aufgelöst. Die Gebäude verfielen, und die Flächen kamen einem Bauernhof zu. Heute sind die Kirchenruine, ein Keller und ein Brunnen die einzigen sichtbaren Spuren des Klosters. Die Guckfenster-Ausstellung ist außergewöhnlich. Das Kloster Kronobäck ist Teil des schwedischen Kulturerbes.

Wir genießen noch ein bisschen die Ostküste und tuckern gemächlich zum nächsten Ort, zum romantischen **Pataholm** (Einwohnerzahl 20).

TOUR 12

P Pataholm

N 56°54'58.3" E 16°25'52.3", Schotterparkplatz mit Picknickbänken, Übernachtung leider inzwischen verboten!

Pataholm ist die kleinste Marktstadt Schwedens. Hier trafen sich einst Kaufleute, um Holz, Getreide und andere Waren zu handeln. Die zweite Hälfte des 19. Jahrhunderts war die Blütezeit Pataholms, als die Gemeinde zu einem wichtigen Handelsplatz avancierte.

Heute ist Pataholm ein idyllischer Ort, der sich seinen ursprünglichen Charme bewahrt hat. Die Handelshöfe sind noch immer intakt und werden teils von Privatpersonen bewohnt. Früher wurde hier Holz verschifft, die Werft hatte zu tun und die Kaufleute betrieben Handel im größeren Stil.

In einem der alten Kaufläden befindet sich das ***Café Förlig Wind***. Es ist nach

Pataholm

einem der letzten Fracht-Segler Schwedens benannt, der in den 1950ern außer Dienst gestellt wurde. Im Sommer bietet das Café ein Stück maritime Nostalgie. Die Einrichtung ist stilvoll mit alten Möbeln und Flohmarktfunden gestaltet. Zum Kaffee gibt es selbstgebackene Kuchen, Waffeln und Sandwiches *(06-08, täglich 11-16 Uhr, Pataholm 402 Ålem, www.forligwind.se).*

Wir fahren weiter zu einem sehr schönen Badeplatz mit Hundebad, der früher auch ein beliebter Freisteh-Platz war. Heute sind WOMOs leider nicht mehr erwünscht. Aber für einen kurzen Sprung ins kalte Nass und eine Gassirunde ist es in Ordnung.

P **Rockneby – *Ljungnäs Badplats***
N 56°49'37.1" E 16°25'05.5", Lungnäs 304. Mülleimer, Picknickbänke, Grillstelle, Badesteg, kleiner Strand.

Ausflugstipp: Das ***Tjorven Café & Museum*** gehört sicherlich nicht zu den meistbesuchten Sehenswürdigkeiten des Landes und wir glauben, dass es deshalb so authentisch ist. Wir hatten keine Erwartungen und wurden sehr positiv überrascht, denn in diesem kleinen Museum gibt es jede Menge komischer Autos, die irgendwie abgeschnitten aussehen. Dabei handelt es sich um *Tjorvens Autos* oder auch Kalmar DAF, die ursprünglich für die schwedische Post entwickelt wurden; sie erschienen 1968 als Serienmodell. Allerdings wurden nur 2.170 Stück gebaut *(60 SEK, Gamla Idrottsplatsvägen, Rockneby, www.tjorven.nu).*

Nur wenige Meter von der E22 entfernt liegt eine sehr interessante ***Bockwindmühle*** auf einem kleinen Hügel in Kombination mit einem Heimatmuseum: **Hembygdsgården Skansen** *(N 56°47'53.8" E 16°21'07.8", Ryssbyvägen 1, Rockneby).*

Die typisch schwedische Bockwindmühle auf dem Museumsgelände wurde um 1750 in der Nähe des Dorfes **Rockneby**

(Einwohnerzahl 900) in der Gemeinde Kalmar erbaut. Sie wurde früher zum Mahlen von Mehl für den Eigenbedarf der Bauern in der Umgebung genutzt.

Die Bockwindmühle auf Stelzen: ein Tanz mit dem Wind

Die Bockwindmühle ist der älteste Windmühlentyp in Europa. Das Besondere daran ist, dass das gesamte Mühlenhaus auf einem einzelnen, dicken Pfahl steht. Dieser Pfahl ist senkrecht in einem hölzernen Stützgestell befestigt. Um die Mühle in den Wind zu drehen, wird der gesamte Mühlenkörper auf dem Pfahl gedreht. Dies geschieht mit Hilfe eines Hebelarms, dem Außenbalken. Diese Methode ist jedoch bei wechselnden Windrichtungen nicht optimal und sehr anstrengend. Eine Treppe an der Rückseite des Gehäuses führt ins Mühleninnere. Die ganze Mühle kann relativ leicht abgebaut und an einem anderen Ort wieder aufgebaut werden.

Wir wollen mal wieder auf eine Insel und Lindö liegt ganz herrlich im Kalmarer Sund und wir haben einen neuen Lieblingsplatz gefunden!

296 Rockneby – *Revsuddens Hamn*

GPS/Kontakt: N 56°46'36.7" E 16°28'46.3", Revsudden 197, +46705285811, www.revsuddenscamping.com. **Max. WOMOs**: 25. **Öffnungszeit**: Ganzjährig. **Ausstattung**: Picknickbänke, Grillstelle, kleiner Strand. **Beschreibung**: Naturcamping unter Kiefern mit Blick auf den Sund und Öland. Der Untergrund ist feste Erde und nicht immer eben. **Preise**: 200-250 SEK. **Hinweis**: Früh anreisen, es kann nicht vorgebucht werden. **Zufahrt**: Dem Revsuddenvägen etwa 9 km von der Abfahrt Rockneby aus bis zum Ende folgen. Man darf fast die gesamte Strecke nur 40 km/h fahren.

Ein bisschen erinnert uns der Platz an *Camping in Schweden vor 20 Jahren*. Richtig urig und gemütlich. Bestimmt nicht jedermanns Sache, weil das Sani-Haus auch genauso aussieht: sauber, aber in die Jahre gekommen. Gespült werden kann draußen in einem Unterstand. Immerhin gibt es Toiletten mit Spülung, ansonsten wäre die Erinnerung perfekt gewesen, denn auch für die Dusche benötigt man noch 5 SEK-Stücke für 4 Minuten. Nostalgie pur. Wir suchen uns einen Platz, wie wir wollen, natürlich mit genügend Abstand zum Nachbarn. Stromanschlüsse sind überall auf dem Platz verteilt. Hier verlängern wir spontan und genießen einfach.

Warum der nächste Campingplatz Kalmar Camping heißt, wissen wir nicht. Liegt er doch noch gut 20 Kilometer nördlich der Gemeindehauptstadt. Wahrscheinlich heißt er einfach so, weil er im Kalmar Sund liegt. Und das ist besonders schön und idyllisch! Egal, wie der Platz heißt, die Lage ist top!

297 Kalmar – *Camping Rafshagsudden*

GPS/Kontakt: N 56°45'24.7" E 16°22'49.9", Rafshagen 430, +4648060464, www.kalmarcamping.se. **Max. WOMOs**: 250. **Öffnungszeit**: 04-09. **Ausstattung**: Waschmaschine, Trockner, Shop, Brötchenservice, Café, Sauna, SUP-, Kanu-, Bootvermietung, Minigolf, Spielplatz, Hundebad, Veranstaltungen, Strand, Badesteg. **Beschreibung**: Wunderschöner 4-Sterne-Platz in grandioser Natur, fast alle Plätze bieten Meerblick. Teilweise unter Bäumen, auf Wiese oder fester Erde. Ideal für Familien mit Kindern und Hunden. **Preise:** 340-570 SEK. **Zufahrt**: 5 km von der E22 der Ausschilderung Camping Rafshagen folgen.

Wir nähern uns **Kalmar** (Einwohnerzahl 40.000). Doch bevor wir durch die Stadt bummeln, machen wir noch eine Rast am Meer mit Blick auf den Kalmarsund und die **Ölandbrücke**.

298 Kalmar – *Norrlidsbadet*

GPS: N 56°42'19.1" E 16°22'19.8", Lövsångarevägen. **Max. WOMOs**: 3. **Ausstattung**: WC, Mülleimer, Picknickbänke, Grillstelle, Badesteg, Seebrücke, Sandstrand, Spielplatz. **Beschreibung**: Asphaltparkplatz im Wald, wenige Meter zum fantastischen Strandbad. Der nördliche Waldweg mit Rundweg auf eine kleine Landzunge eignet sich besonders gut für eine Gassirunde. **Hinweis**: Barrierefreier Strand. WC nur tagsüber. **Zufahrt**: Den Lövsångarevägen bis zum Ende, rechts.

299 Kalmar – *Bergavik Badplats*

GPS: N 56°41'47.8" E 16°21'59.2", Violvägen 30. **Max. WOMOs**: 4. **Ausstattung**: Frischwasser, WC, Outdoor-Dusche, Mülleimer, Picknickbänke, Badestege, Grillstelle, Hundebad. **Beschreibung**: Großer Schotterparkplatz mit herrlichem Blick auf die Ölandbrücke und den Sund. Im Rücken einige Häuser. Tolle Badestelle! **Hinweis**: Bitte weiterfahren, bei mehr als 3 WOMOs auf dem Platz stehen. Nichts für große WOMOs. **Zufahrt**: Am Violvägen.

Vom Badeplatz bis in die Stadt sind es etwa fünf Kilometer, die sehr gut über einen ausgebauten Radweg erreichbar ist. Kalmar ist Residenzstadt der Provinz Kalmar län. Das Parken in der Innenstadt wird also mal wieder etwas schwieriger. Aus unserer Sicht macht ein Besuch mit Übernachtung Sinn, da Kalmar viel zu bieten hat.

300 Kalmar – *Ölandsbron Svinöparkeringen*

GPS: N 56°40'52.5" E 16°22'50.7", Ölandsleden. **Max. WOMOs**: 40. **Öffnungszeit**: Ganzjährig. **Ausstattung**: VE, Strom, WC, Dusche, Mülleimer, Picknickbänke, Grillstelle, Sandstrand, Hundebad, Naturreservat. **Beschreibung**: Direkt unter der viel befahrenen Ölandbrücke auf der Insel Svinö, unromantisch und laut, aber schöne Umgebung, der Sonnenaufgang an der Brücke sind fantastisch! **Preise:** Der Parkplatz ist kostenlos. 100 SEK für die VE. **Hinweis**: Max. 18 Std. **Zufahrt**: Von der 137 Richtung P Svinö.

Von hier aus können wir einen Ausflug in die Stadt unternehmen, abends noch eine Gassirunde durch das **Svinö Naturreservat** gehen, schwimmen, picknicken und grillen und die Aussicht genießen. Etwa genauso weit entfernt, nur auf der südlichen Seite Kalmars gelegen, ist der Campingplatz eine schöne Alternative für einen längeren Aufenthalt, liegt dieser doch ebenfalls auf einer Schäreninsel.

301 Kalmar – *Stensö Camping*

GPS/Kontakt: N 56°38'59.1" E 16°19'36.9", Stensövägen 100, +4648088803, www.firstcamp.se/destination/stenso-kalmar. **Max. WOMOs**: 260. **Öffnungszeit**: Ganzjährig. **Ausstattung**: Waschmaschine, Trockner, Shop, Brötchenservice, Café, Spielplatz, mehrere Badestellen, Hundebad, Hochseilgarten, Fahrrad-/Kanuverleih, Abenteuergolf, Kinderclub, Unterhaltung. **Beschreibung**: Herrliche Natur, teilweise zwischen Bäumen oder auf Wiesen, manchmal nicht eben, einfache und superior Plätze. **Preise:** Campingplatz 290-925 SEK. Quick-Stopp 240-825 SEK. **Hinweis**: Unbedingt vorher online mit Platznummer buchen. **Zufahrt**: Dem Stensövägen bis zum Campingplatz folgen.

TOUR 12

Wandern auf der Insel Stensö

2,5-5 km, leicht: Landzunge im Kalmarsund, schön zum Spazieren und Radfahren! Einige der beliebtesten Wanderwege Kalmars verlaufen über den Campingplatz. Es gibt drei Hauptstrecken entlang der Küste mit Picknickbereichen und Badestellen. An der südlichen Spitze steht ein Denkmal. Der *Vasa-Stein* erinnert an die legendäre Landung Gustav Vasas im Jahr 1520.

Den offiziellen Stellplatz in Kalmar nehme ich nur wegen der Nähe zum Zentrum mit auf, ansonsten ist er laut und hässlich.

302 Kalmar – *Ölandskajen Zentrum*

GPS/Kontakt: N 56°39'37.1" E 16°21'40.3", Ölandskajen, +46480417700. **Max. WOMOs**: 18. **Öffnungszeit**: Ganzjährig. **Ausstattung**: Strom, WC, Dusche, Mülleimer, Waschmaschine, Trockner. **Beschreibung**: Riesiger AsphaltParkplatz, auf dem die ersten zwei Reihen für WOMOs markiert sind. Zwischen der Hauptverkehrsstraße, Bushaltestelle und Bahnhof. Kein Wasserblick. **Preise:** 260 SEK zahlbar in der Touri-Info gegenüber. **Hinweis**: Keine Vorreservierung. Sani-Haus im Gästehafenhaus. Keine VE! **Zufahrt**: Über die Järnvägsgatan links.

Etwas schöner und ein bisschen ruhiger ist der Parkplatz auf der Mole im Zentrum Kalmars.

303 Kalmar – *Elevatorkajen Proviantgatan Zentrum*

GPS: N 56°39'47.8" E 16°22'13.7", Proviantgatan. **Max. WOMOs**: 6. **Öffnungszeit**: Ganzjährig. **Beschreibung**: Einfacher Asphaltparkplatz, aber direkt am Wasser ganz vorne auf der Mole (zur einen Seite Industrieausblick). **Preise:** Kostenlos zwischen 18-9 Uhr, 30 SEK zwischen 9-18 Uhr, Automat. **Zufahrt**: Skeppsbrogatan. **Ausweichplatz**: N 56°39'59.8" E 16°22'5.1", Fiskaregatan 66A, für max. 6 m. 30 SEK/24 Std.

Kalmar – Domkyrka

Kalmar hat eine wunderschöne Altstadt mit einer reichen Geschichte. **Kvarnholmen** ist ein charmantes Viertel mit engen Gassen, gepflasterten Straßen und historischen Gebäuden. Die **Stadtmauer** an der Södra Vallgatan ist ein imposantes Werk, das die Stadt seit dem 13. Jahrhundert umgibt. Von der Mauer aus haben Sie einen schönen Blick auf die Stadt und die Umgebung.

»Schwedens liebevollster Barockbau«, so wird der Dom genannt. Die **Domkyrka** von Kalmar gilt als eine der schönsten Kirchen des Barocks in Schweden. Sie befindet sich mitten auf dem **Stortorget** und wurde von Nikodemus Tessin dem Älteren entworfen, der sich bei der Gestaltung von italienischen Barockkirchen inspirieren ließ *(täglich 9-16 Uhr, Eintritt frei)*.

Fun-Fact: Noch unter König Karl X. Gustav wurde 1660 mit dem Bau begonnen. Nach dessen Tod führte König Karl XI. den Bau fort; König Karl XII. weihte ihn schließlich 1703 ein.

TOUR 12

Die drei kleinen Häuser **Tripp, Trapp und Trull** sind ein beliebtes Fotomotiv. Sie wurden nach ihrer Größe benannt: Tripp und Trapp haben zwei Stockwerke, Trull nur eins. Die Häuser stehen auf kleinen, schmalen Grundstücken an der Fiskaregatan und stammen vermutlich aus dem 17. Jahrhundert. Die Häuser in diesem Block waren Wohnungen für städtische Angestellte und Handwerker mit kleinen Werkstätten. Heute sind sie in Privatbesitz und können nicht besichtigt werden, aber wir wollen eh nur ein Foto *(Fiskaregatan 1)*.

Das **Klapphuset** ist ein charmantes Haus auf **Stelzen** im Wasser. Früher wurde hier Wäsche gespült und gebügelt. Das heutige Haus stammt aus dem Anfang des 20. Jahrhunderts und ist das einzige erhaltene Gebäude seiner Art in ganz Skandinavien. Noch heute werden hier Flickenteppiche gewaschen und es wird behauptet, dass das mit grüner Seife vermischte Brackwasser dabei hilft, die Farben zu bewahren *(05-09, Norra Långgatan 90)*.

Der Henkersgehilfe: Ein Leben am Rande der Gesellschaft

Am Ende der Norra Långgatan, in der Nähe des Klapphuset, wo die Stadtmauern in die Altstadt münden, liegt ein kleines rotes Haus. Es ist ein unscheinbares Gebäude, das sich kaum von den anderen Häusern in der Umgebung unterscheidet. Doch dieses Haus hat eine besondere Geschichte. Es ist der **Rackargården**, der Schurkenhof.

Hier lebte einst der Schurke der Stadt, der Gehilfe des Henkers. Die Mitarbeit bei Hinrichtungen war keine Vollzeitbeschäftigung, und so hatte der Schurke noch andere Aufgaben zu erledigen. Dazu gehörten unter anderem: Das Leeren der öffentlichen Latrinen, auch Nachttöpfe, das Entsorgen von Müll und Abfällen, das Schlachten von Pferden, die nicht mehr als Arbeitstiere benötigt wurden und das Begraben von Selbstmördern, die als Sünder galten und daher nicht auf dem normalen Friedhof bestattet werden durften. Der Beruf verschwand, als die Todesstrafe abgeschafft und die Reinigungsverfahren verbessert wurden *(Norra Långgatan 77)*.

Gut ist das Restaurant ***Källaren Kronan***, dass sich in den Kellergewölben zweier 1660er-Jahre-Gebäude befindet. Die Speisekarte umfasst Gerichte aus verschiedenen Epochen, darunter schwedische Klassiker *(Ölandsgatan 7, www.kallarenkronan.com)*.

Das **Kalmarer Schloss** ist ein Zeugnis der nordischen Geschichte. Es wurde im 12. Jahrhundert als Burg zum Schutz vor Seeräubern errichtet. Im 16. Jahrhundert wurde es von den Vasa-Königen Gustav, Erik XIV. und Johann III. zu einem ***Renaissancepalast*** umgebaut, der heute zu den bedeutendsten Bauwerken dieser Epoche in Nordeuropa zählt. Aufgrund seiner strategisch günstigen Lage an der damaligen Grenze zu Dänemark war es lange Zeit eine wichtige Verteidigungsanlage.

Kalmar Slott

Es gibt jedes Jahr wechselnde Ausstellungen im Schloss, die Kinder können sich verkleiden, nebenbei Rätsel lösen und die Küche des Schloss-Restaurants wird inspiriert von der Geschichte und Kultur des Ortes *(Dagens Rätt 129 SEK, täglich 10-16 Uhr, 130 SEK, 60 SEK 6-19 Jahre, 45 SEK 3-5 Jahre, Führungen sind inklusive, nicht komplett barrierefrei, Hunde im Schloss verboten, www.kalmarslott.se).*

Ausflugstipps: ***Krusenstiernska Gården***: Der bunt-grüne Garten ist ein idyllischer Ort mit selbstgebackenen Speisen *(Stora Dammgatan 9, Kalmar, www.instagram.com/krusenstiernskagarden).*

A World of Dinosaurs: Lernen Sie die Riesen der Vergangenheit kennen. Im Sommer können Sie Europas größtes Dinosauriermuseum im Tingby Gård besuchen *(Gtord, www.aworldofdinosaurs.se).*

Noch ein praktischer **Tipp**: Der ***WOMO-Händler Forsbergs Fritidscenter*** bietet neben Zubehörshop und Werkstatt auch eine VE an *(Fölehagsvägen 1, www.forsbergsfritidscenter.se).*

P Kalmar – *Trafikplats Dämme*

N 56°40'10.6" E 16°17'56.4", VE, WC, Mülleimer, Picknickbänke, Spielplatz, Waage, Gasflaschenfüllstation, max. 4 Std.

Neben dem Parkplatz befinden sich einige kleine Seen zum Spazierengehen. ***Kalmar Dämme Sittplats*** bietet einige Picknickplätze und einen Aussichtsturm.

Kalmar – Vasabrunnen

Tour 13

Oskarshamn
E22
Monsterås
Kalmarsund
Blå Jungfrun
Byrums Raukar
Byxelkrok
Torp
Böda
Löttorp
136
Sandvik
Djupvik
Borgholm
Borgholm Slott
Solliden
Störlinge
Himmelsberga
Lerkaka
Tierpark
Kalmar
Färjestaden
Tour 12
Tour 14
25
Gårdby
Ostsee
Mörbylånga
Alby
Stora Alvaret
Gettlinge Gravfält
Degerhamn
Seby Gravfält
Eketorp
Grönhögen
20 km
N

Öland – Die Sonneninsel im Ostseewind

391 km

Die zweitgrößte Insel Schwedens, ist ein einzigartiges Kleinod in der Ostsee. Mit der langen Küste, idyllischen Dörfern, historischen Stätten und einer vielfältigen Naturlandschaft bietet Öland etwas für jeden Geschmack. Perfekt für einen ganzen Urlaub! Unsere Highlights sind:

- **Schlossruine Borgholm**
- **Die Leuchttürme Långe Erik und Jan**
- **Bockwindmühlen**
- **Eketorps Borg**
- **Trollskogen**

Einen wahrlich perfekten Urlaub können wir auf der Insel Öland erleben. Denn hier begeistern uns die schier unendlichen Weiten, kräftiger Wind, herrliche Sonnenuntergänge und noch schönere Sonnenaufgänge, Burgen, Leuchttürme, ein Zauberwald und natürlich die Windmühlen. Wir waren schon oft auf Öland, denn die Insel hat so unglaublich viel zu bieten, dass wir nur empfehlen können: lassen Sie sich Zeit oder kommen Sie immer wieder!

Öland *(Ö = Insel)* ist die sonnigste Insel Schwedens und hat ein mildes Klima. Große Teile der Insel, vor allem im Süden, bestehen aus einer Karst- und Heidelandschaft, das **Stora Alvaret**, und sind Lebensraum für eine vielfältige Flora und Fauna. Der Süden der Insel wurde von der *UNESCO* zum *Welterbe* erklärt. Im Norden der Insel befinden sich **Byrums Raukar** (Kalksteinsäulen). Diese bizarren *Felsformationen* sind Zeugnisse der Entstehung der Insel aus dem Meer. Es gibt Anzeichen dafür, dass Öland bereits seit 6.000 v. Chr. bewohnt ist. Die Insel hat viele Grabstätten und Fliehburgen aus der Eisenzeit. Die Küstenlinie um die Insel misst etwa 300 Kilometer.

Typisch für Öland sind die *Windmühlen*. Von ehemals 2.000 Windmühlen sind noch 400 erhalten. Sie wurden früher zum Mahlen von Getreide und zur Entwässerung von landwirtschaftlichen Flächen genutzt.

Ölandsbron

Die Insel ist ein *Paradies* für Campingurlaube, aber auch für Wanderungen und Radtouren und bietet viele weitere Freizeitmöglichkeiten wie Schwimmen oder Segeln. Auf dem Radweg Ölandsleden (400 Kilometer) können Sie in 17 Etappen die gesamte Insel erkunden.

Die gigantische **Ölandsbron**, die Brücke nach Öland, konnten wir schon vom Stellplatz bei Kalmar bestaunen. Die vierspurige Brücke ist nur für Kraftfahrzeuge zugelassen. Fußgänger müssen die öffentlichen Busse oder die Fähre benutzen, für Radfahrer gibt es einen eigenen Fahrradbus. Es fallen keine Mautgebühren an. Die *längste Brücke Schwedens* wurde 1972 eröffnet, ist sechs Kilometer lang und die Fahrbahn liegt an der höchsten Stelle 41,69 Meter über dem Meeresspiegel.

Die **Touri-Info** befindet sich an der ersten Ausfahrt hinter der Brücke nach rechts *(N 56°39'56.0" E 16°29'04.1", Träffpunkt Öland 102, Färjestaden, www.oland.se)*.

TOUR 13

In der Nähe befindet sich Schwedens größter Tier- und Vergnügungspark ***Ölands Djur & Nöjespark.*** Hier können Sie über 700 Tiere aus aller Welt beobachten, sich in Fahrgeschäften vergnügen oder im Wasserpark Pirate Island abkühlen *(im Sommer täglich 10-18 Uhr, etwa 395 SEK, Djurparksvägen, Färjestaden, www.olandsdjurpark.com)*.

Wir erkunden die Insel im Uhrzeigersinn und starten Richtung Norden über die 136. Früher war **Ekerum Camping** immer unser erster obligatorischer Stopp auf Öland. In den 90ern kostete der Platz 180 SEK in der Hauptsaison und es gab nur den Bereich unter den Kiefern. Die Zeiten sind lange vorbei. Der Platz wurde im Laufe der Jahre zu einem First-Class-Camp ausgebaut. Trotzdem sind wir diesem Platz treu geblieben, denn die *besondere Bucht* ist perfekt für einen Familienurlaub mit Kindern!

304 Borgholm – *First Camp Ekerum*

GPS/Kontakt: N 56°47'39.4" E 16°34'02.2", Ekerumsvägen 31, +46485564700, www.firstcamp.se/destinationer/ekerum-oland. **Max. WOMOs**: 470. **Öffnungszeit**: 04-09. **Ausstattung**: Waschmaschine, Trockner, Picknickbänke, Grillstelle, Badesteg, Spielplatz, Minigolf, Strand, Sauna, Pool mit Kinderbecken, Bistro, Shop, Kinderclub, Fahrradverleih, Hundebad. **Beschreibung**: Verschiedene Bereiche unter Bäumen auf fester Erde, auf Wiese ohne Bäume oder in Strandnähe, vom einfachen Platz mit Strom bis zum Superior-Platz mit eigener VE. **Preise**: 340-870 SEK je nach Saison. **Zufahrt**: Von der 136 dem Rällavägen am Golfplatz vorbei.

Ekerum Camping – rechts Campingplatz, links Quick Stopp

TOUR 13

305 Borgholm – *Quick Stopp Ekerum*

GPS: N 56°47'38.7" E 16°34'02.3", Ekerumsvägen 31. **Max. WOMOs**: 40. **Ausstattung**: WC, Badesteg, Strand. **Beschreibung**: Wiese, klappstuhlgeeignet. **Preise**: 150 SEK zahlbar per EasyPark-App oder am Automaten. **Hinweis**: Der Parkplatz vor der Schranke gehört nicht mehr zum Campingplatz, so dass die Einrichtungen nicht benutzt werden dürfen. Der schöne Strand ist frei zugänglich.

P Borgholm – *Rastplats Ekerum*

N 56°47'40.2" E 16°35'09.3", Rällavägen, 136, WC-Entsorgung, WC, Picknickbänke, Mülleimer.

Tipp: ***Halltorps Gästgiveri*** befindet sich in einem historischen Herrenhaus neben einem Hotel. Das Pizzabuffet ist sehr beliebt *(189 SEK, 89 SEK 3-12 Jahre)*. Sonntags mittags wird Halltorps Käse- und Delikatessenbuffet serviert. Das Feinkostgeschäft bietet öländische Spezialitäten *(N 56°48'05.9" E 16°35'18.0", Landsvägen Halltorp, Borgholm, www.halltorp.se)*.

Neben dem Restaurant befindet sich das ***VIDA-Museum*** für zeitgenössische Kunst *(Sommer täglich 10-16 Uhr, 120 SEK, Kinder frei, Landsvägen, Halltorp, www.vidamuseum.com).*

306 Borgholm – *Solliden*

GPS: N 56°51'57.2" E 16°38'21.1", Sollidenvägen. **Max. WOMOs**: 8.
Beschreibung: Neben dem Asphaltparkplatz befindet sich eine Wiese auf der geparkt werden kann. **Hinweis**: Camping verboten. Parken erlaubt. **Zufahrt**: Von der 136 links über den Sollidenvägen.
Ausweichplatz: Borgholms Slott, N 56°52'13.3" E 16°38'53.8", Schotterplatz vor der Burg, 18-09 Uhr, 100 SEK, zahlbar mit der Aimo Park App oder am Automaten. Toller Ausblick auf die nächtlich beleuchtete Burg!

Das **Schloss Solliden** bei **Borgholm** (Einwohnerzahl 4.500) ist der Sommersitz der schwedischen *Königsfamilie*. Das Gebäude wird zwar oft als Schloss bezeichnet, ist aber eigentlich eher eine große, schlossähnliche Villa, die im *italienischen Stil* errichtet wurde. Es ist mit seiner strahlend weißen Fassade ein markanter Blickfang. Die Villa ist nicht von innen zu besichtigen, aber der Park ist unbedingt einen Besuch wert. Er ist üppig begrünt und bietet eine willkommene Abwechslung zur kargen Landschaft Ölands - wie eine Oase in der Wüste.

TOUR 13

Ob Mitglieder der Königsfamilie anwesend sind, kann man daran erkennen, dass am Fahnenmast vor dem Schloss die schwedische Flagge mit dem Reichswappen gehisst ist. Der König selbst hisst die Flagge mit dem großen Wappen, die Kronprinzessin die Flagge mit dem kleinen Wappen.

Im Eingangsbereich zum Park befinden sich ein Café-Restaurant, eine Bäckerei, eine Crêperie sowie mehrere kleine Läden *(05-06, täglich 11-17 Uhr, 07-08 täglich 11-18 Uhr, 09-10 täglich 11-16 Uhr, 120 SEK, 60 SEK 7-11 Jahre, 80 SEK 12-19 Jahre, Sollidens Slott, Borgholm, www.sollidensslott.se).*

Nebenan liegt **Borgholms Slott.** Die *mächtigste Ruine des Nordens* ist ein Bollwerk, das uns in seinen Bann zieht, da es erhaben auf einem Hügel an der Steilküste zur Ostsee thront. Von hier aus bietet sich ein atemberaubender Blick auf die Insel und das Meer. Im Inneren des Schlosses können wir die Überreste besichtigen.

Das Fundament des Schlosses wurde bereits im 12. Jahrhundert als Kernturm errichtet, der von einer Ringmauer umgeben war. **Karl Gustav X** lebte hier als einziger schwedischer König für längere Zeit. Nach einem Brand 1806 ist heute nur noch eine Ruine übrig. Dennoch ist der Anblick des Schlosses absolut majestätisch.

Heute ist das Schloss Borgholm eines der größten Tourismusziele der Region. Es ermöglicht uns, auf eine einzigartige Weise durch 800 Jahre schwedische, nordische und europäische Geschichte zu wandeln. Es werden dauerhafte Ausstellungen mit Kunst, Aktivitäten für Kinder, Führungen und Konzerten vermischt. 2019 waren wir hier beim jährlichen Festival Borgholm Brinner der schwedischen Band *In Flames (Shop, Café, Restaurant, 04 täglich 10-16 Uhr, 05-08 täglich 10-18 Uhr, 09-11 täglich 10-16 Uhr, 120 SEK, 80 SEK 5-17 Jahre, inkl. Führung, Sollidenvägen 5, www.borgholmsslott.se).*

307 Borgholm – *Kapelludden*

GPS/Kontakt: N 56°52'59.7" E 16°39'22.2", Sandgatan 27, +46485560770, www.kapelludden.se. **Max. WOMOs**: 372. **Öffnungszeit**: 04-11. **Ausstattung**: Waschmaschine, Trockner, Badesteg, Sauna, Hundedusche, kleiner Strand, Pool, Kanu-/Fahrradverleih, Shop, Brötchenservice, Grillhaus, Gym, Café. **Beschreibung**: Großer Platz mit mehreren Bereichen. **Preise**: 340-850 SEK. **Zufahrt**: Über die Sandgatan in den Fritidsvägen. **Hinweis**: VE frei zugänglich. **Ausweichplatz** auf dem Parkplatz der VE: N 56°52'57.5" E 16°39'13.8", 130-360 SEK Aimo-Park-App.

308 Borgholm – *Mejeriviken*

GPS: N 56°52'57.7" E 16°40'12.1" und N 56°52'58.2" E 16°39'58.4", Sjöstugevägen. **Max. WOMOs**: je 4. **Ausstattung**: WC, Mülleimer, Picknickbänke, Grillstelle, Badesteg. **Beschreibung**: 2 Schotterparkplätze am herrlich feinem Sandstrand und einer kinderfreundlichen Badebucht.
Preise: 130-360 SEK, Aimo-Park-App.
Zufahrt: Am Sjöstugevägen.

309 Borgholm – *Sunset*

GPS/Kontakt: N 56°53'00.2" E 16°38'50.3", Hamnvägen 18, +46485560770, www.borgholmscampingar.se/sunset-stallplatser. **Max. WOMOs**: 33. **Öffnungszeit**: Ganzjährig. **Ausstattung**: Strom, WC, Dusche, Mülleimer. **Beschreibung**: Wiesenparkplatz am Reinigungswerk mit Blick auf den Sund. Klappstuhlgeeignet. In der Nebensaison schön.
Preise: 275-425 SEK zahlbar per EasyPark-App oder Automat.
Hinweis: Duschcontainer. **Zufahrt**: Über den Hamnvägen am Friedhof vorbei bis in die letzte Ecke.

Es macht so viel Spaß durch das kleine Städtchen zu gehen! Einfach hübsch! Von keinem der Übernachtungsplätze ist es weit und ein Bummel entlang der Strandpromenade, der Hamngatan, bis zum **Kallbadhuset** mit Seebrücke ist auf jeden Fall großartig. Vorbei am **Lusthuset** durch den **Societetsparken**, dann durch die idyllische Storgatan zum **Stortorget**, auf dem die wunderschöne *neuromanische Kirche von 1879* sofort ins Auge fällt. Borgholm erhielt 1816 die Stadtrechte, obwohl zu dieser Zeit nur 33 Menschen im Ort lebten. An der Stelle des heutigen Borgholm lag im Mittelalter das Fischerdorf Borgh.

Borgholms Kyrka

Borgholm hat nicht nur eine schöne, kleine Altstadt, sondern auch viele herrliche Badeplätze östlich der Stadt. Der Strand von Borgholms Stadtteil **Köpingsvik** (Einwohnerzahl 600) zählt zu den *schönsten Stränden Schwedens*. Deshalb reiht sich hier auch ein Campingplatz an den anderen. Wir picken uns hier nur einen exemplarisch raus; es ist Zufall, welchen wir erwischen, aber wir sind zufrieden.

310 Köpingsvik – *Köpingbaden*

GPS/Kontakt: N 56°52'41.7" E 16°42'44.4", Köpingevägen 23, +46485560770, www.borgholmscampingar.se/kopingbaden. **Max. WOMOs**: 150. **Öffnungszeit**: 06-08. **Ausstattung**: Waschmaschine, Trockner, Sandstrand, 125 m Badesteg, Shop, Minigolf, Restaurant, Imbiss, Strandbar, Fahrradverleih, Unterhaltung, Spielplatz. **Beschreibung**: Rasenplätze ohne Schatten, teilweise mit Ausblick auf das Wasser. **Preise**: 350-800 SEK. **Hinweis**: Nachtclub mit lauter Musik am Strand. **Zufahrt**: Direkt an der 136.

Der flache Sandstrand mit der neuen Seebrücke ist traumhaft schön und ein *Paradies für Kinder*. Allerdings befindet sich der Hundestrand am östlichen Ende des Strandes.

311 Köpingsvik – *Gröndal Strand*

GPS: N 56°52'57.9" E 16°43'13.1", Köpingevägen 53. **Max. WOMOs**: 20. **Ausstattung**: WC, Mülleimer, Sandstrand. **Beschreibung**: Große Wiese, direkt am Strand. **Preise**: 15 SEK/Std. **Hinweis**: Kein Campingverhalten! **Zufahrt**: Von der 136 der Ausschilderung Badestelle P folgen.

Wanderung mit atemberaubendem Blick von Köpings Klint

TOUR 13

5 km, mäßig schwierig: **Köpings Klint**, ein Kliff, etwa zweieinhalb Kilometer lang und bis zu 35 Meter hoch, liegt heute im Landesinneren, da sich der Kalmarsund in den letzten 10.000 Jahren um einige hundert Meter nach Norden verlagert hat. Die Gesteinsformation selbst entstand bereits vor 500 Millionen Jahren. An dem Teil des Berghangs, der Köpingsvik am nächsten liegt, ist es möglich, die Klippe zu besteigen.

Der Fußweg beginnt bei N 56°52'39.8" E 16°42'40.8", gegenüber vom Köpingbaden Campingplatz in die Kolstad Kyrkgata, vorbei an einer kleinen Bockwindmühle über eine Fußgängerbrücke und hinauf auf die Klippen. Oben bietet sich ein atemberaubender Blick. Im Vordergrund liegt das tiefblaue Meer, im Hintergrund erstreckt sich die grüne Insel Öland. Gehen Sie bitte nicht zu nah an die Felskante heran – Lebensgefahr!

Nur wenige Meter entlang des Kliffs befindet sich ein *Gräberfeld aus der Eisenzeit*. Hier wurden damals Urteile ausgesprochen, die direkt mit Hinrichtungen einhergingen. Im westlichen Teil des Kliffs entspringt die Sankt-Elof-Quelle *(N 56°52'42.3" E 16°41'34.9")*. Das Wasser wird als heilkräftig angesehen. Hier führt auch ein Weg hinunter zur 136 mit Picknickbank.

Nach ereignisreichen Tagen verlassen wir Borgholm und fahren weiter gen Norden. Einen ersten Stopp legen wir bei ***Evas Kroppkakor*** ein, denn hier gibt es wirklich die besten *Knödelkekse* oder auch Kartoffelknödel der Insel. Kroppkakor sind eine traditionelle schwedische Spezialität aus Kartoffeln, Mehl und Eiern. Sie werden in der Regel mit Speck und Zwiebeln gefüllt und mit Preiselbeerkompott, Schlagsahne oder zerlassener Butter serviert *(vegane oder vegetarische Kroppkakor müssen mindestens zwei Stunden im Voraus bestellt werden, Innen- und Außenterrasse, Do.-Sa. 11-17 Uhr, gelbe Wegweiser, N 56°54'11.6" E 16°44'45.0", Kroppkaksstigen 7, Köpingsvik, www.evaskroppkakor.se).*

Wir verlassen die Hauptstraße, denn die *Küstenstraße* ist viel schöner zu fahren als die 136. Sie verläuft meistens direkt neben dem Wasser und bietet fantastische Ausblicke auf den Kalmarsund. Rechts der Straße offenbart sich einem vornehmlich beweidete Alvarlandschaft, wie man sie eigentlich vom Süden der Insel her kennt. Wir biegen an der Kamelranch Richtung Äleklinta links ab.

312 Köpingsvik – *Äleklinta*

GPS: N 56°58'37.6" E 16°46'22.8", Äleklintagatan. **Max. WOMOs**: 2.
Beschreibung: Einfacher Wiesenparkplatz mit schönem Meerblick.
Zufahrt: Knapp 1 km nördlich von Äleklinta.

Wir fahren weiter Richtung Norden entlang des Küstenwegs. Inzwischen ist es leider verboten, abseits der Straße zu fahren und zu parken; dies dient dem Schutz der Küste. Das verlassene **Fischerdorf Bruddesta Sjöbodar** ist auf jeden Fall einen Besuch wert. Sehr romantisch! Es gibt einen kleinen Parkplatz unten vor den Hütten.

313 Bruddesta – *Sjöbodar*

GPS: N 56°59'28.2" E 16°46'58.9", Lofta Kustväg. **Max. WOMOs**: 2.
Beschreibung: Schotterparkplatz, Anfahrt ist relativ uneben und steil. Kein Camping! **Zufahrt**: Auf Djupviks Kustväg Richtung Djupvik.

Wir bleiben auf dem Küstenweg und kommen bald in den kleinen Weiler Djupvik (Einwohnerzahl 70).

Am **Lofta Kustväg** legen wir einen Stopp am Steintürmchen-Strand ein. In Schweden werden Steinmännchen aus verschiedenen Gründen gebaut: Manche glauben, dass sie vor Trollen schützen, während andere sie nur als Glücksbringer betrachten und die Nächsten sie aus Spaß bauen *(N 57°02'25.2" E 16°49'31.7", Lofta Kustväg)*. Nur wenige Kilometer weiter erreichen wir das schmucke Dörfchen **Sandvik** (Einwohnerzahl 60).

314 Sandvik – *Hamn*

GPS/Kontakt: N 57°04'18.1" E 16°51'14.4", Stenhuggarevägen 18, +46725230589, www.borgholm.se/sandvik-stallplats. **Max. WOMOs**: 15. **Öffnungszeit**: Ganzjährig. **Ausstattung**: VE, Strom, WC, Dusche, Mülleimer, WLAN, Picknickbänke, Grillstelle, Badesteg, Strand. **Beschreibung**: Schotterparkplatz auf der Mole mit herrlichem Blick auf den Sund. Hübscher kleiner Ort! Klappstuhlgeeignet. **Preise:** 190-230 SEK, zahlbar über www.campingspot.com. **Hinweis**: 15 Plätze auf der Mole, 3 hinter dem Fischrestaurant. Dort befindet sich auch die VE. **Zufahrt**: Vom Sjölundsvägen links in die Hamngatan, links zum Hafen.

Sowohl ***Sandviks Fisk och Hamnkök***, als auch ***Sandviks Hamnkrog*** sind empfehlenswert. Beide bieten frischen Fisch sowohl innen als auch auf einer schmucken Außenterrasse *(Stenhuggarvägen 18 und Hamngatan 5)*.

Sandviks Kvarn - Die größte Windmühle in Nordeuropa

Mit einer Höhe von 26 Metern und einer Flügelspannweite von 24 Metern ist die achtgeschossige Holländerwindmühle Sandviks Kvarn eine der größten historischen Windmühlen der Welt und das größte Windmühlendenkmal in Nordeuropa. Sie wurde ursprünglich 1856 in der Nähe von Vimmerby in Småland gebaut. Nach einem schweren Sturmschaden wurde sie 1885 verkauft, nach Öland transportiert und war bis in die 1950er Jahre in Betrieb. Die Mühle selbst ist vollständig erhalten und kann besichtigt werden *(N 57°04'21.1" E 16°51'31.5", Stenhuggarvägen 3, Imbiss, Café, Pizzeria, Minigolf, www.sandvikskvarn.se, 03-10 täglich 09-20 Uhr, Nebensaison 11-20 Uhr, Eintritt frei)*.

Wie geht unsere Tour weiter? Richtig, über die wunderschöne Küstenstraße Richtung Norden, dieses Mal heißt der Weg Jordhamnsvägen, ansonsten hat sich nichts verändert: das Meer zu unserer Linken und die Steppe zur Rechten. Was sich verändert, sind die Sehenswürdigkeiten. Wir fahren vorbei an Kalksteinbrüchen bis nach Jordhamn. Hier befindet sich die letzte erhaltene Scheuermühle Ölands. Sie diente zum Schleifen von Kalkstein, der auf der Insel in großen Mengen abgebaut wurde.

315 Löttorp – *Skurverket i Jordhamn*

GPS: N 57°05'45.6" E 16°53'04.5", Jordhamnsvägen. **Max. WOMOs**: 2. **Ausstattung**: WC. **Beschreibung**: Kleiner Schotterparkplatz neben der Mühle. Kein Camping, nur auf der Fläche neben der Mühle parken.

Die Landschaft verändert sich, langsam sehen wir wieder mehr Bäume und Wald. Doch dann wird es nochmal karg – und spektakulär *(N 57°13'20.8" E 16°57'08.3", Horns Kustväg)*.

Die Raukar von Byrum – Zeugen der Erdgeschichte

Die ***Raukar von Byrum*** sind bizarre Kalksteinformationen, die durch die Erosion der Meereswellen entstanden sind. Wir sind fasziniert von der Vielfalt der Formen und Größen der Raukar. Manche sind nur wenige Zentimeter hoch, andere erreichen eine Höhe von mehreren Metern. Einige sind glatt und rund, andere gezackt und kantig. In der Vergangenheit wurden hier zahlreiche Trilobiten und Ortoceratiten gefunden. Diese urzeitlichen Meeresbewohner sind heute nur noch in Museen zu sehen. Die Kalksteinformationen bieten eine grandiose Kulisse für spektakuläre Sonnenuntergänge.

P Löttorp – *Byrum Strand und Naturreservat*

N 57°13'42.2" E 16°57'39.3" und N 57°14'13.6" E 16°57'45.1". WC. Im Wald am Strand. Parkverbot zwischen 23-4 Uhr.

Jetzt müssen wir nach knapp 40 Kilometer das erste Mal die Küstenstraße verlassen und fahren quer über die Insel. Bevor wir uns dem beliebtesten Strand Ölands bei Böda widmen, fahren wir über die 136 in den Norden. **Torp** (Einwohnerzahl 50) ist deutlich älter als das direkt an der Küste gelegene Byxelkrok. Die ersten Siedlungen entstanden bereits zur Wikingerzeit.

Byxelkrok (Einwohnerzahl 170) ist ein schöner Sommerort und heißt ganz genau übersetzt *Hosenhaken*. Wir finden den Namen schon witzig. Byxelkrok ist ein lokales Zentrum des Tourismus. Das liegt nicht nur an der Fischereiwirtschaft, sondern auch am Strand und an den zahlreichen Gastronomiebetrieben und Einzelhandelsgeschäften, die in der Sommersaison geöffnet sind. Fähren verbinden den Ort mit **Oskarshamn** auf dem Festland und der Insel Blå Jungfrun. Freistehen ist auch hier keine Option mehr. Im Ort sind sogar etliche Parkplätze mit Höhenbeschränkungen.

316 Byxelkrok – *Ställplats*

GPS/Kontakt: N 57°19'36.6" E 17°0'28.1", Neptunivägen 7, www.borgholm.se/byxelkrok-stallplats. **Max. WOMOs**: 17. **Öffnungszeit**: Ganzjährig. **Ausstattung**: VE, Strom, WC, Dusche, Mülleimer.
Beschreibung: Großer Schotterplatz im hinteren Bereich des Parkplatzes, direkt an der 136, mit Blick auf den Sund. Klappstuhlgeeignet.
Preise: 170-210 SEK zahlbar über www.campingspot.com.
Zufahrt: Richtung Byxelkrok, links der 136.

TOUR 13

Die Küstenstraße hat uns wieder! Am Rande des Naturreservats **Neptuni åkrar** liegt das *wikingerzeitliche Gräberfeld* **Forgalla Skepp**. Das Feld ist etwa zwei Kilometer nördlich von Byxelkrok und direkt an der 136 gelegen.

P Byxelkrok – *Neptuni åkrar*

N 57°20'35.5" E 17°01'19.7" oder N 57°20'46.2" E 17°01'39.5", Neptunivägen, Schotterparkplätze neben der 136, Übernachten verboten.

Wikinger-Spuren und Neptuns Wunder

Vor mehr als 1.000 Jahren begruben die Wikinger ihre Toten auf der Kuppe des gepflasterten Landburgrandes am Forgallastrand. An der Küste soll sich zu dieser Zeit eine große *Seeschlacht* abgespielt haben. Ein feindliches

Schiff, die Forgalla, sank auf einer Untiefe, die später nach dem Schiff benannt wurde. Nach der Schlacht wurden die Toten in mit Steinen bedeckten Särgen bestattet. Heute ist das Gräberfeld durch Bewuchs und Zerstörung nur noch schwer zu erkennen *(N 57°20'35.4" E 17°01'19.4", Neptunivägen 92)*.

Neptuni Åkrar ist ein 200 Meter breites Strandwallsystem auf Öland. Es entstand während der letzten *Eiszeit*, als die Meereswellen flache Steine und Kies angespült haben. Das Gebiet ist reich an *Fossilien*. Im Sommer verwandeln sich die kargen Geröllfelder in ein Meer aus den *blauen Blüten* des gemeinen Natternkopfes. Diese Pflanze wurde 1934 aus Mitteleuropa eingeschleppt und ist heute eine der dominanten Pflanzen in Neptuni Åkrar. Das Neptunifeld wurde 1741 von Carl von Linné nach dem römischen Meeresgott Neptun benannt.

317 Byxelkrok – *Destination Byxelkrok*

GPS/Kontakt: N 57°20'57.0" E 17°2'12.7", Neptunivägen 136, www.destinationbyxelkrok.se. **Max. WOMOs**: 24. **Öffnungszeit**: Ganzjährig. **Ausstattung**: Mülleimer. **Beschreibung**: Sehr schön gelegen! Große Wiese, etwa 200 m von der Straße landeinwärts, mehrere geschützte Bereiche, klappstuhlgeeignet, ruhig. **Preise:** 100 SEK oder 11 Euro per Umschlag in die Box. **Hinweis**: Kein Service! VE im Hafen Byxelkrok, dort beim Hafenmeister Bescheid geben. **Zufahrt**: Von der 136 am Schild bis zur Wiese und weiter durchfahren.

TOUR 13

God morgon Ölands nordligaste Udde! Wir können ganz froh sein, dass wir auf dem schönen Stellplatz übernachtet haben, denn hier oben, kurz vor dem **Leuchtturm**, wird das Parken wirklich eng. Falls Sie ein Fahrrad dabeihaben oder gerne wandern, sollten Sie sich überlegen, den Leuchtturm so zu besuchen. Eigentlich wäre genügend Platz, allerdings sind fast alle Flächen für PKWs. Vor allem die schönen großen Parkbuchten auf der linken Seite wirken, als wären sie extra für WOMOs geschaffen worden. Ein Schild an der Einfahrt klärt über die Situation auf. Etwa 800 Meter vorher befindet sich ein Parkplatz auf der rechten Seite der Straße, der sich für eine Übernachtung eignet. Allerdings muss man Glück haben: Jedes Mal, wenn wir hier vorbeikommen, sind die Plätze schon belegt.

Långe Erik – der Leuchtturm am nördlichsten Punkt Ölands

318 Nabbelund – *Ölands Norra Udde*

GPS: N 57°22'01.1" E 17°04'41.0", Holmvägen. **Max. WOMOs**: 3.
Beschreibung: Schotterparkplatz rechts der Straße, tagsüber fahren viele Autos vor der Nase her. Blick auf das Wasser. **Parkplatz am Leuchtturm**: N 57°22'02.6" E 17°05'23.6".

Die Faszination des Leuchtturms Långe Erik

An der Nordspitze, dem *Nordkap* von Öland, liegen gefährliche Sandbänke, auf denen schon viele Schiffe auf Grund gelaufen sind. Bei starkem Ostwind können die Wellen hier bis zu 6 Meter hoch werden. Um die Schifffahrt zu schützen, wurde 1842 der Leuchtturm Långe Erik erbaut. Er ist mit 32 Metern etwas niedriger als sein großer Bruder, der Långe Jan, im Süden Ölands. Der Leuchtturm liegt auf der kleinen Insel Stora Grundet. Seit 1965 gibt es eine Brücke zum Leuchtturm und wenn man die 138 Stufen auf den 28 m hohen Balkon hinaufgeschafft hat, wird man mit einer grandiosen Rundumsicht belohnt *(Sommersaison 11-16 Uhr, 30 SEK, 20 SEK 3-16 Jahre, kostenlose Führung 12 Uhr, die kleine Insel ist kostenlos erkundbar, Café, Shop).*

Rundgang Stora Grundet

1 km, leicht, Picknickmöglichkeiten: Ein Rundgang um die kleine Insel lohnt sich unbedingt! Am Steinstrand wurden schon etliche Türmchen gebaut und von der Spitze kann man zu den anderen kleinen Inseln hinüberblicken. Es ist windig und wunderschön! TOUR 13

Ein Stellplatz auf einem verlassenen Fähranleger? Aktuell ist der Platz wegen Wartungsarbeiten gesperrt und wird aufgrund der geänderten Strandschutzverordnung auf den südlichen Teil des Geländes verlegt. Der nördliche Teil wird der Öffentlichkeit als Naherholungsgebiet besser zugänglich gemacht.

319 Byxelkrok – *Nabbelunds Hamn*

GPS/Kontakt: N 57°20'55.6" E 17°05'23.0", Nabbelundsvägen 1, www.borgholm.se/nabbelund-stallplats. **Max. WOMOs:** 30.
Öffnungszeit: Ganzjährig. **Ausstattung**: VE, Strom, WC, Dusche, Mülleimer, Picknickbänke, Badesteg, Schwimminsel.
Beschreibung: Schotterparkplatz, teils etwas Rasen oder Asphalt, klappstuhlgeeignet, ruhig. **Preise**: 170-270 SEK zahlbar in bar oder online, www.campingspot.com. **Hinweis**: Derzeit ist noch nicht klar, wie der Platz umgestaltet wird. VE vorne am Kassierhäuschen. 5 km bis zum Trollskogen. **Zufahrt**: In der Kurve in Nabbelund geradeaus.

Swiks – das Wrack eines Dreimastschoners

Am nördöstlichen Ende Ölands liegt der **Trollskogen**, ein Naturreservat mit *seltsamen Baumformen*, die an Kobolde, Feen und andere fantastische Figuren erinnern. Der Wald ist eine der beliebtesten Touristenattraktionen Ölands und bietet mehrere ausgezeichnete Wanderwege durch die geheimnisvolle Umgebung. Der Name Trollskogen ist Programm: Die Bäume sind in den wildesten Formen gewachsen und stehen oft schief und krumm. Es scheint, als hätten sie Trolle geformt. Das märchenhafte Gefühl wird durch Moose und Farne verstärkt, die über Boden und Baumstämme wuchern. Das Naturum ist ein Besucherzentrum von 1973. Für Kinder gibt es Missionen und Rätsel zu lösen *(06-08 Mo.-Fr. 10-17 Uhr, 09 Di.-Sa. 10-16 Uhr, 10 Mi.-Sa. 10-15 Uhr, Eintritt frei, Café, barrierefrei, www.naturumtrollskogen.se)*.

P **Byxelkrok – *Trollskogen***
N 57°20'32.1" E 17°7'8.4", Trollskogsvägen 20. WC, Mülleimer, Picknickbänke. WOMOs sollen in der Hochsaison auf der Wiese parken. Übernachten verboten!

TOUR 13

Wo Trolle tanzen und Feen flüstern – Mystische Wanderung durch den Trollskogen

Knysselneck-Weg: 1 km, blaue Markierung, barrierefrei, leicht. *Kolkyrka-Pfad*: 1,3 km, grüne Markierung, *Aktivitätspfad*, leicht. *Murgrönestigen*: 3,3 km, gelbe Markierung, barrierefrei, leicht. *Trollskogsstigen* 4,5 km, rote Markierung, Naturpfad mit Wurzeln und Steinen, mittel.

Wir entscheiden uns für die große Runde. Nach etwa einem Kilometer erreichen wir den herrlichen Stein-Strand und das Wrack des Dreimastschoners Swiks, das 1926 in einem heftigen Schneesturm vor der Küste auf Grund lief. Die siebenköpfige Besatzung konnte sich an Land retten. Das Schiff blieb jedoch liegen und wurde bereits ein Jahr später an Land gespült. Bei einem Sturm im Jahr 1954 brach es in zwei Teile. Der Heckbereich ist noch immer über den Strand verstreut, während der Bugbereich im Laufe der Jahre durch Erosion und Stürme abgetragen wurde. In ein paar Jahren wird vielleicht nichts mehr davon übrig sein, dann wird sich das Meer auch den Rest geholt haben. Der Weg führt uns zurück in den Wald, zu Ölands ältester Eiche Trolleken. Tausende verschiedene Organismen leben auf und neben der alten Eiche. *»Seien Sie freundlich zu Trolleken und klettern Sie auf andere Bäume.«*

Die Formen und Windungen der Bäume werden immer verrückter und es wird mystischer. Unsere Kids sind begeistert! Am nördlichsten Punkt legen

wir eine Rast ein und genießen den Ausblick. Bis hierher waren es etwa zweieinhalb Kilometer und die gehen wir jetzt auf der anderen Seite wieder zurück, vorbei an einem *Wikinger-Wehrgang, Gräbern* aus der *Eisenzeit* und dem *Hjerteskeppet*, dem *Herzschiff*.

Nun geht es in den Süden der Insel. Um den Böda-Strand wollen wir eigentlich einen großen Bogen machen, weil es hier wirklich an Massentourismus grenzt. Aber es ist spät im Trollskogen geworden und wir brauchen noch einen Übernachtungsplatz. Am 20 Kilometer langen Sandstrand finden wir keinen Platz mehr und landen so auf dem Campingplatz der Superlative.

Die Böda-Bucht ist ein Paradies für Familien mit Kindern. Der flache Strand ist ideal zum Sandburgenbauen, Schwimmen und Spielen. Die vielen Holzstege erleichtern den Zugang zum Strand auch für Kinderwagen.

320 Böda – *Sand*

GPS/Kontakt: N 57°16'27.8" E 17°02'55.4", Bödasandsallén 11, +4648522200, www.bodasand.se. **Max. WOMOs**: 1152. **Öffnungszeit**: 04-09. **Ausstattung**: Pool, Spa, Sauna, Golf, Tennis, Shop, Café, Imbiss, Restaurants, Fahrrad-, Boot-, SUP-Verleih, Hundebad und mehr. **Beschreibung**: Gigantischer Campingplatz, der sicherlich keine Wünsche offenlässt. Trotz der Größe ruhig, da der Platz über knapp 2 km entlang des Strandes liegt. Traum Strand! **Preise**: 500-1000 SEK. **Hinweis**: Gasflaschenfüllstation, in der Hochsaison teilweise mind. 2 Nächte. **Zufahrt**: 2 km von der 136.

321 Böda – *Hamn*

GPS/Kontakt: N 57°14'27.7" E 17°04'29.5", Bödahamnsvägen 45, www.borgholm.se/boda-stallplats. **Max. WOMOs**: 40. **Öffnungszeit**: Ganzjährig. **Ausstattung**: VE, Strom, WC, Dusche, Mülleimer, WLAN, Waschmaschine, Trockner, Strand, Restaurant, Imbiss, Hundebad. **Beschreibung**: Große Wiese mit fester Erde direkt am kleinen Hafen. **Preise**: 170-270 SEK zahlbar über www.campingspot.com. **Hinweis**: VE auf der anderen Seite des Hafens bei N 57°14'20.9" E 17°04'24.9", frei zugänglich. **Zufahrt**: 1,2 km von der 136 am ICA links auf den Gamla Landsvägen.

Im Hafen finden Sie leckere Restaurants, Kneipen und eine Räucherei. **Böda** (Einwohnerzahl 110) ist der perfekte Ort für ein bisschen von allem, von Spaziergängen am Hafen bis zum Schwimmen im Meer. Außerdem gibt es hier eine faszinierende Ausstellung über das versunkene schwedische Kriegsschiff Mars und großartige Radwege. Der schöne lange Sandstrand befindet sich südlich des Hafens.

Lådbilslandet ist ein wahres Paradies für kleinere Kinder (2 bis etwa 10 Jahre), denn hier dürfen sie selbstständig Auto, Bus, Traktor oder LKW in einer Miniaturstadt fahren. Hier gelten die Regeln der Kinder. Es gibt verschiedene Parcours und am Ende des Tages gibt es sogar einen Führerschein *(90 SEK, 390 SEK 2-10 Jahre, 06-08, 10-17 Uhr,* ***Hinweis****: Eigenes Picknick mitbringen, N 57°09'31.2" E 17°00'17.3", Gaxa Skoggata 7 www.ladbilslandetoland.com).*

322 Löttorp – *Hagaby Fyrvägen*

GPS: N 57°09'02.1" E 17°02'07.8", Fyrvägen 50. **Max. WOMOs**: 2. **Ausstattung**: Badesteg. **Beschreibung**: Großer Parkplatz auf Wiese und fester Erde, teils Schotter. Toller Ausblick! Klappstuhlgeeignet. Ruhig! **Zufahrt**: Von der 136 hinter der roten Bockwindmühle links nach Hagaby abbiegen, nach 50 m links.

TOUR 13

Lust auf ein Eis? Kreative Einfälle gibt es im ***Källa Glassgård.*** Schwedens größtes Eiscafé ist in einem schönen Bauernhof aus dem 18. Jahrhundert untergekommen *(06-08, täglich 11-18 Uhr, Spielplatz, N 57°07'12.9" E 16°57'44.4", Källagårdsvägen 2, an der 136, www.kallaglassgard.se).* Und da wir schonmal hier parken, können wir auch direkt das **Gräberfeld Vi Alvar** mit Steinkreisen und Dolmen aus der Eisenzeit besuchen. Sie bestehen aus runden Steinen (Bouldern), die zumeist auf drei kleinen Steinen aufliegen.

Einen besonderen Platz finden wir bei **Löttorp** (Einwohnerzahl 570) auf dem Gelände von Wikegårds am flachen Sandstrand neben einer Bockwindmühle mit Schiffssetzung und Naturschutzgebiet Högenäs Ordes. Wikegårds war der erste Campingplatz in Schweden, der 2013 die Regenbogenfahne hisste.

Auf dem Campingplatz wird die LGBTQIA+ Community in den Kalenderwochen 26-28 gefeiert und alle sind willkommen, mitzufeiern!

323 Löttorp – *Wikegårds Gamleby*

GPS/Kontakt: N 57°04'47.4" E 16°58'01.3", Frönäsvägen 51, +4648525131, www.wikegards.se. **Max. WOMOs**: 99. **Öffnungszeit**: Ganzjährig. **Ausstattung**: Picknickbänke, Grillstelle, Sandstrand, Spielplatz, Kinderbereich, Kiosk, Hundebad, Brötchenservice. **Beschreibung**: Große Rasenflächen mit viel Platz direkt am Meer. Naturcamping. Klappstuhlgeeignet. Sehr hundefreundlich! **Preise**: 200-480 SEK. **Hinweis**: Für 90 SEK können Sie im Voraus online buchen. Keine Parzellen. In der Nebensaison eingeschränkter Service. **Zufahrt**: Von der 136 der Ausschilderung etwa 3 km folgen.

Wikegårds ist ein Bauernhof von 1880. Familie Fredriksson hat die Vision, der erste klimaneutrale Campingplatz Schwedens zu werden. So ist das Wasser gefiltertes Meerwasser, Solarkollektoren und Mini-Windkrafträder sorgen für Strom mit vorbildlicher Mülltrennung!

Wikegårds war der erste Campingplatz in Schweden, der die Regenbogenfahne hisste. Die LGBTQIA+ Community feiert und alle sind willkommen, mitzufeiern!

Wer Öland bereist, sollte sich die Landstraße an der Ostküste nicht entgehen lassen. Im Gegensatz zur vielbefahrenen 136 bietet sie eine malerische und abwechslungsreiche Route durch die schwedische Landschaft. Für eine Pause können wir fast jede Stichstraße Richtung Meer abbiegen, denn viele enden an einem kleinen Weiler, Hafen, Bucht oder Mini-Strand.

TOUR 13

324 Köpingsvik – *Kårehamn*

GPS: N 56°57'10.2" E 16°53'10.4", Kårehamnsvägen 83. **Max. WOMOs**: 45. **Öffnungszeit**: Ganzjährig. **Ausstattung**: VE, Strom, WC, Dusche, Mülleimer, Picknickbänke, Badesteg, Café, Restaurant, Fischladen. **Beschreibung**: Auf der Mole am Hafen Schotterplatz mit Strom, rechts vom Hafen auf der Landzunge Gras ohne Strom. Sehr idyllisch und ruhig, klappstuhlgeeignet. **Preise**: 170-270 SEK, es kommt jemand vorbei. **Hinweis**: VE N 56°57'10.2" E 16°53'10.4" etwa 400 vor dem Ort am Kårehamnsvägen. Früh anreisen! **Zufahrt**: 3,5 km dem Kårehamnsvägen folgen.

15 Kilometer weiter lohnt sich ein Halt in **Bredsättra**. Hier finden Sie in der ehemaligen Dorfschule gegenüber der Kirche das ***Café & Karamellkokeri*** und können nicht nur köstliche Karamellbonbons genießen, sondern auch live dabei zusehen, wie sie per Hand hergestellt werden *(Bredsätra 6, Östra Landsvägen 974, 06-08, 11-17 Uhr, www.olands-karameller.se).*

Nur wenige Meter weiter befindet sich das *Glashuset*. In der Werkstatt können Sie Ihr eigenes Glas individuell dekorieren *(Håpvägen 2, 07-08, 11-15 Uhr, www.glashuset-bredsattra.se).*

Die kleine Stichstraße Kläppingevägen führt uns zur **Sankta Britas Kapell** aus dem 13. Jahrhundert. Sie war die größte Kapelle der Insel und diente dem wachsenden Handelsplatz als religiöses Zentrum. Heute ist nur noch die nördliche Wand erhalten *(N 56°49'12.9" E 16°50'18.7", Kläppingevägen 99, täglich, kostenlos).*

325 Störlinge – *Kvarnar*

GPS: N 56°48'35.8" E 16°44'37.0", Störlinge 88. **Max. WOMOs**: 2. **Ausstattung**: Picknickbänke, Grillstelle. **Beschreibung**: Schotterparkstreifen neben der Straße direkt an den Mühlen. **Hinweis**: Tagsüber ist hier natürlich viel los, nachts geht es. **Zufahrt**: Direkt an der Ostküstenstraße in Störlinge.

Die Mühlen von **Störlinge** (Einwohnerzahl 63), aus dem 18. und 19. Jahrhundert, sind eine Reihe von sieben Bockwindmühlen, von denen fünf direkt nebeneinanderstehen. Sie sind die längste erhaltene Mühlenreihe auf der Insel und gehören zu den Wahrzeichen Ölands *(www.alltpaoland.se/platser/storlinge-kvarnar).*

In Störlinge biegen wir am **Lantbruks & Motormuseum** *(Traktoren, Motorräder, Lokomotiven, landwirtschaftliche Geräte, Café, barrierefrei, 05-09, 11-16 Uhr, 100 SEK, 50 SEK 7-15 Jahre, Störlinge 34, www.motormuseet.se)* links in den unscheinbaren Weg ab und folgen dem Schotterweg bis zum Ende und zum kleinen Strand.

Störlinge – Bockwindmühle

326 Störlinge – *Strand*

GPS: N 56°47'48.4" E 16°47'07.0". **Max. WOMOs**: 10. **Ausstattung**: WC, Mülleimer, Picknickbänke. **Beschreibung**: Kleiner Wiesenparkplatz in der Nähe von Fischerhütten. Schöner kleiner Strand. **Zufahrt**: Von Störlinge dem Schotterweg bis zum Ende folgen.

Jetzt besuchen wir eines unserer persönlichen Favoriten, das **Freilichtmuseum Himmelsberga**.

327 Borgholm – *Himmelsberga*

GPS: N 56°44'24.6" E 16°42'39.2", Himmelsberga bygata 1. **Max. WOMOs**: 10. **Ausstattung**: WC *(neben der Kunstgalerie, Museumsöffnungszeiten)*. **Beschreibung**: Große Wiese neben dem Museum, sehr ruhig in der Nacht. **Preise**: 50 SEK zahlbar im Museums-Shop. **Hinweis**: Bis zur Mühle in den hinteren Bereich durchfahren *(und nicht so wie wir, siehe Foto)*. **Zufahrt**: An Långlöts Kyrka rechts.

Als wir das Freilichtmuseum betreten, fühlen wir uns sofort in eine andere Zeit versetzt. Die Luft ist erfüllt von dem Geruch von Holz und Erde, und die Sonne scheint durch die alten Fenster. Wir schlendern über den Hof und bewundern die liebevoll restaurierten Häuser.

Die Innenräume sind mit originalen Möbeln und Haushaltsgegenständen ausgestattet.

Die Atmosphäre ist so authentisch, es gibt etliche Stationen, an denen wir kreativ werden können. So setzen wir uns unter einen Baum und schnitzen Pfeile. Wir erleben das traditionelle schwedische Landleben. Die Bauernhöfe sind umgeben von Feldern, Wäldern und Wiesen. Wir hören die Vögel, die Kühe, Schweine und die Pferde.

Ich bin besonders vom Kräutergarten angetan und fotografiere mal wieder ohne Ende. Bringen Sie Zeit mit! Wir verbringen viel mehr Zeit als gedacht, so dass wir spontan vor der Tür übernachten. Es finden hier regelmäßig Märkte statt.

Bitte schauen Sie auf der Homepage wegen der Termine. Der Außenbereich des Cafés ist so schön romantisch, allein dafür lohnt sich der Ausflug *(Himmelsberga bygata 1, www.olandsmuseum.com, 04-09, täglich 10-17 Uhr, in der Nebensaison 11-16 Uhr, 50 SEK, 25 SEK 10-15 Jahre, frei 0-10 Jahre, 50 SEK Kulturerbekarte, barrierefrei).*

Auf geschichtlichen Spuren – Långlötleden Wanderung

6 km, leicht: Auf dem Parkplatz des Ölands Museum Himmelsberga befindet sich eine Informationstafel mit einer Übersichtskarte des Långlötleden. Eine Broschüre ist im Shop erhältlich. Vom linken Rand am Parkplatz des Ölands Museum Himmelsberga aus geht es zunächst über die Dorfstraße nach Süden und dann weiter nach Westen durch eine Weide. Anschließend wird der Björkerumsvägen überquert und der Wanderweg verläuft weiter zwischen Björkerum und Åstad, bevor wir bei Ismantorp nach Norden abbiegen. Bei Vitkärret befindet sich ein Rastplatz. Der Pfad führt an drei Mühlen vorbei.

328 Borgholm – *Burg Ismantorp*

GPS: N 56°44'49.9" E 16°38'53.5", Ismantorps Borgväg 1. **Max. WOMOs**: 3. **Beschreibung**: Schotterparkplatz mitten im Wald am Ende der Sackgasse, sehr ruhig, etwa 400 m bis zur Fornborg. **Zufahrt**: Etwa 4,5 km von Himmelsberga Richtung Högsrum.

TOUR 13

Die **Ismantorp Borg** ist eine von 16 Burgen auf der Insel. Carl von Linné erwähnte sie in seinen Reisenotizen. Von der Burg sind heute nur noch der äußere Steinwall mit einem Durchmesser von 125 Metern und die Fundamentumrisse der einst 88 Häuser erhalten. Die Funktion dieser Anlage ist bis heute nicht eindeutig.

Verteidigungsanlage oder religiöses Zentrum?

Die extensiven Befestigungen lassen eine Verteidigungsanlage vermuten. Allerdings sind die neun Tore, die sich in der Ringmauer befinden, eine Schwachstelle. Daher wird Ismantorp auch mit slawischen Burgen verglichen, die sowohl geschützte Wohnstätte als auch religiöses Zentrum waren. Auch eine Funktion als Fluchtburg kommt bei dieser Anlage nicht in Betracht. Archäologische Funde lassen auf eine Nutzung zwischen 300 und 500 n. Chr. schließen. In dieser Zeit war Öland von Wikingern besiedelt.

Wanderung Ismantop

6-10 km, leicht, nicht barrierefrei, Rastplätze: Diese Wanderung führt durch eine abwechslungsreiche Landschaft mit Buchenwald, Wiesen und historischen Orten. Sie beginnt an der Fornborg Ismanstorp Richtung Westen bis zur Rönnerums Fornby, von der leider so gut wie nichts mehr zu sehen ist. Bis dahin sind es etwa 3 km. Wir kehren wieder um, aber wer möchte, kann von hier das Dreieck über Odens flisor, 3 m hohe *Odins Steine*, die zu einem Gräberfeld gehören, erweitern. Oder sogar noch 1,2 km weiter gehen bis zu *Noaks Ark*, einer 26 m langen Schiffsetzung aus der Bronzezeit.

Jetzt haben wir einen relativ weiten Abstecher ins Landesinnere der Insel unternommen, wie gut, dass sie an dieser Stelle nur 17 Kilometer breit ist. So fahren wir wieder zurück zur Ostküste und kommen an weiteren Grabfeldern, Runensteinen, Kirchen und hübschen Dörfern vorbei, bis wir zu den beeindruckenden Mühlen von Lerkaka kommen.

TOUR 13

329 Lerkaka – *Kvarnar*

GPS: N 56°43'12.1" E 16°42'39.2", Lerkaka 8. **Max. WOMOs**: 2.
Ausstattung: WC, Mülleimer, Picknickbänke, Café.
Beschreibung: Asphaltparkplatz, zwar von der Straße einsehbar, aber trotzdem etwas abseits, ruhig. **Zufahrt**: Kurz hinter Lerkaka.

Lerkaka – Mühlenreihe

Neben dem Parkplatz befindet sich das hübsches ***Café Smedjan*** mit kleiner gemütlicher Stube *(Lerkaka 8, nur im Sommer geöffnet)*.

Im Dorf **Lerkaka** (Einwohnerzahl 55) befinden sich fünf Bockwindmühlen. Sie sind ebenfalls ein Wahrzeichen der Insel und gelten als eine der *schönsten Mühlenreihen*. Die Mühlen stehen östlich der Dorfstraße am Südende des Dorfes und können besichtigt und bestiegen werden. Sie sind allesamt gut erhalten und stammen aus dem 18. und 19. Jahrhundert. Die älteste Mühle wurde 1780 erbaut.

Gegenüber den Mühlen steht ein *Wikinger-Runenstein*. Er wurde von Olof, Gammal und Saxe errichtet, um den Tod ihres Vaters Unn zu betrauern, der damals die Hälfte des Dorfes besaß.

Wir biegen links in die nächste Schotterstraße ab und nach etwa 200 Metern steht ein Wasserhahn mit Frischwasser am Straßenrand. Etwas seltsam, aber ok. Weitere zwei Kilometer später kommen wir zu einem schönen Naturcampingplatz.

330 Lerkaka – *Bjärby Badplats*

GPS/Kontakt: N 56°42'19.1" E 16°44'04.2", Bjärby sjögata, +46708498305, www.bygdegardarna.se/runsten/bjarbybadet. **Max. WOMOs**: 30. **Öffnungszeit**: 05-10. **Ausstattung**: Picknickbänke, Badesteg, Strand, Hundebad. **Beschreibung**: Naturcamping! Große Wiese, teils im Kiefernwald, flacher Sandstrand mit Dünen. **Preise**: 150 SEK zahlbar am Kiosk an der Einfahrt. **Hinweis**: Durch die Dauercamper bis zum Strand durchfahren. **Zufahrt**: Die Zufahrt ist eine Privatstraße und es wird eine Mautgebühr in Höhe von 20 SEK erhoben. So kann es auch vorkommen, dass die Straße vorübergehend gesperrt wird.

TOUR 13

Wir kommen so langsam im Süden der Insel an, die Landschaft verändert sich und wird rauer, denn hier liegt das **Stora Alvaret**, eine weite Steppenlandschaft. Es bedeckt eine Fläche von 260 Quadratkilometern, was etwa einem Fünftel der Insel entspricht.

Stora Alvaret – Karstlandschaft

Die Landschaft besticht durch ihre Geschichte und karge Schönheit, durchzogen von den typischen Steinmauern. Ich liebe es, weil mich die Ruhe und Ursprünglichkeit sehr berührt.

Ölands karges Herz – Das Stora Alvaret

Stora Alvaret ist das größte Alvargebiet der Erde und stellt ein Viertel der weltweit vorhandenen Alvarflächen dar. Das Alvar befindet sich auf einem Ordovizium-Kalkuntergrund. Es handelt sich um eine der letzten naturbelassenen Karstlandschaften in Europa. Das Stora Alvaret wurde 2000 mit der Umgebung als Agrarlandschaft Südölands zum *Welterbe der UNESCO* erklärt und darf daher nicht mehr verändert werden. *Quelle: Wikipedia*

331 Gårdby – *Nedra Ålebäck*

GPS: N 56°36'15.7" E 16°42'02.1", Nedra Ålebäck 423. **Max. WOMOs**: 4. **Ausstattung**: WC, Picknickbänke. **Beschreibung**: Schöner Schotterrundweg mit der Möglichkeit auf der Wiese zu parken, klappstuhlgeeignet, toller Sandstrand und Badesteg. **Preise**: Spende erwünscht! **Zufahrt**: 4 km von Gårdby.

332 Södra Sandby – *Borg*

GPS/Kontakt: N 56°33'13.3" E 16°38'29.2", Södra Sandby, www.sandby-borg.se. **Max. WOMOs**: 3. **Ausstattung**: WC, Liegewiese. **Beschreibung**: Großer Wiesenplatz direkt am Meer, wunderschöner Strand! **Hinweis**: Den rechten Weg über das Viehgatter nehmen! **Zufahrt**: 2 km vor N Kvinneby links.

333 Mörbylånga – *Skärlövs Hamn*

GPS: N 56°25'23.5" E 16°34'46.6", Skärlöv 411. **Max. WOMOs**: 2. **Ausstattung**: Badesteg. **Beschreibung**: Wiese-Schotterplatz am Meer, klappstuhlgeeignet, Parken nur vor dem Ort erlaubt. **Preise**: Spende in die Box. **Zufahrt**: 2 km vom Ortseingang Skårlöv.

Das **Seby Gravfält** ist ein prähistorisches Gräberfeld. Es liegt nördlich des Dorfes Seby und erstreckt sich über etwa zwei Kilometer entlang der Landstraße in Richtung Segerstad. Es ist mit etwa 285 sichtbaren Grabanlagen eines der größten Gräberfelder aus der Eisenzeit auf Öland *(N 56°21'03.2" E 16°32'03.4")*. Der etwa drei Meter hohe *Runenstein von Seby* ist der größte Runenstein Ölands *(N 56°20'36.3" E 16°31'50.6")*.

Heute steht mal wieder ein echtes Highlight auf dem Plan: die **Fornborg Eketorp**.

P Degerhamn – *Eketorps Borg*
N 56°17'29.6" E 16°29'01.0", Imbiss, Übernachtung verboten.

TOUR 13

Eketorp – Schwedens einzige rekonstruierte antike Burg

Eketorps Borg ist eine völlig freigelegte Fluchtburg, in der die Mauern und Häuser direkt an der Ausgrabungsstätte wiederhergestellt wurden. Die Burg wurde um 300 n. Chr. erbaut und ist Schwedens einzige vollständig untersuchte und rekonstruierte antike Burg und heute ein lebendiges und interessantes Museum.

Wir erkunden die Burg, stöbern durch die Häuser und probieren alte Spiele aus, die sowohl Spaß machen als auch lehrreich sind. Im Kindermuseum verkleiden wir uns, besteigen den Häuptlingsthron und entwerfen eine eigene Runenschrift. Sie können auch Ihre eigenen Schmuckstücke aus Metall oder Perlen herstellen *(Eketorps borg, 100 SEK, 50 SEK 7-15 Jahre, 06-08 täglich 10-17 Uhr, Nebensaison günstiger und wechselnde Öffnungszeiten, Führung täglich, 06-08, 14.15 Uhr, Shop, Café, www.eketorpsborg.se)*.

Der Tag war lustig, informativ, ereignisreich, spannend und einfach großartig! Da wir hier aber nicht mehr übernachten dürfen, benötigen wir einen Schlafplatz, der zum Glück nicht weit entfernt und ganz neu ist.

334 Össby – *Drottning Öda Össby*

GPS/Kontakt: N 56°16'46.0" E 16°29'25.9", Össby 208, +46730644016, www.drottningoda.com. **Max. WOMOs**: 18. **Öffnungszeit**: Ganzjährig. **Ausstattung**: VE, Strom, WC, Dusche, Mülleimer, Restaurant. **Beschreibung**: Große Wiese neben der nachts ruhigen Straße. Viel Platz, klappstuhlgeeignet, schöner Ausblick auf die Mühlen und die Agrarlandschaft. **Preise**: 180 SEK +Service. **Hinweis**: Frühzeitig online buchen! **Zufahrt**: 10 km nördlich von Ottenby an der 925.

Das Restaurant und der Stellplatz sind nach der Wikingerkönigin Öda benannt, welche der Sage zufolge eine Urahnin von Ragnar Lodbrok sein soll.

335 Degerhamn – *Näsby Badplats*

GPS: N 56°15'04.1" E 16°29'04.8", Näsby. **Max. WOMOs**: 4. **Ausstattung**: WC, Badesteg, Strand. **Beschreibung**: Große Wiese direkt am Meer, traumhaft schön! **Zufahrt**: 1 km von Näsby.

Ölands-Südspitze begeistert uns mit weiten Flächen, windschiefen, knorrigen Bäumen und in der Ferne der strahlend weiße Leuchtturm, der Långe Jan. Ich atme tief die frische, salzige Luft ein und schließe die Augen. Wir sehen Schmetterlinge, Hasen und unendlich viele Vögel.

P Ottenby – *Långe Jan*

N 56°11'55.6" E 16°23'58.4", WC, Mülleimer, Picknickbänke, Café, Restaurant, Museen, Übernachtung verboten.

Auf dem Fußweg, vorbei an der Vogelstation, stehen einige Menschen mit dicken Ferngläsern und zeigen ganz aufgeregt in eine Richtung. Eine Dame winkt uns heran und lässt uns durch das Fernglas schauen. Wow! Eine ganze Kolonie Robben sonnt sich auf der vorgelagerten Insel. Es ist fantastisch und wir können uns nicht sattsehen. Die Kinder sind ganz aus dem Häuschen, haben sie doch noch nie vorher Robben so nah erlebt. Was für ein schönes Erlebnis.

Der Leuchtturm ragt hoch in den Himmel und scheint die ganze Insel zu beschützen. Und so steigen wir die Stufen hinauf und genießen die atemberaubende Aussicht. Wir verbringen viele Stunden auf dem Gelände, gehen bis zur äußeren Landzunge, genießen die Landschaft und holen uns natürlich im Café noch ein Eis *(Långe Jan: 06-08, täglich 10-18 Uhr, 04-10 täglich 11-17 Uhr, Tickets im Naturum 50 SEK).*

TOUR 13

Långe Jan – 197 Stufen zum Panoramaglück

Der Långe Jan ist mit 42 Metern Schwedens höchster Leuchtturm. 197 Stufen führen hinauf zur Aussichtsplattform, die sich in 33 Metern Höhe befindet. Der Aufstieg ist zwar anstrengend, aber die Mühe lohnt sich. Von oben hat man einen Rundumblick auf die Insel, die Ostsee und die schwedische Küste. Der Leuchtturm wurde aus den Steinen der ehemaligen Kapelle der St. Johannes Kirche gebaut und trägt deshalb den Spitznamen Jan. Er wurde 1785 erbaut und ist ein beliebtes Ausflugsziel für Familien und Naturliebhabende. Der Erlös aus den Eintrittsgeldern kommt den Aktivitäten der Vogelstation Ottenby und dem Tierschutz zugute.

Im **Naturum Ottenby** erfahren wir mehr über die Natur und die Tierwelt der Region. Die Ausstellung ist interaktiv und unterhaltsam für alle Altersgruppen *(www.naturumottenby.se)*. Das ***Restaurant Fågel Blå*** bietet gutes und leckeres Essen in einer wunderschönen Umgebung *(www.restfagelbla.se)*.

Wanderung Waldkap-Schleife

Die Südspitze von Öland bietet eine Vielzahl von Wanderwegen, die sich ganz wunderbar zur Erkundung eignen. Egal, ob Sie lieber kurze oder lange Strecken bevorzugen, für jeden ist etwas dabei *(Infomaterial im Naturum)*. Orange: Kinderweg, barrierefrei. Rot: Västra Markslingan 3,4 km. Blau: Kyrkhamnsleden 5,7 km. Gelb: Norra Lundleden 3,9 km. Grün: Skogsuddeslingan 1,5 km. Schwarz: Annan stig.

Das war der Süden Ölands. Nun geht es wieder zurück, dieses Mal aber natürlich auf der Westküstenseite Richtung **Grönhögen** (Einwohnerzahl 145). Nach wenigen Kilometern passieren wir die *Mauer von Karl X. Gustav*. Wir steigen aber nicht mehr aus, sondern bewundern sie nur aus dem WOMO.

Die Mauer – Königliche Macht oder symbolischer Bluff?

Die 4.500 Meter lange Mauer erstreckt sich von Ufer zu Ufer über die gesamte Insel und wurde im Auftrag von König Karl X. Gustav erbaut. Die Mauer sollte die Grenze des königlichen Anwesens markieren und gleichzeitig den wilden Damhirschen, die auf der Südseite der Insel lebten, den Zugang verwehren. Tatsächlich fiel es den Tieren jedoch nicht schwer, über die Mauer zu springen. Vielmehr diente sie als rein symbolische Konstruktion, um die Macht und Autorität des Königs zu demonstrieren.

336 Albrunna – *Rastplats*

GPS: N 56°19'14.9" E 16°24'22.9", 136.
Ausstattung: VE, WC, Mülleimer, Picknickbänke, Bockwindmühle. **Beschreibung**: Asphaltparkplatz, nachts ist die Straße relativ ruhig.
Zufahrt: Direkt an der 136.

Hinweis: Alle ehemaligen Camping-Möglichkeiten in **Degerham** (Einwohnerzahl 340) und Umgebung sind nun verboten. Dafür halten wir umso lieber am schönsten Gräberfeld der Insel.

Gettlinge Gravfält – Zeitreise durch 2000 Jahre Geschichte

Das Grabfeld Gettlinge ist ein faszinierender Ort mit einer über 2000jährigen Geschichte. Es besteht aus mehr als 200 Gräbern aus der Bronze- und Eisenzeit. Die Gräber sind unterschiedlich gestaltet und enthielten Schmuck, Waffen und Werkzeuge. Hierbei handelt es sich um runde und rechteckige Steinsetzungen, zwei Schiffssetzungen, Steinkistengräber, Grabhügel und mehrere aufrechtstehende Steine. Der Friedhof ist ein wichtiges Zeugnis der schwedischen Geschichte, selbst Linné besuchte diesen Ort 1741. Es ist ein einzigartiger Ort, an dem man Geschichte, Kultur und Natur erleben kann, nicht zuletzt, weil es der einzige Ort in Schweden ist, an dem man eine Windmühle und eine Schiffssetzung gleichzeitig sehen kann *(N 56°23'18.9" E 16°26'07.4")*.

Je weiter wir an der Westküste Ölands nördlich fahren, desto deutlicher wird: WOMOs sind nicht mehr willkommen. Ganz viele Einfahrten zu Stichstraßen, an denen wir früher direkt am Meer auf kleinen Parkplätzen übernachten konnten, wurden mit dicken Steinen dicht gemacht. Wir wundern uns, was hier los ist und werden in Zeitungsartikeln fündig, dass viele Gemeinden ihre Dörfer lieber wieder für sich haben wollen und dem Tourismus eher skeptisch gegenüberstehen. So wurden zum Beispiel auch in **Mörbylånga** (Einwohnerzahl 1.800) Picknickbänke wieder abgebaut. Wir haben das Gefühl, nicht willkommen zu sein und fahren einfach weiter.

337 Mörbylånga – *Resmo Kvarner*

GPS: N 56°32'09.0" E 16°26'41.4", 136. **Max. WOMOs**: 4.
Ausstattung: VE, WC, Mülleimer, Picknickbänke, Spielplatz, Bockwindmühlen.
Beschreibung: Asphaltparkstreifen neben der vielbefahrenen 136. Sehr schöner Ausblick bis hinunter zum Wasser. Nachts sogar erstaunlich ruhig.
Zufahrt: An der 136.

338 Färjestaden – *Karlevistenen*

GPS: N 56°36'25.6" E 16°26'29.4". **Max. WOMOs**: 3. **Ausstattung**: WC, Mülleimer, Picknickbänke, Infotafeln. **Beschreibung**: Schotterparkplatz im Grünen, ruhig, kurzer Weg zum Runenstein. **Zufahrt**: 600 m vom Runsbäcksvägen.

Runenstein entführt in die Welt der Wikinger

Der Karlevi-Stein ist einer der bedeutendsten Runensteine der Region. Er wurde um das Jahr 1000 auf der Insel Öland errichtet und ist etwa 1,30 Meter hoch. Die Inschrift ist ein Ruhmesgedicht und Nachruf auf einen gefallenen Wikinger-Häuptling namens Sibbe, dem Guten. Er wird im Gedicht mit Odin verglichen, dem höchsten Gott der nordischen Mythologie. Er wird als ein großer Krieger und Herrscher beschrieben, der von allen gefürchtet und geachtet wurde.

Bevor wir die Insel verlassen, legen wir einen Stopp am Restaurant ***Arontorp Kroppkakor*** mit neuem Stellplatz ein.

339 Färjestaden – *Arontorp*

GPS/Kontakt: N 56°38'44.1" E 16°30'55.0", +4648538887, www.stallplatseroland.se, Torslunda 102. **Max. WOMOs**: 47. **Öffnungszeit**: Ganzjährig. **Ausstattung**: VE, Strom, WC, Dusche, Mülleimer. **Beschreibung**: Großer neuer Stellplatz auf Schotter mit Rasenstück hinter dem Restaurant, ruhig, umgeben von Bäumen und Büschen. **Preise**: 250 SEK zahlbar im Restaurant. **Zufahrt**: Direkt an der 136 östlich von Färjestaden.

Das Restaurant bietet sehr leckere ***Kroppkakor*** *(Dagens Rätt 99-115 SEK – auch als Take away und vegan)*. Vor dem Restaurant gibt es einen Verkaufsautomaten und einen Drive-Thru für die ***Kroppis – der einzige Kroppkakor-Drive der Welt*** – auch WOMO-geeignet.

Mit dem Geschmack Ölands auf der Zunge und einer Menge wunderschöner Erinnerungen, verlassen wir die bezaubernde Insel – nicht zum letzten Mal!

Nabbelund – unser Lieblingsstellplatz auf Öland (S. 305)

Tour 14

Tour 13
25
WC
340
Glasbruk
Nybro
Älgpark
25
Boda Glasbruk
350
Glaskunst
351
Tour 15
31
Flygsfors
341
Glasbruk
Orrefors
343
Glasbruk
342
P
WC
344
31
Målerås
P
345
WC
Eriksmåla
28
Duvemåla
352
Glaskunst
Safaripark
Glasbruk
Kosta
28
349
WC
346
WC
347
WC
348
WC
Läen
25
Lessebo
N
20 km
Rottnen
25

Das Glasreich – Ein funkelndes Paradies
Von Nybro über Kosta bis Emmaboda
200 km

Välkommen till Glasriket! Inmitten der tiefen Wälder und malerischen Landschaften Südschwedens liegt eine Region, die seit Jahrhunderten für ihre Glaskunst bekannt ist. Das Glasreich erstreckt sich über die Provinz Småland und beherbergt eine Vielzahl von Glashütten, Glasbläsereien und Museen, welche die faszinierende Geschichte und Tradition der schwedischen Glaskunst bewahren und weiterentwickeln. Unsere Highlights sind:

- **Pukebergs Glasbruk**
- **Målerås Glasbruk**
- **Kosta Glasbruk**
- **Kosta Safaripark**
- **Duvemåla Gården**

In Småland wird seit über 300 Jahren Glaskunst hergestellt. In den kleinen Hütten, die dicht beieinander liegen, arbeiten erfahrene Künstler:innen. Sie erzeugen mit Mund, Händen und Feuer einzigartige Kunstwerke aus Glas. Das ganze Jahr über können wir die Glashütten besichtigen und zuschauen, wie hier gearbeitet wird. Natürlich können die Werke auch gekauft werden. Bei vielen *Glashütten (Glasbruk)* gibt es zusätzlich Ausstellungshallen oder Hütten-Museen, die über die Geschichte und die Herstellung der Glaskunst informieren.

In der Umgebung gibt es viele Möglichkeiten, die herrliche Natur zu genießen. So können Sie Wandern, Radfahren, eine Elchsafari besuchen oder eine Paddeltour unternehmen.

Mit dem *Glasriket Pass* erhalten Sie Rabatte beim Shopping, auf Eintrittspreise, Führungen, Hyttsill und vieles mehr *(www.glasriket.se, der Pass kann in allen Glashütten erworben werden und ist das ganze Kalenderjahr gültig).*

Hyttsill: Ein deftiger Abend voller Tradition, Schnaps und Gesang

Hyttsill ist ein traditionelles Abendessen in den Glashütten mit eingelegtem Hering, Kartoffeln, Speck und Preiselbeeren. Die Tradition reicht bis ins 18. Jahrhundert zurück. Ein Hyttsill-Abend beginnt meistens mit einer Einführung in die Geschichte und endet mit viel Alkohol, Musik und Gesang.

Ab hier steigen wir in die Glasriketslingan, die Glasreich-Schleife über Nybro, Orrefors, Måleräs und Kosta, ein. Etwa 15 Kilometer südlich von Nybro liegt das **Naturschutzgebiet Svartbäcksmåla**. Das 345 Hektar große Gebiet ist eines der größten städtischen Erholungsgebiete Schwedens. Es bietet eine große Vielfalt an Natur und Aktivitäten für alle Altersgruppen.

340 Nybro – *Svartbäcksmåla*

GPS/Kontakt: N 56°43'21.4" E 15°56'16.0" Svartbäcksmåla 305, www.rallacamp.com. **Max. WOMOs**: 4. **Öffnungszeit**: Ganzjährig. **Ausstattung**: Frischwasser, Strom, WC, Dusche, Mülleimer, Picknickbänke, Grillstelle, Outdoor-Gym, Sauna, Fun für Kinder. **Beschreibung**: Riesiger Asphaltparkplatz, der im Winter für Wintersport und im Sommer für Wanderungen genutzt wird. **Preise**: 200 SEK. **Zufahrt**: 1 km von der 25 Richtung Svartbäcksmåla.

Wanderlust in Svartbäcksmåla

2-5,5 km, leicht bis mittel wegen der Steigungen, festes Schuhwerk: Svartbäcksmåla ist ein beliebtes Ziel für Wanderungen, MTB- und Radtouren. Das Gebiet verfügt über ein gut ausgebautes Wegenetz, das es ermöglicht, die Natur auf eigene Faust zu erkunden. Am Parkplatz gibt es große Infotafeln mit Karten, auf denen wir uns orientieren. Bis zum höchsten Punkt des Naturschutzgebietes geht es etwa 1 km geschwungenen Weges 100 Meter hoch. Von oben reicht der Blick weit über Smålands Wälder. Wer möchte, kann hier schon wieder den Berg herunter gehen, dann ist die kleine Runde etwa zwei Kilometer lang und man quert eine hübsche Holzbrücke. Alle anderen wandern geradeaus und dann rechts weiter, um den großen Bogen durch den Wald bis zum Grillplatz zu nehmen *(etwa 3 km)*. Von hier aus gehen wir zurück zum Parkplatz. Der Weg kann aber beliebig erweitert werden. Wer Lust hat, kann auch zu Fuß am Sportplatz vorbei, unter der 25 zur Glashütte Pukeberg gehen *(knappe 2 km)*.

Heute besuchen wir die **Pukeberg Glasbruk** in **Nybro** (Einwohnerzahl 20.000). Sie wurde 1871 gegründet und ist eine der ältesten und am besten erhaltenen Glashütten Schwedens. Das Werk ist bekannt für hochwertige Glaswaren, die in einer Vielzahl von Farben und Formen erhältlich sind.

Pukeberg – Glasbläserei

Das Werk wurde ursprünglich als Glashütte für Gebrauchsglas gegründet, aber in den 1920er Jahren begann man auch Kunstglas herzustellen. Heute werden Führungen angeboten und es gibt einen Museumsshop. Die Glashütte ist in einem historischen Gebäude untergebracht, das noch genauso wie damals aussieht *(N 56°43'54.1" E15°55'23.3", Pukebergarnas väg 59, www.visitpukeberg.se, Mo.-Fr. 10-16 Uhr, Sa. 10-14, So. geschlossen)*. Das **Restaurant Café Hos Oss** ist sehr

empfehlenswert! Das Tagesgericht ist zwar etwas teurer als anderswo, aber es lohnt sich *(Dagens Rätt 189 SEK, www.cafehososs.se)*.

Ausflugstipp: Im **Glasrikets Älgpark** werden geführte Elchsafaris in extra Wagen *(200 SEK, 100 SEK 3-15 Jahre)* oder im eigenen WOMO und im eigenen Tempo *(150 SEK, 80 SEK 3-15 Jahre)* angeboten *(Långa Slät 314, Nybro, www.glasriketsalgpark.se)*.

Wir haben das Gefühl, dass es in dieser Region besonders kreativ zugeht und es viele private *Loppis (Flohmärkte)* gibt, die wir gerne besuchen. Ein verrückter Laden befindet sich etwas außerhalb von **Flygsfors** (Einwohnerzahl 230). Es fühlt sich an wie eine Schatzsuche und es gibt eine große Auswahl an Dingen, mit denen man nichts anfangen kann. Genau das macht es so spannend, lustig und kurios. **Norrbygdens Loppis**, Flohmarkt auf drei Etagen *(N 56°50'48.4" E 15°47'23.1", Gislatorp 301, Orrefors, 04-10 So. 11-17 Uhr, 07-08 Mi.-So. 11-17 Uhr)*!

Die Glashütte Orranäs in **Orrefors** (Einwohnerzahl 800) hat wirklich Pech gehabt: Die 2017 neu errichtete Hütte brannte im Juni 2023 ab - soll aber bis zum Sommer 2024 wieder eröffnet werden. Der Shop und auch das Café können weiterhin besichtigt werden.

Spannende Zukunft für schwedisches Glaskunstwerk

Orranäs Glasbruk ist ein kleines Glaswerk im Herzen des schwedischen Glasreichs und wurde 1870 gegründet. In den ersten Jahren produzierte das Glaswerk hauptsächlich Gebrauchsglas, wie Gläser, Vasen und Schalen. Die Produktion wurde 2012 stillgelegt und 2013 von der Orranäs Glasbruk AB übernommen. Seit 2017 wird wieder eine Vielzahl von Glasprodukten, darunter Gebrauchsglas, Kunstglas und dekoratives Glas hergestellt. Zurzeit ist dort allerdings eine riesige Baustelle. Wir sind gespannt, wie es hier weitergeht.

341 Orrefors – *Glasbruk*

GPS/Kontakt: N 56°50'25.6" E 15°44'51.1", Bruksområdet 1, www.orranas-glasbruk.se. **Max. WOMOs**: 6. **Beschreibung**: Großer Asphaltparkplatz direkt vor der Glasbläserei, umrahmt von Hecken. **Zufahrt**: 1 km von der 31 über den Flygsforsvägen.

Einer unserer Lieblingsplätze liegt auf einer Halbinsel im Orranäsasjön mit altem Baumbestand direkt am schönen See.

342 Orrefors – *Camping*

GPS/Kontakt: N 56°50'39.7" E 15°42'27.4", Tikaskruv 304, +4648130414, www.orrefors-camping.se. **Max. WOMOs**: 50. **Öffnungszeit**: 05-09. **Ausstattung**: Waschmaschine, Trockner, Picknickbänke, Grillstellen, Badesteg, Sauna, Minigolf, Boule, Hundespielplatz, Spielplatz, Bootsverleih, Café. **Beschreibung**: Gemütlicher kleiner Campingplatz. Die meisten Plätze befinden sich direkt am See unter alten Bäumen auf Rasen. Ruhig. **Preise**: 140-350 SEK. **Hinweis**: Barrierefreies Sani-Haus und Café. **Zufahrt**: An der 31.

P Orrefors – *Rastplats Orranäsasjön*

N 56°50'44.9" E 15°42'15.1", frei zugängliche VE am öffentlichen Parkplatz, übernachten verboten.

TOUR 14

Uns gefällt es auf dem Campingplatz sehr gut und wir verlängern spontan. Besonders schön sind die Abende am Lagerfeuer. Von hier kann man gut mit dem Rad bis Orrefors in die Stadt fahren.

343 Gullaskruv – *Fritidsområde*

GPS: N 56°52'28.3" E 15°40'27.5", Fröneskruvsvägen. **Max. WOMOs**: 1. **Ausstattung**: Mülleimer, Picknickbänke, Spielplatz. **Beschreibung**: Feste Erde mitten in einem Wohngebiet. Zur Not okay. Parkplatz neben der Glashütte. **Zufahrt**: Von der 31 rechts 300 m.

Nebenan befindet sich die kleine Glaskunsthütte von *Carlos R. Pebaque Design.*

Von Uruguay in die Welt: Ein Glasbläser erobert die Herzen

Carlos R. Pebaque wurde 1956 in Uruguay geboren und begann seine Karriere als Glasbläser in Schweden im Jahr 1983. Er verwendet eine Vielzahl von Techniken, darunter Glasbläserei, Glasgravur und Glasmalerei. Seine Arbeiten sind in Galerien und Museen auf der ganzen Welt vertreten. *Happy Man* ist eine der bekanntesten Skulpturen von Pebaque. Sie zeigt einen lächelnden Mann mit einem großen Herzen in der Brust. *Wave* ist eine große Vasenform mit wellenförmigen Linien. Sie ist in verschiedenen Farben und mit 24-karätigem Blattgold verziert. Pebaques Kunst ist von seiner Liebe zum Leben und seiner Freude an der Natur inspiriert. Er möchte mit seinen Arbeiten positive Emotionen und Inspiration hervorrufen *(Glasblåsarevägen 6, www.carlosartglass.se)*.

Im hinteren Haus befindet sich *Gullaskrufs Kuriosa & Loppis* – was für ein Unterschied zur Glaswerkstatt. Vielleicht haben Sie Glück und machen ein Schnäppchen?

Unser Besuch in der **Glashütte in Måleras** (Einwohnerzahl 180) ist ein absolutes Highlight und wir buchen uns direkt in eine Führung ein und sind von allem, was wir sehen und erleben, absolut begeistert.

344 Måleras – *Picknickplatz*

GPS: N 56°54'44.8" E 15°34'13.7", Industriegatan. **Max. WOMOs**: 1. **Ausstattung**: Picknickbänke, Spielplatz. **Beschreibung**: Kleiner Parkplatz auf fester Erde. Über eine kleine Brücke geht es auf eine große Picknickwiese. **Zufahrt**: Auf die Södra Måleråsvägen, linke Seite.

Die Glaskunst dieses Werks ist einfach atemberaubend. Die Kunstobjekte von *Mats Jonasson*, einem der bekanntesten Glaskünstler des Werks, sind besonders beeindruckend. Seine Kunst ist von einer einzigartigen, naturinspirierten Ästhetik geprägt und zeichnet sich durch ihre realistischen oder abstrakten Darstellungen von Tieren, Pflanzen oder Landschaften aus. Die Führung ist sehr informativ und interessant und wir lernen viel über die Geschichte des Werks und die Herstellung von Glaskunst.

Und dann stehen wir im Laden und kaufen kurzerhand zwei wundervolle Objekte von Mats Jonasson. Sie sind einfach großartig! Die realistischen Darstellungen von Tieren und Pflanzen sind unglaublich detailliert und so lebensecht *(täglich 10-16 Uhr)*.

Und da wir gerade schon viel Geld ausgegeben haben und der Tag sich dem Ende neigt, bleiben wir kurzerhand hier.

345 Målerås – *Glasbruk*

GPS/Kontakt: N 56°54'55.0" E 15°33'56.0", Mackamålavägen 7, www.maleras.se. **Max. WOMOs**: 5. **Öffnungszeit**: Ganzjährig. **Ausstattung**: Frischwasser, Strom, WC im Shop, Mülleimer, Picknickbänke, Spielplatz. **Beschreibung**: Asphaltparkplatz nebem einem Rasenstück. Nachts ruhig, klappstuhlgeeignet. **Preise**: 150-200 SEK. Wenn man im Shop für 500 SEK einkauft *(was schnell passieren kann)*, ist der Platz kostenlos (exkl. Strom). **Hinweis**: Bis max. 7,50 m. Größere WOMOs können neben den Stellflächen parken. **Zufahrt**: Etwa 450 m auf Mackamålavägen. **Ausweichplatz**: an der Jugendherberge / Vandrahem, Lindvägen 5, Målerås, N 56°54'52.0" E 15°34'08.9".

P Målerås – *Langegöls Badeplats*

N 56°54'15.8" E 15°32'53.6", Mülleimer, Picknickbänke, Badesteg, kleiner Strand, parken nur von 6-22 Uhr.

Tipp: Das Dagens Rätt im ***Bistro Wärdshuset Hyttan*** ist sehr zu empfehlen! Hier ist es gemütlich und es gibt eine hübsche Außenterrasse *(Mackamålavägen 7, Målerås, www.malerashyttsill.se)*.

346 Lenhovda Vägershult – *Rastplats Sandsjön*

GPS: N 56°55'23.3" E 15°21'39.4", 31. **Max. WOMOs**: 4. **Ausstattung**: VE, WC, Mülleimer, Picknickbänke. **Beschreibung**: Langgestreckter Asphaltparkplatz entlang der vielbefahrenen 31 mit herrlichem Blick auf den See. Nachts relativ ruhig. Bis zum Ende durchfahren, dort ist es etwas geschützter und ruhiger. **Zufahrt**: Direkt neben der 31 Richtung Lenhovda.

Für unsere nächste Glashütte planen wir einen ganzen Tag ein. Sie liegt im gleichnamigen Ort **Kosta** (Einwohnerzahl 915).

Die **Kosta Glasbruk** ist die *älteste und größte Glashütte* Schwedens. Da das Gebiet sehr groß und unübersichtlich wirken kann, fangen wir einfach mal mit den praktischen Dingen an. **Öffnungszeit**: Täglich 10-18 Uhr. Im Winter eingeschränkt. **Eintrittspreise**: Der Eintritt auf das Gelände ist kostenlos. Die Besichtigung der Glashütte kostet 70 SEK und Führungen 120 SEK für Erwachsene und 90 SEK für Kinder (oder Glasriket-Pass siehe oben). **Aktivitäten**: In der Glashütte können Sie Glasblasenden bei der Arbeit zuschauen oder es selbst ausprobieren. **Shopping**: Auf dem Gelände der Glashütte gibt es mehrere Geschäfte, in denen Sie Glaswaren, aber auch Kleidung, Haushalts- und Handwerkskunst und andere Souvenirs kaufen können. **Tipps**: Besuchen Sie die Glashütte am Vormittag, wenn es weniger voll ist und planen Sie ausreichend Zeit ein. Vielleicht nutzen Sie die Gelegenheit, selbst Glasbläsern auszuprobieren? Besuchen Sie die Kosta Boda Art Galerie, um die Glaskunst aus nächster Nähe zu erleben *(www.kostaboda.se)*.

347 Kosta – *Bruk*

GPS: N 56°51'00.6", E 15°23'23.1" Stora Vägen 77. **Max. WOMOs**: 50+. **Öffnungszeit**: Ganzjährig. **Ausstattung**: Frischwasser mit Gießkanne, WC tagsüber, Picknickbänke. **Beschreibung**: Riesiger Asphaltparkplatz vor dem Outlet-Center in Hörweite der 28. Sehr unromantisch, aber praktisch. **Zufahrt**: Direkt an der 28, ausgeschildert.
Ausweichplatz: N 56°50'55.3" E 15°23'44.2" und N 56°50'58.2" E 15°23'48.7", um die Anlage verteilt, ruhiger.

Wir stürzen uns ins Getümmel, besuchen das große **Outlet-Center** und sind erst einmal verwirrt. Wo ist denn das Glas? Hier gibt es gefühlt nur Kleidung. Der Weg ist aber gar nicht so schwierig: Immer geradeaus, erste Rolltreppe rauf, links am ***Café*** vorbei und mitten durch ein Herrenbekleidungs-Geschäft, zweite Rolltreppe rauf, bis man schließlich auf der anderen Seite bei den Glashütten mit der Ausstellung und den Glas-Shops ankommt.

Faszination Glaskunst: Kosta Boda

Kosta Boda wurde 1742 gegründet. Die Glashütte ist bekannt für ihre hochwertigen Glasprodukte, die von international renommierten Künstler:innen entworfen werden. Zu den bekanntesten gehören Ulrika Hydman-Vallien, Bertil Vallien (Foto S. 329) und Kjell Engman. Ihre Arbeiten sind geprägt von einem einzigartigen Stil, der sich durch farbenfrohe, expressive Designs auszeichnet. Sie können die Glashütte besichtigen und den Künstler:innen bei der Arbeit über die Schulter schauen. Es ist faszinierend, wie sie mit flüssigem Glas umgehen und daraus wunderschöne Objekte formen.

Auf der anderen Seite des Hofes befindet sich die *Kosta Art Gallery*. In der Ausstellungshalle bewundern wir zeitgenössische Kunst aus Glas. Die Sammlung umfasst Werke aus verschiedenen Stilrichtungen, von klassischen Designs bis hin zu avantgardistischen Experimenten.

Es ist spät geworden und wir haben keine Lust auf dem großen Parkplatz vor dem Outlet-Center zu übernachten, außerdem brauchen wir mal wieder eine VE. Und so fahren wir etwa fünf Kilometer weiter zum neuen Stellplatz am Safaripark.

348 Kosta – *Safaripark*

GPS/Kontakt: N 56°48'57.9", E 15°22'41.6", Hulterstad, www.kostasafaripark.se. **Max. WOMOs**: 29. **Öffnungszeit**: Ganzjährig. **Ausstattung**: VE, Strom, WC, Dusche, Mülleimer, WLAN, Waschmaschine, Trockner, beleuchtet. **Beschreibung**: Schotterparkbuchten zwischen Hecken und Büschen mit Holzterrasse. Umgeben von hohen Kiefern. Klappstuhlgeeignet, ruhig. **Preise**: 200 SEK. **Hinweis**: VE frei zugänglich. Die Hälfte der Plätze liegt direkt am Zaun zum Park. Wer Glück hat, kann die Tiere direkt sehen. Rabatt auf den Eintritt von 112 SEK in den Safaripark. **Zufahrt**: 2,3 km von der 28, ausgeschildert.

Wir können mit unserem eigenen WOMO so oft wir wollen durch das 200 Hektar große Areal des **Kosta Safariparks** fahren. Wir sehen ein Rudel Wildschweine Elche, Mufflons, Rehe, Rentiere und Bisons. **Hinweis**: Das Gelände ist sehr groß und es wird viel Wert auf eine natürliche Umgebung für die Tiere gelegt, so dass eine Sichtung dieser nicht unbedingt gegeben sein kann *(225 SEK, 125 SEK 4-12 Jahre, täglich 9-18 Uhr)*. Rund um den Park gibt es Wander-, Rad- und MTB-Strecken.

In **Transjö Hyttan** am Ufer des Lyckebyån, liegt das kleine *Glasstudio Magma Art Glass*. Die Künstler Dan Clausen und Lars Skulberg erschaffen hier unglaubliche Kunst aus Glas und lassen dabei ihrer Fantasie freien Lauf. Im eigenen Glasgeschäft finden Sie eine Ausstellung mit erstklassigen Unikaten. Wenn Sie das Geschäft bei Ihrem Besuch unbesetzt vorfinden, rufen Sie einfach an. Einer der Eigentümer kommt vorbei, um sich mit Ihnen zu treffen *(N 56°47'36.0" E 15°25'06.8", Transjö 146, Kosta, +46725598155, www.magmaartglass.com)*. Ein paar Meter weiter finden wir die **Gamla Transjö Glasbruk Ruin.**

In der **Erikshyttan** in **Eriksmåla** (Einwohnerzahl 184) bietet die Galerie einige Produkte kleiner Nischenserien. Dies hat zu geschätzten Ausstellungen in ganz Europa geführt *(Marknadsvägen 3, Eriksmåla, www.erikshyttan.se)*.

349 Eriksmåla – *Erikshyttan*

GPS: N 56°44'01.3" E 15°28'59.1", Marknadsvägen 3. **Max. WOMOs**: 2. **Ausstattung**: WC im Restaurant. **Beschreibung**: Kleiner Schotterparkplatz gegenüber der Galerie in Hörweite der 25, aber Sichtschutz durch Bäume. **Zufahrt**: Wenige Meter von der 25 und dem Kreisel zur 26.

Tipp: ***Schnitzelklubben*** ist eine urig gemütliche Location mit Mega-Schnitzel, Mini-Lego-Ausstellung und Lego-Spielecke für Kinder. Es wird von zwei Deutschen geführt *(Dagens Rätt mit Salatbuffet, Marknadsvägen 1, Eriksmåla)*.

TOUR 14

Ausflugstipp: *The Glass Factory* in **Boda Glasbruk** (Einwohnerzahl 168) ist ein interaktives Glasmuseum mit Kinderbereich. Es ist das *einzige reine Glasmuseum* in Schweden und bietet eine umfassende Ausstellung über die Geschichte und Herstellung von Glas *(Mo.-Fr. 10-17 Uhr, Sa.-So. 11-17 Uhr, 100 SEK, 50 SEK 6-15 Jahre, Shop,* ***Café Ullkatten****, Storgatan 5, Boda Glasbruk, www.theglassfactory.se)*.

350 Boda – *Glasbruk Camping*

GPS/Kontakt: N 56°43'41.1" E 15°40'56.0", Storgatan 2, +46702798260. **Max. WOMOs**: 20. **Öffnungszeit**: 04-09. **Ausstattung**: Campingplatz-

typisch. **Beschreibung**: Große Wiese umgeben von Bäumen, ruhig, klappstuhlgeeignet. **Preise**: 180 SEK, zahlbar in bar. **Hinweis**: Es kommt jemand zum Kassieren vorbei. Etwa 300 m bis zum kleinen See mit Badestelle und Steg. **Zufahrt**: 1 km von der 25, 350 m bis zur Glasfabrik.

Unser heutiges Ziel liegt weiter südlich über die 28, Richtung Emmaboda zu einem ähnlich schönen kleinen Übernachtungsplatz:

351 Johansfors – *Broakulla*

GPS/Kontakt: N 56°41'40.9", E 15°32'35.6", Åbyvägen, www.mackenbroakulla.se. **Max. WOMOs**: 18. **Öffnungszeit**: Ganzjährig. **Ausstattung**: Campingplatztypisch. **Badestelle**: Picknickbänke, Grillstelle, Badesteg. **Beschreibung**: Kleiner, schöner und gemütlicher Campingplatz mit Wiesenplätzen. **Preise**: 180-230 SEK. **Hinweis**: Nicht-Camper zahlen 70 SEK für die VE, zahlbar in bar oder PayPal. **Zufahrt**: Von der 28 links in die Bruksgatan bis zum Ende, rechts.

Broakulla – Badeplatz

In der kleinen Ortschaft **Duvemåla** in der Nähe von **Emmaboda** (Einwohnerzahl 5.000) liegt der schöne *Bauernhof Rundqvistagården.*

TOUR 14

Millionen-Erbe – Geschwister horteten ein Vermögen

Hier lebten vier unverheiratete Geschwister, in sehr altmodischer Weise. Sie waren sparsam und versorgten sich selbst mit dem, was sie auf ihrem Hof anbauen konnten. Als das letzte der Geschwister 1989 starb, kam die Wahrheit über ihr Vermögen ans Licht. Sie hatten eine Million Kronen in bar gespart. Der gesamte Besitz fiel an den gemeinnützigen Verein Allmänna arvsfonden.

Ein Besuch auf Rundqvistagården ist eine Reise in die Vergangenheit. Die Geschwister haben den Hof so hinterlassen, wie sie auf ihm gelebt haben. Die Möbel sind alt und einfach, und die Wände sind mit Bildern und Gemälden geschmückt. Im Hof befinden sich noch die Stallungen und der Garten.

Im ***Café*** erwartet uns eine Auswahl an süßen und herzhaften Fika-Spezialitäten, darunter hausgemachte Kuchen, Brezeln mit Butter und Käse *(06-08 täglich 10-17 Uhr)*.

352 Emmaboda Duvemåla – *Rundqvistagården*

GPS: N 56°39'56.5" E 15°32'34.8", Duvemåla 202. **Max. WOMOs**: 2. **Beschreibung**: Kleiner Schotterparkplatz neben dem Hof. Im Hochsommer gut besucht und sehr beliebt. **Zufahrt**: 500 m von der 28.

Mit einem letzten Blick auf die glitzernden Glaskunstwerke und die bezaubernde Landschaft verabschieden wir uns von diesem magischen Gebiet, an dem Tradition und Innovation auf einzigartige Weise miteinander verbunden werden. Wir haben die Menschen getroffen, die mit Leidenschaft und Hingabe Glaskunstwerke erschaffen. Und wir haben die Schönheit und Vielfalt des Glases selbst bewundert. Ein Ort der Inspiration und Kreativität, an dem Träume aus Glas Wirklichkeit werden: Das Glasreich Schwedens – ein unvergessliches Erlebnis!

Glaskunst aus Kosta Boda

Orranäsasjön am Orrefors Camping

Tour 15

Karlskrona
Tour 14
28
356
355
353
354
Hasslö
Almö
358
357
E22
Ronneby
359
27
360
P
363
C
367
368
Karlshamn
365
Kreativum
29
362
369
Pukaviksbukten
Hanö
Hörvik
Nogersund
361
364
Pukavik
Norje
Ostsee
Hällevik
370
366
15
Sölvesborg
Hanöbukten
Ivösjön
Ivö
373
371
372
118
Tour 16
Hammarsjön
Kristianstad
N
20 km

Schwedens geheimes Juwel: Blekinge
Von Karlskrona bis Kristianstad
230 km

Im Südosten Schwedens, wo die Ostsee auf sanfte Hügel und dichte Wälder trifft, befindet sich eine Region voller Reichtum und Vielfalt. Von der pulsierenden Küstenstadt Karlskrona bis hin zu den idyllischen Inseln von Blekinge bietet diese Landschaft jedem etwas. Unsere Highlights sind:

- **UNESCO-Erbe Karlskrona**
- **Schärenlandschaft rund um Hasslö**
- **Ronneby Brunnsparken**
- **Kreativum Karlshamn**
- **Ausflug zum Ivösjön**

Unsere Reise entlang der Küste Blekinges beginnt in der Marinestadt **Karlskrona** (Einwohnerzahl 37.000). Seit 1998 gehört sie wegen ihrer reichen Geschichte zum *UNESCO-Welterbe*.

353 Karlskrona – *Hamn*

GPS/Kontakt: N 56°09'55.7", E 15°35'37.9", Östra Hamngatan 17, +46455303151. **Max. WOMOs**: 50. **Öffnungszeit**: Ganzjährig. **Ausstattung**: VE, Strom, WC, Dusche, Waschmaschine, Trockner, Mülleimer, Sauna, Picknickbänke. **Beschreibung**: Großer unromantischer Asphaltparkplatz am Hafen mit schönem Blick auf die Schären. Nachts ruhig. **Preise**: 300-330 SEK zahlbar am Automaten oder per GoMarina App. **Hinweis**: Automat ist links vor den Stellplätzen, WC *(6-24 Uhr)* ist in einem Container links hinter den WOMOs, Zugang per Code. Links daneben ist die VE. Duschen, Waschmaschine, Trockner, Müll und die Sauna sind etwa 300 m entfernt am Yachthafen *(am italienischen Restaurant vorbei, Gebäude mit der Glastür)*. Grauwasser (VE) siehe Platz 355. **Zufahrt**: Der 28 ins Zentrum folgen. Links in den Skeppsbrokajen einbiegen. Nach etwa 500 m liegt der Parkplatz auf der linken Seite.

Karlskrona – Blekinge Tingsrätt, das Gerichtsgebäude am Stortorget

Vom Stellplatz am Hafen ist es etwa ein Kilometer bis in die Altstadt. Einige der schönsten Sehenswürdigkeiten schauen wir uns direkt in der Dämmerung an. Die **Trefaldighetskyrkan** *(Dreifaltigkeitskirche)*, auch Tyska Kyrkan (Deutsche Kirche) genannt, ist monumental und das Wahrzeichen von Karlskrona. Sie wurde im 18. Jahrhundert erbaut und ist ein hervorragendes Beispiel der schwedischen Barockarchitektur. Der **Stortorget**, der Mittelpunkt Karlskronas, ist extrem beeindruckend. Befindet sich doch neben der Trefaldighetskyrkan auch noch das **Tingsrätt** (Gerichtsgebäude) und die **Fredrikskyrkan**, sowie etliche weitere geschmackvolle historische Gebäude. Überhaupt ist die Innenstadt von Karlskrona ein charmantes Viertel mit gepflasterten Straßen, historischen Gebäuden und malerischen Geschäften und Restaurants.

Tipp: ***Nya Skafferiet***, frische, regionale, vegetarische Gerichte, Feinkost und Weinspezialitäten *(Mo.-Sa. 10-14 Uhr, Rådhusgatan 9, www.nyaskafferiet.se)*.

Rosenbom hält in seiner linken Hand ein Schild: »Ich bitte euch demütig, kommt, gebt einen Pfennig, aber hebt zuerst meinen Hut«.

Zwischen Dreifaltigkeitskirche und der Vattenborgen mit dem imposanten Turm führt ein Weg in den schönen, etwa 20.000 Quadratmeter großen Amiralitetsparken, immer mit Blick auf den Glockenturm des **Amiralitetsklockstapeln** von 1699. Der Turm war ursprünglich dazu gedacht, mit seinen Glockenschlägen die Zeit sowie die Anfangs-, End-, und Pausenzeiten auf der alten Werft anzuzeigen.

TOUR 15

Vor der Kirche **Ulrica Pia** steht seit etwa 250 Jahren der *Gubben Rosenbom* (*Der Alte Rosenbom*). Die lebensgroße Figur wurde durch das Buch *»Die wunderbare Reise des kleinen Nils Holgersson«* von *Selma Lagerlöf* berühmt.

Rosenbom dient als Spendenbüchse für die Bedürftigen. Man kann Geld in die Figur stecken, wenn man ihren Hut anhebt. Er hält in seiner linken Hand ein Schild, auf dem in alter schwedischer Sprache steht: *»Ich bitte euch demütig, obwohl meine Stimme schwach ist, kommt, gebt einen Pfennig, aber hebt zuerst meinen Hut. Glücklich sind die, die sich um die Armen sorgen.«* Der letzte Satz ist ein Zitat aus dem Psalm 42.1 in der Bibel.

Interessant ist ein Besuch auf der vorgelagerten **Insel Stumholmen**, die durch eine Brücke mit der Innenstadt verbunden ist. Karlskrona war lange Zeit ein wichtiger Marinestützpunkt und beherbergt heute noch das Hauptquartier der schwedischen Marine. Das Marinemuseum erzählt diese spannende Geschichte, ist eines der größten der Welt und mit einer Vielzahl von Schiffen, Kanonen und anderen Marineartefakten ausgestattet.

Karlskronas lange Marinegeschichte

Gegründet im Jahr 1679 von König Karl XI., entwickelte sich Karlskrona schnell zum Hauptstützpunkt der schwedischen Flotte. Die Stadt auf der Insel Trossö bot ideale Bedingungen für den Marinebau: eine geschützte Lage in der Ostsee, tiefes Wasser und reichlich Holz aus den umliegenden Wäldern. In der Blütezeit der Werft im 18. Jahrhundert arbeiteten hier bis zu 10.000 Menschen. Heute ist Karlskrona immer noch ein wichtiger Marinestützpunkt, wenn auch die Anzahl der Beschäftigten auf 700 gesunken ist.

Karlskrona ist außerdem ein Badeort, touristisches Zentrum Blekinges und Ausgangspunkt für Bootsfahrten in die wunderschöne Schärenwelt mit über 1.500 Inseln.

Sogar in der Innenstadt kann man baden! Auf der Insel Stumholmen befindet sich beispielsweise eine Badestelle direkt neben dem Marinemuseum. Camping auf höchstem Niveau können Sie auf dem nur drei Kilometer entfernten Dragsö Campingplatz erleben. Der 4-Sterne-Platz, der beeindruckende 130.000 Übernachtungen pro Jahr verzeichnet, liegt idyllisch auf einer eigenen kleinen Insel, die dennoch bequem per Auto vom Festland aus erreichbar ist.

354 Karlskrona – *Dragsö Camping*

GPS/Kontakt: N 56°10'23.0" E 15°34'02.9", Dragsövägen 14, +4645515354, www.dragso.se. **Max. WOMOs**: 220. **Öffnungszeit**: Ganzjährig. **Ausstattung**: Badesteg, Pool, Strand, Spielplatz, Minigolf, Restaurant, Shop und mehr. **Beschreibung**: 4-Sterne-Familiencamping auf einer eigenen Insel. **Preise**: 250-480 SEK. **Hinweis**: Ein Schärenboot fährt regelmäßig ins Zentrum. **Zufahrt**: Spektakuläre Anfahrt über mehrere Brücken vom Björkholmskajen über den Dragsövägen.

TOUR 15

Karlskrona – Brändaholms, ein beliebtes Fotomotiv

Karlskrona – Aussicht auf Stumholmen und das Marinemuseum

Empfehlenswert ist auch ein Ausflug auf den **Hausberg Bryggareberget** mit *Aussichtsplattform* und leckerem ***Restaurant Bistro Utkiken*** *(Dagens Rätt 129 SEK, Kärleksstigen 7, www.bistroutkiken.se).*

355 Karlskrona – *Utkiken*

GPS: N 56°10'25.2" E 15°36'02.5", Kärleksstigen 7. **Max. WOMOs**: 3. **Ausstattung**: WC, Mülleimer, Picknickbänke, Restaurant. **Beschreibung**: Kleiner Asphaltparkplatz am Aussichtspunkt. Nichts für große WOMOs. **Zufahrt**: 500 m von der 28 über die Blåportsgatan links in den Kärleksstigen den Berg rauf.

Von oben können wir auch einen Blick auf den beliebten Parkplatz für WOMOs zwischen der Schnellstraße und der Tankstelle werfen. Hier würden wir tatsächlich nur übernachten, wenn wir in der Stadt nichts mehr bekommen – oder wenn wir Geld sparen wollen, denn dieser ist kostenlos.

356 Karlskrona – *Hattholmen*

GPS: N 56°10'18.8" E 15°35'47.8", Heliumgatan 2. **Max. WOMOs**: 50. **Öffnungszeit**: Ganzjährig. **Ausstattung**: VE, WC in der Tankstelle, Mülleimer, Tank-Shop. **Beschreibung**: Großer, unromantischer Schotterparkplatz, laut. Klappstuhlgeeignet. **Hinweis**: Die VE-Station ist frei zugänglich und befindet sich nur 400 m vom Parkplatz entfernt *(N 56°10'12.5" E 15°35'38.5", Argongatan 5)*. Waschanlage bei N 56°11'54.5" E 15°36'30.3", Ronnebyvägen 5. **Zufahrt**: Von der 28 in die Blåportsgatan, rechts hinter der Tankstelle.

TOUR 15

Am nächsten Tag erwartet uns ein spannender Ausflug in ein Naturparadies mit sensationeller Anfahrt über eine Inselkette, verbunden mit zahlreichen Brücken bis hin zur **Insel Hasslö** (Einwohnerzahl 1.700). Abgesehen von ausgewiesenen Stellen dürfen WOMOs nirgendwo im Naturschutzgebiet übernachten. Die Insellandschaft bietet eine Vielzahl an Natur- und Kulturerlebnissen. Im Norden finden sich ausgedehnte Weiden mit mächtigen

Eichen, die Zeugen einer langen landwirtschaftlichen Nutzung sind. Im Süden liegen offene Heiden, die im Sommer eine bunte Blumenpracht entfalten.

357 Listerby Slätthammar – *Almö Naturreservat*

GPS: N 56°09'06.8", E 15°27'00.4", Hasslövägen. **Max. WOMOs**: 20. **Ausstattung**: WC, Picknickbänke, Grillstelle, Badesteg in 200 m, Infotafel. **Beschreibung**: Großer Wiesenstreifen mit fester Erde zwischen Bäumen abseits der Straße. Sehr schön! Nebenan weiden Schafe. **Hinweis**: Max. 48 Std. **Zufahrt**: 5,5 km von der E22 Richtung Hässlö.

Wanderung Almö Naturreservat

2 km, leicht, barrierefrei: Von hier startet ein kleiner Rundweg zur Badestelle mit Grillstelle und Picknickbänken. Großartig für Menschen mit Kindern und Hunden. Wer Lust hat, kann auf dem Almoleden wandern und einen Tagesausflug machen *(Infotafeln am Parkplatz)*. Unterwegs gibt es immer wieder Picknickbänke und auch WCs.

Die Strecke schlängelt sich über die Inseln bis es nicht mehr weitergeht und wir fast automatisch auf dem Hafenstellplatz in Hasslö landen.

358 Hasslö – *Hamn*

GPS/Kontakt: N 56°06'09.1" E 15°28'27.8", Garpenvägen 4, +46709304855. **Max. WOMOs**: 6. **Öffnungszeit**: Ganzjährig. **Ausstattung:** Strom, WC, Dusche, Mülleimer, Picknickbänke, Café. **Beschreibung**: Wiesenstreifen mit Blick auf den Hafen, leicht schräg. **Preise**: 230 SEK zahlbar am Automaten oder per GoMarina App. **Hinweis**: Boulebahn hinter dem Platz. **Zufahrt**: Bis zum Ende fahren, dann links zum Hafen.

Garpahamnen – Ein Name mit Geschichte

Wir tauchen in die Vergangenheit Hasslös ein, wo der Name »Garpahamnen« an die »Garpar«, die alten Deutschen, erinnert. Im 14. Jahrhundert pulsierte hier während der Hansezeit der Handel, und die Heringsfischerei prägte das Leben auf der Insel. Erst seit 1964 ist Hasslö durch eine Brücke mit dem Festland verbunden. Bis 1988 war Hasslö für ausländische Staatsangehörige gesperrt, was die Insel zu einem geheimnisvollen Ort machte.

Heute lockt Hasslö mit seinem maritimen Charme und vielfältigen Angeboten. Der Blekinge-Archipel mit seinen idyllischen Inseln und malerischen Küstenabschnitten lädt zu unvergesslichen Ausflügen ein. Bis zum herrlichen Sandstrand Sandvik Badplats sind es vom Stellplatz aus nur etwa eineinhalb Kilometer.

Tipp: ***Sjöboden Restaurang och Bar***, Streetfood-Atmosphäre mit schöner Außenterrasse, Blick auf den Hafen und die Schären im umgebauten alten Bootshaus *(05-09, Garpahamnen, www.sjoboden.com)*.

Auf dem Rückweg, runter von den Inseln, machen wir einen Halt am **Gravfältet vid Hjortahammar**. Auf einem schmalen Landvorsprung zwischen dem Almösund und dem Almöfjord in Blekinge liegt das Grabfeld. Es ist eines der größten und bedeutendsten archäologischen Fundstätten in Blekinge und beherbergt mehr als 125 Gräber aus der römischen Eisenzeit und der Wikingerzeit.

Hjortahammar – Grabfeld

P **Hjortahammar – *Gravfältet***
N 56°10'12.4" E 15°27'41.4", Hasslövägen, Vorsicht bei der Einfahrt, tiefe Schlaglöcher.

Für unseren nächsten Ausflug mieten wir uns erst einmal wieder auf einem Stellplatz ein, dem neu überarbeiteten von **Ronneby** (Einwohnerzahl 12.800).

359 Ronneby – *Östra Kajen*

TOUR 15

GPS/Kontakt: N 56°10'27.5", E 15°18'08.9", Östra Kajen, www.stallplats.ronneby.se.
Max. WOMOs: 38. **Öffnungszeit**: Ganzjährig.
Ausstattung: VE, Strom, WC, Dusche, Mülleimer, Picknickbänke, Grillstelle, Badesteg.
Beschreibung: Großer Schotterplatz. Grün nur in der Mitte mit Picknickbänken und Grillhütte. Toller Ausblick auf die Bucht. **Preise**: 200-250 SEK. **Hinweis**: Es kann sehr windig werden. Nach 20 Minuten geht in der Dusche das Wasser aus. **Zufahrt**: Über Hamnvägen nach 3 km links abbiegen auf Östra Kajen.

Den Stellplatz können wir wunderbar für eine Besichtigung des *Brunnspark* nutzen, es führt ein Fuß- und Radweg die ganzen zweieinhalb Kilometer am *Fluss Ronnebyån* entlang. Wer zum Parkplatz fahren möchte, sollte früh genug ankommen.

P **Ronneby – *Brunnspark***
N 56°11'41.0" E 15°17'15.2", Stora Promenaden 1.

Ronneby Brunnspark – Vom Kurbad zur Oase für alle

1705 wurde in Ronneby eine heilkräftige Quelle entdeckt. Schnell entwickelte sich der Ort zu einem beliebten Kurort, der Menschen aus aller Welt anzog. In den folgenden Jahrzehnten wurde Ronneby Brunnspark zu einem mondänen Treffpunkt für die europäische Elite. Doch der Niedergang des Kurwesens im 20. Jahrhundert traf auch Ronneby. Das Quellwassertrinken kam aus der Mode, und der Park verfiel. 1959 brannte das Brunnenhotel vollständig nieder. Nach dem Zweiten Weltkrieg wurde der Park dann wieder restauriert und neue Sehenswürdigkeiten ergänzt. Heute ist Ronneby Brunnspark ein beliebtes Erholungsziel für alle.

Das Brunnenhaus bietet im ***Wienercafé*** die Möglichkeit zu gemütlichen Kaffeepausen. *Villa Gymnastiken* ist zu einem Naturum geworden und in den alten *Brunnenhallen* finden im Sommer Konzerte, Unterhaltungsprogramme, Flohmärkte und andere Veranstaltungen statt. Der Brunnenpark ist eine wahre Oase. Einladende Rasenflächen, ein hübscher Wasserfall, bunte

Anpflanzungen und ein Berg voller Rhododendron gefallen uns besonders gut (*04-05 Mo.-Fr. 12-17 Uhr, Sa.-So. 10-15 Uhr, 06-09 täglich 12-17, 10-11 Sa.-So. 10-15 Uhr*).

TOUR 15

Wanderung nicht nur für Kinder

1,3 km, leicht, weiße Markierung: Der Weg beginnt hinter der *Villa Vera* und führt hinauf zum Uvberget mit schöner Aussicht, in den Blaubeerwald, vorbei an Trollsjön und durch den Buchenwald zurück in den Park. Unterwegs gibt es 15 Informationspunkte, an denen das Maskottchen von seiner Heimat, der Natur, erzählt. Auf Infotafeln werden weitere Rundwege zwischen 1,3 und 5 km beschrieben.

Der Besuch in Ronneby hat uns gut gefallen und wir fahren am nächsten Morgen zügig über die E22. Alle, die eine VE oder eine Rast einlegen wollen, können dies am Rastplatz Galtsjön machen. Jede Seite ist aus beiden Richtungen anfahrbar. Und wie der Name sagt, liegt dieser an einem kleinen See.

360 Ronneby – *Rastplats Galtsjön*

GPS: N 56°13'20.3" E 15°12'38.8" und N 56°13'13.9" E 15°12'49.4". **Max. WOMOs**: 10. **Ausstattung**: VE, WC, Mülleimer, Picknickbänke, Grillstelle, Badesteg, Spielplatz, Restaurant, Tankstelle, Tankshop. **Beschreibung**: Große Asphaltparkplätze. Schöne Picknickmöglichkeiten am See mit Rundwegen. **Hinweis**: Über die Brücke fahren, um auf die andere Seite zu kommen. **Zufahrt**: An der E22.

Bevor wir in die Stadt **Karlshamn** (Einwohnerzahl 20.200) hineinfahren, besuchen wir das Wissenschafts-Museum *Kreativum*. Wissenschaft klingt langweilig? Mit Sicherheit nicht hier. Für uns ist ein Besuch ein unbedingtes Muss, denn hier können wir Stunden mit kreativen Spielen und interessanten Experimenten verbringen *(195 SEK, 175 SEK 4-11 Jahre, 690 SEK 4 Personen, täglich 10-16, Ausnahmen, Strömmavägen 28, www.kreativum.se)*.

361 Karlshamn – *Kreativum*

GPS: N 56°11'35.0" E 14°51'08.0", Strömmavägen 20. **Max. WOMOs**: 5. **Öffnungszeit**: Ganzjährig. **Ausstattung**: WC im Museum, Spielplatz, Minigolf, Restaurant. **Beschreibung**: Asphaltparkplatz auf dem Busparkplatz rechts vor der Scheune. **Hinweis**: Im Kreativum eine Parkerlaubnis abholen. Nur zwischen 18-9 Uhr. **Zufahrt**: Vom Strömmavägen rechts auf Tygvägen.

Jetzt geht's in die Stadt. Dazu parken wir am Hafen, denn hier gibt es ausgewiesene Plätze und der Weg ins Zentrum ist nicht weit.

362 Karlshamn – *Skeppsbron Hamn*

GPS: N 56°09'55.1" E 14°51'53.9", Hamngatan. **Max. WOMOs**: 6. **Ausstattung**: WC, Mülleimer, Restaurant, Imbiss, Touri-Info. **Beschreibung**: Asphaltparkplatz gegenüber einer Fabrik (je nach Wind: Geruch). **Preise**: 3 SEK/Std. 9-18 Uhr, nachts kostenlos. **Zufahrt**: Auf der Hamngatan schon vor dem gelben Haus auf den Parkplatz fahren. Bis hinten durchfahren. **Hinweis**: Nachtclub auf der Landspitze. Die Plätze werden derzeit umgebaut. VE gegen Gebühr am Campingplatz Kolleviks, N 56°09'36.5" E 14°53'41.7". **Ausweichplatz**: N 56°09'52.5" E 14°52'01.1", Östra Piren oder N 56°10'01.2" E 14°52'24.2", Rosenvägen 8.

Kleine Runde um den Näsviken

1,5 km, leicht: Nur wenige Meter weiter entlang der Hamngatan Richtung Osten, kommen wir zu einem hübschen Rosengarten mit Spielplatz und der Möglichkeit, eine kleine Runde durchs Grüne zu gehen. Zwischen den Häusern führt ein Fußweg an der Fiskarstugan vorbei, eines der ältesten Holzgebäude in Karlshamn. Über die Lärkgatan gelangen wir so auf die Strandpromenaden zum Hamnparken mit Picknickbänken und dem Emigranten-Monument, eine Statue, die an die vielen schwedischen Auswanderungen erinnert. Viele Menschen flohen damals (1848-1930) vor Hunger und Armut in die USA.

Tipps: ***Carlmans***, frischer Fisch, vegetarisch, barrierefrei *(05-09, Skeppsbron, Östra Kajen, www.carlmansmat.se)*. Empfehlenswert für ein Mittagsgericht ist die ***Konditori Christin*** *(Dagens Rätt, Drottninggatan 65, etwas hinter der Kirche, www.konditorichristin.se)*.

Vom Fischerdorf zur Handelsmetropole

Karlshamn wurde 1664 von König Karl X. Gustav gegründet. Der junge Monarch erkannte das strategische Potenzial der Lage am Ostseehafen und ließ eine neue Stadt errichten. Um das alte Dorf Bodekull herum entstanden ein Hafen und eine Werft. Die Stadt erhielt den Namen ihres Gründers und wurde schnell zu einem wichtigen Handelszentrum. 1874 wurde die Bahnstrecke Karlshamn–Vislanda eröffnet.

Karlshamn ist eine charmante Küstenstadt mit einer reichen Geschichte und Kultur. Das hübsche **Rådhus** am Stortorget wurde im 17. Jahrhundert erbaut und ist heute ein Museum über die Geschichte der Stadt. Die beeindruckende Domkirche, **Carl Gustafs Kyrka**, stammt aus dem 18. Jahrhundert. Die Innenstadt kann mit einigen engen Gassen und schönen Gebäuden aufwarten. Wenn Sie mehr Zeit haben, machen Sie auch einen Ausflug zum *Karlshamns Naturreservat* oder dem *Djurpark*.

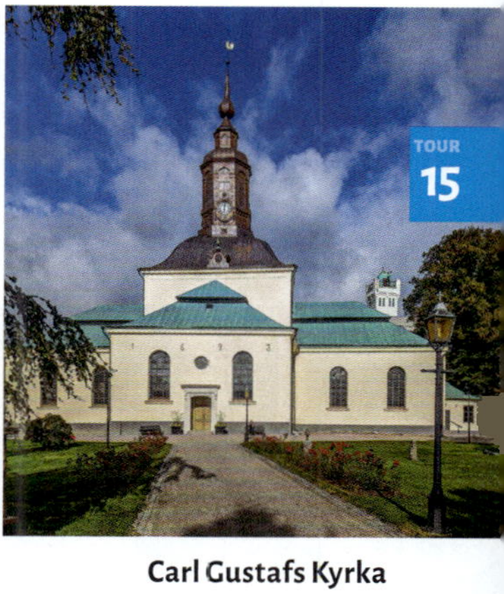

Carl Gustafs Kyrka

TOUR 15

Karlshamns Kastell: Ein Hauch von Geschichte und Fantasie

Unmittelbar vor der Hafeneinfahrt von Karlshamn liegt die Insel Frisholmen, gekrönt vom imposanten Karlshamns Kastell. Ein Ort, der Geschichte atmet und die Fantasie beflügelt. Erbaut im Jahr 1675, während des Krieges

Rådhuset

zwischen Schweden und Dänemark, diente die Festung fast 200 Jahre lang dem Schutz der Stadt. Heute präsentiert sich Frisholmen im Frühsommer in einem zauberhaften Kleid aus blühendem Flieder. Das Kastell bietet eine einzigartige Kulisse für Theateraufführungen und die ehemalige Inselkirche, originalgetreu wiederaufgebaut, ist eine beliebte Hochzeitslocation. Der alte Brunnen, einst von den dänischen Besatzern vergiftet, und der Kerker, in dem der berühmte Gefangene Vitus Andersson im 17. Jahrhundert schmachtete, erzählen von der bewegten Geschichte *(60 SEK, 30 SEK 7-15 Jahre, 05-09, 11-17 Uhr, Abfahrten ab Schärenterminal, Tickets auf dem Boot, Café nur in der Nebensaison).*

Etwas außerhalb Karlshamns befinden sich einige schönere Übernachtungsplätze als am inneren Hafen. Einmal östlich, einmal westlich.

363 Karlshamn – *Väggaviken*

GPS: N 56°09'30.6" E 14°53'05.2", Saltsjöbadsvägen. **Max. WOMOs**: 20. **Öffnungszeit**: 06-08. **Ausstattung**: VE am Campingplatz, Strom, WC, Dusche etwa 200 m Richtung Hafen, Mülleimer. **Beschreibung**: Großer Schotterparkplatz, unromantisch, klappstuhlgeeignet. Netter Hafen mit Café, Restaurant und Räucherei. **Preise**: 200 SEK zahlbar per GoMarina App. **Zufahrt**: Vom Idrottsvägen zum Saltsjöbadsvägen. Der Platz liegt dann auf der rechten Seite, nicht auf der Wasserseite. **Ausweichplatz**: N 56°09'24.6" E 14°53'19.9", gegenüberliegende Seite.

Hier finden wir fantastische Natur mit vielen kleinen Inseln. Großartig zum Spazierengehen und Wandern. Einer unserer bisherigen Lieblingsplätze wird nun leider stark frequentiert, aber schön ist er nach wie vor.

364 Karlshamn – *Bladvägen*

GPS: N 56°09'14.5" E 14°51'23.4", Bladvägen 6. **Max. WOMOs**: 2. **Beschreibung**: Versteckter Schotterparkplatz mit grandiosem Blick auf die Schären. Klappstuhlgeeignet, ruhig. Von der Industrie bekommt man nichts mit. **Zufahrt**: Vom Munkahusvägen rechts, hinter einem kleinen Haus links. Ohne Ausschilderung.

Von hier aus bieten sich herrliche Möglichkeiten für Spaziergänge und Badeausflüge zur nahegelegenen, fantastischen Bucht am Stärnö Badplats. Ebenso empfiehlt sich ein Rundgang über die kleine, vorgelagerte Insel ins **Stärnö-Boön Naturreservat** bis zum Gamle Skans, alten Wald.

Ausflugstipp: Auf einer Landzunge im **Långasjön** liegt wunderschön der gleichnamige Campingplatz, etwa 10 Kilometer nördlich von Karlshamn.

365 Asarum – *Långasjönäs Camping*

GPS/Kontakt: N 56°13'54.8" E 14°51'10.4", Långasjönäsvägen 49, +46454320691, www.langasjonas.com. **Max. WOMOs**: 115. **Öffnungszeit**: Ganzjährig. **Ausstattung**: Badesteg, Strand, Spielplatz, Minigolf, Café, Shop, Boots- und Radverleih, Angeln. **Beschreibung**: Mitten im Naturschutzgebiet. Herrlich ruhig. **Preise**: 290-440 SEK. **Zufahrt**: Etwa 7 km nördlich Karlshamns über die Storgatan und Elsebrånevägen bis Långasjönäsvägen.

Am Sandstrand tauchen wir in kristallklares Wasser ein – laut Campingplatz das wärmste Badewasser von Blekinge. Das Naturschutzgebiet ist ein wahres Paradies für Wanderungen. Einfach schön für unsere Erholung mit Hund und Kindern.

TOUR 15

Långasjönäs Wanderwege im Naturschutzgebiet

1-8 km, leicht bis mittel, festes Schuhwerk, Infomaterial an der Rezeption: Es gibt ein gut ausgebautes Wegenetz. Die Länge der Strecken variiert und zeigt die schönsten Orte und Seen. Es gibt Grillplätze mitten in der Wildnis, Schutzhütten und Toiletten. Einer der Wanderwege ist barrierefrei. Hier verläuft auch der ***Blekingeleden***.

Weiter geht die Fahrt um die langgezogene Bucht von **Pukavik** bis **Norje** (Einwohnerzahlen 345 und 886). Jetzt im Spätsommer ist der kleine Ort ruhig und beschaulich. Wundern Sie sich vielleicht über die vielen Campingplätze, die bei Google Maps verzeichnet sind? Bei den meisten handelt es sich um Pop-Up-Camps, denn hier findet jedes Jahr eins der größten und bedeutendsten Rock-/ Metal-Festivals der Welt mit über 35.000 Musikbegeisterten statt: das *Sweden Rock Festival*. Wenn Sie nicht selbst mitfeiern möchten, sollten Sie dann besser einen Bogen um den Ort machen. Wir übernachten, in Nostalgie versunken, auf dem kleinen Parkplatz neben dem Kanal.

366 Sölvesborg – *Norje Havsbadet*

GPS: N 56°07'21.6", E 14°40'41.2", Havsbadet. **Max. WOMOs**: 4-5. **Ausstattung**: VE, WC 500 m, Dusche 500 m, Mülleimer, Picknickbänke, Grillstelle, kleiner Strand. **Beschreibung**: Schöner Parkplatz mit Wasserblick auf einer Wiese im Rondell. **Preise**: Es wird um eine Spende gebeten. **Hinweis**: VE hinter dem gelben Haus. **Zufahrt**: In der Nähe von Karlshamnsvägen auf der linken Seite. Vor dem Gelände des Sweden Rock.

Einen besonders schönen Stellplatz gibt es in **Krokås,** nicht weit entfernt, mit fantastischem Blick auf das Meer. Dieser gehört definitiv zu unseren Favoriten, da der Hafen noch sehr ursprünglich und natürlich ist.

367 Sölvesborg – *Krokås Hamn*

GPS: N 56°02'55.9" E 14°45'27.2", Krokåsvägen 1. **Max. WOMOs**: 14. **Öffnungszeit**: Ganzjährig. **Ausstattung**: Frischwasser, Strom, WC 200 m, Mülleimer, Picknickbänke, kleiner Strand. **Beschreibung**: Schöner, einfacher und kleiner Stellplatz mit Aussicht. **Preise**: 160 SEK. **Hinweis**: WC befindet sich auf der anderen Seite des Hafens, auf der Rückseite des gelben Clubhauses. Den Code bekommt man beim Hafenmeister. **Zufahrt**: Über den Mjällby Ljungavägen und Mjällbyåsavägen quasi immer geradeaus zum Hafen.

Es lohnt sich eine Wanderung ins **Spraglehall Naturschutzgebiet**. Auch der Nachbarort hat sich auf WOMOs spezialisiert und gleich vier Positionen im Hafengebiet freigegeben. Am Ortseingang von **Hörvik** (Einwohnerzahl 820) hängt eine große Infotafeln mit Wegweisern.

368 Sölvesborg – *Hörviks Hamn*

GPS: N 56°02'29.4" E 14°46'02.9", Kustvägen 4. **Max. WOMOs**: 30+. **Öffnungszeit**: Ganzjährig. **Ausstattung**: VE am SP 1, Strom, WC, Dusche am SP 2, Mülleimer, Picknickbänke, Restaurant. **Beschreibung**: Insgesamt gibt es hier 4 Stellplätze für je bis zu 10 WOMOs, nicht alle mit Strom. Teils Schotter, teils Asphalt. Schöner Ausblick. **Preise**: 200 SEK zahlbar online (Info am Restaurant). **Zufahrt**: Vom Krokåsvägen links in den Kustvägen einbiegen. Die Plätze liegen auf der linken Seite am Hafen.

Ach, diese **Landzunge Listerlandet** ist einfach schön, und es gibt so viele hübsche Ortschaften, da lohnt sich ein längerer Aufenthalt; so auch in **Nogersund** (Einwohnerzahl 500).

369 Sölvesborg – *Nogersund Hamn*

GPS/Kontakt: N 56°00'11.9", E 14°44'15.0", Östra Hamnvägen, +46702728602. **Max. WOMOs**: 25. **Öffnungszeit**: Ganzjährig. **Ausstattung**: VE, Strom, WC, Dusche, Mülleimer, Picknickbänke, Grillstelle, Badesteg, WLAN, Restaurant, Café, Shop. **Beschreibung**: Schöner Wiesenplatz auf der Mole des Hafens! **Preise**: 210 SEK zahlbar am Automaten. 50 SEK VE ohne Übernachtung. **Hinweis**: Es kann windig werden! **Zufahrt**: Von der 123 direkt Richtung Hafen, linksherum über einen kleinen Parkplatz rund um den Hafen fahren.

Für Wanderungen ist das **Listershuvud Naturschutzgebiet** nicht weit entfernt *(etwa 700 Meter)*. Oder haben Sie Lust auf einen Ausflug zur Insel Hanö? Die malerische Insel liegt vor der Küste und ist gut mit der *M/F Vitaskär* vom Hafen in Nogersund zu erreichen. Im Nachbarort **Hällevik** (Einwohnerzahl 1.500) findet jedes Jahr im Juli das *Hällevik Jazzfestival* statt. Dieses ist eines der größten Jazzfestivals in Schweden.

370 Sölvesborg – *Torsö Hamn*

GPS: N 55°59'57.4" E 14°38'53.4", Strandvägen 11. **Max. WOMOs**: 10. **Öffnungszeit**: Ganzjährig. **Ausstattung**: VE, Strom, WC, Dusche, Mülleimer, Picknickbänke, Grillstelle, WLAN, Strand, Imbiss. **Beschreibung**: Netter Stellplatz am Hafen mit Meerblick. **Preise**: 200 SEK. **Zufahrt**: Vom Torsövägen etwas rechts zum Hafen.

Auch ein Besuch in **Sölvesborg** (Einwohnerzahl 8.800) lohnt sich. Die Stadt hat eine lange und interessante Geschichte. Sie wurde im 12. Jahrhundert gegründet, erhielt 1445 das Stadtrecht und war im Laufe der Geschichte mehrmals von dänischen und deutschen Angriffen betroffen. Die Altstadt ist hübsch, wie in vielen anderen schwedischen Städten. Allerdings hat Sölvesborg ein ganz einzigartiges Wahrzeichen: Die 760 Meter lange *Sölvesborgsbron* war bei der Eröffnung im Jahr 2013 die längste Fußgängerbrücke Europas. Die Brücke verbindet das Zentrum nicht nur mit einem neuen Stadtteil, sondern auch mit der Halbinsel Listerlandet.

Sölvesborg Slott liegt hinter den Herrschaftsgebäuden und ist eine mittelalterliche Burgruine. Sie lag strategisch günstig an der Meeresküste, war einst ein wichtiger Anlegeplatz für den Grenzhandel und wurde oft hart umkämpft. Die Burg wurde im Laufe der Zeit mehrfach umgebaut und erweitert. Heute sind nur noch Ruinen des Wehrturms und der umliegenden Gebäude erhalten. Ein hübscher Park lädt zu einem Spaziergang ein.

Wir kommen nun nach **Skåne** und falls Sie direkt bis Kristianstad durchrauschen wollen, sei Ihnen gesagt, dass es dort keine VE gibt. Deshalb ist der Rastplats auf der E22 eine gute Alternative.

Sölvesborg Slott

P **Bromölla – *Trafikplats***
N 56°03'49.2" E 14°29'47.1", Kristianstadsvägen 782. VE, WC, Mülleimer, Tankstelle, Übernachtung möglich, aber laut.

Einen Ausflug ins Hinterland können wir Ihnen unbedingt ans Herz legen, denn der Campingplatz liegt auf der kleinen Insel Ivö im Ivösjön und ist nur mit einer Fähre *(kostenlos, alle 20 Minuten)* erreichbar.

371 **Fjälkinge – *Ivö Camping***

GPS/Kontakt: N 56°06'42.1" E 14°23'10.4", Ärkebiskopens väg 4, +464452188, www.ivo-camping.nu. **Max. WOMOs**: 130. **Öffnungszeit**: Ganzjährig. **Ausstattung**: Waschküche, Picknickbänke, Strand, Badesteg, Spielplatz, Minigolf, Hundepark, Pool, Restaurant, Mini-Shop. **Beschreibung**: Große Wiese mit etlichen Wohnwagen. **Preise**: 390 SEK. **Zufahrt**: 20 km nördlich von Kristianstad, Fähre.

Der **Ivösjön** ist ein blaues Juwel, denn in Südschweden, wo ausgedehnte Seenlandschaften eher selten sind, ist er mit 50 km² Fläche der *größte See Skånes*. Seine markante Insel Ivö teilt ihn in zwei Teile und birgt eine Schatzkammer an Fossilien aus der Kreidezeit. Grabhügel und Relikte zeugen von der langen Siedlungsgeschichte Ivös. Das heutige Inseldorf hat zwar weniger als 100 Einwohner, ist aber Namensgeber der bekannten Sanitärporzellanmarke Ifö. Besonders gut eignet sich die Insel für ausgedehnte Radtouren und Wanderungen, vor allem im **Ivö Klack Naturreservat**. Vom 130 Meter hohen Hügel Klacken haben Sie einen schönen Blick auf den See und das Umland. Im Kalksteinbruch unterhalb findet man versteinerte Muscheln und andere Fossilien.

Wir kennen bereits das Glasriket, doch jetzt fahren wir ins *Vattenriket*, eines von sieben Wasserreservaten in Schweden. Die *UNESCO* hat 700 Biosphärenreservate weltweit ins Leben gerufen. Hierzu zählen einzigartige Gebiete mit einer reichen Wasser-Natur. Das von **Kristianstad** (Einwohnerzahl 41.000) setzt sich für eine nachhaltige Entwicklung ein, indem es Projekte unterstützt, die der Natur und den Menschen zugutekommen.

Kristianstad

Das **Naturum** informiert über das Biosphärenreservat, bietet Tipps für Ausflüge und Wandertouren und ist nur über eine Fußgängerbrücke mit der Innenstadt zu erreichen. Das grüne Dach dient als Lebensraum für Pflanzen und Tiere. Im Obergeschoss gibt es ein Restaurant und eine Terrasse mit Naturblick *(Eintritt frei, 10-03 Di.-So. 11-16 Uhr, 04-05 u. 09 Mo.-So. 11-17 Uhr, 06-08 Mo.-So. 10-17 Uhr, Naturumsvägen 2, www.vattenriket.kristianstad.se/naturum)*. Die Stadt bietet einen großen Parkplatz am Naturum an.

372 Kristianstad – *Naturum Vattenriket*

GPS: N 56°01'39.0" E 14°08'41.2", Naturumsvägen 2. **Max. WOMOs**: 10. **Ausstattung**: WC, Mülleimer. **Beschreibung**: Großer Schotterparkplatz. **Hinweis**: Etwa 800 m zu Supermärkten und Shopping. Keine VE in und um die Stadt herum! **Zufahrt**: Von der Långebrogatan in den Härlövsängaleden und rechts Richtung Naturum. Ausschilderung Ställplats.

Kristianstad (1622) hat eine charmante Altstadt. Der **Stortorget** ist umgeben von historischen Gebäuden, darunter das **Rådhus**, das Hotel und Museum. Auf dem kopfsteingepflasterten Platz finden regelmäßig Veranstaltungen wie Konzerte, Märkte und Festivals statt. In der Mitte befindet sich eine Statue von König Karl XI., dem Gründer der Stadt.

Kristianstad – Rådhuset

Das **Regionalmuseum,** auf der östlichen Seite des Platzes, beherbergt eine Sammlung von Kunst und Kulturgeschichte aus der Region und zeigt wechselnde Ausstellungen zeitgenössischer Kunst. Hier ist das Dagens Rätt im ***Café Miró*** empfehlenswert *(Eintritt frei, Museum Di.-So. 11-17 Uhr, Café Di.-So. 11.30-16 Uhr, Östra Storgatan 27b, www.regionmuseet.se)*.

Ins Auge sticht aber sofort die Dreifaltigkeitskirche **Heliga Trefaldighets Kyrka.** Diese Kirche aus dem 17. Jahrhundert ist ein Meisterwerk der Barockarchitektur.

Der **Tivoliparken** ist ein Stadtpark zum Entspannen und Spazierengehen. Hier finden Sie auch das Theater, einen Spielplatz und ein Café.

Kristianstad: Charmante Innenstadt mit Weitblick

In Kristianstad fällt die Orientierung leicht. Die Innenstadt präsentiert sich übersichtlich und klar strukturiert. Ein Boulevard und drei große Einkaufsstraßen verlaufen parallel zur Eisenbahn.

Die besondere Atmosphäre überzeugte auch eine Jury: Vor einigen Jahren erhielt die Innenstad Kristianstads die Auszeichnung: Innenstadt des Jahres.

Im rechten Winkel kreuzt der Weg zum beliebten Naturum im Biosphärenreservat diese Straßen. So genießt man eine großzügige Sicht in alle Richtungen. An einigen Kreuzungen der Innenstadt schweift der Blick kilometerweit in jede Richtung – selbst mitten in der Fußgängerzone. Ein Erlebnis, das in Schweden seinesgleichen sucht. Hier passiert viel und es wird großen Wert auf viele Aktionen und Veranstaltungen, wie Märkte oder Live-Musik, gelegt. Diese besondere Atmosphäre überzeugte auch eine Jury: Vor einigen Jahren erhielt die Innenstadt Kristianstads die Auszeichnung *»Innenstadt des Jahres«*.

Boulevard: Västra Boulevarden. Einkaufsstraßen: Lilla Torg, Stora Torg, Västra Storgatan und Östra Storgatan. Naturum: Vattenriket Biosphere Reserve Visitor Centre. Auszeichnung: »Årets stadskärna« (2014).

Zum Abschluss dieser Tour brauchen wir nochmal ein bisschen Ruhe, deshalb fahren wir zum schönen Badeplatz am Hammarsjön, nur wenige Kilometer südlich der pulsierenden Stadt.

373 Kristianstad – *Ekenabben*

GPS: N 56°00'44.6", E 14°11'26.3", Hammar-Österäng. **Max. WOMOs**: 2. **Ausstattung**: Frischwasser, WC, Mülleimer, Picknickbänke, Grillstelle, Badesteg. **Beschreibung**: Kleiner Schotterparkplatz umgeben von Bäumen am Badeplatz. Kein Blick auf das Wasser, aber direkt daneben. Sehr schöne Badestelle mit vielen Grillstellen und Picknickbänken. Tagsüber gut besucht, nachts ruhig. **Hinweis**: 300 m Waldweg zu einer Aussichtsplattform. **Zufahrt**: Von der E22 auf die 118, abbiegen auf Byholmsvägen, Hammarslundsvägen fast bis zum Ende, dann links.

Tour 16

Tour 15
Åhus
374
Vittskövle Slott
19
377
Hanöbukten
Ostsee
380
381
382
Maltesholm Slott
375
Degeberga
Wasserfall
Brösarp
Eisenbahn
Stenshuvud Nationalpark
Kivik
Simrishamn
384
Christinehof Slott
Wasserfall
376
378
379
383
385
Glimmingehus
Skillinge
Borrby
386
9
387
Käseberga
Ales Stenar
388
20 km
Ystad
389
390
391
Mossby
393
Beddinge
392
Ostsee
E65
395
396
Malmö
Trelleborg
Böste läge
Smygehuk
394
Tour 1
E6
Fotevikens Wikinger

Der südlichste Süden Schwedens
Über Simrishamn, Ystad bis Trelleborg
223 km

Wo sanfte Hügelwellen sich mit weiten Sandstränden begegnen, wo mittelalterliche Dörfer auf pulsierende Städte treffen und wo dänisches Flair auf schwedische Lebensart trifft, da liegt Skåne, die südlichste Provinz Schwedens.
Unsere Highlights sind:
- **Küstenstädtchen Simrishamn**
- **Mittelalterfestung Glimmingehus**
- **Ales Stenar – Schiffssetzung**
- **Wallander's Ystad**
- **Der südlichste Punkt Schwedens – Smygehuk**

Sie erwartet die südlichste Region mit einzigartiger Atmosphäre. Lassen Sie sich von der milden Brise und dem warmen Sonnenlicht umarmen, während Sie die malerische Küste erkunden, durch idyllische Landschaften wandern oder in die reiche Geschichte der Region eintauchen.

Wir starten unsere herrliche Küstentour mit einem Superlativ des Tourismus. Denn **Åhus** (Einwohnerzahl 9.800) ist sehr beliebt und im Sommer gut besucht.

Hinweis: Wer es gerne besonders touristisch mag, der wird am Täppetstranden, am Nordstrand, bestens bedient. In den Kalenderwochen 26 bis 29 finden hier ein Beachfußball-Turnier und das größte Beachhandball-Turnier der Welt mit über 1.000 Mannschaften statt.

Vom Wikingerzentrum zum charmanten Küstenstädtchen

Åhus wurde in der Wikingerzeit als Handelsplatz gegründet. Im Mittelalter war es ein bedeutender Ort in Dänemark, mit einer Burg, einer Stadtmauer und einem Kloster. Nach der Reformation verlor Åhus an Bedeutung und wurde mehrfach geplündert. 1617 verlor es die Stadtrechte zugunsten von Kristianstad. Erst 1929 erhielt Åhus wieder den Status einer Minderstadt.

Wir sind mal wieder verrückt und parken direkt an der Kirche auf dem Stortorget mitten im Zentrum von Åhus. Das ist allerdings nicht zu empfehlen, sind die Gassen doch eng und der Platz meistens voll. Wir können das wahrscheinlich nur machen, weil es ein Donnerstag im Oktober ist. Auch große WOMOs können gut am Gästehafen parken.

P Åhus – *Gästhamn*
N 55°55'32.6" E 14°18'13.7", Gamla Skeppsbron 1B, max. 4 Std., Spielplatz.

Sehenswert ist die **Sankta Maria Kyrka** aus dem 12. Jahrhundert, die am Stortorget und der reizvollen Västergatan liegt.

Vom ehemaligen **Sankta Anna Hospital** von 1524 ist heute nicht mehr viel zu sehen. Der Komplex umfasste ein Krankenhaus, ein Pflegeheim, ein Tierheim und eine Kapelle. Die Kapelle birgt noch heute Mauerwerk aus dem 13. Jahrhundert. Sie ist nicht spektakulär, bietet aber einen Einblick in die Vergangenheit und lädt zur Besinnung ein. Wir schlendern durch die Västra Hamngatan bis zum *Fluss Hele Å* und sind begeistert von den schönen alten Häusern. Alles ist sehr gepflegt und aufgeräumt.

Tipp: ***Åhus Gästgivaregård,*** schwedische Küche im À la Carte Restaurant oder Burger im Bistro *(Gamla Skeppsbron 30, www.ahusgastis.com)*. Ganz bezaubernd ist auch die ***Klosterbageriet***, es duftet schon so herrlich und die Außenterrasse befindet sich in den alten Gemäuern des Klosters *(fantastische Kuchen, Köpmannagatan)*.

TOUR 16

Sagt Ihnen ***Absolut Vodka*** etwas? Richtig, sobald Sie das Logo sehen, wissen Sie sicherlich Bescheid. Es ist eine Wodkamarke, die seit 1879 in Åhus hergestellt und destilliert wird. Es handelt sich hierbei tatsächlich um eine schwedische Spirituose, denn alle Zutaten kommen aus dem Umland. Sie können die Fabrik und Ausstellungsräume während einer Führung im ***Absolute Home*** besichtigen *(285 SEK ohne, 365 SEK mit Alkohol, 190 SEK 12-17 Jahre, Mo.-So. 12-17 Uhr, barrierefrei, Hunde verboten, Restaurant auch ohne Führung, Vallgatan 5, www.absolutehome.com)*.

Da wir länger bleiben wollen, fahren wir auf die gegenüberliegende Seite des Flusses zu einem schönen Stellplatz.

374 Åhus – *Åhusgården*

GPS: N 55°55'17.1", E 14°18'05.8", Sigfridsvägen 3. **Max. WOMOs**: 5. **Öffnungszeit**: Ganzjährig. **Ausstattung**: Frischwasser, Strom, WC, Dusche, Mülleimer, Picknickbänke, Grillstelle, Spielplatz. **Beschreibung**: Schöner Parkplatz unter Bäumen auf fester Erde an der Jugendherberge. Altes Sani-Haus, aber ok. Sehr freundlicher Empfang. **Preise**: 200 SEK zahlbar an der Rezeption. **Hinweis**: Keine Entsorgung, WC/Dusche hinter einem Haus auf der linken Seite. **Zufahrt**: Über die Brücke Äspetvägen links in den Åvägen, gut 1 km rechts. **Ausweichplatz**: Åhus Missionsgård, N 55°54'19.2" E 14°16'00.7", Glansabovägen 50, www.ahusmissionsgard.se.

Der Stellplatz ist ideal, um die Stadt zu besichtigen, zu radeln (einen Kilometer über eine autofreie Brücke) oder um das **Naturschutzgebiet Äspet** und den damit verbundenen, herrlichen weißen Sandstrand zu erkunden.

Wanderung Naturreservat Äspet

5 km, leicht, festes Schuhwerk: Vom Stellplatz wenden wir uns Richtung Stadt, biegen am Åvägen allerdings rechts ab und folgen diesem an Äspets Rökeri vorbei bis zum Bootsverein Jolleklubb. Der Weg ändert sich von Asphalt zu Schotter hin zum Waldweg. Immer wieder gibt es Vogelbeobachtungstürme mit Infotafeln und Picknickbänken. Am schönen Sandstrand Snickarehaken (WC) wechseln wir auf diesen und genießen das Meer, bis wir am Sigfridsvägen wieder zurückgehen.

Wir verlassen Åhus und fahren zum **Vittskövle Slott**. Es ist zwar in Privatbesitz, aber der schöne Garten ist frei zugänglich.

375 Vittskövle – *Slott*

GPS: N 55°51'14.9", E 14°08'08.4", Vittskövlevägen 100. **Max. WOMOs**: 3. **Beschreibung**: Schotterparkplatz an einer wenig befahrenen Straße. **Zufahrt**: Von der 118 über den Ripavägen und Egesidevägen, links.

Eine Zeitreise ins Renaissance-Schweden

Wir fahren auf einer schmalen Landstraße zum Schloss Vittskövle, einem der am besten erhaltenen Renaissanceschlösser Schwedens aus dem 16. Jahrhundert. Es ist eine quadratische, dreigeschossige Burg aus Ziegelsteinen und von einem Wassergraben und Gärten umgeben. Diese wurden im 18. Jahrhundert angelegt und sind ein wunderschönes Beispiel für barocke Gartenkunst.

Ausflugstipp: Das **Maltesholm Slott** wurde im ehemaligen Dänemark in den 1630er Jahren unter dem Gutsherrn Malte Juel von Gjesinge im Renaissancestil erbaut und besticht mit einer einzigartigen Parklandschaft *(04-08 täglich 10-16 Uhr, N 55°54'04.4" E 13°58'56.8", Högeväg, Tollarp, www.maltesholm.se)*.

Später erreichen wir **Degeberga** (Einwohnerzahl 1.300), weil wir zum Forsaker Wasserfall wollen.

376 Degeberga – *Forsaker Vattenfall*

GPS: N 55°49'30.7" E 14°04'40.0", Bökestorpsvägen. **Max. WOMOs**: 10.
Ausstattung: WC im Besucherzentrum, Mülleimer, Freibad im Sommer.
Beschreibung: Großer Asphaltparkplatz, unromantisch, aber guter Ausgangspunkt zum Wasserfall und zum Degeberga Heimatdorf.
Zufahrt: Von der 19 in den Forsakarsvägen nach Degeberga fahren. Der Ausschilderung folgen. Auf der rechten Seite.

TOUR 16 Auf Linnés Spuren: Wanderung zum Forsaker Wasserfall

2 km, leicht, festes Schuhwerk: Das Naturschutzgebiet Forsaker ist eine etwa 750 m lange und 40 m tiefe Schlucht. Wir folgen dem gut ausgebauten und markierten Weg durch den Buchenwald oberhalb des Flusslaufs.

Wagemutige können die Aussicht auf die Schlucht von einer eigens errichteten Aussichtsplattform auf einem Felsvorsprung genießen (viele Stufen). Der Wasserfall ist etwa 18 Meter hoch und fällt über zwei Kaskaden hinab. Wir bleiben einige Minuten stehen und genießen die Aussicht.

Der schwedische Naturforscher Carl von Linné besuchte 1749 ebenfalls Forsakar.

Wir sind hungrig geworden und essen im hübschen Café, das sich im **Hembygdspark Heimatmuseum** befindet *(ab 80 SEK, Trollemöllavägen 25, www.hembygd.se/gards-harads)*. Hier wurde ein bezaubernder Park mit zehn historischen Gebäuden aus dem 18. und 19. Jahrhundert angelegt.

Die großartigen, endlosen ***weißen Sandstrände*** an der Hanöbucht waren früher ein Paradies für freies Camping, an jedem Badestrand konnten wir herrlich in den Dünen auf kleinen Parkplätzen übernachten. Das ist heute leider nicht mehr möglich. Es wurden überall Verbotsschilder aufgestellt oder sogar Höhenbegrenzungen errichtet, so dass wir nicht mal mehr tagsüber zum Strand können. Dafür gibt es unzählige Campingplätze, einen schönen wollen wir gerne empfehlen.

377 Degeberga – *Rigeleje Camping*

GPS/Kontakt: N 55°46'52.3" E 14°11'52.0", Rigelejevägen 4, +4644351279, www.rigelejestrand.se. **Max. WOMOs**: 60. **Öffnungszeit**: Ganzjährig. **Ausstattung**: Waschmaschine, Trockner, Spielplatz, Minigolf, Mini-Shop. **Beschreibung**: Naturcamping! Sehr ruhig und gemütlich in herrlicher Lage unter Bäumen! **Preise**: 290-440 SEK. **Hinweis**: Im Hochsommer mind. 3 Nächte. Neues Sani-Haus. Hunde am Strand nur 09-05. **Zufahrt**: Vom Sommarbyvägen in den Rigelejevägen, dem Kaffeetassen-Symbol folgen.

Heute haben wir mal Lust auf etwas anderes und besichtigen das **Eisenbahnmuseum Ångtåget på Österlen** bei **Brösarp** (Einwohnerzahl 700). An der hübsch hergerichteten Station schauen wir uns die Dampflok und die historischen Waggons nur an, denn gefahren sind wir die Tour von Västervik bis Hultsfred bereits in Tour 11. Falls Sie diese verpasst haben, ist nun die Gelegenheit.

Die Fahrt von Brösarp nach St. Olof dauert etwa 45 Minuten. Die Strecke ist 16 Kilometer lang und führt durch die wunderschöne Landschaft des Österlen. Es gibt vier Stationen auf der Strecke, an der Sie ein- oder aussteigen können *(120 SEK, 60 SEK 4-15 Jahre, 06-09, 10-17 Uhr, N 55°44'05.8" E 14°07'29.1", Brösarps stationsväg 3, Brösarp, www.skanskajarnvagar.se)*.

Brösarp – Museumseisenbahn

Skånska Järnvägar verfügt über eine Sammlung von Dampflokomotiven, die aus verschiedenen Epochen stammen. Es finden regelmäßig Sonderveranstaltungen statt, wie zum Beispiel Dampfloktreffen und Weihnachtszüge.

Ausflugstipp: **Christinehof Slott** von 1741 war früher rosa und jetzt ockergelb und ist umgeben von einer wunderschönen Naturlandschaft, die zum Spazierengehen einlädt. In der Öko-Oase wurden Feuchtgebiete, Wälder und Wiesen wiederhergestellt und Wanderwege angelegt.

Das Schloss war einst Skånes größtes Unternehmen und beschäftigte über 900 Menschen. Die Alaun-Industrie, die hier betrieben wurde, war sehr erfolgreich, hinterließ aber auch Spuren in der Umwelt. Es können Führungen durch das Schloss gebucht werden, der Park ist frei zugänglich *(05-09, Kristinehov Kronhjorten 101, Brösarp, www.christinehofslott.se)*.

378 Brösarp – *Christinehof Slott*

GPS: N 55°43'00.0" E 13°57'40.4", Kristinehov Kronhjorten 101.
Max. WOMOs: 4. **Ausstattung**: Frischwasser (Nebengebäude), WC.
Beschreibung: Schotterparkplatz zwischen Bäumen. **Preise**: 35 SEK 24 Std., zahlbar per App (schwedischen Account erstellen).
Zufahrt: 5,8 km von der 19, Ausschilderung Christinehofs Ekopark.

Zum Christinehofs Ekopark gehört ebenfalls der **Hallamölla Vattenfall**, ein Besuch lohnt sich *(N 55°42'33.4" E 14°01'14.2", Hallamölla 102, Brösarp, www.christinehofsekopark.se/hallamolla)*.

TOUR 16

Wir wollen unbedingt die schöne Südküsten-Schleife fahren, deshalb müssen wir ein kurzes Stück auf der 19 zurück, denn diese beginnt bereits in Brösarp mit dem Einbiegen in die 9.

379 Brösarps – *Backar*

GPS: N 55°43'10.2", E 14°07'52.7", Albovägen.
Max. WOMOs: 4. **Ausstattung**: WC-Entsorgung, WC, Dusche, Mülleimer, Picknickbänke, Grillstelle, Infotafeln. **Beschreibung**: Schöner Asphaltparkplatz, etwas abseits der 9, aber in Hörweite. Nachts ruhig. Sehr schön in den Hügeln gelegen, mit tollem Ausblick und reichlich Picknickbänken.
Zufahrt: Von Brösarp Richtung Simrishamn. Wunderschön durch herrliche Natur zu fahren! Auf der rechten Seite. Ausgeschildert.

Brösarps Backar: Ein Märchenland in Südschweden

Brösarps Backar ist eine märchenhafte Hügellandschaft, die sich wie ein Meer aus Sandwellen aus der lieblichen Landschaft Österlens erhebt. Sie bestehen aus riesigen Dünen, die vor 15.000 Jahren vom eiszeitlichen Gletscher abgelagert wurden. Der Sand ist kalkhaltig und enthält unterschiedliche Mengen an feinem Ton. Dieser Unterschied in der Zusammensetzung des Sandes ist auch der Grund dafür, dass sich die Vegetation von Södra und Norra Backar voneinander unterscheidet.

Södra Backar ist die südliche Hälfte der Brösarps Backar. Sie ist durchgehend grün und bedeckt mit Grasland, Wiesen und Wäldern. Im Frühling erstrahlen die Hügel in einem Meer aus Blumen, darunter Schlüsselblumen, Wiesen-Steinbrech und Grasnelken.

Norra Backar ist die nördliche Hälfte der Brösarps Backar. Sie ist etwas größer und felsiger. Die Vegetation ist karger und besteht vor allem aus Sanddorn, Heidekraut und Zwerg-Emmerkraut.

Die Fahrt mit der Museumseisenbahn ***Skånska Järnvägar*** durch diese hügelige Landschaft ist traumhaft schön *(siehe S. 357)*. Für die Verfilmung von *Astrid Lindgrens Die Brüder Löwenherz* dienten die Brösarps Backar als Kulisse für das Land *Nangijala*. Vom Parkplatz führen verschiedene Wanderwege zu den Brösarps Backar, von einfachen Spaziergängen bis hin zu anspruchsvollen Wanderungen. **Tipp**: Die beste Reisezeit für einen Besuch der Brösarps Backar ist der Frühling, wenn die Blumen blühen. In Brösarp gibt es mehrere Supermärkte, Restaurants und Cafés, in denen man sich nach einem langen Spaziergang stärken kann.

Für die Verfilmung von Astrid Lindgrens Die Brüder Löwenherz dienten die Brösarps Backar als Kulisse für das Land Nangijala.

Eine wahre Perle ist sicherlich das Naturreservat **Haväng** nördlich von Kivik mit sanften Hügeln, schönen Ausblicken, knorrigen Kiefern und langen Sandstränden.

Hinweis: Es gibt ein Nachtfahrverbot für Wohnmobile auf Parkplätzen im Wandergebiet. Der mittlere Parkplatz von Klammersbäck zum Beispiel ist nur noch für Fahrräder zugelassen.

P **Kivik – *Haväng Vitemölla***

N 55°43'28.1", E 14°11'33.3", Garnhängevägen 1, Mülleimer, Infotafel, www.skanskalandskap.se.

Wanderlust am Hügelgrab: Dünen, Strand und Wald

2-6 km, leicht, festes Schuhwerk, Picknickrucksack: Es gibt mehrere Wanderwege in Vitemölla, darunter unmarkierte Pfade durch die Sandsteppe und markierte Wege durch den Laubwald. Das gesamte Wandergebiet ist ein Naturschutzgebiet. Hunde müssen das ganze Jahr über an der Leine geführt werden. Im Sommer sind Haustiere an den Stränden nicht gestattet, es gibt aber reichlich Wege oberhalb des Strandes. Das SandLife-Projekt hat zu einer Verbesserung der Lebensbedingungen für Pflanzen und Tiere in der Region geführt.

Wir starten vom Parkplatz links über die Dünen zum *Großsteingrab Havängsdösen* und wenden uns anschließend südlich. Eine hübsche Holzbrücke führt über die Mündung des Verkaån über Dünen und Sandwege bis zur nächsten Brücke, an der wir den Strandblick verlassen und durch den Wald zurück zum Parkplatz gehen. Am Wanderheim Skepparpsgården stärken wir uns mit Kaffee und Kuchen *(es kann auch eigener Proviant verzehrt werden, Haväng och Vitemölla strandbackar, www.stfhavang.se).*

Havängsdösen: Das Rätsel unter den Dünen

Haväng war schon immer ein wichtiger Ort. Im Mittelalter gab es hier einen Hafen, und in der Steinzeit wurde ein geheimnisvolles Megalithgrab, das älter als die Pyramiden von Gizeh ist, errichtet.

Das Grab hat die Form eines langen Stempels und ist etwa 5.500 Jahre alt. Es ist eines der beeindruckendsten Megalithgräber Schwedens aus 16 stehenden Steinen. Der Eingang zeigt Richtung Meer hin zu dem Punkt, an dem die Sonne zur Frühlings- und Herbst-Tagundnachtgleiche aufgeht.

Im Jahr 1843 fegte ein Sturm den Sand weg, der das Grab jahrtausendelang bedeckt hatte. Seitdem ist das Rätsel um das Grab nicht mehr ganz so groß. In der Nähe des Grabes befindet sich ein Museum, das über die Geschichte von Haväng informiert.

TOUR 16 Freies Übernachten wird, je weiter wir an der Küste südlich kommen, immer schwieriger. Doch einen schönen Platz finden wir bei **Vitemölla** (Einwohnerzahl 96).

380 Kivik – *Vitemölla Lejegatan*

GPS: N 55°41'45.0", E 14°12'49.5", Lejegatan 62. **Max. WOMOs**: 10.
Ausstattung: WC Richtung Vitemölla Glasskiosk, Mülleimer, Strand.
Beschreibung: Schotterparkplatz an der wenig befahrenen Straße, Meerblick! **Hinweis**: Im Ort Vitemölla ist das Parken für WOMOs verboten. Hundeverbot am Strand von 06-08. Frühzeitig anreisen, der Platz ist sehr beliebt. **Zufahrt**: Durch den kleinen, schönen Ort Vitemölla fahren. Der Platz liegt auf der linken Seite.

Kivik (Einwohnerzahl 885) ist ein hübsches Dorf an der schwedischen Ostseeküste. Es ist bekannt für seinen Jahrmarkt, das Grab von Kivik und den Nationalpark Stenshuvud.

Kiviks Marknad ist der größte Jahrmarkt Schwedens und findet jedes Jahr am dritten Mittwoch im Juli für drei Tage statt. Er zieht über 100.000 Schaulustige und Kaufwütige an *(N 55°41'37.3" E 14°12'27.9", www.kiviksmarknad.se)*.

Rund um Kivik befinden sich viele Apfelplantagen. Der Ertrag wird in der Stadt zu Cidre verarbeitet und auf dem Äpplemarknaden verkauft. Fischfang ist ein weiterer wichtiger Wirtschaftszweig in Kivik.

Schwedisches Kultgebäck: Spettekaka

Spettekaka ist ein traditionelles schwedisches Gebäck, das besonders in Skåne beliebt ist. Es ist ein hohles, längliches Gebäck, das aus Eiern, Kartoffelstärke und Zucker hergestellt wird. Der Teig wird ringförmig auf einem rotierenden Holzspieß vor einem offenen Feuer gebacken. Spettekaka ist sehr trocken und wird bis kurz vor Verzehr in einer luftdichten Tüte aufbewahrt. Traditionell wird Spettekaka mit einem Sägeblatt in kleine Stücke geschnitten.

In Kivik sind WOMOs unerwünscht und man verbannt sie auf die umliegenden Campingplätze.

381 Kiviks – *Familjecamping*

GPS/Kontakt: N 55°41'29.7", E 14°12'49.6", Tittutbacken 10, +4641470930, www.kivikscamping.se.
Max. WOMOs: 130. **Öffnungszeit**: 04-10.
Ausstattung: Grillstelle, Spielplatz, Waschmaschine, Trockner.
Beschreibung: Große Wiese, teilweise mit Hecken und Bäumen.
Preise: 230-435 SEK. **Hinweis**: Frühzeitig buchen!
Zufahrt: Auf der 9 aus Brösarp kommend auf der linken Seite, nördlich von Kivik.

P Kivik – *Kungagraven*

N 55°41'00.6", E 14°13'59.5", Mülleimer, Picknickbänke, Café am Grabfeld *(06-08)*, Parkverbot 23-06 Uhr.

3.500 Jahre Geschichte voller Mysterien und Magie

In der Nähe von Kivik befindet sich ein geheimnisvolles Grab aus der Bronzezeit. Das sogenannte Königsgrab ist mit seinen 75 Metern Durchmesser das größte seiner Art in Schweden und birgt viele Rätsel. Die wahre Bedeutung des Grabes ist bis heute unklar, da es im Laufe der Jahrhunderte mehrfach geplündert wurde.

Die beiden Kammern des Grabes wurden im 18. Jahrhundert entdeckt, als das Gebiet als Steinbruch genutzt wurde. Die größere Kammer besteht aus zehn Steinplatten, die mit Petroglyphen versehen sind. Obwohl das *Königsgrab* nur noch einen Bruchteil seiner ursprünglichen Größe hat, ist es dennoch ein beeindruckendes Zeugnis der Bronzezeit. Die Anlage kann nicht mehr besichtigt werden, da sie 2021 wegen Einsturzgefahr geschlossen wurde. Wir werden es beobachten, ob irgendwann wieder geöffnet wird.

Sehr gut gefällt uns ein Ausflug zur **Mosterei in Kivik**, einer der größten Apfelproduzenten in Schweden. Hier werden unter anderem *Apfelsaft, Cider, Fruchtweine, Früchte und Cremes* hergestellt. Die Produkte werden in ganz Schweden und in Exportmärkten wie den USA, Kanada, Japan und China verkauft.

P Kivik – *Musteri*
N 55°40'19.2" E 14°16'05.1", Karakåsvägen 45.

Es werden Führungen durch die Apfelplantagen und die Mosterei angeboten und im Laden werden die Produkte des Unternehmens verkauft *(täglich 10-18 Uhr, www.kiviksmusteri.se)*. Sehr hübsch ist ***Stinas Café*** nebenan.

TOUR 16

Ebenfalls neben der Mosterei befindet sich ein Eingang zum **Stenshuvuds Naturreservat**. Der Nationalpark ist ein 1.000 Hektar großer Wald- und Küstenpark mit Hügeln, fantastischen Ausblicken und herrlicher Landschaft. Er bietet zahlreiche Wander- und Radwege sowie einen Badestrand.

P Kivik – *Parkering Stenshuvud*
N 55°40'16.7" E 14°16'02.0", Jungfrupasset. Mülleimer, Picknickbänke, Spielplatz, Infotafeln. **Max. WOMOs: 3!** Besser an der Mosterei parken.

P Simrishamn – *Stenshuvud Nationalpark*

N 55°39'21.4" E 14°16'02.9", Stenshuvuudsvägen, Frischwasser, WC, Mülleimer, Picknickbänke, Museum, Shop, parken nur von 9-18 Uhr, vor 10 Uhr anreisen!

Im ***Naturum Stenshuvud*** befindet sich eine kleine Ausstellung und man erhält Infomaterial über die Umgebung und Anregungen für Wanderungen *(Di.-Do., kinderfreundlich, Café)*.

Wanderungen und wilde Schönheiten im Stenshuvud

Arboretum-Rundweg 0,5 km, grüne Markierung, leicht, barrierefrei: Am nördlichen Eingang ist der Weg mit Steinmehl gepflastert. *Havsslingan-Weg* 1,1 km, blaue Markierung, leicht, barrierefrei: Der Weg hinunter zum Meer beginnt am Haupteingang des Nationalparks und ist mit feinem Kies und Holzbrettern gepflastert.

Alle Wanderwege mit Ausnahme des ***Skåneleden*** verlaufen in Schleifen, sodass Sie leicht den Weg zurück zum Ausgangspunkt finden. Hunde müssen im Nationalpark grundsätzlich an der Leine geführt werden *(am Strand 06-08 verboten)*. Radfahren, Feuer, Angeln, Drohnen und Camping sind ebenfalls verboten. **Hinweis**: Während des Wintersturms 2024 verschwand die Brücke im Süden an der Mündung des Norra Rörumsån.

Wir fahren in die idyllische Hafenstadt **Simrishamn** (Einwohnerzahl 6.800) und lieben sie! Am Morgen parken wir unser Wohnmobil auf dem Stellplatz am Hafen. Von hier aus haben wir einen schönen Blick auf die Stadt und das Meer.

382 Simrishamn – *Marina*

GPS: N 55°33'37.4", E 14°20'59.8", Badstigen 2. **Max. WOMOs**: 7. **Öffnungszeit**: Ganzjährig. **Ausstattung**: VE, Strom, WC, Dusche, Mülleimer, WLAN, Waschmaschine, Trockner, Picknickbänke, Restaurant, Gasflaschenservice. **Beschreibung**: Schlichter Asphaltparkplatz mit Blick auf den Hafen. **Preise**: 155-310 SEK. **Hinweis**: Im Winter kein Service. **Zufahrt**: 500 m von der 9 über den Iskällarbacken. **Ausweichplatz**: N 55°33'38.2" E 14°20'54.7", Badstigen 4.

TOUR 16

Nachdem wir uns eingerichtet haben, erkunden wir die **Altstadt**. **Simrishamn** ist eine alte Hansestadt mit einem gut erhaltenen Stadtkern. Die schmalen Gassen sind gesäumt von historischen Gebäuden, in denen heute Geschäfte, Restaurants und Cafés untergebracht sind. Besonders schön finden wir den **Stortorget**, den Hauptplatz der Stadt. Hier befindet sich auch das Rathaus, das im 16. Jahrhundert erbaut wurde. Am Abend besuchen wir noch einmal die Innenstadt und genießen Live-Musik. Es erinnert uns stark an das dänische Bornholm: Die *bunten Steinhäuser* mit den *Stockrosen* vor den hübschen Haustüren und auch die Spiegel-Spione sind hier zu finden. Das ist aber auch kein Wunder, gehörte dieser Teil Schwedens doch damals zu Dänemark und Bornholm zwischenzeitlich zu Schweden. So verbindet die beiden Regionen eine turbulente Vergangenheit. Bis 2014 fuhr von hier aus eine Fähre hinüber zur Insel, die nur knapp 40 Kilometer südwestlich in der Ostsee liegt *(Mit dem Wohnmobil nach Dänemark und Bornholm, Band 53)*.

Kurz hinter Simrishamn befinden sich die Felszeichnung *Hällristningen, Simrislund* mit schönem Picknickplatz und Blick auf die Ostsee und Bornholm. Leider ist die Parkzeit auf 4 Stunden begrenzt. Es gibt Picknickbänke, ein WC, den schönen Ausblick und mit den Felszeichnungen sogar noch Kulturelles zu entdecken.

P **Simrishamn – *Hällristningen***
N 55°32'20.2" E 14°21'21.9", Branteviksvägen 44, WC, Mülleimer, Picknickbänke.

Im Gebiet zwischen Simrishamn und Brantevik gibt es mehrere *Felszeichnungen* aus der Bronzezeit. Die ältesten sind etwa 3.500 Jahre alt und zeigen unter anderem Äxte, Schiffe, Tiere und Fruchtbarkeitssymbole.

383 Simrishamn – *Simris Strandängar*

GPS: N 55°31'59.3" E 14°21'12.4", Branteviksvägen 42. **Max. WOMOs**: 1 kleines. **Beschreibung**: Kleiner Schotterparkplatz neben einer wenig befahrenen Straße. Schöner Fußweg zum Meer und entlang der Küste. **Zufahrt**: 650 m südlich der Felszeichnung auf der linken Seite.

Weiter geht die schöne Fahrt entlang der Küste bis zum Ort **Skillinge** (Einwohnerzahl 964) und dem Stellplatz im Hafen.

384 Skillinge – *Gästhamn*

GPS: N 55°28'31.1" E 14°17'11.3", Jeppas äng 12. **Max. WOMOs**: 8. **Öffnungszeit**: Ganzjährig. **Ausstattung**: VE, Strom, WC, Dusche, Mülleimer, Picknickbänke, WLAN, Wäsche, Restaurant, Supermarkt 400 m. **Beschreibung**: Asphaltparkplatz am Hafen. **Preise**: 270 SEK zahlbar am Automaten oder per QR-Code. **Hinweis**: VE frei zugänglich. **Zufahrt**: 300 m von der Kaptensgatan links in die Byggmästaregatan. **Ausweichplatz**: Neuer, großer Asphaltparkplatz am Rande des Ortes für 20 WOMOs, N 55°28'39.7" E 14°17'16.8", Jeppas äng 12.

Genug von der Küste? Niemals! Aber heute steht mal wieder ein bisschen Kultur auf dem Programm, und zwar die gut erhaltene ***Burg Glimmingehus*** aus dem frühen 16. Jahrhundert.

385 Hammenhög – *Glimmingehus*

GPS: N 55°30'05.3", E 14°13'38.0", Borgvägen 6. **Max. WOMOs**: 4. **Ausstattung**: WC im Museum, Mülleimer, Picknickbänke, Museum, Café. **Beschreibung**: Schotterparkplatz und im hinteren Bereich Asphalt, abgetrennt durch Hecken und Bäume vor dem Museum. **Hinweis**: Am besten einmal kurz an der Kasse fragen. **Zufahrt**: Rechts auf Borgvägen, der Ausschilderung folgen.

Glimmingehus trotzt den Stürmen der Zeit

Der dänische Ritter Jens Holgersen Ulfstand war ein mächtiger Mann, der Statthalter auf Gotland und Reichsadmiral war. Er beauftragte 1499 den westfälischen Baumeister Adam van Düren mit dem Bau der beeindruckenden Burg.

Glimmingehus ist eine rechteckige Anlage mit einer Länge von 30 Metern, Breite von 12 Metern und Höhe von 26 Metern. Sie war vor allem als Schutz vor Bauernaufständen gedacht. Anders als bei vielen anderen Burgen dieser Zeit, wurde bei Glimmingehus der Sicherheit der Komfort vorangestellt. Mehrere Fallen wurden angelegt, um Angreifer zu überraschen. Mauerreste lassen vermuten, dass die Burg einst von einer äußeren Ringmauer umgeben war.

Glimmingehus ist das vierte Kapitel von *Selma Lagerlöfs* Roman um *Nils Holgersson* gewidmet *(viele Aktionen für Kinder, täglich 10-18 Uhr. In der Nebensaison eingeschränkt, 90-120 SEK, kostenlos 0-18 Jahre, deutsche Führungen um 13.30 Uhr, in der Hochsaison im Voraus buchen, Burg nicht barrierefrei, Shop, Café, www.raa.se/upplev-kulturarvet/glimmingehus).*

Jedes Jahr finden regelmäßige Veranstaltungen wie Mittelaltermärkte oder Brot und Spiele statt. Rund um den 22. Juni wird der Tag der 10.000 Ritter gefeiert. Dieser Tag geht zurück auf den mittelalterlichen Kalender, es wurde an die 10.000 Ritter gedacht, die einen Märtyrertod unter der Römischen Kaiserzeit starben.

Uns zieht es doch wieder ans Meer und wir können dem unendlichen *Sandstrand* von **Sandhammaren**, dem südlichsten Kap Schwedens, nicht widerstehen.

Sandhammaren: Schwedens Schiffsfriedhof mit Geschichte

Tausende Wracks erzählen die Geschichte von Sandhammaren. Starke Strömungen und Sandbänke fordern hier seit Jahrhunderten ihren Tribut. Inmitten dieser rauen Umgebung entstand Mitte des 19. Jahrhunderts die erste schwedische Seenotrettungsstation. Seit 1861 lenkt der Leuchtturm Sandhammaren Schiffe sicher an den Untiefen vorbei. Kiefernwälder, angepflanzt gegen Sandverwehungen, prägen heute das Landschaftsbild.

Sandhammaren ist ein Ort der Gegensätze: Idyllische Strände und Dünenlandschaften treffen auf die raue Gewalt der Ostsee. Ein spannendes Ziel, aber leider nichts für Frei-Camper und so steuern wir den Campingplatz mitten im Wald von **Borrby** (Einwohnerzahl 949) an. Und wieder werden wir an Bornholms Südküste Dueodde erinnert, wobei dieses Huk über 20 Kilometer misst und auf Bornholm nur sieben. Aber ansonsten passt alles, der *Kiefernwald* vor dem Dünengürtel und der *glitzernde weiße Sandstrand* mit flachem, türkisblauem Wasser. Einfach ein Traum! Der Dünengürtel wird breiter, je näher man der Spitze kommt.

386 Borrby – *Borrbystrands Camping*

GPS/Kontakt: N 55°26'05.0" E 14°13'55.3", Granhyddevägen 2, +46411521260, www.borrbystrandscamping.com. **Max. WOMOs**: 150. **Öffnungszeit**: 03-09. **Ausstattung**: Küche, Spielplatz, Tischtennis, Tennis, Spielhaus, Mini-Shop, Brötchenservice. **Beschreibung**: Familiencampingplatz, umrahmt von Bäumen. Viele Wohnwagen. **Preise**: 330-530 SEK. **Hinweis**: Sani. **Zufahrt**: Vom Simrishamnsvägen links, ausgeschildert.

Wir haben Lust auf ein echtes Highlight – ich würde sogar sagen *DAS Highlight Schwedens* – kommen Sie mit? **Ales Stenar** in **Kåseberga** (Einwohnerzahl 102) ist eine der mächtigsten Schiffssetzungen des Nordens.

Wir fahren auf dem Östra Kustvägen und sehen schon aus einiger Entfernung unzählige WOMOs dicht an dicht. Wir sind erschüttert, schwenken dann aber doch mangels Alternativen auf den (aus unserer Sicht) schon überfüllten Platz am Ortsrand. Hier befindet sich eine riesige Rasenfläche, die als Stellplatz dient.

387 Kåseberga – *Ales Stenar*

GPS: N 55°23'20.8" E 14°03'46.0", Ales väg. **Max. WOMOs**: 90. **Öffnungszeit**: 04-10. **Ausstattung**: VE, WC, einfache Dusche, Mülleimer. **Beschreibung**: Große Wiese. Klappstuhlgeeignet. **Preise**: 200-250 SEK. **Zufahrt**: Vom Östra Kustvägen links.

TOUR 16

Der Blick von der Klippe und der Schiffssetzung entschädigt allerdings für alles und lohnt sich auf jeden Fall! Ales Stenar wird auf der Seite von *visitskane.com* als klassische Sehenwürdigkeit tituliert, was dem nicht im Geringsten gerecht wird.

Im Text heißt es: »Das geheimnisvolle Monument aus der frühen Eisenzeit besteht aus *59 großen Steinblöcken* in Form eines 67 Meter langen Schiffsrumpfes

Das geheimnisvolle Monument aus der frühen Eisenzeit besteht aus 59 großen Steinblöcken in Form eines 67 Meter langen Schiffsrumpfes.

und bietet einen wunderbaren Blick auf die hügelige Landschaft und das Meer. Der Ursprung der rund 1.400 Jahre alten, megalithischen Schiffssetzung ist bis heute nicht eindeutig geklärt. Vieles spricht für eine historische Grabstätte, doch es gibt auch Thesen, nach denen Ales Stenar eine astronomische Uhr bzw. einen Sonnenkalender darstellt.«

Uns ist es in diesem Augenblick egal, um was es sich genau handelt. Der Ausblick und die Steine sind einfach magisch! Zum Sonnenuntergang sind natürlich etliche Menschen auf dem Hügel der Schiffssetzung, weil die Sonne so traumhaft zwischen den Steinen hindurch scheint und wundervolle Fotomotive bietet. Zur Ruhe kommen wir so nicht. Aber dann, am nächsten Morgen zum Sonnenaufgang, haben wir die stehenden Steine für uns allein!

Es fällt uns schwer, im Juli irgendwo einen freien Platz an der südlichen Küste zu ergattern. Also versuchen wir es auf den Campingplätzen. Aber auch dort, keine Chance. Wenn Sie hier zur Hochsaison übernachten wollen, sollten Sie mindestens einen Tag vorher versuchen, einen Platz zu buchen oder Glück haben, dass noch was auf einem Parkplatz frei ist.

388 Glemmingebro – *Parkering Skolbacken*

GPS: N 55°25'01.7" E 13°59'53.6", Östra Kustvägen 330. **Max. WOMOs**: 4. **Ausstattung**: Mülleimer, Infotafel. **Beschreibung**: Schotterparkplatz neben der moderat befahrenen Straße, nachts ruhig. **Hinweis**: Über den Hügel zur grandiosen Aussicht. **Zufahrt**: 5 km von Kåseberga auf der linken Seite.

Vielleicht passt der Wind gerade und sie können einige Paraglider beobachten, wie sie sich über die Hänge gleiten lassen.

Als nächstes besuchen wir die schöne Stadt **Ystad** (Einwohnerzahl 20.000). Für einen Bummel können wir den Parkplatz am Hafen neben der ***Zuckerbox*** empfehlen. Dieser runde Turm ist 18 Meter hoch und hat einen Durchmesser von 47 Metern. Hier werden Kunst, Musik und Lichtdesign zusammengeführt.

389 Ystad – *Sugarbox*

GPS: N 55°25'37.4" E 13°49'15.4", Spanienffararegatan 11. **Max. WOMOs**: 70. **Öffnungszeit**: Ganzjährig. **Ausstattung**: WC, Mülleimer. **Beschreibung**: Großer Asphaltparkplatz neben der viel befahrenen Sjömansgatan. **Preise**: 45 SEK. **Hinweis**: Max. 30 Tage. **Zufahrt**: Von der 9 links in die Hamngatan und rechts zum Stellplatz.

390 Ystad – *Hamn*

GPS/Kontakt: N 55°25'35.8", E 13°48'46.8", Segelgatan 17, +46704807692. **Max. WOMOs**: 30. **Öffnungszeit**: 06-09. **Ausstattung**: VE, Strom, WC, Dusche, Mülleimer, Picknickbänke, Grillstellen, Spielplatz, Imbiss, Restaurant, Strand. **Beschreibung**: Asphaltparkplatz hinter der Bahnlinie und Straße, ziemlich busy. **Preise**: 200 SEK zahlbar am Hafenkontor. **Hinweis**: Gute Nähe zur Innenstadt. **Zufahrt**: Von der Sjömansgatan links in die Båtmansgatan, rechts.

Besser gefällt uns der Stellplatz direkt am Meer, etwa zweieinhalb Kilometer außerhalb der Stadt.

391 Ystad – *Husbils ställplats*

GPS: N 55°25'29.3", E 13°47'17.2", Västerleden 129. **Max. WOMOs**: 30+. **Öffnungszeit**: Ganzjährig. **Ausstattung**: WC, Mülleimer, Picknickbänke, Strand. **Beschreibung**: Wiesenstreifen in zwei Reihen mit Blick auf die Ostsee. Klappstuhlgeeignet. **Preise**: 100 SEK zahlbar am Automaten oder per EasyPark App, kostenlos in der Nebensaison.
Hinweis: Keine VE, kein Strom! **Zufahrt**: Die Einfahrt kommt relativ überraschend hinter dem Reningsverket.

Ystad hat sich durch die Kultfigur ***Kommissar Wallander*** weltweite Berühmtheit erschlossen. Sie verzaubert mit ihrem mittelalterlichen Charme, pastellfarbenen Holzhäusern, gepflasterten Straßen und sonnigen Marktplätzen – genau wie in den Filmen und Fernsehserien dargestellt.

Auf den Spuren von Wallander

Das Touristbyrå in Ystad bietet spannende Touren »Auf den Spuren von Kommissar Wallander« und Themenwanderungen an, bei denen Sie versuchen können, einige von Wallanders Fällen zu lösen *(Sankt Knuts torg, www.ystad.se/turism)*.

Auch abseits von Wallander hat Ystad eine Menge zu bieten, denn die *freundliche Hafenstadt* wird geprägt von niedrigen, oft einstöckigen Häusern aus dem 18.-19. Jahrhundert, versprüht einen einzigartigen Charme und gilt als Stadt mit dem geschlossensten Stadtbild Nordeuropas. Manch einer vergleicht Ystad sogar mit dem mittelalterlichen Rothenburg ob der Tauber.

Wir erkunden die **Sankta Maria Kyrka** am Stortorget und schlendern über die historische Stora Östergatan *(über die Regementsgatan)* bis zu *Kurt Wallander's Haus* *(Mariagatan 11c)*. Schön ist auch das **Kloster** mit Rosen-, Kräutergarten und romantischem Teich *(Sankt Petri Kyrkoplan)*.

Tipp: Lassen Sie sich in den zahlreichen Cafés und Restaurants von der südschwedischen Küche verwöhnen. Probieren Sie lokale Spezialitäten – ganz anders als Wallanders eintönige Pizza und Hamburger! Auf jeden Fall besuchen wir *Per Hälsas Gård*, ein alter Handelshof bestehend aus einem ganzen Block Fachwerkhäusern aus dem 17., 18. und 19. Jahrhundert. Im Innenhof genießen wir im Sommer die Außengastronomie.

Ystad – Per Hälsas Gård

Die Küstenstraße, die 9, hat uns wieder. Links glitzert das knalle Blau der Ostsee und rechts von uns strahlen die gelben Kornfelder – *die Farben Schwedens*! Uns lockt das Meer und so steuern wi einen schönen Strand an.

P **Skivarp Mossby – *Mossbystrand***
N 55°25'01.8" E 13°38'09.1", Schotterparkplatz am Strand, Picknickbänke, Grillstelle. Parken zwischen 00-06 Uhr verboten.

392 **Beddingestrand – *Havsbad***

GPS: N 55°21'48.7" E 13°25'58.1", Pärlvägen 9. **Max. WOMOs**: 3. **Ausstattung**: WC, Badesteg, Spielplatz, Restaurant, Tankstelle. **Beschreibung**: Asphaltparkplatz zwischen Bäumen, 50 m bis zum Strand, bis max. 7 m WOMOs. **Zufahrt**: Von der 9, Beddinge Strandväg, hinter der Tankstelle links.

393 **Smygehuk – *Smygehus Badplats***

GPS: N 55°20'59.4" E 13°23'21.0" und N 55°21'05.2" E 13°23'34.7", Smyge Strandväg. **Max. WOMOs**: je 1. **Beschreibung**: Schotterparkplatz, teils versteckt hinter Bäumen, teils in Sicht- und Hörweite der 9. Strandzugang. **Zufahrt**: 3 km hinter Beddingestrand, links.

An der Südküste Skånes liegt **Smygehuk** – ein herziges Fischerdorf, das zugleich den *südlichsten Punkt Schwedens* und der gesamten skandinavischen Halbinsel markiert. Die Entfernung zwischen Smygehuk und Treriksröset, Schwedens nördlichstem Punkt, beträgt 1.572 Kilometer. Mit seinen idyllischen Stränden, dem rauen Charme der Fischerboote und dem maritimen Flair zieht Smygehuk jährlich über 200.000 Gäste in seinen Bann.

P **Smygehuk – *Parkering***
N 55°20'22.1" E 13°21'41.1", Smyge Strandväg, WC-Entsorgung, WC, Mülleimer, Café, Touristinfo. Die Übernachtungs-Situation ist derzeit ungeklärt.

Ein erfrischendes Eis am Hafen genießen, im gemütlichen Café den Blick aufs Meer schweifen lassen oder fangfrischen Fisch aus der Räucherei probieren – Smygehuk bietet vielfältige Möglichkeiten, die Seele baumeln zu lassen. Ein Bootsbau, der sich auf die Herstellung von Holzbooten spezialisiert hat, zeugt von der maritimen Tradition des Ortes.

Das jährliche *Smygehuk-Festival* im August bietet Musik, Tanz und Unterhaltung.

Am Hafen steht eine Statue von Axel Ebbe sowie ein kleines Denkmal für Akka von Kebnekaise, die Leitgans aus *Selma Lagerlöfs* Roman um *Nils Holgersson*. In dessen letztem Kapitel wird der Hafen beschrieben.

394 Böste Läge – *Löjtnant Flinths väg*

GPS: N 55°20'34.4" E 13°18'33.3", Löjtnant Flinths väg 3. **Max. WOMOs**: 6. **Ausstattung**: Mülleimer. **Beschreibung**: Schotterparkplatz mit etwas Blick auf das Wasser. Klappstuhlgeeignet. **Hinweis**: Früh anreisen! **Zufahrt**: Knapp 4 km von Smygehuk, links der 9.

Die Heimreise steht kurz bevor. Morgen früh geht unsere Fähre... Deshalb wollen wir noch einmal einen Blick auf **Trelleborg** (Einwohnerzahl 30.000) werfen. So oft daran vorbeigefahren und noch nie wirklich gesehen.

395 Trelleborg – *Husbil Parkering*

GPS: N 55°22'20.8" E 13°09'24.7", Fyrmästaregatan 3. **Max. WOMOs**: 9 **Beschreibung**: Ungemütlicher Asphaltparkstreifen. **Preise**: 120 SEK zahlbar am Automaten oder per App. **Hinweis**: Laut, aber nah zur Fähre und Stadt. **Zufahrt**: Von der 9, links Richtung Bahnhof, erste rechts.

396 Trelleborgstrand – *Ställplats*

GPS/Kontakt: N 55°22'23.7" E 13°08'06.1", Strandridaregatan 4, +46410301770, www.trelleborgstrand.se. **Max. WOMOs**: 40. **Öffnungszeit**: 03-11. **Ausstattung**: VE, Strom, WC, Mülleimer, Picknickbänke. **Beschreibung**: Großer ungemütlicher Schotterparkplatz. **Preise**: 210-260 SEK per QR-Code. **Hinweis**: Platzwahl ohne Strom 19-43, mit Strom 1-18. **Zufahrt**: Man muss um den gesamten Komplex mit Tankpool und Maxi ICA herumfahren, links in die Strandridaregatan.

Hinweis: Alle Stellplätze oder freien Übernachtungsplätze westlich Trelleborgs wurden leider geschlossen oder verboten, auch unsere geliebten Plätze am Kämpingevägen.

Trelleborg ist Schwedens südlichste Stadt und liegt in der südwestlichen Region Söderslätt in Skåne. Wegen der Palmen, die den südwestlichen Eingang schmücken, wird die Stadt auch oft *Palm City* oder *Little Miami* genannt.

König Harald Blauzahns Erbe

Trelleborgen ist eine Wikingerburg im heutigen Trelleborg. Sie wurde um 980 vom dänischen König Harald Blåtand (Blauzahn/Bluetooth) erbaut und um 1000 aufgegeben. Im 13. Jahrhundert wurde die Gegend neu besiedelt und die Stadt Trelleborg entstand. Die Burg wurde teilweise rekonstruiert. Sie war eine von fünf ähnlichen Anlagen, die in Dänemark und Südschweden errichtet wurden. Der Name Trelleborg bedeutet »Treppenburg« und bezieht sich wahrscheinlich auf die terrassenförmige Struktur der Anlage. Die rekonstruierten Teile der Ringburg umfassen einen Wall, einen Graben und ein Torhaus *(Wikingermuseum Trelleborgen, 06-08 täglich 10-17 Uhr, 09-05 Di.-So. 12-16 Uhr, 11-03 geschlossen, 40 SEK, kostenlos 0-20 Jahre, Shop, Café).*

P **Trelleborg – *Trelleborgen Parkering***
N 55°22'36.0" E 13°08'41.3", Västra Vallgatan 6, nur für Gäste.

Weitere Sehenswürdigkeiten sind der **Stortorget**, der zentrale Marktplatz der Stadt mit historischen Gebäuden wie dem **Wasserturm**, gemütlichen Cafés und Restaurants. **Trelleborgs Museum** beleuchtet die Geschichte der Stadt von der Wikingerzeit bis heute *(Stortorget 1, 06-08 täglich 10-17 Uhr, 09-05 Di.-So. 12-16 Uhr, 40 SEK, kostenlos 0-20 Jahre, Shop, Café).*

Ausflugstipp: Sie sind genauso im Wikinger-Fieber wie wir? Dann legen wir Ihnen einen Ausflug ins **Fotevikens Vikingamuseum** ans Herz. Hier wurde ein ganzes Wikingerdorf liebevoll nachgebaut. Gewandete Menschen erklären uns viel über die spannende Zeit und wir können ihnen bei täglichen Arbeiten wie Handwerken, Schmieden oder Kochen zusehen und einiges selbst ausprobieren. Die Atmosphäre ist so authentisch und wir sind mittendrin! Wir üben uns im Bogenschießen, Sandsackwerfen und Runenschreiben *(05-06 Fr.-So. 10-17 Uhr, 06-08 Mo.-So. 10-17 Uhr, Ende Juni Marktwoche, 08-10 Fr.-So. 10-17 Uhr, 120-150 SEK, unter 1 m kostenlos, Familienticket 400-500 SEK, N 55°25'39.1" E 12°57'08.8", Museivägen 27, Höllviken, www.fotevikensmuseum.se).*

Am nächsten Morgen legt unsere Fähre früh ab und wir sind traurig, dass unser schöner Schweden-Urlaub nun zu Ende ist. *Adjö! Trevlig resa!*

Typisch schwedisch – rote Holzhäuser in den Schären – Tour 3

TOUR 16

Tipps und Infos

Anreise *376*
Campingplätze *379*
Freies Camping, Stellplätze, Parkplätze *379*
Gas *380*
Geld *380*
Geschichte *381*
GPS, Navigation *381*
Haustiere (Hunde) *382*
Landkarten – analog und digital *382*
Lebensmittel, Getränke *383*
Literatur *383*
Notfälle *383*
Preise *384*
Rad fahren *384*
Reisezeit, Klima, Feiertage *384*
Restaurants *385*
Sehenswürdigkeiten, Öffnungszeiten, 386
Sicherheit *387*
Sprache *387*
Telefon *387*
Toiletten, Entsorgungsstationen, Wasser *388*
Unfall *388*
Verkehr, Straßen, Umweltzonen, Tankstellen, Maut *388*
Wanderungen *389*

Anreise

Anreise

Viele Wege führen in das schöne Land Schweden: Im Prinzip gibt es drei Hauptstrecken ab Hamburg: **1.** Die *Landstrecke* über Kolding durch Dänemark und die großen Brücken bis Malmö. **2.** Die *Vogelfluglinie* über Fehmarn und Dänemark bis Malmö oder **3.** mit der *Fähre* von Travemünde oder Warnemünde bis Trelleborg.

Tipp: Versuchen Sie, frühzeitig durch Hamburg zu fahren, dort ist eigentlich immer mit Stau zu rechnen. Planen Sie für diesen Knotenpunkt ruhig mindestens eine Stunde länger ein. Der Tag spielt dabei erfahrungsgemäß keine Rolle.

Einige **Fahrzeiten**-Vergleiche von Hamburg, alles ungefähre Angaben: Bis Travemünde 1 Stunde und 80 Kilometer, bis Warnemünde 2 Stunden und 190 Kilometer, bis Malmö 5 Stunden und 360 Kilometer. Für die Landstrecke durch Dänemark über die Storebæltsbroen und Øresundsbron rechnen wir mit etwa 6 Stunden und 500 Kilometer.

Fährzeiten: Travemünde – Trelleborg 9 Stunden, Warnemünde – Trelleborg 6,5 Stunden, Puttgarden – Rødby 45 Minuten, Helsingør – Helsingborg 20 Minuten.

Da die **Kosten** in letzter Zeit sehr stark schwanken, will ich nur auf einige Faktoren eingehen. Es macht Sinn, sich im Vorfeld zu überlegen, welche Anreisestrecke Sie wählen. Im Prinzip ist die Summe der Kosten ähnlich. Kabinenbuchungen schlagen dabei natürlich ein größeres Loch in die Urlaubskasse als ohne Kabine, wobei die Nachtlinien inzwischen eine Kabinenbuchung fordern. Ebenso kann im Vorfeld schon die Teilnahme am Captains-Dinner oder Buffet reserviert werden, um ein paar Euro zu sparen. Wir sind aber auch schon spontan zum Fähranleger oder über die Brücken gefahren.

Die größten und beliebtesten **Fährstrecken** sind: TT-Line Travemünde/Warnemünde–Trelleborg *(www.ttline.com)*, Scandlines Puttgarden–Rødby und Rostock–Gedser *(www.scandlines.de)*. Mit dem Abo ØresundGo und einem Transponder kommen Sie vergünstigt über die großen **Brücken**: Storebaeltsbroen und die Øresundsbron *(www.oresundsbron.com, www.selfservice.oresundpay.com, www.storebaelt.dk, www.brobizz.com)*.

Wichtig bei der **Fährpassage**: Bei Mitnahme eines Hundes (Haustier) sollte unbedingt eine *Pet Kabine* gebucht werden! Sonst landet der geliebte Vierbeiner im Käfig auf dem Deck.

Für die lange Strecke (Travemünde oder Rostock – Trelleborg) haben wir uns fast immer für die TT-Line entschieden. Die fanden wir schicker, sauberer und größer als die von Scandlines, was aber sicherlich Geschmackssache ist.

Travemünde – Nils Holgersson der TT-Line

Der finanzielle Unterschied bei der Routenwahl ist gering. Wirklich entscheidend ist, was Ihnen besser gefällt. Wir nutzen die Fährfahrt gerne schon als Pause und Einstieg in den Urlaub. Frühbucherrabatte und Nebensaisonpreise können allerdings gravierend sein!

Mautstation Storebæltsbroen und Øresundsbron

An den gelben Fahrspuren »*Kontant*« kann mit Bargeld bezahlt werden. Es werden auch Euro-Scheine akzeptiert, jedoch bekommt man das Wechselgeld in dänischen oder schwedischen Kronen zurück. An den blauen Fahrspuren »*Kort*« ist ausschließlich Kreditkartenzahlung möglich. Die grünen Fahrspuren »*Ekspres*« sind Fahrzeugen mit automatischer Bezahlung mittels Transponder oder Nummernschild (nur skandinavische Kennzeichen) vorbehalten.

Dänemark-Festland-Route
Die Landroute geht über die A7 und hinter Flensburg weiter über die E45 Richtung Kolding, dann auf die E20 Richtung Osten über die Inseln Fünen (Fyn), Seeland (Sjælland) und die mautpflichtige Storebeltbrücke (Storebæltsbroen).

In der Hauptsaison, besonders zu Ferienbeginn an den Samstagen, wird nicht nur gerne die Geschwindigkeit gemessen, sondern vermehrt auch das zulässige Gesamtgewicht.

Direkt hinter der dänischen Grenze auf dem ersten Parkplatz kann man ganz hervorragend ruhig übernachten.

A01 Padborg – *Parkering Frøslev Ø*

GPS: N 54°49'36.7" E 9°20'01.2", Sønderjyske Motorvej. **Hinweis**: Bei der Einfahrt entweder geradeaus zur VE oder rechts halten zum Parkplatz. Pendant auf der anderen Seite der Autobahn für die Rückfahrt.

Vogelflug-Linie
Unsere inzwischen bevorzugte Route ist die Vogelfluglinie über Fehmarn, Dänemark und die Øresundsbron.

A02 Gammendorf – *Camping am Niobe*

GPS: N 54°31'17.0" E 11°09'17.4", Gammendorf-Strand. **Hinweis**: Vor der Campingplatz-Schranke, kein Service in der Nebensaison.

Ein optimaler Übernachtungsplatz auf der Hälfte der Strecke ist für uns im Hafen von Vordingborg, da dieser nur etwa sechs Kilometer von der E47 entfernt ist und eine hübsche Innenstadt mit Burgruine bietet.

A03 Vordingborg – *Nordhavn*

GPS: N 55°00'15.8" E 11°55'09.6", Nordhavnsvej 56.

Urlaubsbeginn auf der Fähre
Die Fahrt mit der Fähre kann gerade für Familien eine sehr gute Alternative sein, denn der Urlaub beginnt mit Einzug in die Kabine. Die Kids können bei der Piraten-Schatzsuche mitmachen, die größeren finden das Kino spannend und die ganz großen genießen eine Auszeit im Whirlpool. Shoppen ist natürlich obligatorisch, bevor sich in den Klappbetten ausgestreckt wird.

Auch die Vierbeiner dürfen mit in die Kabine (unbedingt vorbuchen!). Die Passage sollte möglichst frühzeitig gebucht werden. Unseren Erfahrungen nach ist der November/Dezember des Vorjahres die beste Zeit, um Frühbucher-Rabatte abzugreifen. Es ist sinnvoll, mehrere Zeiten (insbesondere Wochentage) und Routen zu vergleichen. Denn hier schwanken die Preise enorm. Da kann schon mal ein Hunderter Differenz drin sein – pro Strecke! Auch lohnt es sich, das Dinner oder Frühstück bereits im Vorfeld zu buchen.

A04 Lübeck Travemünde – *Kowitzberg*

GPS: N 53°58'32.5" E 10°52'34.0", Kowitzberg 11. **Hinweis**: Nicht in den Einbuchtungen am Weg parken.

A05 Rostock Warnemünde – *Mittelmole*

GPS: N 54°10'42.3" E 12°05'30.5", Am Passagierkai.

Egal für welche Route Sie sich entscheiden, Schweden als Ziel ist immer eine gute Wahl! Gute Fahrt!

Campingplätze

Die schwedischen Campingplätze sind großartig für Familien mit Kindern, da sie sehr *familienfreundlich* und dementsprechend gut ausgestattet sind.

Für viele Campingplätze in Schweden benötigen Sie die *Camping Key Europe Card* (CKE-Card). Diese können sie vergünstigt über den ADAC oder über www.camping.se bestellen. Die Karte kostet etwa 20 Euro für ein Jahr und bringt einige Vorteile wie zum Beispiel Rabatte auf Campingplätzen oder bei Freizeitaktivitäten. Überdies kann sie als Identitätsnachweis verwendet werden und beinhaltet sowohl eine Haftpflicht- als auch eine Unfallversicherung. WLAN wird oft angepriesen, ist aber dann häufig nur in der Nähe der Rezeption verfügbar.

Freies Camping, Stellplätze, Parkplätze

Schweden ist für das *Jedermannsrecht (Allemansrättan)* bekannt. Es gilt die Grundregel »Nicht stören und nichts zerstören«. Allerdings dürfen WOMOs trotz Jedermannsrecht nicht einfach ins freie Gelände gefahren und dort geparkt werden, sie müssen am Straßenrand, Parkplätzen oder auf Rastplätzen abgestellt werden. Das Parken auf Rastplätzen ist außerdem nur für 24 Stunden gestattet, an Wochenenden darf man bis zum nächsten Werktag bleiben. Auf privaten Wegen muss die Erlaubnis eingeholt werden.

Seien Sie bitte rücksichtsvoll gegenüber ihrer Umwelt. Schweden ist ein Land mit einer reichen Natur. Bitte helfen Sie mit, diese zu schützen. Nehmen Sie unbedingt Ihren Abfall mit.

Da in Schweden viel per *Swish* *(e-Payment-App nur für schwedische Staatsbürger:innen)* bezahlt wird, müssen Stellplätze manchmal bar bezahlt werden. Meistens gibt es eine Vertrauens-Box *(Autokennzeichen auf einen Umschlag schreiben, Bargeld hinein und in die Box)*. Manchmal kommt aber auch jemand vorbei, um zu kassieren *(meistens abends)*. Wenn Sie keine schwedischen Kronen dabeihaben, können Sie auch in Euro bezahlen, müssen dann aber mit höheren Kosten rechnen, da die Umrechnung nicht dem genauen Wechselkurs entspricht, sondern oft nur durch zehn gerechnet wird.

Apps und Internetseiten

GoMarina: Hafengebühr per App bezahlen.
Park4Night/P4N: Stellplätze mit Bewertungen.
Norcamp: Camping-/Stellplätze in Skandinavien.
Nordcamp: Camping-/Stellplätze in Skandinavien.
Stellplatz Scandinavia: Stellplatzbeschreibungen
Eremit App: Einsame, private Stellplätze
Badplatser Sverige: Badestellen in Schweden.
Rastplatser Sverige: Rastplätze mit Service-Auflistung
www.husbil.se/stallplatser: Schwedisch, Infos, Preise.
www.husbilsplats.se: Entleerungsstationen, Gasauffüllstationen.

Gas

Deutsche Flaschen benötigen in der Regel einen *Adapter*, um in Schweden gefüllt zu werden. Campinggas *(Propangas)* ist in Schweden teurer als in Deutschland. In Schweden können Sie auch Flaschen füllen lassen, die noch nicht komplett leer sind. Sie zahlen dann nur für die Menge, die nachgefüllt wurde.

Apps und Internetseiten

MyLPG.eu App oder *www.mylpg.eu/stations/sweden*: Gasfüllstationen
www.husbilsplats.se: Gasfüllstationen, Entleerungsstationen.
www.gasolstationen.se: Gasfüllstationen und Links zu Gasfüllstationen.

Geld

Schweden gehört zwar zur EU, hat aber die eigenen Kronen behalten. Als Währung gilt die schwedische *Krone (SEK)*. Der Faktor ist ungefähr 1 zu 10, Tendenz fallend. Es läuft so gut wie alles *kontaktlos*, dazu gehören Apps zum Parken oder Bezahlvorgänge in Geschäften und auf Stellplätzen. Daher nehmen immer weniger Geschäfte Bargeld an *(erkennbar an Schildern mit durchgestrichenem Bargeld oder Symbolen, siehe Bild)*. In der Regel braucht man eine **EC-Karte**, besser auch eine **Kreditkarte** *(bevorzugt Visa oder Mastercard)*. Zusätzlich heben wir etwa 1.000 SEK vor Ort zu Anfang eines Urlaubs ab, falls doch noch ein Stell- oder Campingplatz dabei ist, bei dem wir bar bezahlen müssen.

Restgeld wird bei uns in einem extra Portemonnaie für die nächste Reise aufbewahrt, *5 SEK Stücke* sammeln wir in einer Dose als Duschgeld. Die kleinsten Münzen wurden schon vor Jahren abgeschafft.So wird bei Barzahlung auf- oder abgerundet. Hilfreich ist es auch, sich in der Wallet-App auf dem Handy die Karten und zusätzlich PayPal in digitaler Form hinzuzufügen. Die Karten mussten bei unserer Bank dafür freigeschaltet werden. Laut Aussage dieser ist die Nutzung des kontaktlosen Bezahlens sowohl mit EC- als auch Kreditkarte in Schweden *kostenlos*. Da empfehlen wir Ihnen, vor Reiseantritt nochmal bei Ihrer Bank nachzufragen, damit es nachher nicht zu unerwünschten Mehrausgaben kommt. Die Bezahl-App *Swish* funktioniert leider nur für schwedische Staatsbürger:innen.

Geschichte

Den Namen **Sverige** hat das Land von dem Volksstamm der Svear erhalten, die etwa seit dem Jahr 300 in Mitteleuropa nachweisbar sind. Von ihrer Kultur zeugen Kultstätten und Grabhügel bei Uppsala *(Tour 7)*, wo um das 5. und 6. Jahrhundert das Zentrum der Macht lag.

Ende des **14. Jahrhunderts** geriet Schweden unter dänische Herrschaft, befreite sich aber 1523 unter Gustav I. Vasa. Das Stockholmer Blutbad von 1520 markierte einen Wendepunkt in der schwedischen Geschichte. Unter Gustav II. Adolf im **17. Jahrhundert** erlebte Schweden eine Blütezeit als Großmacht im Norden Europas.

Im **20. Jahrhundert** gewannen soziale Reformen an Bedeutung. Die Sozialistische Arbeiterpartei und die Idee des Volksheimes prägten den Aufbau eines *Sozialstaates* ab den 1920er Jahren. Schweden ist eine parlamentarische Demokratie mit einem König als Staatsoberhaupt, allerdings ohne politische Macht. Seit 50 Jahren regiert der schwedische *König Carl XVI Gustaf*. Folgen wird ihm seine Tochter, Kronprinzessin Victoria.

Auf unseren Reisen ist uns außerdem die umfassende *Barrierefreiheit* in Schweden aufgefallen. Es wurden viele Maßnahmen ergriffen, um Menschen mit Behinderungen einen besseren Zugang zu Gesellschaft, Arbeit und Natur zu ermöglichen.

Seit 1995 ist Schweden **Mitglied in der EU**, bei einer Volksabstimmung 2003 entschied sich aber eine klare Mehrheit der Schweden gegen die Einführung des Euros. Außerdem ist Schweden seit 2024 **Mitglied der NATO**. Es gehört zu den reichsten Ländern der Welt und trotz wirtschaftlicher Krisen ist der Großteil der schwedischen Bevölkerung relativ wohlhabend.

Mit über 450.000 Quadratkilometern und nur etwa 10 Millionen Einwohner:innen findet man genügend Gebiete, in denen man tagelang keiner Menschenseele begegnet. Südschweden ist im Vergleich zu Nordschweden wesentlich dichter besiedelt.

GPS, Navigation

Natürlich ist es heutzutage leicht geworden, sich auf sein Navigationsgerät zu verlassen und die Wege unwissend zu fahren. Ich kann Ihnen aber ans Herz legen, sich mit der Umgebung vertraut zu machen und die Route genau anzuschauen, sonst werden Sie prompt über die nächste Autobahn geleitet.

In manchen Navis kann sogar das Benutzen der Schnellstraßen ausgeschaltet werden oder es gibt *Grüne Routen* oder *landschaftlich schöne Strecken*. So eine Auswahl macht dann vor Ort viel mehr Spaß!

Apps und Internetseiten

GPS-Konverter: Rechnet GPS-Koordinaten in verschiedene Formate um.

Haustiere (Hunde)

Vom 01. März bis zum 20. August gilt die Leinenpflicht in Schweden auch in der freien Natur, also auch an Stränden und Seen, teilweise sind sie hier verboten. Leinenpflicht gilt außerdem in fast allen öffentlichen Bereichen.

Grundsätzlich ist Schweden ein absolut *hundefreundliches Land*. Das merkt man schon an den **Einreisebestimmungen** für Hunde in Schweden: Kennzeichnung mit Mikrochip. Impfung gegen Tollwut *(mind. 21 Tage vor dem Urlaub)*. Dokumentation in Form eines Haustierpasses. Der Hund muss beim Zoll angemeldet werden *(vorab online www.privattjanster-djuranmalan.tullverket.se/anmalan/de/djur oder durch die rot markierte Zollpassage, dort erhält man die Registrierungsnummer)*.

Ebenfalls zu berücksichtigen ist, dass Hunde in schwedischen Restaurants und Cafés nicht erlaubt sind, es sei denn, es gibt einen Außenbereich.

Auf Campingplätzen sind Hunde generell willkommen und auf einigen Campingplätzen gibt es sogar extra Ausstattung für die Vierbeiner.

Aktuelle Informationen und Bestimmungen zu **Reisen mit Haustieren** finden Sie auf der Website des schwedischen Landwirtschaftsamtes *(www.jordbruksverket.se/djur)* sowie auf der offiziellen Informationsseite der EU *(www.europa.eu/youreurope/citizens/travel/carry/animal-plant)*.

Bei einem Notfall mit Ihrem Haustier suchen Sie nach einem Bezirkstierarzt *(www.distriktsveterinarerna.se)*. App: *Dogfriendly*.

Landkarten – analog und digital

Ich nutze ***Google Maps***, die Touren tracke ich mit ***Polarsteps*** *(Reisetagebuch)* und Wanderungen plane und zeichne ich mit ***Komoot*** auf. Als Kartenmaterial empfehle ich Ihnen die Auto- und Freizeitkarte: Schweden, ISBN: 978-3-7079-2168-7, Maßstab: 1:600.000, *www.womo.de*.

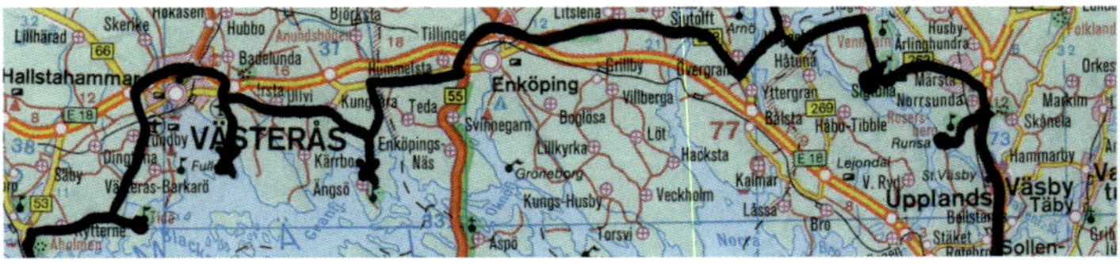

Apps und Internetseiten:

Google Maps: Punkt auf der Karte anklicken, Koordinaten auswählen und speichern unter: Favoriten, Möchte ich hin, Markierte Orte oder einer eigenen Liste: zum Beispiel Stellplatz, Campingplatz, Parkplatz.

Schweden Topo Karten: GPS Outdoor Navigation

Komoot: (Offline-)Wanderkarten mit Tourenvorschlägen- und Aufzeichnung

Polarsteps: Reisettracking, Reisetagebuch

Naturkartan App: Aktivitäten, Sehenswürdigkeiten, Veranstaltungen.

Lebensmittel, Getränke

Alkohol

Alkohol ist in Schweden sehr teuer. Grund dafür sind die *Alkoholsteuern*. Hochprozentiges gibt es nur in den *Systembolagets*. Wer dort einkaufen möchte, muss mindestens 20 Jahre alt sein. Grob gesagt zahlt man in Schweden doppelt bis dreimal so viel für alkoholische Getränke als hierzulande. Richtig teuer wird es in Bars und Clubs. Bier- und Cocktailpreise von sieben bis 15 Euro sind dort keine Seltenheit.

Das Trinken von Alkohol in der Öffentlichkeit ist in Schweden verboten. Ausnahmen bilden bestimmte Parks, sodass man zum Picknick doch sein Bierchen mitnehmen kann. Diese sogenannten Freizonen legt die jeweilige Kommune fest. Die Schweden trinken gerne *Snaps* oder *Nubbe* *(Schnaps)*, teils aber auch Bier und natürlich den hier beliebten Cider *(Apfelschaumwein)*.

Lebensmittel

Raggmunk sind knusprige und herzhafte Kartoffelpuffer aus geriebenen Kartoffeln. Sie werden mit knusprigem Bacon und Preiselbeeren serviert, aber auch mit Räucherlachs und etwas Schmand sind sie sehr lecker. Nicht nur zu Mittsommer in Schweden beliebt: eine Auswahl an *Sill* *(eingelegter Hering)*, *Potatis* *(Kartoffeln)*, *Lax* *(Lachs)*, *Jordgubbar* *(Erbeeren)* oder eine *Jordgubbstårta* *(Erdbeertorte)*, *Glass* *(Eis)* und die schwedische Allzweckwaffe: *Köttbullar* *(kleine Frikadellen)*.

Smörgåsbord ist ein schwedisches Buffet. Das Wort ist eine Zusammensetzung aus den schwedischen Wörtern *Smörgås (Butterbrot)* und *Bord (Tisch)* und besteht aus einer großen Auswahl an kalten und warmen Speisen.

Mit dem Hinweisschild **Gårdsbutik** machen Landwirte, Obstbauern, Meiereien und Räuchereien auf sich aufmerksam und ein Abstecher ist in der Regel lohnend.

Bauernmarkt: *www.bondensegen.com*
Streetfood: *www.streetfoodfestivalen.se*
Food-Festival: *www.internationalfoodfestival.se*

Literatur

Rother-Wanderführer: Schweden Mitte und Naturzeit Vanlife Adventures – Nordwärts, *www.womo.de*, Astrid Lindgren's Bücher, Kurt Tucholsky: Schloss Gripsholm, Selma Lagerlöf: Die wunderbare Reise des kleinen Nils Holgersson.

Notfälle

Schwedischer Notruf	112
Schwedische Polizei	114 14
Schwedische Polizei aus dem Ausland	+46771141400
Sperrung EC-/Kreditkarten	+49116116
Deutsche Botschaft	+4686701500
Pannendienst	+4620910040

Im Allgemeinen ist das Versorgungsniveau in Schweden gut bis sehr gut. Sollten Sie während Ihres Aufenthalts in Schweden krank werden, bieten **Apotheken** *(teilweise auch Supermärkte)* eine reiche Auswahl an gängigen Medikamenten. Viele der bei uns freien Präparate sind in Schweden verschreibungspflichtig. Es empfiehlt sich also eine *Reiseapotheke* mitzunehmen.

EU-Bürger:innen, die sich vorübergehend in Schweden aufhalten, können nach dem europäischen Gemeinschaftsrecht im Krankheitsfall Leistungen nach schwedischem Recht in Anspruch nehmen. Es genügt die von den deutschen gesetzlichen Krankenkassen auszustellende *Europäische Versichertenkarte*. Zusätzlich zur Versicherungskarte muss als Identifikationsnachweis entweder der *Personalausweis* oder der Reisepass vorgelegt werden.

Apps und Internetseiten

Auswärtiges Amt: Sicher Reisen *(App)*

Preise

Schweden hat eine lange Tradition sehr hoher Lebensmittelpreise hinter sich. Vor dem EU-Beitritt am 1. Januar 1995 hatten nicht nur deutsche Touristen meist alles dabei. Aber deutsche und schwedische Lebensmittelpreise haben sich *angenähert* und sind relativ stabil. Oft liegen schwedische Lebensmittelpreise nur noch ca. 10 bis 15 Prozent über dem deutschen Niveau. Nichtsdestotrotz: Schweden hat die vierthöchsten Lebensmittelpreise in Europa. Aber es gibt Unterschiede: Coop zum Beispiel hat die Preise deutlich stärker erhöht als Lidl. Der ICA und REWE sind in etwa vergleichbar. *REA* bedeutet *Sonderpreis* und wird zusammen mit roten Preisetiketten verwendet, die Rabatte von mindestens 10 % anzeigen; *Fynd* bedeutet *Schnäppchen*.

Rad fahren

Die schwedischen Fahrradwanderwege sind sowohl in den Städten als auch übers Land gut ausgeschildert: Blaue Schilder kennzeichnen Radwege in Städten bzw. zwischen Nachbardörfern, rote Schilder stehen für regionale Routen und grüne Schilder markieren den Schwedenradweg *(Sverigeleden)* durch das ganze Land. Der *Göta Kanalleden*, Schwedens jüngster nationaler Radwanderweg, wurde im Juni 2023 feierlich eröffnet.

Fahrradverleihe sind weit verbreitet. In den größeren Städten finden Sie sowohl private als auch öffentliche Citybikes mit dutzenden Stationen. Kinder unter 15 Jahren müssen laut Gesetz einen Helm tragen.

Reisezeit, Klima, Feiertage

Hochsaison Mitte Juni bis Mitte August. Nebensaison Mitte April bis Mitte Juni. und August bis September. Wintersaison Oktober bis April. Schwedische Sommerferien von Mitte Juni bis Mitte August.

Gute Reisezeiten sind das Frühjahr und der Spätsommer, dann können Sie angenehme Temperaturen mit wieder mehr Ruhe genießen, denn im Juli und August kann Süd-Schweden extrem voll sein *(West-Küste und Hotspots)*.

An kleineren Seen oder ländlicheren Regionen im Inland finden Sie sicherlich auch noch im Hochsommer einen schönen Platz. Oder Sie fahren nördlich der großen Seen (Vänern und Vättern). Auch auf Öland fanden wir es im Juli bisher noch relativ human. Wenn Sie *Midsommar* erleben und mitfeiern möchten, sollten Sie sich rechtzeitig einen Campingplatz reservieren. Der klare Winter bezaubert mit Polarlichtern und weißer Pracht, allerdings sind dann die meisten Attraktionen, Plätze und Service-Stationen geschlossen.

Klima

Es herrscht kühles, im Landesinneren trockenes Kontinentalklima, das durch den Einfluss des Golfstroms temperiert ist. Im Sommer kann es in Schweden insbesondere nach Trockenperioden zu Busch- und Waldbränden kommen. Im Winter sind Temperaturstürze und extreme Kälte, aber vor allem im Norden auch Schneestürme und Eisregen an der Tagesordnung.

Ich erwähne im Text nirgendwo, ob es viele Mücken gibt, da das immer schwanken kann. Wald, Schilf und stilles Gewässer meiden wir lieber und parken auch mal in der zweiten Reihe. Ansonsten hilft Antibrumm.

Internetseiten

Wettervorhersage: *www.smhi.se oder www.yr.no*
Brandgefahr: *www.msb.se/brandriskprognoser*

Feiertage

Neujahr *(1. Januar)*, Heilige drei Könige *(6. Januar)*, Karfreitag, Ostermontag, Tag der Arbeit *(1. Mai)*, Christi Himmelfahrt, schwedischer Nationalfeiertag *(6. Juni)*, Midsommer *(Samstag zwischen 20. und 26. Juni)*, Allerheiligen, 1. und 2. Weihnachtsfeiertag

Restaurants

Saluhallen sind in Schweden traditionelle *Markthallen*, in denen frische Lebensmittel verkauft werden. Sie sind in der Regel in den Innenstädten der größeren Städte zu finden und bieten eine große Auswahl an Produkten.

Die ***schwedische Fika*** ist nicht nur eine Kaffeepause mit etwas Süßem, wie einer Zimtschnecke oder einem anderen Gebäck, es ist eine Lebenseinstellung, die sich auf Entspannung, Genuss und Zeit mit anderen Menschen konzentriert.

Das ***Dagens Rätt*** bedeutet *Gericht des Tages*. Es handelt sich dabei um ein Mittagsmenü, das von vielen Restaurants meistens nur zwischen 11 und 14 Uhr, also zur schwedischen Mittagszeit *(lunch)* angeboten wird. Typischerweise besteht das Dagens Rätt aus einem Hauptgericht, Salat *(Buffet)* oder Suppe, Brot, Dessert und Getränk *(Wasser, Saft oder Kaffee)*. Der Preis liegt üblicherweise zwischen 100 und 150 SEK.

In schwedischen Restaurants wartet man am Eingang auf eine Bedienung *(Hovmästare, nicht mittags, dann gilt oft Self-Service)*.

Wer zum Essen keine besonderen Getränkewünsche hat oder Geld sparen will, kann *kostenlos Leitungswasser* *(Kranvatten)* bestellen, welches immer wieder nachgefüllt werden darf.

Auch beim Trinkgeld wird das Urlaubsbudget geschont. In Self-Service-Cafés und Bars ist es wie in Deutschland unüblich, Trinkgeld zu geben. In Restaurants mit Bedienung werden drei bis fünf Prozent als freundliche Geste anerkannt.

Sehenswürdigkeiten, Öffnungszeiten

Schweden hat viel zu bieten, von unberührter Natur bis hin zu spannenden Freizeitaktivitäten. Es ist ein wahres Paradies für **Outdoor-Aktivitäten** mit unzähligen *Wander- und Radwegen*, die sich perfekt auch für Familien eignen. Durch die lange Küstenlinie, Seen und Flüsse, können Sie *Schwimmen*, *Angeln* oder *Bootfahren*. Auch SUP *(Stand Up Paddle Board)* und Kanufahren sind sehr beliebt.

Wer nach Schweden reist, sollte unbedingt **Elche** sehen, aber nicht erwarten, dass er auch sofort einen trifft. Die *Nationaltiere Schwedens* sind scheue Tiere. In der Brunftzeit können die Elche jedoch ausgesprochen aggressiv werden. Gleiches gilt für Elchkühe, die ihr Kalb beschützen wollen. Wer in der freien Natur auf Elchsuche geht oder zufällig auf einen Elch trifft, sollte also vorsichtig sein und gebührenden Abstand wahren. Im Straßenverkehr beachten Sie die Elch-Warnschilder, denn oft tauchen die Elche sehr plötzlich auf und sind aufgrund ihrer Fellfarbe in der Dämmerung nur schlecht zu erkennen. Wir empfehlen Ihnen den Besuch in einem der vielen *Elch-Parks*, um den beeindruckenden Tieren näher kommen zu können.

In vielen der schwedischen Nationalparks gibt es ein **Naturum**; ein Besuchszentrum, in denen Sie mehr über Tiere, Pflanzen, Geologie und Kulturgeschichte der Umgebung erfahren. Es gibt Tipps für Ausflüge und Wanderungen in der Gegend.

Ebenfalls sehr beliebt sind die sogenannten **Loppis** (*Loppmarknad*). Die Flohmärkte gibt es in allen Größen und Formen. Von kleinen Garagenverkäufen bis hin zu großen Märkten mit Hunderten von Ständen ist für jeden etwas dabei und Sie bekommen vielleicht ein außergewöhnliches Schnäppchen.

Auf dem schwedischen Land findet man Schilder mit dem Hinweis auf das nächste **Hembygdsgård.** Das sind *Heimatmuseen*, die historische Gebäude und Gegenstände aus früheren Zeiten für die Nachwelt bewahren.

Die **Schären** sind eine einzigartige Landschaftsform, die sich in der Eiszeit gebildet hat. Das Inlandeis, das sich über Skandinavien und Nordamerika erstreckte, schliff die Gesteinsmassen ab und bildete so zahlreiche, felsige Inseln.

Öffnungszeiten
Geschäfte haben in Schweden an sechs Tagen in der Woche geöffnet, montags bis freitags zwischen 9 und 18 Uhr sowie samstags bis 14 oder 16 Uhr. Aufgrund der sehr großzügigen Ladenschlussgesetze haben viele Supermärkte auch bis 20 oder 22 Uhr geöffnet. Darüber hinaus kann man auch sonntags zwischen 12 und 16 Uhr Lebensmittel einkaufen. Einige Supermärkte haben noch deutlich längere Öffnungszeiten.

Apps und Internetseiten
GetYourGuide: Führungen, Ausflüge sowie Eintrittskarten
www.svensktkulturarv.se/kulturarvskortet: *Kulturerbe-Karte* 50 % Ermäßigung auf mehr als 300 kulturelle Attraktionen im ganzen Land *(250 SEK)*.
Svenskt Kulturarv App: Die App zur Kulturerbe-Karte.

Sicherheit

Seit ich 20 Jahre alt war, fahre ich mit eigenem WOMO nach Skandinavien, auch allein. Manchmal war oder bin ich wochenlang unterwegs. Unsicher habe ich mich dabei noch nie gefühlt. Im Gegenteil, ich möchte gar nicht wissen, wie oft ich nachts vergessen hatte, meine Türen abzuschließen. Inzwischen fahre ich ein etwas teureres WOMO und die Aufbrüche nehmen auch in Skandinavien zu, so dass ich die Sicherheitsmaßnahmen verbessert habe. Wobei in Schweden die Zahlen im Vergleich zu anderen Ländern der EU immer noch gering sind. Zu empfehlen ist da der *Knackerschreck*, den es im *WOMO-Shop* zu kaufen gibt. Dieser wird sichtbar in die beiden Türarmlehnen des Fahrerhauses eingehängt, zusammengeschoben und abgeschlossen.

Apps und Internetseiten
Sicher Reisen App, *www.auswaertiges-amt.de*

LGBTQIA+
Schweden ist als eines der *inklusivsten und fortschrittlichsten Länder* bekannt und zählt zu den queerfreundlichsten Ländern Europas. Die schwedische Gesellschaft als Ganzes ist offen und einladend. Alle sind hier willkommen!

Apps und Internetseiten
www.happypride.de/pride-kalender
www.visitsweden.de/regionen/mittelschweden/stockholm/offene-einladung-stockholm

Sprache

Amtssprache ist Schwedisch. Die meisten Schweden sprechen außerdem gutes Englisch. Die Schreibweise lässt uns oftmals erahnen, um was es geht.

Apps und Internetseiten:
Google Lens: Foto machen und direkt übersetzen oder vorlesen lassen.

Telefon

Vorwahl nach Deutschland: 0049, Vorwahl nach Schweden: *0046*
Seit 2017 gibt es innerhalb der EU keine Roaming-Gebühren mehr. Die Netzabdeckung in Süd-Schweden ist sehr gut, nur in ganz wenigen Gebieten kann es vorkommen, dass die Internetverbindung langsam ist, oder abbricht.

Toiletten, Entsorgungsstationen, Wasser

Latrintömning, also die Ver- und Entsorgung (VE) funktioniert in Schweden ganz einfach, denn die nächste Möglichkeit ist nie weit. So sind fast alle Raststätten an der Autobahn beziehungsweise Schnellstraßen mit Ausgüssen ausgestattet. Die Grauwasser-Entsorgung ist dafür an manchen Orten etwas schwieriger beziehungsweise seltener zu finden. Deshalb lohnt sich die Mitnahme eines (Falt-)Eimers. Für die VE brauchten wir in Schweden selten extra bezahlen. Auch Frischwasser, das wir an Tankstellen zapfen, ist *kostenlos*. An diesen gibt es eine extra Wasser-Zapfzäule.

Für das Befüllen des **Frischwassertanks** benutzen wir einen variablen Schlauch und führen mehrere Adapter für diverse Zapfstellen mit, dazu einige Schellen. Manchmal ist der Hahn aber so weit entfernt, dass sich eine Gießkanne mitzunehmen lohnt. Da unser Platz im WOMO sehr begrenzt ist, benutzen wir eine Falt-Gießkanne. Eine **Bitte:** Nutzen Sie den Frischwasserschlauch **niemals** für Ihren Fäkalientank. Das ist nicht nur ekelig, sondern auch unhygienisch und aufgrund von Keimen gesundheitlich bedenklich.

Unfall

Die Vertretung des **ADAC** in Schweden: Motormännens Riksförbund Fridhemsgatan, Stockholm, +4620211111 *(Mo.-Fr. 9-16 Uhr)* oder +4620911111 *(Notruf, ADAC Pannenhilfe)*.

Verkehr, Straßen, Umweltzonen, Tankstellen, Maut

Grundsätzlich lässt sich sagen, dass die Schweden defensiv unterwegs sind. Der deutsche Führerschein ist ausreichend. Die Mitnahme der Internationalen Versicherungskarte (IVK) wird empfohlen. Das Nationalitätskennzeichen muss am Fahrzeug angebracht oder im Euro-Kennzeichen enthalten sein. In Schweden muss auch tagsüber ganzjährig mit *Abblendlicht* gefahren werden. Es gilt eine Alkoholgrenze von 0,2 Promille. Für Geschwindigkeitsüberschreitungen gibt es keine Toleranzgrenzen. Strafen fallen deutlich höher aus als in Deutschland.

Geschwindigkeitsbegrenzung: Innerorts 30–50 km/h, außerorts 60–100 km/h, Autobahn 90–120 km/h.
Mautpflichtige Strecken: Öresundbrücke zwischen Dänemark und Schweden, City-Maut in Göteborg und Stockholm, Infrastrukturabgabe für Brücken in Sundsvall *(Nord-Schweden)*, Motala *(östlicher Vättern)* und seit 2023 auch für die Skurubron *(östlich Stockholms)*.
Umweltzonen: **Miljözon** gibt es in Göteborg, Helsingborg, Lund, Malmö, Mölndal, Stockholm, Umeå und Uppsala. Pkw und Wohnmobile zur Personenbeförderung sind davon nicht betroffen. Sie entsprechen damit der schwedischen Kategorie *Umweltzone Klasse 1/Miljözon Klass 1* für schwere Fahrzeuge. Betroffene Fahrzeuge sind dieselbetriebene Busse und Lkw über 3,5 t zulässiges Gesamtgewicht.

Die **City-Maut** *(Staugebühr)* wird bei ausländischen Fahrzeugen über das Unternehmen EPASS24 abgewickelt. Der Zahlungsbescheid wird den Halter:innen per Post zugestellt.

Parkraum steht In den Innenstädten nur sehr begrenzt zur Verfügung. Falschparken wird mit hohen Bußgeldern belegt. **Parkplätze** können über *Park-Apps* erworben werden *(zum Beispiel EasyPark* oder *Parkster)*.

Es gibt in Schweden sehr gut ausgebaute Bus- und Bahnverbindungen, insbesondere Hochgeschwindigkeitszüge zwischen den großen Städten sowie ein gutes Netz an **öffentlichen Verkehrsmitteln** *(Göteborg siehe Tour 3, Stockholm siehe Tour 8)*.

An **Tankstellen** wird am Automaten mit EC- oder Kreditkarte bezahlt, erst dann kann getankt werden. An einigen Tankstellen gibt es die Möglichkeit das WOMO zu waschen. Genauso, wie beim Tanken, gibt es einen Automaten, an dem man mit Karte zahlen kann *(je nach Zeit 60-200 SEK)*.

Apps und Internetseiten:

ØresundGO (früher: BroPas): Das Abonnement für die Öresundbrücke rechnet sich ab der ersten Hin- und Rückfahrt, also für alle, die die Brücke mindestens einmal als An- und Abreiseweg nutzen. Das Abo kann nach dem Urlaub jederzeit wieder gekündigt werden.

Park-Apps: Easy Park, RingGo, Aimo, Parkster: Parkuhr einstellen, verlängern und bezahlen.

GreenZones: Umweltzonen in ganz Europa. *Moovit*: App für ÖVNP Fahrpläne, Live-Navi, weltweit. *SL*: Tickets für öffentlichen Nahverkehr in Stockholm.

Västtraffik: Tickets für öffentlichen Nahverkehr in Göteborg.

Google Maps: Klicken Sie auf eine Haltestelle *(zum Beispiel U-Bahn in Stockholm)* und zoomen aus der Karte, so sehen Sie die gesamte Linie.

www.evz.de/reisen-verkehr/auto/bussgelder-aus-ausland/city-maut-schweden: Infos zur City-Maut. *www.account.epass24.com*: Einblick in Ihre Mautkosten und auch Online-Bezahlung möglich.

www.transportstyrelsen.se/sv/vagtrafik/: Infos zu Verkehrsregeln und Maut.

Wanderungen

Die meisten Wanderwege in Süd-Schweden sind recht leicht zu begehen, da die Höhenunterschiede gering sind. Festes Schuhwerk ist trotzdem in den meisten Fällen zu empfehlen, da die Wege nicht immer befestigt sind. Ein Rucksack mit Proviant, Wasser und Karte ist sinnvoll. In abgelegenen Gebieten kann das Mobilfunknetz schwach sein. Informieren Sie Ihre Angehörigen frühzeitig, falls Sie allein wandern wollen.

Apps und Internetseiten

Kungliga Promenader: Die App bietet Attraktionen aus Natur, Kultur und königlicher Geschichte in den königlichen Parks.

www.vindskyddskartan.se: Shelterübersicht, auch als App für Wanderungen.

www.vastervikoutdoor.com: Aktivitäten, Wanderwege mit Karten.

www.gotakanal.se/sv/se-gora/vandring/rastplatser: Rastplätze für Wanderungen, Rad- und Paddeltouren entlang des Göta-Kanals.

Komoot: Wanderungen planen und tracken.

Geocaching: Weltweite Schatzsuche.

Stichwortverzeichnis

A
Åhus 353
Albrunna 319
Åmål 97
Aneby 247
Ankarsrum 261
Arboga 158
Asarum 345
Åsenbruk 90
Askersund 150, 151
Aspabruk 151
Ätrafors 43
Ävrö 273

B
Baldersnäs 87
Båstad 36
Beddingestrand 371
Berg 225
Björstorp 144
Blankaholm 271
Bleket 61
Böda 307
Boda Glasbruk 331
Borensberg 227
Borghamn 235
Borgholm 295, 311
Borkvik 101
Borrby 367
Böste Läge 372
Brevik 140, 209
Bromölla 349
Brösarp 358
Bruddesta 300
Bruzaholm 252
Bua 47
Byxelkrok 303

D
Dals-Ed 85
Dals Långed 87
Degeberga 356
Degerhamn 316
Djupvik 59
Domsten 28
Dragsmark 67
Duvemåla 333

E
Ed 84
Eksjö 249
Emmaboda 333
Eriksmåla 331

F
Fagerlid 149
Falkenberg 42
Fårbo 272
Färjestaden 321
Fellingsbro 158
Fengersfors 96
Figeholm 274
Filipstad 107
Fjälkinge 349
Fjällbacka 77
Forsvik 143
Fröskog 96

G
Gårdby 315
Gladhammar 262, 269
Glanshammar 158
Glemmingebro 368
Glimmingehus 365
Göteborg 51
Götene 121
Gränna 240
Grästorp 126
Grebbestad 80
Grimeton 46
Grimsholmen 42
Grötvik 39
Gullaskruv 326
Gullspång 114

H
Häggeby 177
Halden 84
Hällebäck 67
Hällekis 122
Hälleviksstrand 66
Hallstahammar 160
Halmstad 37
Hälsö 54
Hamburgsund 76
Hammenhög 365
Hasslö 339
Haverdal 40
Håverud 89
Hittarp 28
Hjo 138
Hjortahammar 340
Höganäs 29
Högsbyn 88

Hölö 206
Hönö 55
Höör 25
Hörvik 347
Hovsäter 83
Hovs Hallar 35
Hunnebostrand 70
Huskvarna 244

I

Ingatorp 252

J

Jakriborg 21
Järlåsa 170
Johansfors 332

K

Kållandsö 124
Kalmar 286
Kämpersvik 79
Karlsborg 141
Karlshamn 342
Karlskrona 335
Karlstad 102
Kåseberga 367
Kinnekulle 122
Kivik 359
Kolbäck 162
Kolmården 215
Köping 160
Köpingsvik 299, 309
Köpmannebro 92
Kosta 329
Kristianstad 350
Kristinehamn 111
Krokås 346
Krokholm 210
Kungälv 56

L

Långbron 86
Lenhovda 328
Lerdala 135
Lerkaka 313
Lerkil 49
Lidköping 123
Linköping 221
Listerby 339
Ljungbyhed 26
Ljungsbro 227
Lomma 20
Löttorp 302, 308
Lund 22
Lycke 57
Lysekil 68

M

Målerås 327
Malmö 15
Mariannelund 255
Mariefred 200
Mariestad 119
Marstrand 57
Mellbystrand 37
Mellerud 93
Misterhult 273
Molkom 105
Mölle 31
Möllösund 65
Mölnebo 60
Mönsterås 281
Mörbylånga 316, 320
Morgongåva 170
Mossby 371
Motala 229

N

Nabbelund 305
Nogersund 347
Norje 346
Norsholm 220
Nösund 64
Nybro 324
Nyköping 212
Nykroppa 109
Nynäshamn 204
Nysäter 101

O

Öckerö 53
Ödeshög 239
Omberg 238
Onsala 49
Örebro 153
Orrefors 326
Oskarshamn 277
Össby 317
Östanlid 126
Ottenby 318
Oxelösund 213

P

Påskallavik 281
Pataholm 283
Pukeberg 324

R

Rockneby 284
Rögle 33
Rönnäng 60
Ronneby 340
Rosersberg 181

S

Sala 169
Sandvik 64, 301
Sevedstorp 257
Sigtuna 177
Simrishamn 363
Sjötorp 118
Skalham 70
Skåpesund 63
Skara 132
Skärhamn 62
Skillinge 365
Skivarp 371
Skokloster 175
Skövde 136
Smögen 71
Smygehuk 371
Söderköping 217
Södra Sandby 315
Sölvesborg 346
Sörknatten 95
Stallarholmen 202
Stegeborg 216
Stendörren 210
Steneby 86
Stenshuvud 362
Stockevik 61
Stockholm 182
Storfors 110
Störlinge 310
Strängnäs 203
Studsviks 210
Svanshall 32
Svanskog 100
Svenneby 75

T

Tanumshede 80
Tiveden 145
Tjolöholm 48
Tjugesta 157
Torsö 348
Trelleborg 372
Trollhättan 127
Trosa 207
Tumba 199

U

Ugglarp 41
Ullared 45
Uppsala 171

V

Väderstad 237
Vadstena 231
Vagnhärad 207
Vånevik 279
Varberg 47
Varnhem 133
Västerås 163
Västerljung 210
Västervik 263, 270
Vimmerby 254
Virkvarn 275
Visingsö 243
Vittskövle 355

Y

Ystad 369

Bildnachweis

Alle WOMO® Reiseführer auf einen Blick

Albanien, Ulrike und Frank Staub
Allgäu, Heiner Newe
Andalusien, Christina und Christian Winkler
Baden-Württemberg, Heiner Newe
Baltikum, Stefanie Holtkamp und Andrea Bergmann — Neu 2024
Bayern Der Nordosten, Heiner Newe
Bayern Der Südosten, Christina und Christian Winkler
Bayern Der Nordwesten, Heiner Newe
Belgien/Luxemburg, Ulrike und Frank Staub
Bretagne, Anette Scharla-Dey und Franz Peter Tschauner
Burgund, Ralf Gréus — Neu 2024
Dänemark, Anke Globi
Elsass, Ralf Gréus
England Der Süden, Christina und Christian Winkler — Neu 2024
England Der Norden, Christina und Christian Winkler
Finnland, Uwe und Annegret Rohland
Französische Alpen, Heiner Newe
Französischer Jura, Heiner Newe
Griechenland, Waltraud Roth-Schulz und Reinhard Schulz
Harz, Heiner Newe
Hessen Der Norden, Anette Scharla-Dey und Franz Peter Tschauner
Hessen Mitte und Süden, Anette Scharla-Dey und Franz Peter Tschauner
Hunsrück/Mosel/Eifel, Anette Scharla-Dey und Franz Peter Tschauner
Irland, Uwe und Annegret Rohland
Island, Jutta und Alexander Ramin
Katalonien, Ulrike und Frank Staub — Neu 2024
Korsika, Stefanie Holtkamp und Andrea Bergmann — Neu 2024
Kroatien und Montenegro, Anne und Michael Lindner — Neu 2024
Languedoc-Roussillon, Ralf Gréus — Neu 2024
Ligurien, Ralf Gréus
Lothringen, Friedrich Riehl
Lüneburger Heide, Heiner Newe
Marokko, Ulrike und Frank Staub
Mecklenburg-Vorpommern Teil 1, Stefanie Holtkamp und Andrea Bergmann
Mecklenburg-Vorpommern Teil 2, Stefanie Holtkamp und Andrea Bergmann
Münsterland, Regina Stockmann
Namibia, Ute Nast-Linke und Frank Linke
Neuseeland Nordinsel, Andrea Lossen und Dieter Giesen
Neuseeland Südinsel, Andrea Lossen und Dieter Giesen — Neu 2024
Niederlande, Friedrich Riehl
Normandie, Anette Scharla-Dey und Franz Peter Tschauner — Neu 2024
Norwegen Der Süden, Waltraud Roth-Schulz und Reinhard Schulz
Norwegen Der Norden, Waltraud Roth-Schulz und Reinhard Schulz
Österreich Der Osten, Christina und Christian Winkler
Österreich Der Westen, Christina und Christian Winkler
Ostfriesland, Heiner Newe

Weitere Infos unter **www.womo.de**

Pfalz, Ralf Gréus
Piemont und Aostatal, Ralf Gréus
Peloponnes, Waltraud Roth-Schulz und Reinhard Schulz
Polen Der Norden, Nicola Kluftinger
Portugal Der Norden, Stephanie Seufert — Neu 2024
Portugal Der Süden, Stephanie Seufert — Neu 2024
Provence Der Westen, Ralf Gréus
Provence Der Osten, Ralf Gréus
Pyrenäen, Stefanie Holtkamp und Andrea Bergmann
Rumänien, Christina und Christian Winkler
Sachsen, Anette Scharla-Dey und Franz Peter Tschauner
Sardinien, Waltraud Roth-Schulz und Reinhard Schulz
Schleswig-Holstein und Hamburg, Heiner Newe
Schottland, Anke Globi — Neu 2024
Schwarzwald, Ralf Gréus
Schweden Der Norden, Uwe und Annegret Rohland
Schweden Der Süden, Anke Globi — Neu 2024
Schweiz Der Osten, Stefanie Holtkamp und Andrea Bergmann
Schweiz Der Westen, Stefanie Holtkamp und Andrea Bergmann
Sizilien, Christina und Christian Winkler — Neu 2024
Slowakei, Ulrike und Frank Staub
Slowenien, Silvia Sussmann und Peter Simm
Spanien Der Norden, Waltraud Roth-Schulz und Reinhard Schulz
Süditalien Der Osten, Waltraud Roth-Schulz und Reinhard Schulz
Süditalien Der Westen, Waltraud Roth-Schulz und Reinhard Schulz
Südafrika Krügernationalpark, Ute Nast-Linke und Frank Linke
Südwestfrankreich, Stefanie Holtkamp und Andrea Bergmann
Südtirol, Waltraud Roth-Schulz und Reinhard Schulz
Tal der Loire und Paris, Anette Scharla-Dey und Franz Peter Tschauner
Thüringen, Katja Eisenschmidt
Toskana und Elba, Ralf Gréus
Trentino und Gardasee, Angela Misslbeck — Neu 2024
Umbrien und Marken, Ralf Gréus
Ungarn, Silvia Sussmann und Peter Simm
USA Südwesten mit Yellowstone, Regina Stockmann — Neu 2024
Venetien und Friaul, Christina und Christian Winkler
Wales, Christina und Christian Winkler — Neu 2024
Zentralspanien Der Osten, Ulrike und Frank Staub
Zentralspanien Der Westen, Ulrike und Frank Staub

Außerdem im Programm:
Die gordische Lüge – Reiseroman, Ralf Gréus
Allgemeines Wohnmobil Handbuch, Reinhard Schulz
Allgemeines Wohnmobil Kochbuch, Waltraud Roth-Schulz
Heitere Wohnmobil Geschichten, Silvia Sussmann und Peter Simm

Ihr WOMO® Stellplatz-Dienst

Wir führen Sie zu den **schönsten Orten**, die unsere erfahrenen Autoren **selbst besucht und getestet** haben. Die GPS-Daten ihrer Stell- und Campingplatz-Empfehlungen finden Sie im Online-Shop unter **www.womo.de**

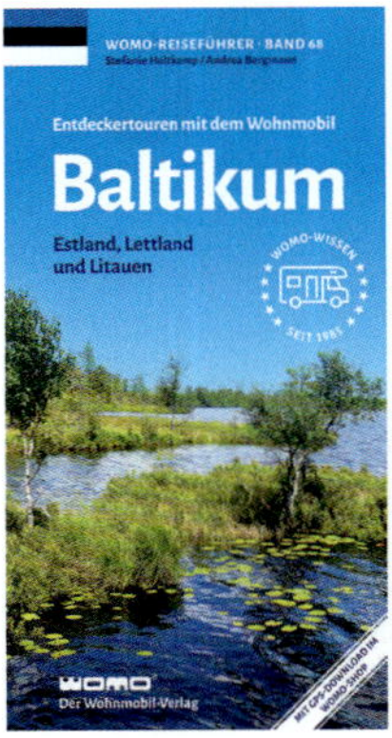

Mehr erfahren. Mehr erleben.

womo.de ist der **Spezialist** für Ihren entspannten **Erlebnisurlaub auf vier Rädern**. Profitieren Sie für Ihre Reisevorbereitung und -planung von unserer **jahrzehntelangen Erfahrung**. Seit 2022 arbeiten wir daran, Bewährtes noch besser zu machen: Dazu gehört die **moderne Optik** unserer neu gestalteten und **neu aufgelegten** Reiseführer.

Selbstverständlich werden unsere WOMO-Reiseführer permanent auf einen **aktuellen inhaltlichen Stand** gebracht. Jeder einzelne bietet eine Fülle an Ideen, Inspiration und Information **für Ihren Erlebnisurlaub**.

Wenn Sie persönliche Anregungen oder **konkrete Fragen zu Ihrer Reiseplanung haben**, dann schreiben Sie uns gern unter: **verlag@womo.de**

Den kostenlosen Download-Link für die **GPS-Daten** zu diesem WOMO-Reiseführer finden Sie im Shop unter: **www.womo.de**
Ihr Passwort lautet: **Se8glk**

WOMO®
Der Wohnmobil-Verlag
An der Liethe 4
36452 Kaltennordheim
Telefon: 036946 20691
www.womo.de